发展如是说

中国发展高层论坛2021年会萃选

上

马建堂 ▼

主编

中国发展出版社
CHINA DEVELOPMENT PRESS

图书在版编目（CIP）数据

发展如是说：中国发展高层论坛 2021 年会萃选：全 2 册 /
马建堂主编 . — 北京：中国发展出版社，2021.11
ISBN 978-7-5177-1255-8

Ⅰ . ①发… Ⅱ . ①马… Ⅲ . ①中国经济—经济发展—学术
会议—文集 Ⅳ . ①F124-53

中国版本图书馆 CIP 数据核字（2021）第 219259 号

主　　　编：马建堂
副 主 编：张来明
执 行 主 编：卢 迈 方 晋

书　　　名：发展如是说：中国发展高层论坛2021年会萃选（全2册）
著作责任者：马建堂
出 版 发 行：中国发展出版社
联 系 地 址：北京经济技术开发区荣华中路22号亦城财富中心1号楼8层（100176）
标 准 书 号：ISBN 978-7-5177-1255-8
经 销 者：各地新华书店
印 刷 者：北京市密东印刷有限公司
开　　　本：710mm×1000mm　1/16
印　　　张：39
字　　　数：595 千字
版　　　次：2021 年 11 月第 1 版
印　　　次：2021 年 11 月第 1 次印刷
定　　　价：168.00 元
责 任 编 辑：吴 佳
文 字 编 辑：沈海霞
联 系 电 话：（010）68990625
购 书 热 线：（010）68990682 68990686
网 络 订 购：http：//zgfzcbs.tmall.com
网 购 电 话：（010）68990639 88333349
本 社 网 址：http：//www.develpress.com
电 子 邮 件：15210957065@163.com

P REFACE 序

2021 年是中国共产党建党 100 周年，也是实施"十四五"规划和 2035 年远景目标的开局之年。在全面建成小康社会、实现第一个百年奋斗目标之后，中国乘势而上开启全面建设社会主义现代化国家新征程，向第二个百年奋斗目标进军，这标志着中国进入了一个新发展阶段。"十四五"时期，中国将紧扣推动高质量发展这个主题，继续贯彻"创新、协调、绿色、开放、共享"的新发展理念，着力提升发展质量效益，保持经济社会持续健康发展，让发展成果更多惠及全体人民。中国将加快构建新发展格局，继续推进高水平对外开放，促进中国与世界更好连接，共创机遇、共享繁荣。

在"两个一百年"奋斗目标承前启后的历史交汇点上，以"迈上现代化新征程的中国"为主题的中国发展高层论坛 2021 年年会顺利召开，对"十四五"时期的宏观政策取向、加快构建"双循环"新发展格局、促进经济社会全面绿色转型等一系列重大议题展开深入研讨，时机特殊、意义重大、影响深远。当前，世纪疫情与百年变局交织，世界经济面临前所未有的挑战，但和平与发展的时代主题没有变，经济全球化的历史潮流没有变，各国人民合作共赢、携手应对共同挑战的期待更强烈。

本次论坛的成功举办再次证明：对话比对抗好，交流比封闭好，合作比"脱钩"好。面对新冠肺炎疫情和气候变化等威胁人类生存和发展的共同挑战，全球命运与共，休戚相关，精诚合作、同舟共济方能共克时艰，创造更加美好的世界前景。

自 2000 年首次举办以来，中国发展高层论坛秉承"与世界对话，谋共同发展"的宗旨，坚持高端、深度、前瞻、互动的特色和定位，已经成为中国政府与世界各国朋友们交流思想、凝聚共识、增进理解、加强合作的平台。中央领导同志对论坛一如既往予以肯定和高度重视。此次年会，中共中央政治局常委、国务院总理李克强线上会见了出席论坛的主要境外代表，听取大家的意见和建议。中共中央政治局常委、国务院副总理韩正出席开幕式并发表了重要讲话。此外，全国政协副主席、国家发展和改革委员会主任何立峰等多位中方部委领导、地方政府领导、国内企业界和学术界的重量级嘉宾莅临会议，在论坛上分享了他们的精彩观点。出席论坛的外方正式代表有世界级的企业领袖、国际行业领先企业的董事长或 CEO、国际组织负责人及国际学术界著名的专家学者，他们分别在论坛的不同场合发表了精彩的演讲。

作为论坛的主办方，国务院发展研究中心将坚持守正创新，紧密结合世界和中国的发展趋势，不断提高论坛的质量和影响力，增进中国与世界的相互了解，履行好"为党咨政、为国建言、为民服务"的使命任务。功崇惟志，业广惟勤。我相信，经过我们的共同努力，中国发展高层论坛一定会为中国与世界的繁荣发展凝聚更多共识、注入更多动力。

《论语》有言："君子以文会友，以友辅仁。"作为本届论坛思想智慧的结晶，本书将论坛与会代表深入研究、探讨和沟通的优秀发言结集出版，共收录了包括论坛开幕式在内的 57 个场次 174 篇发言稿，按"十四五"规划与 2035 年远景目标、"双循环"新发展格局、科技创新与数字化转型、绿色发展的实现路径、民生建设与共享发展、新时期的中美关系和全球经济复苏展望七大主题整理成册，以飨读者。将论坛发言结集出版，对于对外讲好中国发展的故事，借鉴其他国家发展的经验，更好地推进中国的社会主义现代化建设，早日实现中国梦可以发挥积极的推动作用。这样做不仅有鲜明的时代意义，也是弥足珍贵的历史记录。

是为序。

马建堂

2021 年 6 月 21 日

作者系国务院发展研究中心党组书记

目录

C ONTENTS

第一篇 "十四五"规划与 2035 年远景目标

1

第二篇 "双循环"新发展格局

3

第三篇　科技创新与数字化转型

李克强会见出席中国发展高层论坛 2021 年年会的境外代表①

国务院总理李克强 3 月 22 日晚在人民大会堂以视频方式会见出席中国发展高层论坛 2021 年年会的境外代表。来自世界五百强企业的负责人、国际知名学术研究机构的专家学者和主要国际组织代表等参加。

宝马集团董事长齐普策、桥水投资公司董事长达利欧、宏利金融集团总裁高瑞宏、苹果公司首席执行官库克、保诚集团首席执行官韦立思、戴姆勒股份公司董事会主席康林松、巴黎经济学院荣誉教授布吉尼翁等先后发言，分别就他们关心的问题向李克强提问。李克强一一作答。

在回答关于中国经济增速与质量关系的提问时，李克强表示，去年面对新冠肺炎疫情严重冲击，在以习近平同志为核心的党中央坚强领导下，经过艰苦努力，中国经济实现了正增长。我们把今年预期目标设定为 6% 以上，不仅考虑到当前经济增长是恢复性的，世界经济复苏还有不确定性，也是考虑同明年、后年的目标平稳衔接。6% 以上并不低了，也是开了口子的，实际运行中可能会更高一些。我们不是在定计划，是引导预期，注重巩固经济基本盘，在保持平稳增长的同时，更要努力提质增效，实现高质量发展，这就需要有比较充分的就业、持续增长的居民收入、不断改善的生态环境，促进经济结构进一

---

① 《李克强会见出席中国发展高层论坛 2021 年年会的境外代表》，《人民日报》2021 年 3 月 24 日第 1 版。

步优化、劳动生产率持续提升。今年城镇新增劳动力约 1400 万人，就业压力仍然很大，要保证 1100 万人以上就业，经济增速需要保持在合理区间。总之，我们需要平衡好稳增长、保就业、增收入、稳物价之间的关系，更不会以高耗能、高污染来换取经济增长。与此同时，我们还要努力提高市场主体的活跃度和效益，持续推动城镇化进程，释放巨大的内需潜力，增强消费对经济增长的拉动作用。

李克强指出，开放是中国发展的必由之路。改革开放 40 多年来，中国经济已深度融入世界经济，可以说是你中有我、我中有你。中国将进一步扩大开放，希望通过同各国的双向、多向开放来实现双赢、多赢、共赢。

李克强还回答了与会代表关于应对老龄化、减贫和教育、金融开放、绿色发展等方面的提问。

与会外方代表高度评价中国发展成就，表示中国深化改革扩大开放将为世界经济发展带来新的机遇。他们对中国未来发展前景充满信心，愿以中国推动高质量发展为契机，继续深耕中国市场，更好实现互利共赢。

韩正出席中国发展高层论坛 ①

中国发展高层论坛 2021 年年会 21 日晚在北京开幕。中共中央政治局常委、国务院副总理韩正出席开幕式并致辞。

韩正说，在中国现代化建设进程中，"十三五"时期是全面建成小康社会决胜阶段。以习近平同志为核心的中共中央团结带领全国各族人民砥砺前行、开拓创新，胜利完成"十三五"规划主要目标任务，中国经济实力、科技实力、综合国力和人民生活水平跃上新的大台阶。"十四五"时期，中国将开启全面建设社会主义现代化国家新征程。我们将立足新发展阶段，贯彻新发展理念，构建新发展格局，推动高质量发展，为全面建设社会主义现代化国家开好局起好步。

韩正指出，中国要建设的现代化，是人与自然和谐共生的现代化，必须坚定不移走生态优先、绿色低碳的高质量发展道路。习近平主席已向全世界作出庄严承诺，中国力争于 2030 年前二氧化碳排放达到峰值、2060 年前实现碳中和。中国应对气候变化、保护地球家园，态度是坚决的、行动是有力的。我们坚持绿色发展理念，持续改善环境质量，提升生态系统质量和稳定性，积极参与和引领应对气候变化国际合作。在气候变化挑战面前，人类命运与共，各国应遵循共同但有区别的责任原则。实现碳达峰、碳中和目标，中国需要付出极其艰巨的

---

① 《韩正出席中国发展高层论坛》，《人民日报》2021 年 3 月 23 日第 1 版和第 4 版。

努力。尽管这是一场硬仗，但中国一定会践行承诺，采取有力举措，优化产业结构和能源结构，深化能源和相关领域改革，转变用能方式，提升生态碳汇能力，确保如期实现碳达峰、碳中和目标。

韩正强调，中国开放的大门不会关闭，只会越开越大。我们将继续同各国加强宏观政策协调，维护全球产业链供应链顺畅稳定，推动世界经济早日走出危机阴影。继续推进高质量共建"一带一路"，深化与沿线国家务实合作，实现互利共赢。继续优化贸易和投资环境，增加优质产品和服务进口，进一步缩减外资准入负面清单，维护外资企业合法权益，持续打造市场化、法治化、国际化营商环境。继续积极参与国际抗疫合作，合力应对这场突发重大公共卫生事件，推动构建人类卫生健康共同体。中国将把科技自立自强作为国家发展的战略支撑，也将以更加开放的思维和举措推进国际科技交流合作，促进科技成果更好造福全人类。

何立峰参加开幕式。

本届中国发展高层论坛由国务院发展研究中心主办，主题是"迈上现代化新征程的中国"。国内外专家学者、企业家、政府官员和国际组织代表通过线上线下结合方式参加了开幕式。

第一篇

"十四五"规划
与 2035 年远景目标

迈上现代化新征程的中国

马建堂

国务院发展研究中心党组书记、论坛中方主席

"东风好作阳和使，逢草逢花报发生。"在这东风吹绿、春和景明之际，我们如约相聚在中国发展高层论坛2021年年会，通过"云端"相会。论坛的顺利举办，离不开国内外企业界、国际组织、学术界的积极参与，离不开中国政府领导人和有关部门的大力支持。在此，我谨代表国务院发展研究中心，对与会的各位嘉宾，表示热烈的欢迎和衷心的感谢！对论坛的各位新老朋友，致以亲切的问候！

回首过去一年，中国经济既面临惊心动魄的风险挑战，也有迎难而上的砥砺前行，更有世人瞩目的巨大收获。习近平主席带领中国人民，克服新冠肺炎疫情肆虐、世界经济深度衰退的多重影响和持续冲击，疫情防控取得重大战略成果，高质量完成脱贫攻坚目标任务，在全球主要经济体中率先实现经济正增长，为稳定全球供应链和世界经济做出了积极贡献。同时，面对逆全球化挑战，中国主动加大对外开放力度，签署了《区域全面经济伙伴关系协定》（RCEP），达成了中欧双边投资协定，积极支持多边主义国际体系，推动人类命运共同体的稳步构建。

2021年，中国共产党将迎来百年华诞，中国将全面开启"十四五"规划，乘势而上迈向现代化新征程。当前，世纪疫情与百年变局交织，世界经济面临前所未有的挑战，但和平与发展的时代主题没有变，经济全球化的历史潮流没有变，各国人民合作共赢、携手应对共同挑战

的期待更强烈，克服种种困难后的世界前景也必将更美好。

展望"十四五"，中国将立足新发展阶段、贯彻新发展理念、构建新发展格局、推动高质量发展。中国 14 亿多人口、4 亿以上中等收入群体构成的超大规模市场和内需潜力将充分释放，为各国提供更多发展机遇。中国将在更高起点上推进改革开放，助力世界经济复苏和增长，为中国与世界各国合作共赢，开辟更广阔的空间，书写更精彩的华章。

改革开放四十多年来，中国与世界经济已经深度融合，休戚与共。中国对世界的影响，从未像今天这样全面、深刻、长远；世界对中国的关注，也从未像今天这样广泛、深切、聚焦。本届论坛以"迈上现代化新征程的中国"为主题，围绕中国"十四五"规划框架与 2035 年远景目标、扩大高水平对外开放、促进经济社会全面绿色转型等一系列重大议题展开深入探讨。我相信，本次论坛一定会激发大家的深度思考，定会奉献一场精彩纷呈的思想盛宴。

中国有句古语，叫作"二人同心，其利断金；同心之言，其臭如兰"。相信通过与会嘉宾深入坦诚的交流，本次论坛一定会为中国和世界的繁荣发展凝聚更多共识，献出更多智慧！

最后，预祝本届论坛取得圆满成功！

谱写投资新篇章

齐普策

宝马集团董事长、论坛外方主席

我很荣幸能担任今年中国发展高层论坛的外方主席，感谢组织方的辛勤付出。回首 2020，我想我们都会有着相同的感悟。

——新冠肺炎疫情加剧了全球经济的结构性变革。

——极具韧性的商业模式正推动着经济复苏，特别是在数字经济时代。

——中国再一次率先走出危机。

中国政府行之有效的危机管控机制及帮扶政策为确保长远增长奠定了坚实基础。借此机会，我向参与其中的各个机构、部门表示诚挚的感谢。

展望 2021，我们有理由转趋乐观。今年是中国"十四五"开局之年，（中国）正昂首阔步迈入建设现代化国家新征程。我今天想以《谱写投资新篇章》为题同各位分享我的所思所想。

在起笔谱写这一篇章时，我们要明确，什么将会继续，而什么将会改变。

首先，让我们一起思考，哪些因素会影响筹谋？

其一，世界经济的增长态势将会延续。这是由于人类社会对繁荣和福祉的渴求更胜以往。随着中国中等收入群体的不断扩大，对高质量、创新型产品和服务的需求也将不断扩增，这将成为带动增长的重要诱因。

其二，中国的重要性不言而喻。当中国开启现代化国家建设征程时，会对整个世界产生影响。

其三，我们见证了中国逐渐成为应用数字科技的全球先锋，不单单是出于工业的转型升级的需要，更是着眼于改善人民的生活品质。

其次，这些因素会对我们的未来产生持续的影响。接下来，我想谈谈两点不一样的地方。

第一，可持续发展将成为全球共通的新话题。

第二，国际合作与多边主义亟待提升至新的高度。

关于第一点，回顾历史可以发现，人类经济的飞跃往往是以牺牲环境为代价的。我们的每一次消费带来的都是环境的损耗。而如今，我们有机会让这样的因果关系发生历史性改变。

中国、欧洲、美国，全球三大主要经济体均把可持续发展作为国家议程的重中之重。

过去，我们的思考模式曾是如此线性，先是生产，然后使用，最终丢弃。未来，我们的思考模式应当是全周期式的，循环经济能够帮助我们解决环境保护和资源消耗不可兼得的困局。全世界对于"绿色科技"的需求将会带来新的增长机遇。

最后，我想谈谈合作，这也是我以上发言的落脚点。

站在历史的十字路口，我们不禁要想，未来的世界是该向着全球化、互联互通、多边主义的方向发展，还是以区域化为主，以邻为壑，单边主义盛行的时代？

我认为，对于科技的不懈追求，让我们比以往任何时候都需要一个追求全球化、致力于互联互通、信奉多边主义的世界格局。

这也是我作为论坛的外方主席、作为跨国公司的董事长，以及作为欧洲公民的肺腑之言。我不愿意因为政策因素而被迫在市场中做出取舍，我希望企业做出的商业决策是基于它能切实惠及全球客户。

中国近期的对外开放政策正是秉持着这种拥抱全球化的精神，向世界释放出积极信号。

我们在中国发展高层论坛上齐聚一堂，有机会共同谱写人类历史的新篇章。

让我们齐心协力，为我们共同的未来奏响一曲朱弦玉磬般的惊世华章！

期待接下来的交流能够激发思维的火花，谢谢大家！

中美合作是解决分歧的最好方式

莫里斯·格林伯格

史带集团董事长、首席执行官，论坛第一届外方主席

我和卢迈先生从中国发展高层论坛开办就认识了，可以追溯到 20 多年前，我是中国发展高层论坛第一届外方主席，今天中国发展高层论坛已经发展得如此之大，已经成为全球商业领袖和中国政府之间的对话平台。

我们的相识也是由于基金会为中国儿童所做的工作，我们也同样支持了很多年，很多在中国农村的孩子们都从我们的工作当中受益匪浅。

当今世界应该说没有比中美关系更加重要的关系了。由于各种原因，这种关系现在已经偏离了轨道，两国都需要认识到，两国的合作是解决存在分歧的最好方式。许多美国公司在中国开展业务，对两国都有好处。史带集团在中国经营了一百多年。40 多年前，我来过中国，我也看到今天中国与我那一次去时有很大的不同，当时除了中国人保以外没有任何其他保险业，我自己的公司帮助他们成长，在全球范围内让他们了解一些行业的情况，我们帮他们培养他们的人员，今天在中国保险已经成长为非常重要的行业。我们的组织在中国也有非常重要的投资组合，多年来，通过我们为许多公司提供的资金，使得很多中国的初创公司从中受益，我希望两国能够继续相互受益，因为这样做不仅符合各自的国家利益，也能让很多其他国家受益，所以这是符合两国的国家利益的。

科学精准实施宏观政策
推动"十四五"规划纲要贯彻实施

何立峰

全国政协副主席，国家发展和改革委员会党组书记、主任

大家好！刚刚结束的全国两会审查批准了"十四五"规划纲要，我们正在组织贯彻落实。

刚才，韩正副总理发表了主旨演讲。讲话高屋建瓴、立意深远、内涵丰富，听了深受教益。按照会议安排，围绕中国"十三五"时期的宏观政策成效和"十四五"时期的宏观政策取向，我谈几点看法。

"十三五"时期是中国全面建成小康社会决胜阶段。面对错综复杂的国际形势、艰巨繁重的国内改革发展稳定任务特别是新冠肺炎疫情的严重冲击，以习近平同志为核心的党中央不忘初心、牢记使命，团结带领全党全国各族人民砥砺前行、开拓创新，坚持稳中求进工作总基调，坚定不移贯彻新发展理念，坚持以供给侧结构性改革为主线，推动高质量发展，"十三五"规划主要目标指标如期完成，重大战略任务和 165 项重大工程项目全面落地见效。

观察中国经济发展，首先要看中国自身取得了什么成就。通过实施"十三五"规划，中国的经济实力、科技实力、综合国力和人民生活水平都跃上了新的大台阶，经济总量从 2015 年的不到 70 万亿元增加到 2020 年的 101 万亿元，人均国内生产总值也达到了 1.05 万美元。创新型国家建设成果丰硕，一批重大科技成果相继涌现，科技进步贡献率超过 60%。协调发展扎实推进，粮食年产量连年保持在 1.3 万亿

斤以上，产业转型升级步伐加快，制造业增加值连年位居世界第一；1 亿农业转移人口和其他常住人口在城镇落户目标顺利实现，区域重大战略深入实施。绿色发展成效显著，污染防治力度加大，生态环境明显改善，非化石能源占一次能源消费比重提高到 15.9%。对外开放水平不断提高，外商投资准入限制措施大幅缩减，营商环境持续改善，共建"一带一路"成果丰硕。共享发展全面推进，城镇新增就业超过6000 万人，高等教育进入普及化阶段，建成世界上规模最大的社会保障体系，完成了近千万建档立卡贫困人口的易地扶贫搬迁任务，脱贫攻坚战取得全面胜利，困扰中华民族几千年的绝对贫困问题得到历史性解决，全面建成小康社会取得伟大历史性成就。

观察中国经济发展，还要看中国为世界做出了什么贡献。过去 5 年，中国坚定不移实行高水平对外开放，始终支持和维护经济全球化，与各国深化务实合作、开拓互利共赢新局面。5 年来，中国一直是世界经济增长的主要稳定器和动力源，对世界经济增长的贡献率年均在30% 以上。中国 5 年进口商品接近 10 万亿美元，是 120 多个国家和地区的最大贸易伙伴，中欧班列累计开行超过 3.5 万列。去年中国支持国际抗疫合作，向有关国家提供了 2000 多亿只口罩、20 亿件防护服、8亿份检测试剂盒。5 年来，对外直接投资 6344 亿美元，实际利用外资6745 亿美元，2020 年中国成为最大外资流入国，在全球占比达 19%。高举多边主义旗帜，签署《区域全面经济伙伴关系协定》（RCEP），如期完成中欧投资协定谈判，大力促进贸易投资自由化便利化。这些数字在世界上都是名列前茅的，中国是世界经济发展的受益者，更是世界经济发展的贡献者。

当今世界，百年未有之大变局正在加速演变，新一轮科技革命和产业变革深入发展，新冠肺炎疫情影响广泛深远，世界经济形势复杂严峻，经济全球化遭遇逆流，世界进入动荡变革期，不稳定性不确定性明显增加。中国经济已转向高质量发展阶段，发展不平衡不充分问题仍然突出，创新能力还不适应高质量发展要求，城乡区域发展和收入分配差距仍然较大，民生保障存在短板，国内疫情防控仍有薄弱环节，经济恢复基础尚不牢固。同时我们也看到，中国制度优势显著，治理效能提升，物质基础雄厚，人力资源丰富，市场空间广阔，发展韧性强劲，社会大局稳定，继续推进高质量发展具有多方面优势和条件，中国经济长期向好的基本面没有改变。

今年是"十四五"开局之年，我们已发布"十四五"规划纲要。纲要清晰描绘了2035年基本实现社会主义现代化的宏伟蓝图，同时聚焦"十四五"阶段性任务，兼顾"国家大事"与"关键小事"，从经济发展、创新驱动、民生福祉、绿色生态、安全保障等5个方面，设置了20个主要指标，提出了102项重大工程项目，体现了对立足新发展阶段、贯彻新发展理念、构建新发展格局、推动高质量发展的整体把握、系统贯彻和一体落实。我们将准确理解、牢牢把握其内涵要求，认真履职尽责，不断提高科学精准实施宏观政策的能力和水平，切实把纲要各项部署落到实处。

第一，创新和完善宏观调控，保持经济持续健康发展。巩固经济恢复性增长基础、促进经济持续健康发展，是当前世界各国都面临的紧迫任务。纲要提出，"十四五"时期，中国国内生产总值增长率保持在合理区间，各年度视情提出增长目标。今年《政府工作报告》提出经济增长预期目标为6%以上。我们将着力健全宏观经济治理体系，坚持扩大内需这个战略基点，把实施扩大内需战略同深化供给侧结构性改革有机结合起来，不断提升发展质量效益和增长潜力。保持宏观政策连续性稳定性可持续性，在区间调控基础上加强定向调控、相机调控、精准调控，重视预期管理和引导，搞好跨周期政策设计，提高逆周期调节能力，不断提高宏观调控前瞻性、针对性、有效性。今年宏观政策将继续为市场主体纾困，保持必要支持力度，不急转弯，继续实施积极的财政政策、稳健的货币政策和就业优先政策，用好改革政策，根据形势变化适时调整完善，进一步巩固经济基本盘。加快培育完整内需体系，充分挖掘国内市场潜力，紧扣改善民生拓展需求，提升传统消费，培育新型消费，发展服务消费，适当增加公共消费。促进消费与投资良性互动，加大投资补短板力度，推进新型基础设施、新型城镇化、交通水利等重大工程建设。促进国内国际双循环，协同推进强大国内市场和贸易强国建设，贯通生产、分配、流通、消费各环节，持续扩大优质产品和服务供给，推动进出口协同发展，提高国际双向投资水平，持续增强中国经济对全球要素资源的吸引力和合作能力。

第二，坚持创新驱动发展，加快发展现代产业体系。创新是引领发展的第一动力，在中国现代化建设全局中居于核心地位。纲要提出，"十四五"时期，中国全社会研发经费投入年均增长 7% 以上，力争投入强度高于"十三五"时期实际。我们将把科技自立自强作为国家发展的战略支撑，把发展经济着力点放在实体经济上，协同推进科技创新、产业升级、绿色发展和数字化转型。加快建设科技强国，强化国家战略科技力量，打好关键核心技术攻坚战，提升企业技术创新能力，激发人才创新活力，完善科技创新体制机制，促进科技创新与实体经济深度融合，培育壮大新动能。巩固壮大实体经济根基，推进产业基础高级化、产业链现代化，保持制造业比重基本稳定，发展壮大战略性新兴产业，促进服务业繁荣发展。促进发展方式绿色转型，坚决遏制高耗能、高排放项目盲目发展，推进重点行业和重要领域绿色化改造，加快发展绿色经济。大力推动数字化发展，加强关键数字技术创新应用，协同推动数字产业化和产业数字化转型，加快数字社会建设步伐，提高数字政府建设水平，建设数字中国。

第三，深入推进重点领域改革，更大激发市场主体活力。中国进入新发展阶段，深化改革面临新形势新任务。纲要提出，"十四五"时期，社会主义市场经济体制将更加完善，市场主体更加充满活力。我们将充分发挥市场在资源配置中的决定性作用，更好发挥政府作用，推动有效市场和有为政府更好结合。促进多种所有制经济共同发展，加快国有经济布局优化和结构调整，深化国有企业混合所有制改革，进一步放宽民营企业市场准入，加大税费优惠和信贷支持力度。建设高标准市场体系，开展要素市场化配置综合改革试点，依法平等保护各类市场主体产权，健全社会信用体系，形成高效规范、公平竞争的国内统一市场。维护公平竞争市场环境，实施统一的市场准入负面清单制度，强化反垄断和防止资本无序扩张，构建一流营商环境，加快推进监管能力现代化，以公正监管促进优胜劣汰。

第四，着力推进城乡区域协调发展，进一步优化发展格局。农业农村是中国现代化进程中的最大短板，新型城镇化是最大的内需潜力所在。纲要提出，"十四五"时期，中国常住人口城镇化率达到65%。我们将全面实施乡村振兴战略，深入推进新型城镇化，强化以工补农、以城带乡，健全区域协调发展体制机制。坚持农业农村优先发展，深化农业供给侧结构性改革，丰富农村经济业态，实施乡村建设行动，健全城乡融合发展体制机制，实现巩固拓展脱贫攻坚成果同乡村振兴有效衔接。推进以人为核心的新型城镇化，加快农业转移人口市民化，完善城镇化空间布局，发展壮大城市群和都市圈，促进超大特大城市"瘦身健体"，完善大中城市宜居宜业功能，推进以县城为重要载体的城镇化建设。推动区域协调发展，坚持宜山则山、宜水则水，宜粮则粮、宜农则农、宜工则工、宜商则商，深入实施区域重大战略、区域协调发展战略、主体功能区战略，支持特殊类型地区发展，在发展中促进东中西、南北方相对平衡。

第五，持续增进民生福祉，不断增强人民群众获得感幸福感安全感。民生是人民幸福之基、社会和谐之本。纲要提出的"十四五"经济社会发展 20 个主要指标中，"民生福祉"指标有 7 个，所占比重是历次五年规划中最高的。我们将坚持尽力而为、量力而行，加强普惠性、基础性、兜底性民生建设，制定促进共同富裕行动纲要，让发展成果更多更公平惠及全体人民。多措并举提高居民收入水平，持续提高低收入群体收入，扩大中等收入群体，多渠道增加城乡居民财产性收入，加大税收、社保、转移支付等调节力度和精准性，改善收入和财富分配格局。持续改善环境质量，深入开展污染防治行动，全面提升环境基础设施水平，制订和实施 2030 年前碳排放达峰行动方案，完善能源消费总量和强度双控制度。提高公共服务质量和水平，加快补齐基本公共服务短板，继续实施就业优先战略，加快健全覆盖全民、统筹城乡、公平统一、可持续的多层次社会保障体系，构建高质量的教育体系和全方位全周期的健康体系，大力发展普惠型养老服务，提升人力资本水平和人的全面发展能力。

第六，统筹发展和安全，强化国家经济安全保障。安全是发展的前提，发展是安全的保障。纲要首次设立安全发展专篇，提出粮食综合生产能力达到 6.5 亿吨以上、能源综合生产能力达到 46 亿吨标准煤以上。我们将强化经济安全风险预警、防控机制和能力建设，实现重要产业、基础设施、战略资源、重大科技等关键领域安全可控。着力维护粮食安全，深入实施藏粮于地、藏粮于技战略，严守 18 亿亩耕地红线，实施黑土地保护工程，开展种源"卡脖子"技术攻关，确保口粮绝对安全、谷物基本自给、重要农副产品供应充足。着力维护能源资源安全，坚持立足国内、补齐短板、多元保障、强化储备，完善产供储销体系，增强能源持续稳定供应和风险管控能力。着力维护产业链供应链安全，提升产业基础能力和产业链水平，增强产业体系抗冲击能力。着力维护金融安全，健全金融风险预防、预警、处置、问责制度体系，守住不发生系统性风险的底线。

第七，实行高水平对外开放，开拓合作共赢新局面。中国开放的大门不会关闭，只会越开越大。纲要提出，"十四五"时期，对外开放将迈出新步伐，更高水平开放型经济新体制基本形成。我们将实施更大范围、更宽领域、更深层次对外开放，依托中国超大规模市场优势，促进国际合作，实现互利共赢。推进贸易和投资自由化便利化，促进进出口稳定发展，进一步缩减外资准入负面清单，落实准入后国民待遇，完善自由贸易试验区布局，稳步推进海南自由贸易港建设。推动共建"一带一路"高质量发展，加强发展战略和政策对接，推进基础设施互联互通，积极发展"丝路电商"，深化国际产能合作。积极参与全球治理体系改革和建设，维护和完善多边经济治理机制，推动商签更多高标准自由贸易协定和区域贸易协定，推动共建人类命运共同体。

今年前两个月，中国经济运行总体保持了持续恢复、稳中向好的发展态势，消费、投资、进出口和规模以上工业增加值、服务业生产指数等主要指标都保持了同比30%以上的增长，发用电量、铁路日装车量等经济先行指标也保持快速增长，制造业和非制造业采购经理指数（PMI）持续处于扩张区间。这既说明中国的宏观政策是有效的，也说明中国企业适应形势发展变化的能力很强、中国经济发展的韧性很强、中国经济增长的后劲很强。中国经济已深度融入全球经济，中国的发展是世界的机遇，将为国内外投资者提供广阔的合作空间。我们衷心希望也非常愿意与国际国内各界朋友一道，在开放中创造机遇，在合作中破解难题，携手创造更加美好的明天。祝本届年会取得圆满成功！

"十四五"时期的宏观政策取向

阿克塞尔·冯·托森伯格

世界银行运营常务副行长

中国发展高层论坛长期以来一直是交流思想的重要年度聚会，今年发展论坛召开的时机对于中国乃至世界经济来说都是至关重要的。感谢卢迈和发展高层论坛团队的邀请。

两周前李克强总理向全国人大作了《政府工作报告》，公布了未来五年政府的主要目标。我想简要地谈谈"十四五"规划及其对中国的发展前景、世界经济和国际社会能否战胜新冠肺炎疫情并走上新型、绿色、更可持续的增长之路的意义。

第一，我向中国政府就"十三五"规划的成功实施表示祝贺，其取得了显著成就，包括消除了绝对贫困，在减少污染和减少二氧化碳排放方面取得了实质性进展，为金融部门去风险化做出了努力。在这三个领域里，"十四五"规划都提供了机会，我们期待着在不久的将来了解详细的实施计划。

第二，新冠肺炎疫情带来了更多挑战，使宏观经济再平衡方面取得的一些进展出现倒退，在疫后复苏期间需要对此加以注意。具体来说，中国或许不应过早退出经济刺激措施，尤其是财政刺激措施，以便支持向更多依托国内消费为基础的增长转型的目标，并防范 2020 年再度出现的外部失衡进一步加剧。

在这方面，我注意到"十四五"规划特别强调以消费为基础的增长，但我认为《政府工作报告》提出的措施可以将更多重点放在解决造成中国国内储蓄率过高的结构性原因上。正如去年我在发展高层论坛上的讲话中所强调的，我们认为中国有财政空间可以在促进消费方面做得更多，比如统一社会保障体系和增加社会救助转移支付。"十四五"规划提到了这些改革方向，但细节比较有限。也可以鼓励加快工资增长，国内消费的强劲增长有助于减少外部失衡，使中国成为全球复苏的"火车头"。

第三，或许也是最重要的一点是气候变化。在国际社会为在格拉斯哥举行的《联合国气候变化框架公约》缔约方大会（COP 26）和今年晚些时候在昆明举行的联合国《生物多样性公约》第十五次缔约方大会做准备时，中国的"十四五"规划提供了一个重要机遇，可以勾勒出实现习近平主席去年承诺的减排目标的具体行动设想。

通过修订《中国国家自主贡献》，特别是通过加快减少煤炭消费的能源转型，提高短期气候雄心既是可能的，也是可取的。虽然 2021 年的《政府工作报告》表示了中国对清洁能源的承诺，但可以更明确地提出逐步淘汰煤炭并用清洁能源替代煤炭的计划。在这种情况下，应当研究在推动扩大可再生能源产能的同时暂停新建燃煤电厂投资的经济可行性和技术可行性。需要推进结构性改革以加快进展速度。比如允许电力系统经济调度，将碳排放权交易系统从电力行业扩大到其他行业，在国家、省和产业层面引入硬性排放上限。

雄心勃勃的气候行动不仅是逐步减少碳排放。在中国过去十年建立的强大技术能力、巨大的国内市场以及预计未来十年全球绿色技术需求加速的基础上，这也是中国将自己定位为绿色创新领导者的重大机遇。

我不想忽略我们所有经济体进行必要转型所带来的挑战。确保公正过渡对于将公众对气候行动成本的关切转化为公众支持至关重要。

解决能源和重工业面临的潜在资产搁浅风险问题，对于气候转型吸引商业融资和减轻金融风险至关重要。在遭遇疫情期间金融系统不得不吸收的冲击之后，这些问题显得越发重要。但是，全球复苏努力也为我们提供了独特的机遇，可以将经济刺激措施与加快更换老旧污染资产和创造绿色和可持续就业机会结合起来。

新冠肺炎疫情提醒我们，在变化无常的大自然面前，我们彼此休戚相关，我们的社会和经济十分脆弱。在世界银行，我们将这一提醒作为一个机遇，加倍努力和扩大气候融资规模。我们最近把气候协同效应目标提高到世行集团贷款总额的35%，即每年约300亿美元。中国始终是我们这一努力中的重要合作伙伴。我希望在未来几个月里，我们能够共同努力，确保21世纪20年代被铭记为人类果断应对气候变化风险并在国际合作中找到新目标的十年。

扩大高水平对外开放

钱克明
商务部副部长

很高兴受商务部王文涛部长委托，来参加今天的论坛，与各位新老朋友交流。

中央提出，要推动形成以国内大循环为主体、国内国际双循环相互促进的新发展格局；新发展格局决不是封闭的国内循环，而是开放的国内国际双循环。今年两会期间，李克强总理在《政府工作报告》中对实行高水平对外开放、构建新发展格局做了部署。刚才，韩正副总理发表重要讲话，再次强调了构建新发展格局要推进高水平对外开放。下面，我就新发展格局下的高水平对外开放，从三个方面与大家分享认识和体会。

一、新发展格局下为什么要实行高水平对外开放

关于新发展格局，中国领导人反复强调，决不是封闭的国内循环，而是更加开放的国内国际双循环，不仅是中国自身发展需要，而且将更好造福各国人民，但一些媒体、智库仍然存在误解和误读，认为中国构建新发展格局就是要走向孤立、走向封闭的自给自足，一些跨国公司也心存疑虑和担心。我想说的是，对外开放政策已经成为中国长期坚持的基本国策，它是基于对历史兴衰规律的认知，特别是基于对中国近代封闭落后以及 1978 年以来改革开放发展的正反两方面经验教训的总结，同时也是基于对未来开放型世界经济发展趋势的坚定信念。立足新发展阶段，实行高水平的对外开放，对构建新发展格局具有十

分重要的意义。

首先，高水平对外开放将为畅通国内大循环提供新支撑。构建新发展格局，畅通国内大循环，要求形成强大的国内市场。随着居民生活水平提高、产业升级步伐加快，对高端消费品、能源资源、装备制造等产品的需求逐年增加，但优质供给不足，供需存在缺口。去年，中国进口（额）14.2 万亿元人民币，其中消费品近 1.6 万亿元。近年来，能矿产品、农产品进口不断增长，2020 年进口原油和天然气近 1.5 万亿元，铁矿石 0.8 万亿元，农产品约 1.2 万亿元。同时，畅通内循环要求破解难点、打通堵点、补上断点，破除妨碍生产要素市场化配置和商品服务流通的体制机制障碍。破解这些问题，就需要通过高水平开放倒逼深层次改革，进一步畅通供给渠道，促进供需匹配，形成高效规范、公平竞争、充分开放的国内统一大市场，实现更高水平的国内市场动态平衡。

其次，高水平对外开放将为参与国际竞争合作塑造新优势。以前，中国主要是依靠国内廉价劳动力以及市场和资源"两头在外"的方式参与国际循环，产业竞争力有了很大提升，但也依然存在创新能力不足等短板。当前形势有了很大变化，中国要素禀赋和比较优势发生调整，通过外循环集成全球优质资源、优化要素配置、推动高质量发展的要求更加迫切。根据世界经济论坛的最新评选，在全球 69 家领跑第四次工业革命的"灯塔型企业"中，在中国投资的企业达到 21 家，占 30%。其中，不少都是今天在座的全球知名跨国企业。未来中国构建新发展格局，需要通过更优的环境、更低的门槛，吸引和留住更多的高质量外资，持续引进高端创新要素，推动产业链供应链优化升级，提升参与国际合作和竞争的能力，打造发展新优势。

最后，高水平对外开放将为构建开放型世界经济做出新贡献。目前，各国都在努力控制疫情、促进经济恢复。前不久，OECD（经济合作与发展组织）发布了最新报告，预计今年世界经济增速将达到5.6%，各界都展示了乐观预期。但我们都知道，要实现这样的增长愿景，离不开一个开放合作的国际环境。一段时间以来，全球化遭遇逆流，单边主义、保护主义破坏国际秩序和国际规则，全球经济治理体系面临重构，增添了世界经济复苏的不确定性。在这一环境下，中国率先控制疫情、坚持开放发展，对世界经济的贡献超过1/3。放眼未来，中国的发展离不开世界，世界的繁荣也需要中国。中国推动高水平对外开放，以实际行动反对搞割裂贸易、投资、技术的高墙壁垒，既是降低外部环境不确定性、推动中国经济发展的内在需要，也将有利于世界经济发展，推动构建人类命运共同体，对于中国和世界来说是双赢的。

二、如何推进高水平对外开放

下一步，我们将坚持实施更大范围、更宽领域、更深层次对外开放，依托中国大市场优势，促进国际合作，实现互利共赢。商务部将围绕自身职能，具体做好以下五个方面的工作。

（一）降低准入门槛。我们已出台外商投资准入负面清单，2020年全国版 33 条、自贸试验区版 30 条、海南自由贸易港版 27 条。有些在华的跨国公司和商会反映，中国还存在"准入不准营"的问题，针对所反映的问题，商务部已会同相关部门采取了专门行动，截至2020年底共清理了 400 多部与外商投资法不符的法规、规章与规范性文件。下一步将推动落实好这三张负面清单，清理负面清单之外的限制措施，真正实现"非禁即入"；同时将继续缩减外商投资准入负面清单，制定服务贸易负面清单，有序推动服务业开放，落实好新版鼓励外商投资产业目录，让外资准入的门槛越来越低。

（二）做实开放平台。目前，我们有 21 个自贸试验区、（1 个）海南自由贸易港，以及 217 个国家级经开区，要充分发挥这些开放平台的引领、带动作用，加大压力测试，推进自主改革；更好发挥进博会、广交会、服贸会、投洽会、消博会等重要展会平台作用，支持各国企业拓展中国商机。

（三）加快制度型开放。我们将继续对接国际高水平经贸规则，将开放的重点由消除阻碍商品和要素流动的"边境"壁垒，转向减少"边境内"障碍，推动规则、规制、管理、标准等制度型开放。比如在加快内外贸制度体系对接方面，要促进内外贸法律法规、监管体制、经营资质、质量标准、检验检疫、认证认可等衔接，推进同线同标同质等。

（四）优化营商环境。营商环境一直是大家很关心的问题，也是我们一直努力的重点内容。我们将进一步打造市场化、法治化、国际化的营商环境，深入开展贸易和投资自由化便利化改革创新，继续完善公开透明的涉外法律体系，维护外资企业合法权益，以优质服务营造良好环境，使各国企业在中国更加省心、放心、安心地发展，更好地共享中国发展红利。

（五）深化开放合作。去年我们在自贸协定谈判方面取得了很大进展，我们将推动 RCEP 尽快生效实施，推动中欧投资协定早日正式签署，加快推进中日韩等自贸协定谈判进程，习近平主席宣布了积极考虑加入 CPTPP[①]（《全面与进步跨太平洋伙伴关系协定》），我们将加紧开展相关工作。今年是中国加入世贸组织 20 周年，我们将继续积极参与世界贸易组织改革，维护多边贸易体制。我们还将推动共建"一带一

---

① 习近平：《携手构建亚太命运共同体 —— 在亚太经合组织第二十七次领导人非正式会议上的发言》，《光明日报》2020 年 11 月 21 日第 2 版。

路"高质量发展，持续深耕经贸合作，构筑互利共赢的产业链供应链合作体系。

三、新发展格局下高水平对外开放会带来哪些变化

新发展格局下的高水平对外开放，将进一步促进中国与世界市场相通、产业相融、创新相促、规则相联，为世界各国和跨国公司发展带来更大机遇，具体表现在以下四个方面。

（一）市场相通中共享更大机遇。今天参会的企业家应该都有感受，在参与国际大循环过程中，中国过去更多发挥了世界工厂的作用，今后作为世界市场的作用将更加突出。随着构建新发展格局的深入推进，巨大消费潜力将进一步释放。比如，根据中国汽车工业企业协会预测，2035 年中国汽车销量将达 3000 万辆，这将为包括戴姆勒在内的外资车企发展提供广阔空间。另据估计，未来 5 年，中国商品进口规模有望超过 10 万亿美元，服务进口规模有望达 2.5 万亿美元。实行高水平开放、构建新发展格局，将发挥中国大市场优势，为全球贡献巨大的增长动能，让更多企业和民众从中国开放发展中获益。

（二）产业相融中共筑更有韧性的供应链。2020 年，在全球直接投资大幅下滑的背景下，中国吸收外资同比增长 4.5%，成为全球引资第一大国，包括雀巢在内的一大批食品、医药、汽车等大项目落地，花旗、万事达也在深化在中国的金融合作。同时，中国积极开展国际产业合作，2020 年对"一带一路"沿线国家和地区非金融类直接投资逆势增长 18.3%。未来我们实行高水平对外开放、构建新发展格局，积极锻长板、补短板，提升产业链供应链现代化水平，就是要继续坚持推动国际产业安全合作，与各国一道，共同推动形成具有更强创新力、更高附加值、更富有韧性的产业链供应链，促进全球供需实现动态平衡。

（三）创新合作中激发更强增长活力。当前，中国数字化、智能化应用水平不断提升，正在成为各种创新成果不断涌现的热土，也为各国企业提供了最佳应用场景。2020年全球创新指数排名中，中国位列第14位。跨国公司在华投资地区总部和研发中心超过2000家。这些都反映出中国创新环境明显优化，成效逐步显现，新动能不断增强。未来我们实行高水平对外开放、构建新发展格局，将为各国企业在华投资提供更好的环境和更优的服务，加大知识产权保护力度，加强国际科技交流合作，在开放条件下促进科技能力提升，让创新源泉充分涌流、成果互惠共享。

（四）规则相联中贡献更多开放智慧。改革开放40多年来，中国不断以开放促改革，促进国内国际经贸规则的衔接。同时，中国提出"一带一路"倡议，积极参与世贸组织改革，同更多国家商签高标准自贸协定，积极推动国际抗疫合作，为国际社会提供了越来越多的国际公共产品，为完善全球经济治理做出了积极贡献。未来我们实行高水平开放、构建新发展格局，将进一步推动制度型开放，提升开放的系统性、整体性、协同性，形成更高水平的开放型经济新体制，为完善高标准国际经贸规则、完善更加公正合理的全球经济治理体系提供更多中国方案。

中国经济发展与世界经济息息相关、相互促进。迈上全面建设社会主义现代化国家新征程，我们将深入贯彻中央决策部署，实施高水平对外开放，加快构建新发展格局，以高水平开放推动高质量发展。在这一新的征程上，我们欢迎各国企业拓展对中国的贸易与投资，开拓中国市场，在构建新发展格局中发挥更大作用，共创机遇、共享繁荣。

以全球开放市场，促进经济复苏

安赫尔·古里亚

经济合作与发展组织秘书长

在这疫情下的关键时刻，我很荣幸参加 2021 年中国发展高层论坛。

经济合作与发展组织（OECD）最新的《中期经济展望》（Interim Economic Outlook）显示，全球经济前景在近几个月有了大幅度的改观，这受益于各国部署疫苗，同时很多国家推出额外的财政刺激。

我们预测 GDP 增长会在 2021 年实现 5.5%，2022 年 4% 的增长；我们认为全球的产出会在 2021 年中期达到疫情前的水平。中国的经济复苏更加强劲，我们预计 2021 年 GDP 增长会达到 7.8%，2022 年实现 4.9% 的增长，成为全球经济复苏的主要动力之一。

尽管如此，疫情还是导致许多死亡悲剧。最新数据显示，现在已经有 270 万人死亡（2021 年 3 月数据）。同时，疫情尤其影响到了弱势群体，并可能加剧国家内部和国家之间的社会不平等。

在此背景下，贸易、投资的全球开放市场将会发挥重要作用，以确保我们应对危机有强劲的韧性。我们要保持国际贸易和投资畅通，既保障必需品供给，又提振企业信心。我们不能忘记：在过去几十年里，贸易和投资的开放，帮助我们实现了几亿人摆脱贫困。

在 2020 年，全球价值链对满足关键商品不断增长的需求至关重要，尽管出现了一些暂时短缺。值得注意的是，从 2020 年 1 月到 3 月，中国的口罩生产能力增长了 10 倍，整个 2020 年，中国出口了 2200 多亿个口罩，按照中国之外的人口计算，这将近于人均 40 个！

在疫情后经济复苏的过程中，OECD 的建议是明确的：采取有利于贸易和投资的政策，促进公平竞争，减少一些冗长的政府繁文和程序。接下来，让我简要描述一些我们认为特别重要的行动领域。

第一，中国需要特别重视服务行业的发展。服务业创造了一半的 GDP 和一半的就业。经济合作与发展组织（OECD）的服务贸易限制指数（STRI）显示，中国在 2014~2020 年是改革最积极的国家。例如，中国降低了外资进入寿险行业的门槛，并通过了一部新法律巩固了外资投资的监管框架。

尽管如此，仍有采取更多措施的空间：在 STRI 所涵盖的 22 个行业中，有 19 个行业的限制性程度高于平均水平。

第二，全球的政府都专注于完善国内的政策，让开放市场的福利更能够惠及人民。这包括投资于教育、技能、创新、基础设施，改善劳动力市场和金融体系运作的政策、有效的公共机构以及稳定且可预测的法治。通过简化和数字化海关程序，政府还可以减少强加给个人和公司的不必要成本。

第三，充分发挥企业在复苏中的作用，同时确保企业关注环境和社会影响也非常重要。各国政府应支持这些做法，并在自身涉及商业的相关活动中以身作则。中国和经合组织共同倡导负责任商业行为，我们也应继续在这一领域开展工作。

第四，国际合作是帮助我们摆脱危机的关键。例如，它在确保公平获得诊断、治疗和疫苗方面至关重要。总的来说，它有助于避免和解决争端，建立公平和可预测的规则。我们需要利用所有国际合作工具：无论是具有法律约束力的协议（多边 / 世贸组织、区域或双边）、自愿性的指南和行为准则，还是提高政策透明度的共同承诺，以及促进国际监管合作对话。

国际合作也是确保技术转让和知识产权问题得到解决的关键。所有企业 —— 无论其所有权如何 —— 都遵循企业行为和治理方面的高标准。国际合作还能确保尊重劳工和环境标准，透明和公平的跨境税收安排，打击腐败以及金融市场有效运作。

一些经合组织成员国就其中某些问题对中国表示关切。经合组织的标准可以用来帮助解决其中许多问题，同时经合组织作为国际合作的重要论坛，可以促进各国与中国的建设性对话。

这在 G20 的框架下已经是现实了，在 2016 年中国担任 G20 主席国期间，我们与中国开展了强有力的合作，提出了利用创新和数字转型的全球议程，并推动了基础设施建设、国际税收和打击海外贿赂等方面的进展。

正如大家所知，这将是我最后一次以经合组织秘书长的身份参加中国发展高层论坛。经过 15 年的工作和 3 届任期，我将于今年 6 月 1 日离开经合组织。我想借此机会感谢你们多年来的友谊和支持，这种关系超越了私人关系。20 多年来，经合组织和中国进行了卓有成效的政策对话，我相信这种合作将在未来的岁月中继续并深化。

投资新机遇与资本市场角色

黄朝晖

中国国际金融股份有限公司首席执行官

从"十四五"规划初步内容来看，规划全面而具体，提出了中国多方面的发展目标及路径，令人振奋。今天我想结合"十四五"规划谈谈对未来五年投资机遇的理解，以及我们对资本市场作用的认识。

我想谈四个方面的投资机遇。

一是科技创新。科技创新对中国下一步发展的重要性再怎么强调都不为过，大国博弈升级和关键技术领域的"卡脖子"问题，也让我们更加意识到自主创新的重要性。一方面，未来创新的重要方向可能包括产业链中未来影响面广，与世界前沿仍存在很大差距的领域，例如半导体、云计算等。这种基础硬件和软件是数字经济的核心层，这些领域的创新突破往往具有牵一发而动全身的影响。另一方面是以互联网平台为代表的应用层，包括人工智能等，应用层最体现数字经济特征，其价值在于以海量数据为生产要素，让供给精准满足需求的同时还能创造新需求。

二是产业升级，尤其是制造业升级。中金公司的研究显示，制造业升级在过去十年已经发生，中国对几乎所有中高附加值的制造业进口依赖度都在减小，部分领域已经涌现出世界领先的优秀制造业企业。去年疫情使不少人担心产业会转移出中国，但事实上中国巨大的内需市场、齐全的产业链、领先的基础设施以及人才红利等产业优势明显，未来可能会在更多制造业领域进一步体现，包括汽车、新能源汽车产业链、工程机械、医疗器械、医药等。

三是消费。中国人均 GDP 迈过 1 万美元关口，中国可能逐步成为全球最大的单一消费市场。我们从身边的观察可以感受到，随着收入水平的提高，老百姓们在"衣、食、住、行、康、乐"等领域的消费，都在朝着"更舒适、更便捷、更清洁、更健康、更美观"的方向升级。同时伴随着互联网技术的发展，这些趋势综合起来，诞生了很多消费新产品、新品牌、新模式，继续孕育较多的投资机会，我就不再一一举例。

四是绿色发展和碳中和。欧盟、美国和中国相继提出 2050 年和 2060 年的"碳中和"目标，世界三大经济体同时聚焦反映了此问题的急迫性。实现碳中和，对中国既是挑战，也是机遇。中国对传统能源依赖度较高，低碳化趋势对中国发展转型带来较大挑战；但如果能够实现，也将大幅降低中国对传统化石能源的依赖度，在国际上大幅扭转中国高度依赖传统能源进口的局面。同时，中国在光伏、锂电等部分新能源制造领域已经具备一定的优势和基础，可能也会从中受益。

作为有投行背景的参会者，结合多年来在资本市场一线工作的体会和思考，我深刻感受到要把机遇落地成为产业化、规模化的成果，资本市场发挥着至关重要的作用。

一方面，要实现经济转型升级以及创新驱动发展，离不开大力提升股权融资比重。必须建立以直接融资为主导，流畅的市场化、体制化的宏观资本补充渠道，发挥资本市场在资源配置方面灵活高效、激励相容的优势，才能承接住前面说到的众多机遇。

另一方面，资本市场的市场化改革和对外开放相辅相成。资本市场是全球性的、高度竞争的市场，我们要坚定不移推进改革，把中国资本市场做大、做深、做强，一来有助于留住优质科技创新企业，让中国投资机构和百姓分享这些企业的成长红利;二来能够吸引更多的国际投资者到中国进行直接投资,利用全球的资金支持中国的发展,这也是"双循环"发展格局的重要组成部分。

我们相信,中国将继续呈现多方面的投资机遇,是全球最值得投资的市场之一。中金公司也将发挥我们资本市场综合金融服务和跨境业务方面的优势,为企业、境内外投资机构等资本市场参与者提供全方位的优质服务。以上分享抛砖引玉,非常期待今天会上大家更为深入的讨论。

弥合投资中国的信息鸿沟

鲍勃·普林斯

美国桥水投资公司联席首席投资官

非常高兴能够与中国以及中投有非常长期的关系，我们也非常愿意帮助中国实现"十四五"规划的目标。

我们在中国投资已经很多年了，多年来，我们一直鼓励我们的客户积极地投资中国，并且也提供了一些渠道，帮助他们能够安全、有回报地进行投资。我们的客户包括全球最大的机构投资者、主权基金、退休基金，我们也非常愿意更好地去了解他们所做的工作和他们的期待。在我们近期的一个研究当中——一共包含 100 个最大的客户，他们也是全球最大的投资者——有 79% 的机构都表示，今年投资中国对他们来说是一个非常重要的工作，28% 的机构认为投资中国是他们的第一要务。所以，显然现在有非常良好的环境可以提高对中国的投资。但他们在中国的投资还是非常低的。如果我们来看中国的开放程度，中国市场的进入渠道有了很大的扩展，但是我们估计只有 1/10 的机会得到了利用；如果我们来看中国在全球指数当中的地位，中国在全球 GDP 权重占 20%，也是全球第二大的股市和债市，但是这个债市指数只是占了中国权重的 5%，是非常低的，所以有很多的投资障碍。我想这些障碍和壁垒非常值得深入研究。当然现在我们也在这样做，我们与这些投资者面对面交流，帮助他们更好地理解中国的市场。和他们交流的时候，我们觉得投资中国的逻辑是非常清楚的，是多样化非常重要的来源，因为中国是一个很大的经济体，中国和全球经济的关联要远低于其他的经济体，且和市场的关联更低。人民币是全球货币信贷的三大货币之一，有以美元为基础的，有以欧元为基础的，也有以人民币为基础的货币信用体系，这三个体系对全球的影响都相当大，其实人民币的体系对全球 GDP 的增长几乎是美元和欧元的 2 倍。这样一个独立的货币和信贷体系能够为多样化提供一个结构性的机遇，这也得到了债市和股市低相关性的证实，现在收益更高了。特别是在美元和欧元市场，中国经济转型带来很大的潜力，尤其对于股市投资者，所以投资逻辑是非常清晰的。

我们在理解投资的意愿和投资行动之间差异的时候，发现要关注两类。首先是主要的投资者、首席投资官，他们显然看到了投资的逻辑，但是他们有个董事会是要负责的，这个董事会对于在中国投资了解更少，更容易受到政治的影响，所以这里有一个信息鸿沟。一方面是中国希望吸引投资者，另一方面是投资者对于中国的了解，弥合这样的鸿沟，对中国非常有益，对那些投资者也有很大的益处，所以必须要加强了解，并且弥补这样的信息鸿沟，我觉得这是非常重要的一步。

推动银行业保险业高水平对外开放

郭树清

中国银行保险监督管理委员会主席

很高兴出席中国发展高层论坛 2021 年年会银保监会专场圆桌会议。受疫情影响，今年会议采取了线上加线下的方式，在此特别向各位"云参会"的朋友致以问候！

过去的一年里，面对严峻复杂的国内外形势，中国经济保持了较强韧性，GDP 增长 2.3%，呈现恢复性增长和稳步复苏态势。2021 年是中国"十四五"规划的开局之年，也是中国开启全面建设社会主义现代化国家新征程的第一年。中国将继续扩大开放，着力推动规则、规制、管理、标准等制度型开放，持续营造市场化、法治化、国际化营商环境。中国金融业将继续坚定落实对外开放政策，欢迎外资机构分享中国开放的大市场和发展机遇。我们也将积极开展对话沟通，努力解决各方诉求，营造良好营商环境。

今晚，出席会议的还有我的同事，银保监会副主席周亮先生、副主席肖远企先生以及相关部门负责人，就大家关心的问题进行交流探讨。

银行业保险业全面开放新格局

周亮

中国银行保险监督管理委员会副主席

感谢主办方的精心组织，很高兴和大家交流探讨。今天参会的很多外国朋友是中国改革开放的参与者和见证者。中国始终坚持对外开放的基本国策。在金融领域，2018 年以来更是大幅放宽市场准入。金融管理和监管部门出台了 50 多条开放新措施，其中涉及银行业保险业达 34 条。目前，银保监会相关法规修订和制定工作已基本完成，新批设各类外资机构 100 多家，多个具有标志意义的外资项目落地。外资机构投资中国市场的积极性持续提高。

"十四五"期间，中国将实施更大范围、更宽领域、更深层次对外开放，促进国内国际双循环，金融开放的大门会越开越大，银行业保险业全面开放新格局将更加成熟。

我们将推动开放新措施落实落细落地。在全面实施准入前国民待遇加负面清单管理制度的同时，2021 年将进一步修订开放新措施的配套制度，简化行政许可流程，在已经批准成立中国首家外商独资保险控股公司、外商独资寿险公司、外资养老保险公司和新型的外方控股理财公司的基础上，继续引进特色化专业化的外国金融机构。

我们将优化监管规则、改善营商环境，积极支持在华外资机构高质量发展。金融开放将更加注重质量与效率，更加注重公平与透明，更加注重制度与规则，更加注重安全与稳健。我们将认真听取各方面的意见和建议，针对外资机构发展中的困难和问题，进一步优化监管规则，做到一视同仁，鼓励公平竞争和创新，打造市场化、法治化、国际化营商环境，激发市场活力。

我们欢迎外资机构积极参与中国市场，分享中国经济社会发展新机遇。中国已确立了到 2035 年基本实现社会主义现代化的目标，绿色金融、科技金融、消费金融、养老金融、风险管理、财富管理、健康保险等领域发展前景与合作空间十分广阔。我们欢迎外资机构参与中国金融市场建设。希望大家坚定信心，保持耐心，把扎根中国市场这件事做明白。期待着你们成功的故事。

建立可持续的养老制度

韦立思

英国保诚集团首席执行官

随着中国金融业的开放，决策者和企业在解决重大社会问题方面迎来了新的合作机会。中国发展高层论坛这样的峰会对话是该过程的重要组成部分。

当今最重要的挑战之一是建立可持续的养老制度，使所有中国人都能过上充实的晚年生活。我今天发言的重点是公私合营在此重要政策领域的作用。

保诚集团于 1848 年在伦敦成立，多年来在世界各地推出了开创性的养老金产品。我们认为保诚集团拥有悠久的历史，但其实在中国，致力于让老年人安享晚年生活的传统可以追溯到更久以前。早在一千多年前，中国就建立了官办养老场所，并为 80 岁以上的老年人提供物质福利待遇。那时和现在的区别是，在宋朝只有少数人可以活到我们称之为老年的那一天。

今天，中国 60 岁以上老年人至少达到 2.4 亿，是世界上老年人口最多的国家。预计在未来十几年，这一数字将上升到 4 亿。满足这么多老年人的养老需求，对任何社会都是一个挑战。在中国，由于显著的地区差异，加之老龄化过程出现在经济发展的相对早期阶段，这一问题变得更加复杂。

如今，中国的人口状况类似于 1985 年的美国或 20 世纪 90 年代的日本。但那时美国和日本的人均 GDP 都超过 18000 美元，是中国现有水平的两倍。

其他老龄化社会的一个明显教训是，可持续的养老金体系需要国家、雇主和私营机构之间的密切合作。如果要充分满足人们的退休需求，那么这三个支柱都需要稳健和平衡发展。中国三大支柱的总资产占 GDP 的比例不到 10%，而世界上最发达经济体的平均水平为 67%。在中国，第一支柱是公共养老金，占所有养老金资产的 2/3。

过去 3 年以来，保诚集团一直与国务院发展研究中心密切合作，寻找强化和平衡这些养老金支柱的方法。我们在今年的中国发展高层论坛上发表了第三份联合报告，该报告侧重于养老基金分配的重要领域。

中国老百姓喜欢储蓄，将 36% 的可支配收入储存备用。现在需要的是将这些短期现金储蓄转化为长期养老金资产。

为了加快这一进程，我们在报告中提出了政府、监管机构（包括中国银保监会）和私营机构之间进行密切合作的一些政策建议。

其中包括取消投资限制、建设养老金管理机构的能力、增加养老金参与者的选择权和决策权，以及深化和发展股票市场。综合来看，这些改革既能带来更好的养老金结果，又能为实体经济提供可观的长期投资。

尽管老龄化带来的挑战不可低估，但中国已经在建立可持续和真正包容的养老制度方面取得了长足进步。中国曾经在养老保障方面走在世界前列，我相信，只要采取正确的方法，中国能够再次做到这一点。

在过去这么多年来，在建立经济特区还有区域的集群作为创新的试验田等方面中国是非常成功的，这让整个国家都受益了；未来我们认为在金融行业领域也可以通过使用特别经济区等方式去演练一些像养老金方面的试点的想法，然后在全国进行推广。我们作为一家深耕于中国香港的跨国保险企业，在中国有非常多的业务，我们非常感兴趣参与大湾区的业务，尤其是整合的金融产品和服务。

促进外资金融机构加深对中国金融市场的参与度

祈耀年

汇丰控股有限公司集团行政总裁

非常荣幸能有此机会就这一重要议题谈一谈我的想法。中国经济发展取得了非凡的成就，银行和保险业的对外开放正是其中之一。

在中国银保监会的指导下，对外开放不断深化，不仅提升了各界对中国经济发展的信心，也更加坚定了外资金融机构对中国的长期承诺，继续支持中国金融市场不断发展和成熟。过去 40 多年来，汇丰始终参与中国的开放进程，对此我们颇为自豪。在此期间，我们支持并参与了粤港澳大湾区建设、人民币国际化以及"一带一路"倡议等。去年，在中国银保监会的带领下，汇丰和其他金融机构一起，共同参与抗击新冠肺炎疫情。

疫情期间，为了给客户提供不间断的服务，我们的同事付出了不懈努力。汇丰还捐献了人民币 6300 万元，用于支持医疗响应，保护弱势群体，并为疫情之后的经济复苏贡献力量。

展望未来，我一如既往地期待着中国金融业对外开放所带来的机遇。汇丰对支持中国对外开放和经济增长的承诺也始终如一，历久弥新。在支持国家战略的同时，我们还将着力发展财富管理、金融科技以及可持续金融等各项业务，凭借全球网络为中国客户提供更优质服务的同时，引入国际投资、经验和技术专长。

接下来我就三个方面的政策措施简短地分享一点自己的看法。希望能够借此协助促进外资金融机构加深对中国金融市场的参与度。

首先，在汇丰看来，中国有着非常明确的发展目标，使得我们能够配合中国重要发展战略投入资金和各项资源。刚才我也提到了一系列我们正在积极推进的项目。我们希望在即将落地的市场准入办法方面了解更多细节性内容，从而使外资金融机构更好地为全面参与中国金融市场制定规划。

其次，外资金融机构在治理架构和运营模式方面与中资银行存在固有差异，这也是各家外资金融机构的关注重点。尽管采取一致的监管标准非常必要，但是如果监管部门能够基于这种差异，在监管框架内酌情允许一定的弹性，将对外资机构在华发展殊有助益。

最后，尽管外资金融机构在中国市场所占整体份额较小，但是，作为跨国企业的一部分，这些机构对于千变万化的市场趋势和实践拥有广阔的视野和丰富的经验。

我确信，绝大多数外资金融机构都非常乐意在监管制度不断与时俱进的过程中贡献自己的想法和建议。因此，我们相信，如果监管部门与外资金融机构之间能够进一步强化双向沟通机制，分享观点和信息，双方都将受益颇深。

对于在华外资金融机构而言，我们正身处一个令人振奋的时代。希望我的建议能够为中国银行业和保险业的进一步对外开放尽一份绵薄之力。汇丰也将继续全力支持并积极参与中国的对外开放进程。

发展第三支柱养老保险

劳伦斯 · 芬克
贝莱德集团董事长、首席执行官

2020 年对世界来说是史无前例、充满挑战的一年 —— 一场全球性的流行病改变了我们的生活方式、经营方式以及消费方式，同时也改变了我们对储蓄、对财务状况的看法。众所周知，这场疫情对全球社会和经济产生了极深远的影响。贝莱德将一如既往地帮助我们的客户建立一个可期的财务未来，令他们可以安享晚年。中国在世界上扮演着特殊的角色。中国有着浓厚的储蓄文化意识，很多中国民众选择储蓄，但还未意识到要为养老而投资。放在银行储蓄账户的钱，不会像投资于金融市场所可能取得的投资回报一样多。这样的养老问题是全世界共同面临的问题。

我很高兴地看到，中国领导层和中国银行保险监督管理委员会认识到了在这一重要议题上采取行动的必要性。由于我们对养老的关注度较低，养老未来将成为世界上最大的危机之一。我们花了很多时间谈论医疗保健，这在此时此刻当然重要，但我们并没有把重点放在关注寿命延长和养老储蓄的需求上。

对于中国在养老方面的进展，全球投资人都有着热切关注并积极参与其中。我为全球的保险公司和银行对此的广泛关注而深感鼓舞。

此外，中国第三支柱养老金融方面的改革是全面性的改革，能够让个人的储蓄方式进行更大的转变，这将会为几亿人带来希望和保障，让他们能够很好地安度晚年。

对于贝莱德，我们希望通过合资理财公司和公募基金管理公司牌照来提供支持。我们与中国建设银行、淡马锡成立的合资理财公司，致力于开发新的投资产品和金融科技，构建一个健康、灵活的养老保障生态系统，鼓励投资者进行长期储蓄和建立信心。

多年来，我一直专注于长期投资。媒体和市场参与者只关注市场每天的跌宕起伏，长期投资在金融体系内不受重视，但如何为长期投资做好充分准备却是至关重要的。贝莱德一直着眼于长远，包括如何经营我们的公司，如何建立公司，如何代表客户担任企业的股东，以及如何做出投资决策。

这场疫情让我们坚信：无论是对那些计划退休的人，还是对所有投资者而言，从长计议都从来没有像今天这样重要。投资者仍需要考虑未来几个月包括全球不同的经济重启速度。我们必须关注潜在的，特别是美国的通胀风险，以及在新一届政府下美国政策的发展。

我有信心，我们能够创造一个更有成效和更具韧性的未来。我相信未来我们能够使更多的民众摆脱贫困，进入中产阶级的生活。我相信中国可以在这一进程中以及在全球的金融方面发挥更重要的作用。

金融业开放与风险防控

陈四清

中国工商银行董事长

在全国两会胜利闭幕、"十四五"规划实施开局起步之际，探讨在新发展格局下，金融业开放与风险防控这个主题，很有意义。我分享几点思考。

一、中国经济稳中向好，为金融业开放提供了良好环境

过去一年，在以习近平同志为核心的党中央坚强领导下，中国经济发展克服世纪疫情和世界经济深度衰退的影响，在全球主要经济体中唯一实现正增长，经济总量突破 100 万亿元。今年以来，中国经济运行延续稳中向好态势，积极因素持续增多，主要经济指标表现良好。

经济兴，金融兴；经济强，金融强。中国经济持续稳健发展的态势，为金融业开放提供了良好的外部环境；同时，金融业加快开放，也为经济高质量发展提供了新的动力。这些年，国家推进金融业开放的力度很大，在扩大市场准入和业务范围、优化营商环境等方面出台了很多政策，国际知名银行、证券、保险、支付、评级等各类金融机构纷纷在华设立独资或合资企业。特别是 2020 年签署的《区域全面经济伙伴关系协定》（RCEP），就中国金融领域开放作出新的高水平承诺，达到了已有自贸协定的最高水平。这些举措有力地塑造了更加开放、包容、竞争的金融环境，为金融更好服务实体经济提供了坚强支撑，也有效促进了金融业加快转型创新、实现高质量发展。

二、全球经济复苏并不稳定，潜在金融风险不容忽视

为应对"二战"以来最严重的经济衰退，各国出台数万亿美元救助措施，世界经济呈现"强反弹、弱复苏、不同步"特点，前景仍然存在较大不确定性，金融风险呈现新的特征。

一是金融风险的共同治理机制弱化。去年以来，各国采取了超过200 次的降息动作，但宏观经济政策协调有限。超级宽松政策虽然有助于解决短期流动性危机，但难以从根本上解决结构性失衡问题，并可能催生新一轮资产泡沫。

二是超常规政策形成长期潜在影响。全球已有近 40 个国家和地区的中央银行采取零利率或负利率政策，扭曲了传统资源配置和投资估值，增加了市场波动和信用违约概率。

三是金融风险高关联问题更加凸显。数字经济快速发展，资金流与信息流在更大范围联网，市场主体资产负债表高度关联。金融风险顺沿网络链条快速传播，产生市场共振的可能性加大。

此外，受疫情等因素影响，银行资产端收益下行，负债端成本承压，净息差持续收窄，营业收入增速放缓，叠加资本补充压力，银行可持续发展需要付出更多努力。

三、增强系统观念，以高质量风控助力高水平开放

金融业开放本身不会带来金融风险，但会提高金融风险防范的复杂性。金融机构应树立总体国家安全观，统筹好发展和安全，强化风险管理能力建设，努力以高质量风控，助推金融业高水平开放。

第一，提升风险治理能力。强化宏观经济政策研究与预判，持续完善金融机构公司治理体系和全面风险管理体系，提高数字化风控水平。加强全球系统重要性金融机构（G-SIFI）合作，完善全球风险治理合作机制。

第二，提升规范创新能力。坚守服务实体经济本源，严格遵守监管规定，按照简单、透明原则，紧贴市场主体需求，设计产品与服务。坚持全口径、全维度、全链条、全周期风险管控，实现对金融创新的完整覆盖、充分穿透、智能监控。

第三，提升应急管理能力。完善应急管理体系，优化危机识别、预警、计量、处置和恢复的全链条管理机制。做好压力测试和攻防演练，保持足够的流动性缓冲，确保极端条件下的安全稳健运行。

"十四五"时期，中国金融业进入高质量发展阶段。工商银行将秉持人类命运共同体理念，立足新发展阶段，贯彻新发展理念，坚持国际视野、全球经营，把握行业扩大开放机遇，积极对标国际国内先进同业，不断提升经营管理水平，有效防范化解风险，为构建新发展格局、推动高质量发展做出新的更大贡献。

推动产业政策转型

刘烈宏

时任工业和信息化部副部长

很高兴参加今天的圆桌会议，讨论推动产业政策转型这个题目。这个题目既具有重大的理论意义，又有很强的现实针对性。中国政府高度重视产业政策转型，2018年11月，习近平主席在民营企业座谈会上提出，要推进产业政策由差异化、选择性向普惠化、功能性转变[①]。从根本上回答了产业政策向哪里转和怎么转的问题，为我们新时期产业政策工作指明了方向。

在理论上，产业政策是一个受到广泛关注而又具有较多争论的概念。在现实中，大家对产业政策并不陌生，世界各国在经济管理工作中也都不同程度地运用产业政策。20世纪80年代中后期，中国在由计划经济向市场经济转型的过程中，学习、借鉴西方发达国家的经验和做法，引入了产业政策这一工具。在初期和众多发展中国家一样，由于产业基础薄弱，市场发育程度低，我们主要实施的是由政府主导的选择型产业政策。进入21世纪以后，随着中国加入WTO，市场化程度不断提升，国内和国际两个市场逐步打通，我们围绕在更大程度上发挥市场在资源配置中的基础性作用，对产业政策进行了一系列改革，使其向着更加开放、更加普惠、更有利于促进竞争的方向发展。

党的十八大后，中国改革进入了新时代，使市场在资源配置中起

---

① 习近平：《在民营企业座谈会上的讲话》，《光明日报》2018年11月2日第2版。

决定性作用，更好发挥政府作用，成为新时期制定产业政策的重要指导原则。产业政策转型步伐明显加快。2020 年中国工业增加值达到 31.3 万亿元，连续 11 年成为全球第一制造业大国。改革开放实现了中国与世界的双赢，许多搭上中国快车的跨国公司获得了广阔的市场和可观的效益。参加今天会议的许多跨国公司也是这一历史进程的参与者、贡献者和受益者，中国所取得的巨大发展成就，大大丰富了后发国家、发展中国家推进工业化的理论和实践，值得我们认真回顾和总结。

应该看到，处在新的历史方位，面对国内外形势的深刻复杂变化，加快推进产业政策转型已经势在必行。当今世界正经历百年未有之大变局，新一轮科技革命和产业变革加速演进，新技术、新业态、新模式不断涌现，新冠肺炎疫情影响广泛深远。经济全球化遭遇逆流，世界经济格局深刻调整，国际治理体系深度变革，经贸规则面临重塑。经过多年的持续快速发展，中国已经成为世界第二大经济体。2020 年中国国内生产总值突破 100 万亿元大关，人均 GDP 连续两年超过 10000 美元。"有没有"的问题已经基本解决，进入到主要解决"好不好"问题的阶段。高质量发展的要求日益凸显。

进入新发展阶段，贯彻新发展理念，构建新发展格局，要求工业和信息化发挥主战场、主力军作用。统筹发展与安全，进一步深化改革开放，加快转变发展方式，推进质量变革、效率变革、动力变革，着力实施创新驱动发展战略，着力提升产业链、供应链现代化水平，着力推进产业结构优化升级，着力发展数字经济，着力培育优质企业，实现更高质量、更有效率、更加公平、更可持续、更加安全的发展。这些都对产业政策提出了新的要求，产业政策的目标确定、作用范围、制定和实施过程、工具选择等也必须与时俱进，加快转型的步伐。

推动产业政策向普惠化、功能性转变。我理解的普惠化就是政策对象面对所有的市场参与者，政策红利为所有市场参与者共享。功能性就是政府角色由产业发展的主导者向市场规则的制定者，市场秩序的守护者转变。政府要更加放手放权，由入场参赛转向场外服务，充分弥补市场失灵，促进公平竞争和效率提升，实现高质量发展。

具体工作中我们将坚持六个更加注重。

一是更加注重维护市场公平竞争的法规制度建设。政府要及时制定符合产业发展规律、市场主体需要的法律法规，有效规范市场主体的行为，促进市场的有序竞争。同时，通过法律、制度来消除地区保护、区域封锁、行业垄断、企业不正当竞争等有违公平竞争的现象。

二是更加注重技术创新和知识产权保护。创新是引领发展的第一动力，保护知识产权就是保护创新，产业政策应聚焦于支持基础研究，新技术的扩散应用，实现更多从0到1的重大原始性创新和竞争前技术创新。同时，要加强知识产权保护，加大对知识产权侵权行为的惩罚力度，切实保护创新主体的积极性和合法权益。

三是更加注重培养、引进用好人才。推动产业发展，人才是关键。中国是一个人口大国，劳动力资源丰富；但现在很多企业反映熟练工人、技术人员和管理人员严重缺乏，这已经成为束缚企业发展的重要瓶颈。产业政策要聚焦市场需求，加大创新型人才、工程技术人才、新型产业人才和跨学科前沿人才培养力度，实行更加开放的政策，吸引海外高端人才和专业技术人才来华工作，激励海内外科学家、企业家和工程师等各类人才更好发挥作用。

四是更加注重绿色发展。中国政府明确提出力争2030年前碳达峰，2060年前实现碳中和，实现这一目标任务非常艰巨。产业政策必须服务和保障这一目标，要完善由市场决定资源配置的体制机制，以改革的办法形成有利于节能减排的制度与环境。

五是更加注重促进中小企业发展。中小企业是促进就业、发展经济、推动创新的基础力量，是市场主体中数量最大、活力最强的群体，同时也是抗风险能力较低的弱势群体。未来，我们的产业政策也需要在扶持中小企业方面持续发力。

六是更加注重完善公共服务体系。推进产业政策转型，本质上就是要推进政府职能转变，政府制定产业政策要着眼于提供优质高效的公共服务，充分利用各类公共资源，完善基础设施，促进信息共享，激励创新创业，为经济社会发展营造良好的环境。

中国构建新发展格局，在更高起点上推进改革开放，将为世界各国提供更广阔市场和发展机遇。过去一年，新冠肺炎疫情对全球经济造成巨大冲击，各国企业的经营发展普遍受到影响。作为全球率先控制住疫情，并实现正增长的主要经济体，中国为世界经济复苏和增长注入了更多动力。中国市场成为跨国公司稳定经营业绩的重要保障。许多跨国公司 2020 年全球销售出现了下滑，但在华销售逆势增长，取得了较好的经济效益，发展态势良好。

当前，全球经济增长面临着重大挑战，只有不断深化改革，扩大开放，加强合作，才能破解全球产业发展中遇到的各种困难和风险。作为行业主管部门，我们将立足新发展阶段，贯彻新发展理念，构建新发展格局，积极推进产业政策转型，营造更加公平、开放、透明的竞争环境，为各国企业在华发展做好服务。欢迎各国企业来华投资兴业，共享发展成果。

驱动创新：可持续发展和数字化

齐普策

宝马集团董事长、论坛外方主席

首先，我要感谢中国发展研究基金会组织这次意义非凡的论坛。我很荣幸担任外方主席，期待与各位进行深入的对话。

很难相信在过去仅仅一年的时间里世界发生了这么巨大的变化。然而，这场危机也展示了我们的社会在面对变化时多么具有韧性和开放性。

衷心感谢刘烈宏副部长及您工信部同事在确保供应链安全上给予的高效支持。您的领导对于中国工业基础的迅速恢复至关重要。中国发展高层论坛的精神是展望未来、把握机遇、塑造未来，因此产业政策至关重要。今天的主题是政策如何支持转型。

"十四五"规划的主旨是追求高质量发展。展望未来，高质量增长的关键在于两个驱动创新的因素——可持续发展和数字化。请允许我从汽车行业的角度分享两个想法。

第一，可持续发展是一个真正的全球性问题。为达成宏伟目标，需要明确角色和分工。一方面，政策制定者的任务是制定目标和出台相应的支持政策。另一方面，产业界应将可持续发展作为其竞争优势。最终，只有产业界才能为达成可持续发展目标提供解决方案。我坚信科技创新是全球实现碳中和的关键。这将需要全行业的合作以及政策制定者的积极支持。我们应将工作集中在对碳中和影响最大的方面。可持续发展需要统筹考虑多方因素，除了环保因素，还应考虑技术创新和工业化的进展以及经济增长的需求。我们需要避免出现一味追求达成目标而忽略协同发展的情况。

举一个出行领域的例子。技术开放的政策导向将全面释放市场竞争潜力。所有的动力技术都应有其一席之地，而且每降低一克二氧化碳排放都将对环境产生帮助，这些技术包括电动车、电子燃料以及氢气。我们已经见证了中德之间强有力的合作将可持续发展和经济增长推向新高度。我们与宁德时代的合作始于中国而且初期规模较小。作为创新型供应商，宁德时代为我们的合资公司华晨宝马供应电池单体。现在我们的合作规模庞大而且遍布全球。宁德时代将在德国生产电池单体，而且 100% 使用绿色电力。这些电池将装载在我们全球的电动车上。

第二，气候政策主要是由监管机构大力推动的，而数字化本质上全然不同。数字化是由技术发展和消费者需求推动的。在数字化议题上，政策更多扮演的是赋能的角色而非制定目标的角色。目前，中国是最关注互联的市场，包括中国的消费者、媒体、政策制定者和业务合作伙伴。在宝马，我们始终将机械和数字世界结合在一起思考，在高度集成的框架中开发硬件和软件。中国的数字市场正蓬勃发展。凡是有数字化需求的地方，我们就创造数字化的产品供应。我们参与到中国数字化进程中始于与几家伙伴的合作。今天，我们构建新合作的步伐反映了中国数字经济的活力。我们正与百度、阿里巴巴、腾讯、诚迈科技、长城等伙伴开展合作。我们的车辆 OTA 远程软件升级能力进一步提升了产品对于客户的价值。到今年年底，我们拥有的 250 万辆互联车辆将组成全球最大规模的可远程软件升级车队。随着我们与中国伙伴合作的持续加强，政策框架应该是开放和包容的，以支持各方参与者并促进协同增效。各位，可持续发展和数字化联合起来的力量将促使全球的产业转型。就正确的原则取得一致，将为我们达成共同目标打下坚实基础。

推动数字化转型

桑杰·梅赫罗特拉

美光科技总裁兼首席执行官

数字基础设施对全球经济发展至关重要，为此，美光开发了丰富的解决方案，例如适用于 5G 智能手机的低功耗内存，以及赋能人工智能机器学习系统的高带宽数据中心存储。2020 年以来，远程办公、在线教育和娱乐设备的重要性骤增，美光的解决方案为这些新趋势奠定了坚实的基础。美光是世界上最大的半导体公司之一，在全球拥有超过 4 万名员工。我们以创新为支柱，视创新为成功之道，40 多年来已获得 44000 多项专利。

得益于多年来精心维护的战略合作伙伴关系，美光拥有丰富的解决方案组合。我为美光成为中国创新生态系统中的重要合作伙伴而感到自豪。我们在中国的客户包括来自移动技术、消费类电子产品和个人电脑、云计算、企业数据中心、工业设备以及汽车行业的主要领导厂商。

中国不仅是美光在全球非常重要的市场，也是我们全球供应链和创新网络中不可或缺的重要组成部分。美光的成功，离不开中国 3000 多名员工的共同努力。除了覆盖多个城市的客户支持中心，我们还在上海设立了设计中心，这对我们全系列产品线的开发举足轻重。此外，我们还在西安运营一个大型制造工厂，在支持美光全球客户方面发挥着关键作用。

数字化转型为我们的世界、人们的生活带来巨大的改变。要成功地进行数字化转型，并使其完全融入丰富全人类生活的经济中，以下三点尤为重要。

首先，必须在全球范围内建立良好的合作伙伴生态系统。中国在科技领域的大力投入培育出了一些行业的世界级企业。

其次，必须共同努力开展技术创新，保护知识产权，自由公平地进行竞争，只有这样才能保持增长和投资。这样的环境不但能够降低风险，激励创新，而且能为企业更有信心地进行长期投资提供稳定的氛围，从而推动全球技术稳步前进。

最后，必须加大人才投资。我们在中国的 3000 多名员工对美光的成功至关重要。

我相信，中国如果在这三个领域持续有所作为，中国将在世界上引领数字化转型，实现"丰富全人类生活"的愿景。

新时代国有企业改革成就与展望

翁杰明

国务院国有资产监督管理委员会副主任

大家晚上好！非常高兴参加中国发展高层论坛，与来自国内外的业界精英、企业代表、专家学者进行交流研讨。中国发展高层论坛举办 20 年来，坚持与世界对话、谋共同发展，为政府官员、商业精英、国际组织和中外学者搭建了很好的意见对话、思想碰撞的平台和桥梁。首先我谨代表国务院国资委，向以线上线下形式参加交流的各位嘉宾表示热烈的欢迎，向关心支持中国国有企业改革发展的各界朋友表示衷心的感谢！

国有企业是创造社会财富的独立市场主体，是推进国家现代化、保障人民共同利益的重要力量。改革开放以来，国有企业在改革中成长，在竞争中发展，在与市场经济不断融合中提升，特别是党的十八大以来，在以习近平同志为核心的党中央坚强领导下，新时代国有企业改革以解放和发展生产力为标准，坚持基本经济制度，坚持社会主义市场经济改革方向，立治有体、施治有序，系统集成、纵深推进，在若干重要领域和关键环节取得重大历史性成就。

通过改革有力促进了制度性重塑。制度是基业长青之根。我们扎根中国国情，立足中国企业实际，加快建立健全中国特色现代企业制度，推动国有企业治理体系和治理能力现代化，使国有企业的制度优势更好转化为治理效能。公司制改制全面完成，从法律上厘清了政府与企业的职责边界，使企业独立市场主体地位从根本上得以确立。公司治理模式不断完善，推进党的领导融入公司治理制度化、程序化、规范化，企业各治理主体权责边界更为清晰。公司治理运行机制更加有效，84 家中央企业建立了外部董事占多数的董事会，公司治理制度更加健全、运行更加高效、功能更好发挥。

通过改革有力促进了机制性转换。机制是生机活力之源。我们推动国有企业强化市场主体地位，提升市场化经营水平。全面推行经理层市场化管理，所有中央企业集团及所出资企业正在抓紧落实这项工作，加快推行职业经理人制度，不少中央企业所属子企业开展了积极探索。全面建立用工市场化制度，中央企业初步构建起管理人员能上能下、员工能进能出、收入能增能减的市场化机制，公开招聘、管理人员竞争上岗、末等调整和不胜任退出在部分企业成为常态。全面推进激励市场化机制，在中央企业控股上市公司、中央科技型企业等一大批企业开展了股权和分红激励，建立起个人价值实现和企业成长发展的共同体，充分调动了关键岗位核心人才的积极性。特别是在混合所有制改革中大力推进市场化改革，以完善治理、强化激励、突出主业、提高效率为目标，积极稳妥深化混合所有制改革，中央企业混合所有制户数比例达到 70%，上市公司成为中央企业混改主要载体，实现了各类所有制企业优势互补、互利共赢。

通过改革有力促进了结构性优化。结构是提质增效之基。我们不断深化供给侧结构性改革，坚持用市场化、法治化办法加快调整优化国有资本布局结构。行业结构进一步优化，2012 年以来以企业为主体完成 22 组、41 家中央企业战略性重组，有序推进铁塔、航材、煤炭、海工装备等领域专业化整合，有效减少了企业间同质化竞争。产业结构进一步优化，企业主责主业更加突出，战略性新兴产业投入力度明显加大，一批"僵尸"企业和低效无效资产得到有效处置，剥离企业办社会职能和解决历史遗留问题总体完成，国有资本更多向重点行业和关键领域集中。组织管理结构进一步优化，全面开展"压缩管理层级、减少法人户数"工作，中央企业法人户数大幅减少 28.4%，管理层级有效压缩至 5 级以内，企业管理效率显著提高。空间布局结构进一步优化，坚持市场化原则，高质量参与"一带一路"建设，在深耕中国市场的同时，加大海外市场布局力度，中央企业在全球 180 多个国家和地区拥有机构项目超过 8000 个，海外资产达到 8 万亿元。

通过改革有力促进了体制性完善。体制是改革发展之要。我们坚持以管资本为主加强国有资产监管，大力推进监管理念、监管重点、监管方式、监管导向转变，监管的系统性、针对性、有效性明显提高。确立了"三位一体"的职能定位，国务院国资委履行中央企业出资人职责、国有资产监管职责和负责中央企业党的建设工作职责，进一步理顺了政府和国有企业的出资关系。实现了"三个结合"的制度创新，坚持管资本和管党建相结合、履行出资人职责和履行国资监管职责相结合、党内监督与出资人监督相结合，更加注重维护企业法人财产权和经营自主权。构建了"三类公司"的总体格局，改革国有资本授权经营体制，对国有资本投资公司、运营公司、产业集团分类实施授权放权。形成了"三化监管"的比较优势，国务院国资委实施专业化、体系化、法治化监管，实现具有出资人特色的全链条、全过程、全方位监管，有效防范和化解了重大风险。

国企改革在重要领域和关键环节取得的重大进展、重要成果，有力推动了国有企业高质量发展。近年来，中央企业规模实力显著增强，截至 2020 年底，资产总额近 70 万亿元，所有者权益 24.5 万亿元，5 年来年均增速分别达到 7.7% 和 9.1%。经济效益稳步提高，2020 年实现营业收入 30.3 万亿元，利润总额 1.9 万亿元，5 年来年均增速分别达到 5.8% 和 8.8%。科技创新成果丰富，研发投入强度从 2015 年的 2.16% 提升至 2020 年的 2.55%，在载人航天、特高压输变电、移动通信、探月工程、北斗导航、国产航母等领域取得了一大批具有世界先进水平的重大成果。社会贡献更加突出，全面完成对口扶贫攻坚任务，降资费、降电价向全社会让利约 1.1 万亿元。特别是在抗击新冠肺炎疫情这场大战大考中，中央企业冲锋在前、勇挑重担，在应急保供、医疗支援、复工复产、稳定产业链供应链等方面发挥了不可替代的重要作用。

当前，新冠肺炎疫情还在全球蔓延，世界经济复苏仍十分艰难，经济国际化面临新问题新挑战，各种不确定不稳定因素明显增多。中国作为去年唯一实现经济正增长的主要经济体，为世界经济发展做出了重要贡献。面对国际国内新形势，国有企业不仅要为中国经济社会发展做贡献，也要坚定成为世界经济复苏的重要力量。未来一个时期的国有企业改革，将全面贯彻落实中国政府明确的国企改革三年行动方案要求，更加突出市场化、法治化、国际化，立足新发展阶段、贯彻新发展理念、构建新发展格局，推进高质量发展，进一步做强做优做大国有资本和国有企业，加快建设世界一流企业，充分发挥国有经济战略支撑作用，为全面建设社会主义现代化国家、推动世界经济发展做出更大贡献。

我们将进一步深化改革，增强企业活力，让国有企业成为推动经济发展的活跃力量。推动国有企业治理模式更加完善，加快建立健全中国特色现代企业制度，落实董事会权利，充分发挥各治理主体的作用；推动市场化经营机制更加完善，建立具有市场竞争优势的核心关键人才选人用人和薪酬激励制度，充分调动各类人才的积极性；推动制度体系更加完善，最大限度地激活各类生产要素，让一切创新创造的源泉充分涌流,推动企业发挥潜力,解放和发展生产力。

我们将进一步深化改革,推动科技创新,让国有企业成为推动绿色发展的活跃力量。中国政府已经将碳达峰、碳中和纳入生态文明建设整体布局。实现碳达峰、碳中和是一场广泛而深刻的经济社会系统性变革。我们将推动国有企业强化创新主体地位,以全面绿色转型为引领,以能源绿色低碳发展为关键,拓展产学研用融合通道,健全有利于科技创新的体制机制,推动绿色低碳技术实现重大突破,加快形成节约资源和保护环境的产业结构,促进构建现代产业体系,坚定不移走高质量发展道路。

我们将进一步深化改革,加强开放合作,让企业成为推动世界经济复苏的活跃力量。坚持开放合作,支持国有企业按照市场化原则,与各类所有制资本加强合作,与各国所有制企业加强合作,健全多元化投融资体系,提高资源配置效率,提升合作质量效益,更好推动世界经济发展进步。

女士们,先生们!今天的中国国有企业,已经成为与市场经济相融合的独立市场主体,已经成为全球市场经济"生态系统"中负责任的企业公民。我们相信,中国企业和各国企业未来一定能够以务实合作应对时代挑战,实现双赢多赢,携手开创更加美好的未来。

最后,预祝中国发展高层论坛圆满成功!

全球化时代的创新与合作 ①

彼得·诺兰

剑桥大学教授

我有五点要讲。

第一点是产业集中的问题。经过 40 年的全球化，全球商业和创新是高度不平等的。全球商业体系已经遍布世界各地，由高收入国家的公司主导。看一下世界上排名前 2500 位的公司，他们每年在研发方面的花费大约为 1 万亿美元。在这个总支出中，前 500 家公司占了 80%，来自高收入国家的公司占了 87%。在这个时代，产业集中现象不断扩大，并通过几乎每个行业的价值链逐级向下延伸。

第二点是信息技术革命。信息技术是新时代的关键，是商业系统和日常生活各个方面的核心所在，有可能为整个人类带来巨大的利益。来自发展中国家的公司在整个物联网价值链中的作用仍然微不足道。全球前十大半导体公司全部来自高收入国家。在软件领域，美国公司占世界前 2500 家公司研发总支出的 72%。智能手机操作系统方面，两家公司占据了全球市场的 9/10。有 4 家公司，全部来自高收入国家，占据了中国以外云计算领域的主导地位。

第三点是加入世贸组织后的中国。2001 年中国加入世贸组织时，人们寄予厚望，认为国有企业改革可能意味着产业和金融将全面私有化。2003 年，国资委成立。此后，国有企业稳步实现所有权结构的多

---

① 根据会议现场录音听译整理。

元化，并稳定推进了企业治理。中国企业在世界前 2500 家公司中的研发支出份额一直在增加，并在 2019 年达到接近 12%。自加入世贸组织以来，中国在世界制造业的产出份额稳步上升，在 2018 年达到 28%。中国国内的金融和实体经济之间的关系正在不断发展。

第四点是为何创新？在全球化时代，世界领先的公司集中了大量科学技术能力来进行创新，生产新产品以满足消费者需求，降低生产成本。寡头竞争这只"无形之手"发挥了强大的作用。世界领先的系统集成商企业推动了整个供应链的机构重组和创新，不仅包括企业，还包括大学。这种结构构成了系统集成商企业的"外延公司"，模糊了企业的"边界"。在市场力量的推动下，这些巨大的科学技术能力已经瞄准了产生人类根本问题的方向。这些问题包括物种灭绝、气候变化、环境污染、肥胖症。中国的国有企业在建设国家基础设施方面发挥着核心作用，这为庞大且快速增长的非国有企业部门发展奠定了基础。国企在大批改善大众福利的行业中所做出的贡献发挥着核心作用，包括电信、交通系统、医疗产品、水供应和污水处理。它们为中国的能源转型奠定了基础，开发了绿色、节能发展的技术。国资委辖下的企业在发电和配电、金属和采矿、化工、高铁、航运和建筑施工等领域的可持续发展中都发挥着核心作用。

最后一点是由谁来创新？中国已经成为众多国际公司规模最大、增长最快的市场。这些企业不仅为中国市场生产最终产品，其产品也构成了国资委所属企业价值链的关键部分，包括半导体、软件以及非常广泛的工业材料和子系统。在公共舆论、政府监管和机构股东对环境、社会和公司治理（ESG）问题的压力下，全球公司的创新方向正在经历一场革命。国资委所属企业和来自全价值链的全球公司有广泛的合作机会，利用各自优势，开发出利于环境可持续发展和改善人类福祉的技术。这种合作原则上不仅可以是中国国内市场，也可以是发展中国家和发达国家的互利合作。

扩大境外机构投资者参与中国资本市场

易会满

中国证券监督管理委员会主席

大家好！很高兴参加中国发展高层论坛2021年年会。在中国开启"十四五"建设、迈进全面建设社会主义现代化国家新征程的关键时刻，立足新发展阶段、贯彻新发展理念、构建新发展格局已成为中国推动经济社会高质量发展的主题主线，也为全球广泛关注。资本市场作为现代经济体系的重要组成部分，如何更好地服务高质量发展，是摆在我们面前的重要课题。借此机会，我想结合当前中国资本市场的实际情况谈几点看法，同大家做个交流。

一、资本市场在推动高质量发展中的使命担当

党的十九届五中全会和中央经济工作会议明确提出，要全面实行股票发行注册制，建立常态化退市机制，提高直接融资比重，促进资本市场健康发展。刚刚闭幕的十三届全国人大四次会议审议通过的"十四五"规划纲要，对注册制改革、提高上市公司质量、大力发展机构投资者、深化资本市场对外开放等重点任务进一步作出部署。我们体会到，党中央、国务院对资本市场高度重视，要求非常具体，重点也很明确，涉及方方面面的内容，期望非常高。中国资本市场经过三十年的发展，在市场规模、体系结构、发展质量和开放水平等方面取得了长足进步。在新阶段、新起点上，我们认为，核心是要扎扎实实办好资本市场自己的事，在自身稳健发展的同时，更好服务实体经济高质量发展。

我理解，资本市场在新发展阶段主要的使命担当表现在两个方面。一是市场化的资源配置功能。通过股权债权投资融资、并购重组等各种市场化机制安排，充分发挥市场在资源配置中的决定性作用，把各类资金精准高效转化为资本，促进要素向最有潜力的领域协同集聚，提高要素质量和配置效率。二是激励约束机制。科技创新除了需要资本支持，更重要的是要充分激发人的积极性、创造性。资本市场特有的风险共担、利益共享机制能够有效地解决这个问题，从而加快创新资本形成，促进科技、资本和产业高水平循环，推动产业基础高级化、产业链现代化。

二、以全面深化改革推动资本市场实现结构性改善

围绕打造一个规范、透明、开放、有活力、有韧性的资本市场总目标，我们在国务院金融委的统一部署下，实施了新一轮全面深化资本市场改革，有效改善和稳定市场预期，资本市场正在发生深刻的结构性变化。回顾两年多来的实践，主要是推进了"建制度、不干预、零容忍"九字方针的落地，集中体现为四个关键词。

（一）制度。制度是管根本、管长远的。资本市场的市场属性极强，规范要求极高，必须要有一套公开透明、连续稳定、可预期的制度体系，这样才能行稳致远。我们在这一轮改革中，始终把完善基础制度作为总纲，一方面大力推动健全法治体系，有两大成果：推动完成证券法修订，在证券发行注册制、显著提升证券违法违规成本、加强投资者保护等方面作出基本制度规范；推动刑法修正案（十一）出台，对欺诈发行、信息披露造假、中介机构提供虚假证明文件和操纵市场的行为大幅提高惩戒力度。另一方面以注册制改革为牵引，推动一系列关键制度创新，包括调整再融资和并购重组政策、优化交易结算和减持制度、发布实施退市新规，制度的适应性、包容性明显提升。

我们将继续坚持稳中求进、久久为功，加快构建更加成熟、更加定型的基础制度体系，持续提升资本市场治理能力。

（二）结构。结构转变是从量变到质变、从规模扩张到质量提升的关键一环。制约当前资本市场高质量发展的因素很多，我认为最突出的还是结构性问题，这里面主要包括融资结构、上市公司结构、中介机构结构、投资者结构、资金总量和期限结构，等等。我们始终坚持系统论、辩证法，注重用改革的思路和手段去破解结构性难题，以结构的可持续实现发展的可持续。实践证明，抓住了结构，就抓住了根本。比如，市场杠杆问题。市场波动很正常，我认为，只要没有过度杠杆，就不会出大事，关键是要有一个合理的资金结构。这几年，我们深刻汲取股市异常波动的教训，关注场内场外、境内境外各类市场主体，坚持看得清、可穿透、管得住，通过一系列措施控制好杠杆资金规模和水平。目前，A股市场杠杆风险总体可控。再比如，提升专业投资的占比问题。这两年公募基金、阳光私募、券商资管发展比较迅速，投资者购买基金的比例在快速提升，这是很好的趋势性变化。但资管行业能否适应财富管理的新趋势、新要求，需要我们认真评判，尽量解决不平衡，缩小供需质量缺口，不能反复走弯路。今后重点是要立足中国国情，促进行业端正文化理念、提升专业能力、改善业绩考核、优化业务结构，体现差异化发展路径，真正取得投资者信任，做到自身价值和投资者价值共成长，为投资者结构改善做出更大贡献。

（三）生态。资本市场是一个复杂的生态系统。生态好了，大家才会对这个市场有信任、有信心，资源配置、财富管理、提高直接融资比重等功能才能有效发挥。我认为，监管就是要创造良好生态，维护公开公平公正的市场环境，让各方都愿意来、留得住。一方面强化"零容忍"的震慑，让做坏事的人付出惨痛代价。我们一直致力于推动完善证券执法司法体制机制，构建行政执法、民事追偿、刑事惩戒的立体追责体系。比如，信披违法罚款上限从 60 万元提高到 1000 万元；欺诈发行最高刑期从 5 年提高到 15 年；建立了"明示退出、默示加入"的证券纠纷特别代表人诉讼机制，进一步畅通了投资者依法维权渠道。再如，对发行人和中介机构"一案双查"，实施中介机构资金罚和资格罚并重，加大对中介机构追责力度。另一方面加快推动市场各方归位尽责。坚持"敬畏市场、敬畏法治、敬畏专业、敬畏风险，发挥各方合力"的监管理念，引导上市公司诚信经营、守正创新，大力弘扬"合规、诚信、专业、稳健"的行业文化，积极倡导理性投资、长期投资、价值投资的理念，各方共建共治共享的发展格局正在逐步形成。

（四）定力。资本市场外部环境复杂多变、参与主体诉求多样、市场行情有涨有跌，监管者往往面临着多元目标、两难甚至多难选择。我们必须保持足够耐心和定力，保持平常心、独立性，要坚持全面、辩证、专业、客观地看问题、做决策，尊重市场规律，按规律办事，不能人云亦云、似是而非。当然，要做到这一点难度很大，这两年我们坚持"九字方针"，扎扎实实办好自己的事，保持住了定力。一是树立正确的监管观。坚持监管姓监，坚定履行好法定职责，坚决防止监管真空，要将所有的金融活动都纳入监管。要精于监管、严于监管，敢于动真碰硬，不为噪声杂音所扰。二是贯彻"不干预"的理念。科学把握政府与市场、放和管的关系，把该放的放到位，把该管的坚决管住。要毫不动摇坚持市场化、法治化方向，避免不必要的行政干预。三是提高监管透明度和可预期性。保持政策的连续性稳定性，对看准的事不因市场一时的变化而左右摇摆，坚持一步一个脚印，积小胜为大胜。坚持阳光用权，坚持"公开为常态、不公开为例外"，自觉接受监督，做到廉洁用权，减少自由裁量。四是持续提升监管专业能力。

坚持科学监管、分类监管、专业监管、持续监管，透过现象看本质，通过个性找共性，辩证把握事物规律。坚守初心使命，倡导专业精神，按照实质重于形式的原则把握监管目标，实现最优效果。

三、稳步推进股票发行注册制改革

注册制改革是这一轮全面深化资本市场改革的"牛鼻子"工程。我们坚持尊重注册制基本内涵、借鉴国际最佳实践、体现中国特色和发展阶段特征的三个原则，从科创板试点注册制起步，再到创业板实施"存量＋增量"改革，注册制改革已经取得突破性进展。总的来看，注册制的相关制度安排经受住了市场的检验，市场运行保持平稳，市场活力进一步激发，达到了预期的效果，各方总体是满意的。注册制改革是新事物，我们一直非常关注市场的反应，始终保持向市场学习的态度，认真倾听、持续完善。我们也感到，关于注册制的内涵和外延还需要市场各方进一步深入讨论，去伪存真、增进共识，确保改革行稳致远。这里我想就几个问题再谈些看法。

注册制要不要审？由于股票公开发行涉及公众利益，全球主要市场都有比较严格的发行审核及注册的制度机制和流程安排。美国监管机构有庞大的专业团队分行业开展审核工作。（中国）香港交易所和证监会实行双重存档制度，均有审核，只是侧重点不同。因此，注册制绝不意味着放松审核要求。现在科创板、创业板发行上市，交易所都要严格履行审核把关职责。证监会注册环节对交易所审核质量及发行条件、信息披露的重要方面进行把关并监督。从实践情况看，这些安排行之有效，也很有必要。

只要信息披露就可以上市吗？注册制强调以信息披露为核心，发行条件更加精简优化、更具包容性，总体上是将核准制下发行条件中可以由投资者判断事项转化为更严格、更全面深入精准的信息披露要求。但中国的市场实际决定了，仅仅靠形式上的充分披露信息还不够，中国股市有 1.8 亿个人投资者，这是哪个国家都没有的，我们必须从这个最大的国情市情出发来考虑问题。我们始终强调信息披露的真实准确完整，在审核中对信息披露质量严格把关。同时，我们还要考虑板块定位问题、是否符合产业政策等。我们认为，这是当前阶段的必要务实之举。

中介机构已经适应了吗？从核准制到注册制，保荐机构、会计师事务所等中介机构的角色发生了很大变化，以前的首要目标是提高发行人上市的"可批性"，也就是要获得审核通过；现在应该是要保证发行人的"可投性"，也就是能为投资者提供更有价值的标的，这对"看门人"的要求实际上更高了。最近，在 IPO 现场检查中出现了高比例撤回申报材料的现象，据初步掌握的情况看，并不是说这些企业问题有多大，更不是因为做假账撤回，其中一个重要原因是不少保荐机构执业质量不高。从目前情况看，不少中介机构尚未真正具备与注册制相匹配的理念、组织和能力，还在"穿新鞋走老路"。对此，我们正在做进一步分析，对发现的问题将采取针对性措施。对"带病闯关"的，将严肃处理，决不允许一撤了之。总的来说要进一步强化中介把关责任，督促其提升履职尽责能力。监管部门也需要进一步加强基础制度建设，加快完善相关办法、规定。

如何保持一二级市场的平衡协调发展？近期，市场对 IPO 排队现象比较关注。有观点认为，既然实行了注册制，发行就应该完全放开，有多少发多少。我们认为，排队现象是多重因素造成的，总体上反映了中国实体经济的发展活力和资本市场的吸引力在逐步增强。这与历史上的"堰塞湖"是有区别的，以前 IPO 停停开开，预期不明朗，有的排队要两三年；注册制改革后，注册审核周期已经大幅缩短，接近成熟市场。要实现资本市场可持续发展,需要充分考虑投融资的动态积极平衡。只有一二级市场都保持了有序稳定,才能逐步形成一个良好的新股发行生态。当前,我们正按照优化服务、加强监管、去粗取精、压实责任的思路,充分运用市场化法治化手段,积极创造符合市场预期的 IPO 常态化。

《政府工作报告》提出,要稳步推进注册制改革。我们将坚定注册制改革方向不动摇,继续坚持稳中求进,坚持系统观念,扎实做好科创板、创业板注册制试点评估,完善注册制全流程、全链条的监管监督机制。重点是把握好实行注册制与提高上市公司质量、压实中介机构责任、保持市场平稳运行、明确交易所审核职能定位、加快证监会发行监管转型、强化廉洁风险防范 6 个方面的关系,为全市场注册制改革积极创造条件。注册制改革涉及利益复杂,影响深远,敏感性强,各方面都高度关注,需要各参与方共同努力,支持改革、呵护改革,把改革条件准备得更充分一些,推动这项重大改革平稳落地。

四、有序推动资本市场制度型对外开放

在 2019 年第十一届陆家嘴论坛上,我们宣布了中国资本市场进一步扩大对外开放的 9 条措施。从落地情况看,政策是到位的,效果是好的——无论是市场、产品的互联互通,全面放开行业机构股比和业务范围,还是便利跨境投融资的制度安排,全面落实了准入前国民待遇加负面清单管理要求。截至 2020 年底,外资持续 3 年保持净流入,境外投资者持有 A 股资产突破 3 万亿元。中国资本市场的吸引力是强的,外资也获得了良好的回报,而且潜力还很大。当前,市场上也出现了一些有趣的现象。比如,部分学者、分析师对外部因素的关注远远超过国内因素,对美债收益率的关注超过 LPR、Shibor 和中国国债收益率,对境外通胀预期的关注超过国内 CPI。对这种现象我不做评价,但对照新发展格局，建议大家做些思考。

从中国资本市场目前外资参与情况看，持股市值和业务占比均不到 5%，这个比例在成熟市场中并不高。下一步，我们将坚持资本市场对外开放，对机构设置、开办业务、产品持开放支持的态度。但同时，我们也要注重统筹开放与防范风险的关系，当前要注意以下两方面情况。一是防范外资大进大出。对于资本正常的跨境流动，我们乐见其成，但热钱大进大出对任何市场的健康发展都是一种伤害，都是要严格管控的。在这方面，我们应该加强研判，完善制度，避免被动。二是妥善处置中概股问题。对于这个问题，我们一直在寻求与美方相关监管机构加强合作，多次提出解决方案，但始终未得到全面的、积极的回应。我们坚信，合作是共赢的选择，要想解决问题必须坐下来，分歧只能通过协商来解决，别无他路。

各位嘉宾、各位朋友，再次感谢大家长期以来对中国资本市场的关心和支持！热烈欢迎你们更广泛、更深入地参与中国市场，投资中国市场！

促进可持续发展投资合作

劳伦斯·芬克
贝莱德集团董事长、首席执行官

　　尊敬的易会满主席，我要赞扬中国证监会致力于把中国和世界、世界和中国联系起来。全球的投资者对最近取得的进展感到鼓舞——取消外国投资配额限制、邀请外国公司申请全资实体，这显示出了中国致力于继续开放市场的决心。中国已吸引了资产管理公司、资本市场参与者、银行和保险公司等来自金融服务生态系统的全球参与者。

　　与此同时，我们正目睹市场对中国资产的需求也在增加，2020年发生了非常重大的转变，更多的国际资金流向涉及中国市场的共同基金、ETF[①]等。像贝莱德这样的资产管理公司可以起到更加重要的作用，如帮助客户了解、剖析中国市场，并将长期投资资金引入中国。

　　随着越来越多的外国资本和跨国机构进入中国，中国也有机会通过这些联系解决一些当前非常重要的问题，比如退休养老的问题和全球气候变化的问题。我们贝莱德也在努力做好我们的工作，我们在中国市场主要是着眼进行长期投资，一是希望帮助促进中国资本市场的改革和中国养老体系的建立，二是帮助我们全球的客户投资中国的资产，从而满足他们对退休养老的需求。

　　展望2021年剩下的时间，中国证监会当前的举措让我深受鼓舞，

---

① 指交易型开放式指数基金，又称交易所交易基金。

它对于进一步加深世界和中国的联接起到重要的作用。我相信中国证监会将会继续努力优化披露准则，尤其是在一些 ESG，即环境、社会、治理的披露方面做得更好。全球投资人都注重透明度，透明度可以提升信心和信任，投资人也需要这些数据，这样他们才能做出更好的投资决定，包括他们是否愿意承担相应的风险等。

我在 2020 年的致 CEO 信中就提到过气候变化风险即是投资风险。随着市场更多考虑到气候变化带来的风险，我们看到资本进行了根本性的重新配置。疫情不但没有减少市场对可持续发展投资产品的重视，反而加大了这方面的需求。更多的投资人开始把 ESG 的因素考虑到投资组合当中，投资人越来越意识到可持续发展投资对于他们总体的投资组合非常重要。我坚信 ESG 方面的转型是结构性转变，将会在未来几年继续延续。

解决长期的可持续发展的问题，对所有的公司和国家未来吸引全球资本都很重要。透明度和信息披露可以增加投资人信心及信任。我们需要有这样的信息才能吸引国际资本，而国际资本在推动中国社会和经济转变进步方面起到关键作用。此外，中国最近承诺在 2060 年前实现碳中和，这也向投资人传递了中国经济及企业长期可持续发展的重要决心。中国通过其五年蓝图和长期发展目标，有机会在可持续发展方面发挥领导作用。

我一直相信我们要有长远的视角，贝莱德一直以支持长期的投资为宗旨而运营，作为股东代表客户进行投资，以及做出投资决策。疫情加深了这方面的信念，我认为长期考量从来没有比今天更为关键，不仅是对所有人的养老问题，对所有的投资人来讲都是一样的。我鼓励大家要保持长期的视角和心态，不要受当下的媒体标题所影响，我们要让市场帮助我们随着时间的推移而获利。投资者仍需要考虑未来几个月各个国家的经济重启速度不一样，美国新政府之下政策的制定等不断增长的风险。随着更多的投资者进入中国，我鼓励更多国际间的对话，探讨大家怎样在走出疫情之后发展得更好，继续构建长期的伙伴关系及合作。

提高中国资本市场的国际化水平

祈耀年

汇丰控股有限公司集团行政总裁

我希望从以下三方面补充几点看法。

第一，是回顾我们观察到的，近期鼓励境外投资的各项开放举措所产生的作用。

第二，是对今后的改革方向提一点粗浅的建议。

第三，我想简略介绍一下我们汇丰银行可以发挥的作用。

我先从第一个方面开始。境外投资者对投资中国的热情非常高。中国在疫情冲击下所展现出的市场韧性、境内资本市场的一系列开放政策，以及中国不断加强与全球金融市场的融合，这些因素一起，共同推动了境外投资加速流入中国。具体反映在，这个领域汇丰中国的托管资产规模在 2020 年增加了约 2/3，交易总量是前一年的两倍多。2020 年 9 月，我们为亚洲、欧洲和美国的投资者举办了一系列关于 QFII（合格境外机构投资者）和 RQFII（人民币合格境外机构投资者）新规的说明会，吸引了超过 600 名来自投资机构的听众参加。我们看到，投资者对于扩大投资范围的兴趣特别浓厚，包括参与融资融券、转融通证券出借和商品期货业务。这不仅反映了已经出台的改革措施所产生的影响，也显示出中国资本市场进一步有序可控推进开放的潜在上行空间。最后这一点显然很重要 —— 我们并不认为开放就是要取消现存的政策约束。但我们确实认为，可以考虑一些改革措施，以进一步提升境外投资者对中国资本市场的参与度。首先是为国际投资者提供更多金融产品和对冲工具。包括管理境内投资风险的对冲产品，以及允许港股通投资者参与 A 股 IPO 发行。其次是在某些关键领域让境内市场与国际市场更加接轨。这包括在衍生品市场引入终止净额结算制度，以及进一步推动市场基础设施的互联互通。再次，采取措施扩大国际投资的规模，比如提高境外投资者持有境内股票的比例上限，放宽对境外投资者资金汇回的要求。最后，前面贝莱德的 Larry 也提到了，就是加强对上市公司的 ESG 披露要求，这将有助于抓住当前全球投资越来越重视 ESG 策略的大趋势，同时促进中国公司探索低碳转型的发展路径。

尊敬的易会满主席，最后，我想向您和中国证监会表示衷心的感谢，证监会在规划下一阶段金融对外开放工作的过程中，与包括汇丰在内的国际金融机构进行了建设性的沟通与合作。

如您所知，汇丰是中国证监会向国际投资者放开新业务的先行参与者，也是有效连接全球投资者与中国资本市场的桥梁之一。

我们非常希望继续发挥这方面的作用，我们也在使自身业务方向与中国的发展重点和对外开放相契合，从而能够继续参与支持中国的经济发展。

今年我们向中国发展高层论坛提交的企业专题报告，专门讨论了"提高中国资本市场的国际化水平"这一话题，如果能对您有所帮助，我们非常愿意做进一步的交流。

非常感谢今天能在这里发言，并有机会参与建设中国美好的未来。

中国资本市场与国际接轨

黎诚恩

富达国际首席执行官

非常荣幸能够参加今天的会议。作为中国市场的长期投资者，富达国际在中国的投资经验已经超过二十载，并切实感受到了中国资本市场令人振奋的开放进程。虽然新冠肺炎疫情带来了一些影响，但富达国际的全球业务依然体现出强大的活力和韧性。截至去年，我们代表海外客户投资在中国股票和固定收益市场的资产规模超过 80 亿美元。由于中国经济的快速复苏，加上中国政府控制疫情的有效措施，外资对中国资本市场的配置将继续保持强劲增长。

富达国际对中国资本市场始终秉持长期承诺。我们于 2004 年在上海设立首家代表处，2017 年成为首家获得外商独资私募证券投资基金管理业务资格的外资资产管理公司。目前，我们在中国已经拥有超过 1500 名员工。如易会满主席所指出的方向，我们全力支持中国资本市场和养老金市场的进一步改革发展。

去年 5 月，富达国际迈出了重要的一步，正式向中国证监会提交了外商独资公募基金牌照的申请。凭借我们的全球投资专长以及在中国市场的深厚投资经验，我们希望为中国投资者提供领先的投资解决方案，帮助他们提升财务健康水平。

同时，富达国际还希望利用在岸的公募基金平台吸引更多外国机构投资者进入中国市场。我们相信，允许更多的外资机构在中国展业，将会有助于推动中国的市场实践和标准与国际接轨，从而吸引更多的海外资金配置到中国公司。谈到我们的公募基金牌照申请，为了提供最好的服务以及遵循证监会的监管规定，在过去一年中，我们公募基金公司的员工数量增长了一倍，已接近百人规模。

最后，我们相信，随着监管制度不断推进，金融机构进一步成熟，易会满主席所提到的生态系统的不断优化，尤其是 ESG 标准的进一步提升，外资机构投资者在中国市场的参与度将会提高。富达国际在其他主要金融市场的经验表明，ESG 的发展和提升，对于打造一个健康的机构投资者生态圈，起着至关重要的作用。

很荣幸能够有这次发言机会，我们坚信，随着更多像富达国际一样的外资资管机构在中国展业，我们能够为中国资本市场的发展贡献积极的力量，也期待继续与中国证监会和其他监管机构精诚协作。

积极开展中国资本市场的国际合作

狄澜

淡马锡国际执行董事、首席执行长

首先，感谢易会满主席邀请我参加这次圆桌会议并分享观点，（我）对中国资本市场发展提出两点观察和两点建议。

先谈谈两点观察。中国资本市场在开放和创新方面已经取得了重大进展。会上的其他嘉宾也提到一些显著的例子，包括通过资本市场间互联互通的计划，跨境资本流动增加；将 A 股纳入 MSCI（明晟）和富时指数；取消对资产管理公司和证券公司的外资股比限制；发展科创板，打造精简而富有全球竞争力的 IPO 制度。

最近，科创板的快速推出引起了全球的关注，取得了突破：促进科技企业发展，支持中国的经济转型；在中国试点注册制的上市机制，采用以信息披露为基础的市场化机制，我们赞赏中国证监会对信息披露的完整性和真实性的重视；机构投资者进入中国资本市场的机会越来越多。

对于中国资本市场的发展，（我）有两点建议分享。

第一，我们建议开展国际合作并采用全球最佳实践，这将降低国内的资金成本，并提高市场的稳定性。通过这样做，中国也可以在影响和制定新兴重要领域的全球标准方面发挥引领作用，例如 ESG 或绿色金融。

第二，我们乐见中国证监会在双边、区域或多边基础上继续加强监管交流，特别是在投资者保护、环境社会治理（ESG）和新兴技术等关键领域。这将有助于中国证监会保持国际监管合作和协调，以支持资本市场发展的上升轨道。

淡马锡在中国发展17年，采取长远的视角进行中国及其资本市场的投资。

刚才易主席开幕词中所提到的过去数年中国资本市场的发展，我们有目共睹，我们继续长期看好中国资本市场的前景。

增强金融体系韧性　助力化解金融风险

刘金

中国银行行长

很高兴参加中国发展高层论坛，与大家共同探讨"增强金融体系韧性"这一主题。当前，全球疫情初步得到控制，但疫情对全球经济金融体系的深远影响远未结束。增强金融体系韧性不仅有助于提升金融体系应对风险挑战的能力，也有利于增强金融服务实体经济的能力。借此机会，我与大家分享几点看法。

一、当前全球金融体系面临三大风险。一是经济复苏不稳定、不平衡。受益于疫苗接种加快以及主要国家进一步实施大规模救助，全球经济出现复苏势头。多家国际机构预测，2021 年全球经济有望实现 4%~6% 的增长。考虑到疫情形势依然复杂多变、发展中国家获得疫苗的难度较大、区域经济复苏不平衡等因素，全球经济复苏可能依然艰难。二是超宽松货币政策带来全球高债务之困。为应对疫情冲击，各国普遍出台了大规模宽松货币政策，一些国家债务快速攀升。根据国际金融协会的数据，2020 年末主要发达经济体总债务规模 203.7 万亿美元，占 GDP 418.9%，比 2019 年提高 37.2 个百分点；其中主权债务占 GDP 130.4%，比 2019 年提高 20.7 个百分点。三是国际金融市场波动风险加大。当前，部分国家股市攀升至历史新高，大宗商品、加密货币等资产价格大幅上涨。金融市场非理性繁荣既不可持续，也加大了未来波动的风险。近期，新兴市场资本流出压力有所增大。根据国际金融协会数据，今年 3 月前两周，新兴经济体证券投资资金以平均每天 2.7 亿美元的速度流出,改变了此前净流入的状态。

二、中国金融体系具有较强韧性。一是中国信用风险处于全球较低水平,资产质量"安全垫"厚实。2020 年末中国商业银行不良率为 1.84%,无论与自身历史比,还是与主要经济体情况比,都处于较低水平;商业银行拨备覆盖率 184.5%,欧洲地区银行普遍不足 70%。二是中国多层次资本市场建设扎实推进,股票市场、债券市场等稳健发展。2020 年,中国债券市场违约率约 2.15%,处于全球较低水平。三是中国金融体系风险趋于收敛。近年来,中国将防范化解金融风险作为攻坚战,狠抓影子银行、地方政府债务等重要金融领域风险管控,金融业发展质量不断提高。

三、深化国际金融合作,不断提高金融体系韧性。在全球化时代,金融风险相互交织、深度影响,深化合作是提高金融韧性的必然选择。

第一,金融机构要用好全球资源,为国际经贸合作探新路、开新局。一是加强绿色金融合作,共建人类命运共同体。疫情让人类社会认识到生态自然和谐的重要性。金融机构要携起手来,大力发展绿色金融,为共建人类命运共同体做出积极贡献。近年来,中国银行依托自身全球化、综合化优势,加大绿色金融创新力度,成功推出绿色资产担保债券、可持续发展债券、气候债券、碳中和债券等创新性金融产品,切实感到市场需求大、发展空间大。二是以供应链金融、跨境并购等为抓手,推动全球产业链、供应链修复畅通。三是创新跨境撮合模式,帮助企业深度融入全球价值链。由中国银行首创的"中银跨境撮合服务"自 2014 年推出以来,已吸引全球 125 个国家和地区的 3 万多家中外企业参与,为支持企业深度融入全球产业链发挥了积极作用。

第二,提高金融与实体经济的匹配度,在稳增长基础上防风险。

经济是肌体、金融是血脉，经济平稳发展是防范化解风险的基础和条件。未来，金融机构要把服务实体经济和防范化解风险更好结合起来。一要提高金融与实体经济匹配程度，按照"创新、协调、绿色、开放、共享"这五大经济发展理念的要求，加大对创新、普惠、绿色等领域的支持力度。二要顺应后疫情时代人们生产、生活方式的变化，加快商业银行数字化转型步伐，推进场景生态建设，打造客户极致体验。三要平衡好稳增长与防风险的关系，不能因为防风险而弱化对中小微、民营企业的金融支持力度，坚持在发展中化解风险。

第三，完善风险管理长效机制，筑牢金融安全堤坝。居安思危，思则有备。完善的风险管理长效机制是防范化解风险的根本保障。未来金融机构要从维护国家金融安全的高度，不断完善风险管理机制。一要强化风险意识，提高防控金融风险的主动性和前瞻性，密切关注全球货币宽松环境下的外部输入性风险和金融市场大幅波动风险，做到风险的早发现、早识别，既防"黑天鹅"，也防"灰犀牛"；二要完善风险管理制度，坚持"管住人、看住钱、扎牢制度防火墙"，让制度防火墙"防火"，政策高压线"带电"，审计监察"长牙齿"；三要强化风险处置能力，多措并举化解不良资产，不断提高金融机构的自我修复能力。

寿险业助力金融体系稳定

李源祥

友邦保险集团首席执行官兼总裁

我很荣幸再次以友邦保险集团首席执行官兼总裁的身份来参加中国发展高层论坛。首先，我要预祝中国发展高层论坛取得圆满成功，确保此独一无二的平台能够继续推动政策交流，促进国际合作（即使我们无法相互会面）。其次，我要感谢本次会议的主持——孙启祥女士，还要感谢刘良阁先生与我们共同分享他对"增强金融系统韧性"的一些见解和观点。

自疫情发生以来，各国在货币宽松、财政支持和反周期监管方面都采取了各种各样的政策措施。所采取的一些周期性和结构性措施推动了亚洲地区的经济相对恢复，通过增加外汇储备的缓冲方式、增加资本流入以及保证充足流动性的手段，确保了国内金融系统的稳定性。在大多数情况下，该地区的决策者也采取了更为灵活的措施，包括传统的货币政策和进一步的财政刺激措施。与此同时，我们不应忽视这些反周期性措施带来的长期影响，因为资本配置不当在将来有可能会带来一些不稳定的风险。

这些政策的成效取决于对实体经济产生积极影响、支持企业和家庭收入以及缓解经济困难的程度。通过政策行动和信号的有效传导，推动经济复苏，更具韧性的金融体系在帮助实现这一目标方面起着至关重要的作用。中国的实践表明，一旦遏制措施放松、国内活动恢复，政策行动可能会从提供紧急货币支持转变为刺激增长，从而允许消费支出增加，使私人投资能够逐渐恢复。

寿险业在保单持有人、企业和政府之间创造共享价值，使整个金融体系变得更加稳定。寿险企业也发挥了它们自己非常重要的社会作用。随着人们获得的财富增加，他们需要并渴望对其个人财富进行保护，同时也要为其家人提供保障。通常情况下，这种公共负债是没有资金支持的，而国家也无法负担且不能持续提供非常全面的社会福利保障。所以，寿险业在这方面能够发挥自己的作用。保险公司将大量的风险负债纳入其资产负债表，帮助缓解国家福利体系的压力，尤其是在人口红利发生转变、人口老龄化日益严重的那些经济体中更是如此。

但是，寿险公司在长期资本形成和金融韧性方面的作用尚不为大众所知。类似友邦之类的寿险公司，可以利用其规模和专业投资能力，给人们提供更好的回报，并且可以更好地分析资本市场的走势，来帮助人们获得更好的回报，同时能够避免人们过度地承担风险。寿险公司也可以投资更多的资产，争取在风险／回报上取得很好的平衡，同时减少可能导致系统性资产泡沫的短期交易行为以及错误定价的财务风险。购买保障型产品、养老金产品以及长期储蓄型产品的数百万投保人的保费产生了大规模长期负债，期限长达 20 年或更久。

与这些负债相匹配的必须是具有长久期限、稳定收益且以本地货币计价等类似特征的投资资产。这些投资的正净流量和长期性质保证了资本市场的深度和稳定性，同时也解决了银行贷款的短期问题。寿险公司通常将其很大一部分资产配置在政府债券方面，这可能会占全部公债购买总量的 40%。不论一个国家处于何种经济发展阶段或保险市场发展如何，情况均是如此。与其他类型的投资者相比，寿险业可以更好地了解短期市场波动，因此，能够使金融体系变得更加稳定，能够缓解对金融体系的压力。

寿险公司还将本地零售储蓄用于为商业投资和政府主导的基建项目提供长期融资支持，以帮助推动实体经济发展。预计到 2040 年，全球基础设施投资的需求将会达到 94 万亿美元的规模，其中将有超过 50 万亿美元的需求来自亚洲。去年，中国承诺到 2060 年实现二氧化碳"零排放"。这意味着需要 138 万亿元（折合约 20 万亿美元）的资金投入才能实现，此外，还需要有进一步的融资，以保护基础设施免受气候变化的影响。

寿险业可以发挥非常重要的作用，帮助我们实现跨区域经济可持续发展。通过公营和私营之间的合作，挖掘绿色金融的潜在机会并促进绿色金融的发展。这是供需之间的一个完美平衡。随着金融服务业的进一步开放，寿险公司在提供长期金融稳定、推动实体经济增长、为社会中最弱势群体提供支持方面，将能够发挥越来越重要的作用。这也是金融韧性当中重要的一环。

气候变化：新的全球风险

韩利诺

道富集团主席兼首席执行官

世界面临的主要短期金融风险是，在新冠肺炎疫情导致经济活动停摆期间，为稳定经济和家庭而大量注入的货币和财政刺激措施可能会使通胀率升至难以接受的水平。

尽管过去一年的刺激力度是前所未有的，但劳动力市场并没有过度紧张。失业率和未充分就业水平都很高，这表明短期内不太可能出现劳动力短缺或工资上涨引发的通货膨胀。

在中短期内，有一些商品价格上涨可能导致短暂的通货膨胀高峰。例如，我们看到木材和半导体芯片的供应短缺和价格迅速上涨，这可能导致一些商品的实际价格上涨。尽管现象令人不安，但我们相信这种通货膨胀是短暂的，因为新的生产将会满足这种需求。

更大的担忧是债务水平。在低利率和疫情的推动下，主权债务和公司债务的发行一直处于创纪录水平。我们认为，必须仔细监测债务水平。

在未来几个月，政策制定者所面临的挑战在于，如何调整额外的刺激措施以支持经济复苏，同时避免经济过热和引发过度通胀的风险。

在这一方面，我们赞赏中国坚持稳健的货币政策的决心。中国在推进金融机构改革、加强公司治理的同时，稳妥有序管理金融风险，对此我们倍感鼓舞。中国已采取重大措施管理企业债务水平。我们也非常高兴地看到中国在债券市场开放以及为外国投资者提供更广泛的金融产品方面所落实的相关举措。我们相信这将扩大金融市场的参与度，改善流动性，并有助于中国金融体系的长期稳定。

气候变化是我们所有人所面临的主要中长期系统性金融风险。疫情让我们意识到，需要注意应对非线性风险的特殊挑战，无论这些风险来自全球新的病原体还是气候变化造成的自然破坏。

尽管各种气候相关风险已显现，但我们认为这些风险尚未反映在市场定价中，对于这一领域风险的关注迫在眉睫。

与疫情一样，气候变化也是一种全球风险，需要通过全球解决方案和全球合作加以应对。

幸运的是，我们看到许多在全球金融危机后为增强金融体系韧性而进行的投资在疫情期间体现出成效。

我们在2008年之后吸取了教训，全球监管机构解决了全球金融危机期间暴露出来的银行韧性薄弱的问题。如今，大型金融机构的资本和流动性明显高于它们在全球金融危机时期的水平，银行在2020年经受住考验，在疫情期间为实体经济提供支持。

同样，我们也应以2020年疫情为鉴，包括当前的银行业规则是否过度限制了企业在面临压力时支持经济和居民的能力。我们需要安全的银行，但我们也需要确保银行能够自由部署资本和流动性。在许多情况下，监管导致大量流动性和资本被困住，这使得银行在需要时不愿挺身而出。细化完善金融危机后的银行规则，或有助于银行在稳定和保护全球经济方面继续发挥建设性作用。

我们还应加强金融部门的运营韧性，使银行有能力转至远程工作环境，并在疫情期间继续支持全球金融体系。

监管机构之间的全球合作与协调对于通用标准的确立至关重要，这不仅能确保该行业的稳健与韧性，还可以避免市场和企业运营模式的分散化。

对于金融体系在为减少温室气体排放和避免威胁人类与地球的气温上升等迫切需求提供支持和资金方面，全球合作也是至关重要的。为外国投资者进入中国绿色金融市场提供更便利的准入条件，将有助于中国在 2060 年前实现碳中和。

统一国内和全球的绿色标准将促进对中国绿色金融市场的进一步投资。我们对于重启二十国集团（G 20）可持续金融研究小组表示欢迎，而且很高兴看到中国人民银行参与全球央行绿色金融网络。

道富集团对于能够参与中国环境科学学会气候投融资专业委员会在 9 月举办的气候友好型银行国际研讨会也深感荣幸，我们期待在绿色金融议题方面有进一步的协同合作。全球合作与协调对于有效管理全球金融体系面临的威胁至关重要。

我们很高兴看到中国继续在金融稳定委员会、巴塞尔银行监管委员会（BCBS）、国际清算银行（BIS）、国际证监会组织（IOSCO）、二十国集团（G 20）协调机构和国际货币基金组织（IMF）等全球组织中发挥积极作用。

今天的全球金融市场紧密交织，对系统内任一部分的冲击都可能会对整个价值链造成毁灭性的影响。公司可以尽自己的一份力，先向董事会和监管机构公开所承担的具体风险，这需要在风险管理和数据能力方面继续投资。同时，企业应与政策制定者合作，实现协作共赢。

全球市场展望与ESG标准

道格拉斯·彼得森

标普全球集团总裁、首席执行官

2020年全球经济形势严峻。令人惊讶的是，各国政府发现他们拥有的财政空间比他们想象中大。因此，各国政府加大支出，用以对抗最严重的打击，并为经济复苏打下基础。各国央行参照金融危机时期的行动手册，提供流动性，调节利率，支持信贷市场，使用他们在金融危机期间学到的其他非传统工具。非常幸运的是，金融危机后，全球银行监管机构通过压力测试、资本缓冲、流动性缓冲等措施，帮助银行做好了应对冲击的准备。

在此背景下，我想谈三大主题：全球市场展望、中国市场展望和ESG。

GDP：从金融市场的经济前景来看，所有人都在关注政府推出和推广疫苗的能力，这对恢复经济运行至关重要。目前，中国预计2021年的GDP增长率为7%。标普全球预测的全球GDP增长率约为5%。

刺激政策：我之前提到过刺激政策对避免经济衰退甚至经济萧条的重要性。现在，随着刺激计划逐步退出，我们需要考虑通货膨胀和利率上升的风险。但适当的通胀是必要的，能为央行提供所需的操作空间。

债务：2020年，全球债务与GDP的比率达到了创纪录的267%，债务规模创下了2.01万亿美元的历史新高。我们期望在低利率下，企业和政府能够继续偿还债务。但与此同时，债务水平如此之高，我们需要对此进行关注。现在，美国企业债务在过去两个季度开始下降。

下面我来谈谈中国的金融体系。过去七年来，我一直参加中国发展高层论坛，看到中国金融体系改革不断取得进展，包括摩根大通、瑞银、贝莱德，以及我们从事国内评级业务的全资子公司标普信评参与中国市场，我深受鼓舞。

中国债券市场：债券市场对信用建设具有重要意义。正如我们看到的，信用债券市场变得更加复杂，不同风险状况下的定价差异更大。2020 年出现了一些引人注目的违约，市场正密切关注信贷市场的进一步措施。全球投资者对中国金融市场的收益率非常感兴趣，而债券市场是继续培养全球投资者对中国市场投资兴趣的最重要组成部分之一。

中国在管理流动性风险方面的进展：中国人民银行开发了多种工具，使回购市场的利率更接近实际政策利率。监管机构已经出台了减少市场短期借款的措施。我们早些时候讨论过，必须找到新的方法来监管非监管金融机构，即所谓的影子银行市场。

中国提供长期金融工具的关键性：长期金融工具不仅有利于养老金制度的发展，而且能为对经济至关重要的基础设施提供长期融资。我们可以看到，中国政府正在创造一个更具竞争力和多样化的市场，并为央行和决策者管理经济提供更多工具。这不仅使中国居民受益，而且有利于促进竞争，并提供更多的选择和多样化机会。

关于可持续性、ESG 和气候变化，习近平主席在此前为促进可持续发展和实现碳中和所作出的减排承诺令人鼓舞。他呼吁产业结构绿色转型，并倡导绿色低碳的生活和生产方式。

政府、大企业、行业和金融机构开始对可持续性和气候变化给予更高的重视，这也是中国与世界其他国家一道寻求建立 ESG 和气候标准的机会。国际组织正致力于制定机构披露标准，以便机构能够提供有关其气候、水、废物和 ESG 标准的信息。衡量进展是很重要的，也是公司确保整个供应链信息披露的一致性和透明度所必需的。

最后，我们期待着在中国与全球，通过我们的工作，带来更多信息的透明度以及获取财务信息的渠道，以便帮助投资者更好地进行决策，从而推动市场发展。标普信评一直与市场各方合作，提供更透明的评级服务。我们将继续在与监管机构和政策制定者的对话中发挥作用，以确保我们采取全球协调的方式来建立一个更具韧性和可持续性的金融市场。

再次感谢提供此次机会，让我从标普全球的角度分享我们的看法。

打造有韧性的金融体系

托马斯·吉本斯

美国纽约梅隆银行有限公司首席执行官

感谢大会邀请我通过视频参加这场研讨会，我也感到非常荣幸能在纽约跟大家一起讨论。

今天讨论的主题是一个很重要的课题，我非常相信有韧性的金融体系是全球经济健康发展的基础。

有韧性的金融体系依赖于具备实力的银行，运作良好的资本市场，强健的金融市场基础架构，以及稳妥执行的货币、财政和监管政策。涉及很多方面，我主要阐述其中两方面内容——银行和资本市场。纽约梅隆银行在这两者结合方面保持着领先优势，让我来说明一下韧性对于金融行业生态的有效运作是怎么一回事。

首先来说一下资本市场的重要性以及为什么保证有韧性的金融体系是非常关键的。资本市场通过多样化形式来推动金融增长。银行贷款固然重要，但资本市场为有资金需求的借入方和企业提供了更多的融资选择，同时也为投资者提供了更多的投资渠道。这个运作模式使资源更有效地配置以及风险更分散，避免出现一些顺周期的影响导致风险高度集中于大型银行。资本市场可以推动价格，提高流动性，影响金融市场的稳定性，以及推动货币政策的传导机制。资本市场也助力经济复苏。国际清算银行（BIS）一份报告写道，在世界经济危机之后，资本市场好比是金融系统的"备用轮胎"，在推动复苏方面发挥了巨大的作用。

纽约梅隆在银行业务和资本市场中间发挥着独特的作用，我们拥有 236 年的历史，通过为投资者和个人提供服务推动金融体系的发展。让我再简单介绍我们是怎样做到的。经过多年演变，我们集中于三个相互关联的核心业务：第一是我们的证券业务，我们托管的资产规模超过 41 万亿美元。第二是市场基建，我们是最大的美国国债清算行，世界上最大的押品管理行，以及美国券商第一大清算行。第三是我们的投资和理财产品，我们管理的资产达到了 2.2 万亿美元，全球排名第七。

中国在全球市场的地位越来越重要，我们也积极支持这方面的增长。我们提供不同的服务协助全球投资者进入中国市场，同时我们也致力于服务国内投资者以及发行方进入全球市场。

2020 年，我们托管的业务对境内投资取得 125% 的增长，远超同业同期的增长率。另外，我们是第一家通过港股通（2018 年）以及债券通（2021 年 3 月）推出第三方押品管理解决方案的金融机构。这些都可以使中国的证券更有吸引力，赋能当地的券商通过提供抵押品来获得融资，让市场更加具有流动性。

在协助国内企业投资海外方面，我们是领先的托管行，支持中国主权投资者到海外投资以及通过存托凭证帮助企业到海外上市。我们积极地扩展业务，支持国内非主权投资者，包括基金公司和保险公司。

我们服务了全球 94% 的百强银行，与客户的业务关系平均长达 30 年以上。客户、监管者、个人以及无数市场参与者都信任且依赖我们共同应对自然灾害、市场的波动，以及全球疫情。运营的韧性是非常重要的。

为此我们非常重视所承担的角色，我们可以骄傲地说我们战胜过各种挑战，同时持续地努力于创新和投资未来。

传统上，我们一直都把韧性看作财务优势，以及技术的耐久性，运营稳定性，第三方服务提供者和其他必要的措施保证在重大压力下仍然能够提供服务。这几年我们投入了大量资源，以保持以下几个方面的领导者地位。

· 建立数字化技术运营中心，具备实时监控业务的能力。

· 建立遍及整个企业各部门的一线办公室，协调、及时响应，保持服务韧性，在各业务条线委任专门负责服务韧性（连续性）的高层领导。

· 为恢复全球商业服务制定端到端流程，以及识别确保这些流程顺畅执行的重要指标。

· 定期进行灾难应变和恢复测试，重点在于恢复端到端服务，而非仅仅恢复某个程式的运作。

· 运用其他技术以及运营韧性的改善方案。

这次疫情确实让我们从另外一个角度来看待韧性。

首先是工作团队的韧性，我非常欣赏纽约梅隆全球 48000 位员工的努力。我们主动采取措施帮助员工，使他们能够把客户服务做得更好。我们增加了一些项目，比如心理健康的支持，远程健康的辅助，还有其他的福利，来帮助我们的员工为客户提供始终如一的高品质服务。过去这一年也让我们了解到员工（劳动力）韧性的重要性，未来我们也会用全新的方式来推动这个工作的开展。

其次就是数字化创新。这个行业还是非常依赖纸张的工作，包括很多的报告、合同、贷款文件和签字等。数字化提供了一个更快、更简单、成本更低的方式，让我们更好地实现韧性。我们拥有这样的技术，我们需要提高它的使用度。疫情使很多员工在家里工作，更少地使用纸张，我们以及整个地球都增强了它的韧性。

这次疫情也加快了数字化在很多领域的应用，包括资产和支付的数字化或代币化（token）。我们拥抱各种各样新的科技以满足客户和市场的需要。我们最近宣布成立了一个新的数字资产业务部门，开发出一个平台，确保我们的客户和金融市场能够以更安全和一体化的方式，保障他们的资产，无论是传统的资产比如证券，还是数字化体现形式的传统资产，如代币化的货币市场基金等。

随着世界的不断变化，我们需要去适应和创新以保持有韧性的服务和为客户创造价值。我们是美国第一家银行，成立于 1784 年，同时我们也是最早（1792 年）在纽交所上市的公司。我们正在庆祝服务中国客户一百周年。我们的悠久历史证明了韧性和创新是纽约梅隆的核心，我们开业伊始就支持着银行和资本市场的发展。随着时代的不断演变，我们也将继往开来，继续成为全球金融市场最可信赖的忠实伙伴。

再次感谢主办方的邀请，也期待之后我们的讨论。

把握机遇　建设更强韧金融体系

高逸雅

彭博有限合伙企业董事长

很荣幸今天有机会与各位分享有关强化金融系统的一些想法。

新冠肺炎疫情是一场人类的悲剧。疫情是对全球经济和金融市场的一场"压力测试"，让我们有机会了解极端情况下金融体系的应对能力，思考哪些领域需要合作改善以进一步增强金融体系的韧性。

2020 年初，疫情导致商店和工厂被迫关门，彼时，金融体系若也陷入混乱，这一场危机的后果将更为严重。必须承认，当时的状况确实有些棘手。2020 年 3 月，全球主要的融资市场一夜入冬，全球股市暴跌。但我们渡过了难关。美联储和中国人民银行率先行动，随后全球各大央行纷纷加入，迅速提供紧急支援，保障流动性，并恢复市场稳定。

让我感到自豪的是，彭博的系统、数据、新闻、研究以及给全球金融体系运营提供重要支撑的交易功能，为市场保持稳定提供了坚实的基础。2020 年我们有太多事需要担心，但我们的客户永远不用担心彭博终端的运行。

如今，当我们满怀希望地憧憬后疫情时代，也发现亟待解决的问题更多了，有些疫情前就存在，有些则是全新的挑战。一些在新冠肺炎疫情之前就存在的难题如今在某种程度上变得更加难以应对。大量经济刺激措施帮助企业和家庭渡过新冠肺炎疫情难关。但这些资金同时也涌入了金融市场，推动估值不断攀升。正如中国银保监会主席郭树清所说，从股票到房地产，我们必须警惕泡沫化风险。在经济复苏阶段，随着刺激措施逐步退出，借贷成本恢复到正常水平，这些风险就会逐渐显现。我们都希望新冠肺炎疫情能够很快结束，但金融体系保卫战还远未结束。

新冠肺炎疫情进入尾声，美国总统拜登上任，中国"十四五"规划开局，历史进入新的篇章，我们有机会重新聚焦其他重要领域。

建立现代化的金融体系是中国政府设立的重要目标之一。实现这一目标意味着需要加大投入，让银行、固收和股票市场更高效地运转，以最低的成本实现最大化的增长。而提高效率首先可以从通过先进技术获得实时和准确的数据入手，这一点长期以来在全球各地市场一再得到验证。

随着中国资本市场走向成熟，对外开放程度也会逐步提高。一方面，中国企业和投资者将加大海外投资；另一方面，中国市场也将吸引越来越多国外企业和投资者的关注和投资，这将对中国市场产生积极影响。

全球金融市场广泛采用彭博系统，我们也很高兴能见证和参与到中国市场开放进程中。去年，彭博完成将中国债券纳入彭博巴克莱全球综合指数，并推出彭博巴克莱中国高流动性信用债指数 —— 这是助力全球投资者把握投资中国市场机遇的重要里程碑。

此外，对中国、美国和全球而言，新冠肺炎疫情的结束也意味着有机会重新着力应对迫在眉睫的气候变化问题。

彭博对气候变化的关注由来已久。日前，彭博创始人迈克尔·布隆伯格再次被任命为联合国气候雄心与解决方案特使。此外，迈克尔还担任气候相关财务信息披露工作组（TCFD）主席，致力于通过为投资者提供用于衡量气候风险的相关信息，赋能金融市场在应对气候变化挑战中发挥作用。我很高兴地看到，中国银行近日也已正式成为 TCFD 的支持机构。彭博还加大了在环境、社会和治理，即 ESG 数据方面的投入，这些数据将有效地帮助投资者判断一家企业的环保表现，这让我们倍感骄傲。

全球 ESG 资产规模已达数万亿美元，我们也正在见证彭博 ESG 数据，以及彭博新闻、研究和交易功能，不断推动投资活动的转变。资本越来越青睐高度重视环境可持续性的企业。

从通过新冠肺炎疫情的"压力测试"，到中国金融市场持续开放，再到全球合力应对气候变化，让我们更加坚信，只要拥有更强韧的金融市场、更便捷和准确的信息、更先进的技术，我们就能更好地应对挑战，把握机遇。

最后，感谢各位的关注和支持，希望明年此时我们能相聚北京。

持续推动人民币国际化

周诚君

中国人民银行金融研究所所长

12 年前的 3 月份，时任中国人民银行行长周小川发表了一篇文章，题目叫《关于改革国际货币体系的思考》。这篇文章的背景是为将于 2009 年 4 月初召开的 G 20 伦敦峰会提供关于 2008 年国际金融危机原因的一个分析。这篇文章一个非常重要的观点是，国际货币体系本身可能是 2008 年国际金融危机的根源之一。这篇文章发表以后，引起了广泛的国际讨论和思考，也推动形成了一些共识。但 12 年过去了，在当前我们面临百年未有之大变局，面临新冠肺炎疫情造成的全球经济冲击，面临主要经济体大规模的货币宽松政策情形下，今天我们在这个场合讨论全球面临的主要金融风险的时候，仍然需要认真深入地考虑这个问题：国际货币体系有没有得到实质性的改革？类似于 2008 年国际金融危机的全球性风险事件会不会重演？什么样的国际货币体系有助于应对下一场可能发生的危机？所以，今天我想从一个中央银行经济学者的角度，说一说关于国际货币体系改革和人民币国际化的有关问题。

小川行长在他的文章里面非常清楚地解释了，为什么不合理的国际货币体系是 2008 年全球金融危机的重要根源之一。对于储备货币发行国而言，国内货币政策目标与各国对储备货币的要求经常产生矛盾。货币当局既不能忽视本国货币的国际职能而单纯考虑国内目标，又无法同时兼顾国内外的不同目标。这也是经济学在 20 世纪 60 年代初提出美元作为国际货币所面临的"特里芬难题"以来，一直无法有效解决的问题。

这是问题的一个方面。另外一个非常重要的方面是，如果主要国际储备货币的发行国在全球商品生产和交易中，已经不再处于全球产业链和供应链的核心位置，这意味着围绕该储备货币的相对价格调整，将无法有效发挥全球范围内的资源优化配置作用。或者说，围绕主要储备货币的汇率调整与各国的供应链、产业结构调整将是脱节的，汇率调整无法实现主要商品生产国和产业链上各国的内外部平衡。刚才刘金行长特别强调，金融是服务实体经济的。汇率调整一个非常重要的目标是，能够有效提供价格信号，促进全球范围内更好的资源配置，实现各国更优的产业分工和贸易关系。在一个主要储备货币发行国不再是全球产业链、供应链核心国家的情形下，各国围绕该储备货币的相对价格调整就无法发挥良好的作用。

中国在加入 WTO 以后，很快成为全球制造业中心，成为最大的进出口贸易国家。尤其是党的十九届五中全会和刚刚结束的全国两会明确中国下一步将推动实现双循环新发展格局和高质量发展要求。我们的双循环新发展格局是更加开放的国内国际双循环，比如在积极推动 WTO 改革的同时，以更开放的姿态支持和拥抱更高水平的国际投资贸易规则，比如主导签署了 RCEP，尊重 USMCA（《美国—墨西哥—加拿大协定》），积极谋求加入 CPTPP，持续推动与欧洲、美国的投资协定谈判，等等。我们追求更加可持续的发展，承担更多的国际责任，宣布了"3060"双碳目标，致力于推动实现共同富裕和人类命运共同体。这意味着什么呢？意味着下一步新一轮的全球化调整过程中，尤其是在当前的全球供应链和产业链调整过程中，中国将以更加开放的姿态，更加积极地着眼于全球，适应世界大变局的要求，承担大国责任,继续在全球范围内布局我们的生产,调整我们的供应链和产业链。

在这个调整过程中,我们支持、鼓励和倡导市场主体更多使用人民币来实现。这就是人民币国际化,人民币的国际使用。在中国企业参与的新一轮供应链调整、产业结构升级过程中,我们希望市场主体按照市场规律,更多选择用人民币来实现国际投资、国际贸易和相关的国际结算,以及其他方面的国际应用。这至少有两个好处。第一,可以更好帮助企业在这一轮全球供应链和产业链调整升级过程中,通过更多使用本币,降低汇兑成本,规避汇率风险,降低对主要国际储备货币的依赖。第二,发挥人民币汇率作为相对价格的信号作用,促进围绕中国供应链、产业链的资源在全球范围内的优化配置,推动实现各国福利的改进。中国现在是大多数周边国家和"一带一路"国家最大的投资贸易伙伴,人民币汇率越来越灵活,可以成为调节中国和这些国家之间资源配置及其优化的有效相对价格信号。大家注意到,中国中央银行已经退出了对人民币汇率的常态化干预,人民币汇率的灵活性及其作为自动稳定器吸收外部冲击的能力都显著增强。

基于上述分析,我的结论如下。第一,人民币国际化是中国经济发展和更加融入全球调整过程中的自然结果,可以促进新一轮全球供应链和产业链调整过程中,资源配置在全球范围内的优化,对于所有与中国有密切投资贸易往来的国家而言,将是一个多赢的格局。第二,人民币国际化有助于持续推进国际货币体系多元化,可以帮助美元减轻作为主要国际储备货币所承担的责任。大家对美元的期望值都很高,但美国确实有其自身的困难,比如长期大规模的量化宽松货币政策、最近1.9万亿刺激计划,以及最近长期固定收益回报跳升产生的外溢效应等,这些不确定性仍然是美元目前面临的挑战。这时候,人民币可以与美元及其他国际货币一道,共同承担这方面的国际责任。一方面，提供更多元化的国际储备资产更好支持储备货币投资国家实现其目标；另一方面，通过更多元的相对价格调整不断推动实现各国内外部平衡。第三，人民币国际化是中国经济深度参与全球分工布局，不断推动全球供应链、产业链调整的过程，也是进一步推动和实现全球资源配置优化的过程，因此是一个自然的过程，也是一个长期的过程，人民币国际化不是试图替代美元、挑战美元，而是与美元及其他国际货币一道，更好满足作为国际储备货币的要求，承担全球产业链供应链有序调整和资源优化配置的责任。

也唯有如此，我们才能沿着小川行长当年提出的思路，进一步推进国际货币体系改革，推动实现国际货币多元化，在我们面临世界百年未有之大变局，面临当前纷繁复杂的国际经济金融形势下，更好应对可能出现的国际金融风险，同时实现全球经济调整和资源优化配置。

长期性问题更值得警惕 ①

肯尼斯·罗格夫

哈佛大学教授

今天的主题是讨论超级宽松的货币政策。美国的基准十年期国债利率一直上升，某些圈子表示了担忧：的确需要经济刺激，但不能过度；会不会出现通货膨胀，导致美联储被迫突然加息。

真正的问题是，现在的复苏过程是不平衡的。的确，由于各种原因，疫情对世界不同地区造成的影响是不一样的。一方面，世界各地的疫苗推广进度不同。美国进行得很好，欧洲速度要慢得多，而在世界上的一些地方，甚至还没有开始。当然，亚洲已经成功地控制住了疫情。

另一方面，发达经济体（富裕国家）有能力对自身经济实施大规模刺激措施。这实际上是救灾，而不是刺激措施，而且数字是惊人的。在最近各国一系列刺激措施出台之前，国际货币基金组织和世界银行已经计算出的数字显示，发达国家在税收和政府开支方面的刺激措施总体平均已经占 GDP 的 15%，现在这个数字要更高。但是在低收入国家，这个比例只有 2%。而在信贷支持和其他方面数据也是相似的。

美国是一个非常重要的贸易经济体，在金融领域，美元是主导货币。如果美国加息与世界其他地区的复苏不协调，那将是非常痛苦的。

现在讨论的一个问题是，利率是否过低。我的答案是，当然不是。

---

① 根据会议现场录音听译整理。

疫情当前，这是必要的。实际上，在未来的几年里，如果我们没有出现通货膨胀（现在有各种各样的预测），我们可能需要更低的利率，甚至是负利率。这些就不展开讨论了。

就通货膨胀而言，真正令人担忧的不是它在一段时间内会过度上涨，事实上，从许多原因来看，这可能是一件好事。真正令人担忧的是，美联储和世界各地的央行都面临着非常强大的压力，削弱其独立性，这将构成非常严重的长期压力。

我的另一个担忧是，美联储已经明确表示不会过快加息，会允许通胀上升，保持耐心。但这与以往的做法不同，可能会给投资者带来巨大的不满和困惑。当前时期道路是坎坷的，任何时候世界经济受到如此程度的冲击，都很难预测接下来会发生什么。很多对通货膨胀的担忧都集中在大规模财政刺激措施和低利率上，我们理解这一点。我认为，短期不可持续的通胀上升，可能不会带来过高风险。在发达经济体中，通胀的变化非常缓慢，程度也较低，符合通胀预期。

真正的风险是更长期的：央行的独立性被削弱，有没有可能突破通胀预期上升的临界点，导致发生失控现象？另一个长期的担忧是，全球化和去全球化进程。我知道这次论坛已经讨论了很多。我认为，经济学家所称的"超全球化时期"——从 1990 年至金融危机前后这段时间——对通货膨胀产生了巨大的影响，也是通货膨胀速度下降的主要原因之一。全球化进程的速度在疫情之前就已经减慢了。即使因为贸易摩擦、其他摩擦或两极分化问题导致去全球化，我认为价格仍面临显著的长期上行压力。

最后一点，查尔斯·古德哈特做过一项有趣的研究，认为仅仅人口状况本身就可能导致这个问题出现。

总结一下，我太担心短期通胀的上升，这可能甚至是一个好的信号，表明美国至少正在走出困境。我更担心长期问题，尤其是复苏不平衡问题：美元是主导货币，复苏速度比其他国家要快，然后出现"缩减恐慌"现象（2013 年曾出现过一次，业内人士称之为缩减恐慌），这种情况可能会更糟。

大规模刺激政策下的债务与通货膨胀

霍华德·马克斯

橡树资本创始人、联席董事长

很高兴跟大家进行讨论，我同意刚才肯尼斯·罗格夫教授很多的想法，我也跟大家分享一下我的看法。去年 3 月 3 日在我关于新冠的第一份备忘录中我引用了哈佛大学流行病学家利普金的观点，他说第一有事实，第二就是在和其他的病毒类比中进行的有根据的推断，第三就是观点或猜测，我当时的看法就是我们没有关于新冠的事实，我们只能进行推断或者推测。在这里讨论的是超宽货币政策的影响，我觉得我们没有事实可以依赖，而且我们也没有可以直接进行对比的以前的例子。纵观历史，我们看到了宽松的货币、印钞票、过度的印花和超级通货膨胀，但是最近没有，从来没有达到现在的规模。我们以前也没有经历过数字时代，因此历史是否和今天的形势是相关的，是可以进行对比的，这其实是值得怀疑的。所以我们现在就只能进行猜测，当然背景是很清楚的，大流行病和相关的衰退需要迅速和大规模的财政和货币行动，以防止全球萧条。不管经济后果如何，以及政府中有没有人关心如何支付以及是否支付，通过购买债券，美联储 2020年的资产负债表增加了 2.7 万亿美元，约占 55%，美国财政部资助了大约 4 万亿美元的赠款和贷款，因此我们看到了 6 万亿美元的额外流动性注入了美国经济，为赤字融资的借贷使美国国债增加了 4.2 万亿美元，一年之内从 22.7 万亿美元升至 26.9 万亿美元，今年债券购买量将达到 1.5 万亿美元左右，赤字可能与去年持平。2022 年情况可能基本上也是如此。

因此我们可能会看到短短三年中，向 2019 年创造了 21.4 万亿美元 GDP 的经济体注入近 15 万亿美元，我认为从来没有出现过如此规模的支出赤字和债务的增加，到 2022 年底美国国债可能达到 33 万亿~35 万亿美元，而现在距离 2022 年底只有 20 个月，这就意味着短短三年内这个数字将上升大约 50%。这意味着什么？当我还是一个孩子的时候，我还记得是否可以持有永久性国债的争论，这场争论现在似乎已经被遗忘了，然后就有了关于预算赤字是否可以被争论，这个问题已经不被考虑了，现在的问题是是否在一定程度上债务过多了，如果债务不是太多情况是什么样的呢？目前美国债务约占 GDP 的 125%，还没有立即可见的不良影响。到 2022 年底，根据先前提出的数据，美国债务可能会达到 140% 左右。日本的比例是我们的 2 倍，它的经济依然在继续运转，事实上美国几乎没有进入十大债务国的行列。

正常情况下人们会预期，这样一股额外的流动性注入经济会导致通胀，但是美联储说不会，刚才肯尼斯·罗格夫也提到了，各国央行可能希望看到通胀，因为通胀会降低偿还债务的成本，但是他们不得不阻止这种说法，因为他们担心加剧通胀的预期。从 2008 年以来一直有赤字和宽松的货币政策，并没有出现严重的通胀，我们目睹了 50 年来的最低失业率，却没有看到菲利普斯曲线所预测的通货膨胀率的上升。日本和欧洲多年来一直试图实现 2% 的通胀率，但一直没有成功，通货膨胀到底是不是很快会成为威胁？谁知道呢？我同意罗格夫的话，就是我们现在没有办法预计未来。我们可能短期不会看到这样的情况，但是长期的问题可能会非常严重。我希望关于通胀的问题我已经抛砖引玉了，我已经跟大家讲了一些背景方面的问题，我也很愿意一会儿回答问题。

关于宽松货币政策退出的思考

曹远征

中银国际研究公司董事长

我想从金融的角度谈谈这三个问题：第一我们看到了什么，第二我们担忧什么，第三我们对未来的预测是什么。

第一个问题是我们看到了什么？自从 2008 年金融危机以后，全球都采取了宽松的货币政策，你会看到宽松的货币政策顶多是防止了更大的衰退，并没有有效地提升增长，但是事后全球都得上了宽松货币政策依赖症，一旦退出就出现问题，一直到了现在。只不过去年新冠肺炎疫情的出现，使这个政策变得更加有依赖性。我们注意到新冠肺炎疫情不仅仅在引领经济表现，同时引领政策方向，当疫情严重、经济下行，宏观政策就要进行对冲，当疫情更严重、经济下行更大，对冲力度就要更大；同理，如果疫情缓解，宏观经济表现好转，宏观政策就要退出。我们的市场预测，去年跟今年会形成近相关性，今年就是一个退出年，只不过在去年四季度的时候，人们发现疫情还在蔓延之中，尤其是全球货币提供者，美国的疫情正在严重化，所以人们说可能在今年上半年至少全球还处在疫情之中，宽松的政策还会持续，美联储也是这个逻辑，包括美国财政还有 1.9 万亿美元的刺激。

但是情况正在发生变化，这个（变化）是 2 月下旬以后美国的疫情出现拐点，尽管现在每日感染还在高发，但是似乎速率在下降。这时候人们就担心可能会解除隔离，隔离至少不会那么严格，市场会重新活跃。尤其是在去年一年中，美国的政策对低收入家庭的补助，使美国老百姓的储蓄在上升，这些储蓄会不会转成消费，报复性消费会不会引起物价上涨？这是再通胀交易，其实最终代表的是美国国债收益率从去年比较低的 0.5% 以下涨到 1.7%，两倍以上的增长。

更为严重的是，新冠疫苗的注射速度在美国远远超过人们的预期，拜登政府上台，说 100 天之内 1 亿人注射，现在已经达到 1 亿人，这意味着经济启动的速度要快于市场的预期，于是就带动了所谓再增长的交易；再增长的交易最重要的表现就是全球大宗商品的价格上升，尤其像铜、石油都在上涨之中。现在的问题核心是，这样一个市场表现会不会迫使宽松的货币政策至少短期内会提前退出，然后带来一系列的问题，这是我们看到的第一点。

第二个问题是我们担心什么？我们知道现在是全球纷争的时代，各国的货币政策很难协调，如果一个国家单方面退出会引起更大的麻烦，特别是对很多新兴经济体，尤其是对拉丁美洲国家来说，这是因为在过去 10 年中美元比较便宜，负债大幅增长，如果再增长交易回流到美国，这些国家的债务会出现严重困难，也会引起新的债务上的困难。人们担心会不会在周边国家出现类似当年亚洲金融危机那样一种危机，因为资金大量流出，导致本币和外币大幅贬值，造成混乱。现在在很多新兴经济体，特别是巴西、印度、巴基斯坦似乎都有这种担忧。这表明全球政策必须得进行协调，我想如果要维持全球的稳定增长，各国政府进行宏观政策协调就变得非常之重要。

第三个问题是怎么看未来？其实就三点，大家现在在议论未来 K 线复苏，K 线复苏意味着几个意思，首先可能是全球的复苏程度，各国的复苏先后顺序不一样，有些国家可能在先，有些国家在后，这时候各国的货币政策不一致会导致更大的麻烦，协调就变得非常重要，我认为这是当务之急。其次，人们担心这个复苏可能是有些指标变好，有些指标变差。比如说通胀会不会起来，但是可能实体经济增长并没有那么快，因为我们注意到，从 21 世纪开始，全球劳动生产率在持续下降，无论发达国家还是发展中国家都在下降。如果说只是短期的繁荣，而不是有技术进步的增长，它只是昙花一现，于是全球的合作，特别是在新的技术方面的合作非常重要，其中一个最重要的方向就是碳排放、低碳经济，中美对此也特别重视，这是我们历史上值得欣喜的事，共同合作，应对全球气候变暖。最后是一个老问题，但是是一个尖锐的问题，经济表现的好转并不意味着居民收入表现的好转，在过去几十年中始终是经济在强劲增长，工薪收入在恶化，美国出现的就是这个问题，这是一个全球的新问题，是不是经济增长能够带来居民收入的提高？这是一个问题。在这方面我倒想说，可能中国正在摸索一条新路，比如说我们看到去年已经告别绝对贫困，收入差距在大幅缩小，如果中国中低收入群体收入持续提高，中国市场就会持续扩大，如果扩大市场为全球分享，中国就在拥抱全球化和引领全球化，这是中国政府提出的"双循环"的核心含义，"双循环"是以内循环为主体，促进两个循环。我想这一点要特别介绍一下，这是我们金融市场所乐见的安排，如果中国经济持续增长，市场持续扩大，中国市场不仅是国内市场，还是国际市场的话，可能是解决我们当前这个问题的一个途径。

最后一句话，如果说政策退出，一定是促进经济增长的政策退出，而不是单纯的政策退出，保留增长的种子，去掉冗余，就变成一个全球最重要的政策共识。

第二篇

"双循环"新发展格局

新技术革命与城市化

王安顺

国务院发展研究中心党组成员、副主任（正部长级）

大家上午好！首先我代表国务院发展研究中心感谢大家在百忙之中参加中国发展高层论坛经济峰会，参与新一轮技术革命与城市化平行论坛的讨论。

"十四五"时期是中国开启全面建设社会主义现代化国家新征程的第一个五年，高质量推进城镇化发展对新阶段贯彻发展新理念，加快构建新发展格局，全面建设社会主义现代化国家至关重要。刚刚结束的两会通过了"十四五"规划和2035年远景目标纲要，对未来五年中国城市化的发展做出了新的部署，未来五年中国常住人口城镇化率将有望提高到65%。

城市是人类最伟大的发明和最美好的希望，是承载全球经济社会发展的重要载体，城市化成为全球发展的重要趋势和国际社会长期关注的热点问题。现代意义上的城市化发端于技术革命，自工业革命以来，历次技术革命都极大推动了新兴产业的发展、生产生活方式的改变，资源要素更快地向城市集聚，进而使各国，乃至于全球城市化水平得到不断提升。当前，全球正经历百年未有之大变局，新一轮技术革命方兴未艾，持续在演化中，特别是以物联网、大数据、云计算等为代表的数字技术革命催生了一系列新技术、新产业、新模式，形成了数据这一新的发展要素；对全球经济社会发展的影响也正在加速地显现，必将对全球城市化发展产生深刻而深远的影响。

　　当前，中国的城市化已超过 60%，正处在城市化高质量发展的关键阶段。新一轮技术革命的持续发展，会对中国的城市化前景产生什么影响，能否为中国城市化高质量发展提供新的动力，如何让新技术革命的动力在新阶段得到更有效的释放，这些问题都需要深入地研究和探讨。因此，今天这个论坛讨论的主题"新技术革命与城市化"，视角很新，充满着挑战，有很强的探索性，对中国乃至于全球城市化发展具有重要的政策意义。

　　国务院发展研究中心是直属于国务院的一流智库，主要围绕着国民经济、社会发展和改革开放当中全局性、战略性、前瞻性、长期性，以及这个过程中的热点、难点问题开展研究，为党中央、国务院提供政策的建议和咨询。

　　近年来，我们针对中国的城市化组织开展了一系列具有广泛影响力的重大研究，针对今天的议题我们也组织开展了系统研究，而且得到了 OECD、世界经济论坛、澳大利亚必和必拓国际集团和企业组织的大力支持。值此论坛之际，针对新技术革命和城市化议题，组织专题的讨论，目的就是让社会各界广泛来关注这个议题，共同研判新一轮技术革命背景下中国城市化发展的新机遇，以及潜在的挑战和风险，提出推动中国城市化高质量发展的真知灼见。希望各位专家、来宾各抒己见，深入交流，为中国城市化高质量发展贡献智慧。

　　最后，祝愿论坛圆满成功。

新技术革命推进中国城市化进程

邓郁松

国务院发展研究中心市场经济研究所副所长、研究员

在过去将近 3 年的时间里，我们一直进行新一轮技术革命与中国城市化的研究，我们想试着回答三方面的问题。

一是从历史来看，技术革命与城市化究竟是什么样的关系，特别是技术革命怎样影响了城镇化的进程。

二是想回答在当前阶段，中国城市化突出的特点是什么，新一轮技术革命会对中国城市化的进程产生什么样的影响。

三是着眼于 2035 年和 2050 年，中国城市化的前景和战略重点应该是什么。

在研究城市化过程中，我们特别关注城市化率超过 50% 之后的情况，之所以关心城市化率超过 50% 之后的情况是因为：第一，目前中国城市化率超过 60%；第二，从全球比较来看，在城市化率 50% 以下的时候，不同国家城市化的进程相似点比较多，但是超过 50% 之后不同国家城市化发展质量的差异非常大，比如说拉美城市化率很高，80% 以上，欧美城市化率也很高，也在 80% 以上，但是拉美和欧美发展水平差别很大。在同样一个国家内部，即便是相同的制度和文化因素，我们也可以发现在 50% 的城市化率之后，不同城市之间也会出现分化，一些城市会经历衰退，有的城市衰退之后可以出现复兴，有的会衰退相当长的时间。这些现象促使我们思考究竟是什么因素造成城市化率超过 50% 后出现这么多的变化。

我们认为在城市化率超过 50% 之后，出现很大的变化与技术革命有很大的关系。我们总结了历史上的三次技术革命，发现每一轮技术革命都会带来产业系统性变革和主导产业的更替，每一轮主导产业的更替过程同时也是这个主导产业所在的国家，所在的城市出现重大变迁的过程。产业的兴衰带来了城市的兴衰演变，而产业兴衰恰好是技术革命推动的结果，每一轮重大的技术革命都会带来相应的主导产业的重大的变化，主导产业的重大的变化带来城市兴衰的变化。

在这样一个大背景下，我们比较关心当前中国城市化所处的阶段。在 2011 年中国城市化率超过 50%，目前已经超过 60%，我们特别注意到在整个城市化过程中，中国城市化已经进入以服务业和新兴产业为主导的加速期。在 2012 年，中国第三产业的比重已经超过第二产业，成为带动经济增长的最主要的产业。（我们）非常清醒地认识到，主导产业的变化一定会带来相应的城市发展格局的变化。

在过去十年左右的时间中，大家越来越多地关注中国南北分化问题，这背后恰好是新一轮结构调整的过程，中国或者全球恰好也进入到新一轮技术革命的周期中。2010 年前后以数字化为主导，以智能化为指向，以绿色化为引领，以融合化为趋势的新一轮技术革命方兴未艾，催生了一系列新兴产业、新业态，正在对各国经济产生越来越大的影响。这个过程中，城市的空间形态也在悄然地发生变化，大城市、核心城市、城市群的影响力在显著地提升，利用新一轮技术革命的成果，城市的治理能力在不断地提升。我们也注意到，城市的生活方式在加速地向智能、包容、绿色转型。

在这个过程中（我们）看到诸多积极影响的同时，也观察到新一轮技术革命正在带来就业结构和收入分配格局的调整，有一些传统的行业受到技术革命较大的冲击，数字鸿沟也是我们必须正视的挑战，在老年人和年轻人之间，能够利用新一轮技术革命的成果和没有办法利用新一轮技术革命成果之间存在显著差异。

如何更好地利用新一轮技术革命的成果，推进中国的城市化进程，实现中国城市化高质量的发展，我们对未来的前景做了基本的预测。预计 2035 年中国城市化率会达到 72.4%，2050 年会达到 81.6%。城市化进程中整个经济结构会持续优化，从 2020 年到 2035 年再到 2050 年，第三产业所占比重还会持续提升，第二产业会稳中略降，第一产业会持续往下走。总体来看，如果能够充分利用新一轮技术革命的成果，我们对中国未来城市化的质量和城市化的效率会充满期待，在新一轮技术革命的带动下，一系列新兴产业效率的逐步提升会带来我们城市化效率的明显提升。

如果我们能够充分利用新一轮技术革命的成果，城市空间发展格局也会不断地优化。随着我们各项基础设施不断完善，我们相信以都市圈、城市群为主题的城市空间格局会日益优化。

我们城市发展的可持续性会显著增强，我们关注到 21 世纪以来全球大城市、核心城市在全球的影响力在显著地提升，在过去的时间中，中国大城市，特别是超大、特大城市的影响力、集聚能力也在显著提升。我们相信在未来的 30 年中，中国会出现更具有影响力的全球城市和世界级城市群。

为实现高质量的城市化，我们提了四方面战略重点。

一是抓住新一轮技术革命的机遇，提升城市的创新能力和产业支撑能力，通过产业升级周期带动形成新的城市发展周期。

二是要充分利用新一轮技术革命的成果，完善城市的治理体系，包括实现城市基础设施布局的战略性调整，从以往更加关注传统意义上的硬的基础设施，越来越强调转向教育、文化等软的基础设施，为可持续的创新资源培育基础。

三是要更加重视优化以城市群为主体形态的城市空间布局。

四是一定要重视推进有利于技术革命和高质量城市化的体制机制的改革，因为城市的优势在于它的效率，而提升效率的关键是要推进各类资源要素持续的优化和重组，我们如果能够继续推进各项改革，特别是推进要素市场化改革，将会为我们整个新一轮技术革命和中国的城市化提供源源不断的动力。

期待中国的城市化更加美好。

税收能为释放消费新势能做些什么?

高培勇

中国社会科学院副院长

在构建新发展格局进程中释放消费的新势能,肯定会牵扯到多个维度。各位嘉宾肯定会从不同的维度阐述自己的见解。我选择的一个维度,就是税收。税收能为释放消费的新势能做些什么?

一旦说到税收,很多人可能立刻就会得出要减税的结论。这是因为,消费是可支配收入的函数,税收又是可支配收入的函数。要增加居民的可支配收入,从而增加消费,减税无疑是有效的。这无疑是一个非常重要的视点。

但是,按照这样的思维推进减税,我们也会遇到一系列的问题。比如,税收是作为政府支出的财源而征收的。税收减下去了,政府支出的规模减不减? 这恐怕很难。因为事实上不仅在中国,在世界上的任何国家,削减政府支出规模从来都是一件难以做到的事情。

退一步讲,即便勉为其难,真的把政府支出规模减下去了,在减下去的这一部分政府支出中会不会伤及本应用于转移支付的那一部分支出? 比如对相对不发达地区居民的转移支付以及对低收入者的转移支付。如果伤及了,那么,相对不发达地区居民和低收入者的可支配收入就会减少。可支配收入减少了,其消费也会相应减少。

再退一步讲,即便不会伤及转移支付,减下去的这一部分税收究竟落在谁的身上也是问题。如果减下去的这一部分税收落到了高收入者的身上,高收入者的边际消费倾向和恩格尔系数同低收入者的边际消费倾向和恩格尔系数肯定是不一样的。由于高收入者的边际消费倾向和恩格尔系数相对较低，其所能带来的消费增加效应并不大。

所以，试图通过总量上减税的办法扩大消费，释放消费新势能，固然有其必要性，也能收获一些效应，但究竟效应有多大、能否达到预期目的，我们是特别审慎的。

那么，该怎么办？大家可能已经注意到，在刚刚发布不久的"十四五"规划纲要中，谈到税收制度变革举措，有三句话值得特别注意。第一句话是优化税制结构，第二句话是完善直接税体系，第三句话是逐步提高直接税比重。把这三句话串在一起，我相信，大家立刻会感觉到，从税收维度释放消费新势能的主要着眼点，不是总量而是结构。

从结构上而不是从总量上推进释放消费新势能，这样一个战略抉择，我想应该是有深刻考量的。这种考量主要体现在如下几个方面。

比如中国现行的税制结构是以间接税为主体的，这种主体地位达到了什么程度？算大账的话，为 70%。也就是说，在我们由 17 个税种构成的全部税收收入中，来自间接税的收入占到了全部税收收入的70% 左右。70% 的间接税比重意味着什么？只要稍微了解一点经济学的基本常识就可以知道，间接税就是累退税。为什么是累退税？就是收入越高的人在间接税的负担上所承受的比例就越低。倒过来，收入越低的人所承受的间接税负担比例就越高。

为什么？我们刚才提到了一个恩格尔系数的问题，一个边际消费倾向的问题。穷人的边际消费倾向、恩格尔系数，肯定比富人来得高。边际消费倾向和恩格尔系数高，就意味着他们要较之富人承担更多的间接税。这当然是一种累退税，累退税对扩大消费是不利的。这是第一个考量。

第二个考量，间接税发生在什么位置呢？它要潜入价格当中，作为价格构成要素得以实现。大家知道，价格有三要素：成本、利润加上间接税。间接税这一部分比重大了，商品和服务的价格相对就高。价格高，无疑对消费是一种抑制因素。

除此之外，还有一个更致命的问题。间接税比重高意味着什么？当然是直接税比重低。直接税比重低了，就意味着整个税收用于调节居民可支配收入的渠道相对狭窄。能狭窄到什么程度呢？我们刚才说的 70% 是间接税，那留给直接税的空间充其量只有 30%。其实，从对接居民可支配收入的角度讲，还可以把企业所得税从直接税中剔除出去，而将其并入间接税序列。因为，从根本上来说，法人所缴纳的企业所得税也是可以转嫁的。可以转嫁的，当然就是间接税。

一旦剔除企业所得税，那剩下的直接税收入比重就更低了。也就是说，能够和居民收入对接起来的税收渠道是相当狭窄的。这也是我们在很多场合解释中国的基尼系数在税前税后变化不大的一个非常重要的原因。

如果我们采取完善直接税、增加直接税比重的办法优化税制结构，上述问题虽不能做到完全解决，但在很大程度上可以一一得以缓解。

比如说累退税的比重降低了，这是一个很重要的效应。累退税比重降低，对消费有什么影响，不用多说，当然是释放势能、扩大消费。直接税比重上升了，间接税比重就下降了。间接税比重下降了，意味着税收进入到价格之中，挤占价格空间、抬高价格水平的力度就会相应减小，从而有助于扩大消费。

第三个考量，直接税比重上升了，特别是对于居民个人征收的直接税比重上升了，它对再分配的调节作用就会相应地提高，从而能够让税收在缩减基尼系数上有一定的作用。

除此之外，更重要的一条，"十四五"时期所有的税制变革规划或者说税制变革路线，都是在税收总量大致保持不变的前提下设计的。一般情况下，它不会伤及转移性支付，转移性支付显然也是有助于增加居民可支配收入、从而扩大消费的一个重要变量。

总结一下，在我看来，倘若能够按照"十四五"规划围绕税收变革的部署真正落到实处，便是从政府维度，特别是从税收维度落实扩大消费新势能的一个重要举措。

发展中国的消费市场

戴怀德

宝洁全球董事会主席、总裁、首席执行官

很荣幸参加中国发展高层论坛经济峰会，有机会以消费市场为重点，和大家分享宝洁公司对中国经济的一些观点。

中国在2021年拉开了"十四五"规划的序幕。在最近召开的两会上，中国向世界透露了未来的重点和战略。其中，发展消费市场再次成为维持中国经济增长的关键措施。

对中国维护经济持续稳定发展的远见和进一步开放市场，让世界分享中国发展机遇的决心，宝洁公司高度赞赏。

一、宝洁的消费者洞察力、能力和策略

在宝洁，我们所做的一切都是为了消费者。今天，宝洁为全球50多亿消费者提供服务，其中约1/5在中国。

宝洁在中国已经有30多年的历史，我们是最早将消费者研究引入中国的公司之一。了解中国消费者，并根据他们的独特需求设计产品和包装，是我们商业模式的根本。我们到消费者家中拜访，与他们一起购物和生活，观察他们的真实生活。

在过去的10年里，收入增长让中国消费者成为世界上眼光最高、要求最细的群体之一，这一点尤其令人印象深刻。我们的研究显示出中国消费者的一些有趣的特点，我分享两个例子。

第一，中国已经成为全球最大的护肤品市场，拥有最复杂的护肤品消费者。举个例子，北京、上海等城市的中国女性平均护肤步骤为

4.7 步，这是全球平均水平的 3 倍多。

第二，中国的妈妈们是世界上最为精细的妈妈群体，她们对婴儿用品，比如纸尿裤的要求非常高。高端纸尿裤已占据了中国纸尿裤市场 60% 以上的份额，因为妈妈们非常看重产品在柔软度和透气性方面的优势。而且，最近中国的妈妈们也希望去买对环境影响更小的绿色产品。

要满足中国消费者独特的、不断变化的需求，就像刚才所说的那样，需要在中国和中国的消费者一起研发。我们在北京有一个大型的研发中心，它是宝洁全球最大的研发中心之一。我们正在继续提升它的研发技术和能力，以便我们能够以卓越的产品、包装、沟通、零售执行和价值来服务中国消费者。

重要的是，我们知道，卓越的产品配以卓越的包装，以及卓越的沟通、零售执行和价值推动了消费和消费市场的增长。

二、发展中国的消费市场

中国不断开放市场、促进自由贸易的政策也会刺激消费市场的增长。宝洁公司欢迎这些政策。

首先，中国政府的政策为消费者提供了更多的选择，他们将能够享受到最好的产品和最新的技术。

其次，在我们进入中国 30 多年的时间里，宝洁公司引进了 65 个品牌中的 30 个，这意味着我们 50% 的全球品牌还不为中国消费者所熟知。降低贸易壁垒会降低我们将这些新品牌引入中国的成本。事实上，我们的一些品牌已经通过跨境电商渠道服务于中国消费者。

最后，竞争的提升将推动价值链上下游的创新，为消费者和企业改善产品和服务。

重要的是，这三项政策成果都将有助于扩大整体消费市场规模，受益最大的会是消费者。

消费市场的增长不仅需要政府的扶持政策，还需要整个供应链的共同努力。例如，宝洁与商业伙伴紧密合作，共同发展市场。今日，我很高兴能和我们的两位合作伙伴——物美集团的张博士和华润集团的王先生一起参加这个讨论会。宝洁公司与我们的合作伙伴紧密合作，以确定消费者的需求，扩大我们的产品种类，提高产品效率，并在线下和线上的商场里创造更好的购物体验。

为了保护消费市场，我们还需要不断提高消费者对市场的信心。我们感谢中国政府在确保公平竞争、打击假冒伪劣产品和监管广告宣传等方面所做的许多努力。我们支持这样的努力，因为一个良好的市场环境同等地可以保护消费者、企业和供应商，最终使大家受益，推动发展。

三、科技服务消费者

技术的发展也在推动市场增长和消费。最新的技术已经被广泛地应用于消费品领域，用于了解消费趋势和开发新产品。毫无疑问，随着科技的不断发展和应用，中国市场的潜力将得到进一步发挥。我们看到，中国在"十四五"规划中也对科技给予了高度重视。

宝洁在运营中拥抱最前沿的科技，从而实现更好的媒体投放、量身定制的产品解决方案，以及成本更低、响应更快的供应链等。我们在广州成立了宝洁中国数字创新中心，致力于数字技术的发展，并在公司内部拓展相应的专业技能。

事实上，我们正在利用科技加强我们对消费者的理解。正如我刚才提到的，理解消费者是我们业务的根本。这要求我们深入了解中国的消费者，这样我们才能创造出改善他们生活的解决方案。

通过今天的科学技术，我们可以更高效地进行消费者研究，例如利用行为科学、神经科学、图像识别和先进的建模等前沿技术和数字化解决方案，更全面地捕捉消费者的反馈，从而更好地了解消费者的行为和习惯，提高我们满足这些需求的能力，以改变游戏规则的创新来发展市场。

总之，宝洁公司认为，中国是世界上最大、最成熟的消费市场之一。为了进一步释放市场潜力，包括今天参会企业在内的整个企业界，必须继续创造新的产品和服务。我们需要公开透明的市场政策，推动公平和积极的竞争。这些综合起来，将加速市场的扩张，推动增长和消费。

中国开放发展的承诺让我们深受鼓舞，我们相信，最终受益的将是广大消费者。宝洁公司将向市场推出更多优秀的品牌和产品，以微小但有意义的方式改善消费者的生活。

在数字化时代做大做强零售企业

张文中

物美集团创始人；多点 Dmall 董事长

我今天想讲四个观点。第一点，疫情之后的消费者信心对经济的繁荣和发展极其重要。我们看到，中国疫情控制取得了巨大的胜利，总体上老百姓的生活已恢复正常。特别值得注意的是，北京经历了一年的严格管控，现在对线下商场的促销开始放开。一系列措施让消费者信心有了一定恢复。但我们不得不承认，疫情带来的不确定性，对消费者信心有很大的抑制。在这种情况下，无论是 ToB 端的还是 ToC 端的刺激消费的政策，我认为都是非常必要的。我们期待在"十四五"开局之年，消费能够真正对中国经济的发展起到引领作用。当前，对外出口对经济发展起着重要作用，我们仍必须看到，最终还是要靠中国 14 亿人的消费来促进经济的繁荣和发展。

第二点，中国的实体经济、实体零售在中国的消费发展中必须发挥重要的主导性作用。大家知道，中国是拥抱互联网、拥抱电子商务、拥抱数字化比较早的国家，我们的电商发展得很快。同时我们也要看到，中国的零售行业基础是比较薄弱的，我们的零售企业总体上规模比较小。比如说物美集团，刚才主持人也说了，我们有很多比较成功的并购，如收购了麦德龙等。华润万家等国内比较大的零售企业，销售规模在 1000 亿元人民币的水平。反观美国，像沃尔玛一家企业，它的销售额全球是 5300 亿美元，光美国本土就 3500 亿美元。正是由于零售企业的规模，决定了这次疫情冲击之下，美国的实体经济拥抱数字化的速度比我们要快得多，效果要好得多。大家看到，以沃尔玛为首包括其他很多零售企业，线上线下的销售在疫情面前反而有了非常快的增长。这让我们看到规模很重要。中国的零售企业在疫情面前其实面临很大的考验。据不完全统计，不少零售企业的交易次数下降高达 15%。如果说，我们零售企业不能通过拥抱数字化、提高自己经营能力水平的途径走出来，中国实体零售企业今后的结局不堪设想。如果真走到这一步，对于中国来说是一个巨大的损失，甚至是一个灾难。因为老百姓的生活离不开实体经济，离不开实体店铺，离不开数字化之后的实体店铺。而且我们认为，数字化应该是一种包容性的，能够让实体门店从业者都得到红利的数字化。

第三点，物美在 11 个月之前（2020 年 4 月）正式成为麦德龙80% 股权的拥有者。在过去 11 个月，物美和麦德龙的整合取得了巨大的成绩，麦德龙的业绩持续增长。而这种增长的背后，一方面是由于零售企业做大了规模；另一方面，数字化在背后起了很大的作用。比如麦德龙现在用统一的 App 结账的比例已经占了整个销售额的 40% 以上。这样一来，极大地改变了麦德龙在数字时代的竞争力。当然在物美这个比较早地推行数字化的企业，这个数字已经到了 85%。我觉得麦德龙的实例告诉我们，这样一种整合能够为实体经济的发展、为实体经济拥抱数字化的未来提供一个可行的范例。

第四点，零售企业要抱团取暖，要做大规模，必须建立在数字化的基础上，而且数字化要彻底。我们经常讲一句话，"全面的数字化，彻底地回归商业本质"，它的含义是什么呢？就是要用数字化的理论、数字化的技术、数字化的方法，对流通企业重新来过一遍。不是简单地在老的基础上再加一个电商系统，再加一个数字化的 CRM（客户关系管理）就够了。这是不行的，必须是全面的改造。只有这样，才能让零售企业真正享受到数字化带来的革命性创新产生的红利。也就是说，一定要在数字化基础上，做到用户、供应链、商品、运营的线下线上全面一体化。通过数字化基础上的一体化，就能够让实体零售企业做大规模，真正享受到数字化的红利，而且能够真正成为在线下线上都具有强大竞争力的数字化时代的流通企业。

关注四大增量　释放消费新势能

王祥明

华润集团有限公司董事长

上周，全国两会胜利闭幕，扩大消费成为热议话题，审议通过的"十四五"规划和 2035 年远景目标纲要，专门对"形成强大国内市场，构建新发展格局"作出部署。本次峰会，专门设置"释放消费新势能"议题，选题精准、时机恰当、富有深意。

2020 年，受新冠肺炎疫情等冲击，经济形态和贸易格局发生较大变化，但最终消费支出占中国 GDP 的比重仍接近 55%，内需已经成为中国经济发展的压舱石和决定性力量。习近平主席提出，充分发挥我国超大规模市场优势和内需潜力，构建国内国际双循环相互促进的新发展格局[1]。超大规模市场优势和强大国内市场，是畅通国内大循环的重要条件，也是中国经济的信心和底气所在。

中国有 14 亿人口、全球规模最大的中等收入群体，随着居民收入稳定增长，公共服务、社会保障不断完善，消费政策、消费环境持续优化，发挥消费基础性作用仍然有较大提升空间，内需作为新发展格局的战略基点作用势必会越来越凸显。不难想象，从"世界工厂"到"世界市场"，从超大劳动人口到超大消费人口，中国广阔的市场空间、强劲的消费能力，给世界经济带来的贡献将是空前的、全方位的，也

---

[1] 《中共中央政治局常务委员会召开会议 分析国内外新冠肺炎疫情防控形势 研究部署抓好常态化疫情防控措施落地见效 研究提升产业链供应链稳定性和竞争力》，《光明日报》2020 年 5 月 15 日第 1 版。

将给华润等国内外企业提供难得的发展机遇。

华润总部位于中国香港,是一家立足于民生领域的中央企业,业务涵盖大消费、大健康、城市建设与运营、能源服务、金融和科技等几大板块,旗下拥有雪花、怡宝、五丰、万家、万象城、999、江中等享誉全国的知名品牌。结合我们的观察,未来进一步释放消费势能,可重点关注四类消费增量。

一是持续城镇化带来的增量。2020年,中国人均GDP突破1万美元,总体上已经进入中高收入国家行列,常住人口城镇化率超过60%,仍低于中等偏上收入和高收入国家的平均水平。如果"十四五"末达到65%,就意味着每年进城人数将达到1000万人级的规模,加上人口加速向城市群、都市圈和中心城市转移,由此带来的购物、医疗、教育、住房等消费需求将巨大。目前,华润针对京津冀、长三角、粤港澳大湾区、成渝双城等重点区域,持续加大业务布局和投资密度,期望在国家重点消费城市获得更好的市场回报。

二是供给能力提升带来的增量。形成需求牵引供给、供给创造需求的更高水平动态平衡,必须持续提升供给体系对国内需求的适配性。如果供给质量和效率不高,势必会影响需求的发掘和拓展。从这几年供给侧结构性改革情况来看,围绕"三去一降一补",重点对过剩产能、低品质产品、低效益企业加快清理和出清,有效提升了供给水平。在这一过程中,华润加快退出煤炭、纺织等过剩产业,清理僵尸和亏损企业,"瘦身健体"取得积极成效。以华润雪花啤酒为例,"十三五"期间,关停了二十几家工厂,和喜力啤酒进行战略合作,持续推出高端新品,人均效能和企业价值得到明显提升。

三是消费结构优化带来的增量。在居民收入稳步提高以及消费观念转变的带动下,居民消费不断升级,消费结构不断改善,服务消费成为新的消费热点。中等收入群体扩大，功能性、多样性、个性化、定制化等需求特征趋于明显。老龄群体扩大，医疗保健、健康养老、社区服务、休闲娱乐等"银发经济"空前繁荣。华润既是承压者，也是受益者。过去五年，华润万家"大卖场"传统业务下降 20%，Ole'等高端业务增长一倍多，去年线上销售同比增长两倍多。在康养领域，华润协同地产、医疗、医药等业务，在全国十几个城市开展养老业务，提供床位超 10000 张。

四是新技术新业态带来的增量。大数据、物联网、5G、智能制造等新技术不断涌现，高速发展，为产业升级提供了坚实基础。中国巨大的市场规模，又为新技术落地生根提供了适宜的土壤。从网络约车到共享单车，从电商购物到网络众筹，从移动支付到扫码点餐，由新技术带来的消费新业态在中国集聚爆发。华润提出了既有产业 + 互联网的数字化转型路线，智慧零售、智慧社区、智能制造、智能办公等在华润逐步由图纸变为现实，由想象力变为生产力，逐步成为企业可持续发展的动力。

消费是最终需求，它既是生产的最终目的和动力，也是人民对美好生活需要的直接体现。面向未来，华润愿携手各方，推动建立扩大消费的长效机制，加大技术研发创新，疏通国内大循环堵点，力争为中国乃至全球消费者提供更多更优质的产品和服务。

改善收入分配 释放消费新势能

宋晓梧

中国经济体制改革研究会学术委员会主任、北师大中国收入分配研究院院长

要实现国内大循环为主，国内国际双循环相互促进的新发展格局，消费是不可回避的环节。中国人均 GDP 超过一万美元以后，进入一个新的发展阶段。根据发达国家的经验，人均收入迈过一万美元台阶后，投资的增长速度都低于 GDP 增长速度，说明经济增长更多的是靠消费来拉动。我们也到了这样一个新的发展阶段了。中国的总体消费率从 2010 年的 48.1% 逐步提高到 2017 年的 53.4%，距 2000 年的 63.9% 还有较大差距。其中居民消费率从 2010 年的 35.3% 提高到 2017 年的 38.8%，距 2000 年的 47.2% 也有很大差距。与国际比较，居民消费率的差距更大，分别比美国、英国、德国、日本、韩国低 28.4%、27%、13.3%、14.7%、9%。可见，提升中国消费尤其是居民消费水平，拉动经济增长，促进国内大循环的潜力还很大。

释放消费新势能可以从多个角度来考虑，我从收入分配这个角度谈几点看法。

改革开放以来，居民收入大幅度增长，社会保障体制逐步完善，为国内经济大循环提供了坚实的基础。同时也应看到，深化收入分配制度改革，合理缩小收入分配差距，稳定居民预期从而较大幅度提高消费水平的空间还很大。下面（我）侧重谈四个问题。

一是收入分配差距过大。影响居民消费的因素很多，从宏观经济分析，基于消费的边际递减作用，收入差距过大是制约一个国家消费

总需求的重要原因。中国收入分配差距长期居高不下，基尼系数 21 世纪前 10 年曾逼近 0.5，近年来有所改善，但一直处于高位，徘徊在 0.46 左右。

二是农民工群体收入偏低。在收入分配低收入群体里面，我们要对农民工这个群体高度重视。现在的数据因为疫情有所变动，从 2019 年的数据看，2.9 亿农民工，占了我们 4.4 亿城镇就业人员 66% 左右，这么大一个群体是低收入群体。比如月收入两千以下的人有 7.1 亿，农民工大多数在这个群体当中。一个农民工家庭就按三口人算，影响到七八亿人的消费。

三是基本社会保障制度平抑贫富差距的作用亟待提升。以国家立法实施的基本社会保障制度调节一次分配差距，是所有发达市场经济国家的通行做法。我们要构建以国内大循环为主体，国内国际双循环相互促进的新发展格局，应当进一步加大基本社会保障制度的共济性，这对提高国内广大中低收入者的消费水平具有重要意义。中国社会保障制度在平抑一次分配差距方面还没有发挥应有的作用。据北师大收入分配研究院 2017 年的一项研究，18 个欧盟国家市场收入的基尼系数为 0.443，在社会保障的作用下，这些国家的可支配收入基尼系数降为 0.29。从下降幅度来看，欧盟国家政府的社会保障政策使其基尼系数的平均值下降了 40%，相比之下，中国仅下降了 12.3%。

四是税收制度在一定程度上扩大了贫富差距。二次分配还有一个重要的问题，正如刚才高培勇院长谈到的，对于缩小收入分配差距而言，间接税是累退的，虽经调整，至今中国间接税占的比例仍过高，应当较大幅度地提高直接税的占比。我想补充一点，即在占比本来就不高的直接税种中，目前主要针对流量收入，调节存量财产差距的房地产税、遗产税等多年酝酿，迟迟未见出台。长期积累，对居民的财富差距必将起放大作用。根据人民银行调查报告提供的数据，目前份额最高的 20% 家庭的资产占全部家庭资产的 63%，而最低的 20% 家庭仅占 2.6%。

针对以上问题，我提几点建议。

一、坚持按劳分配为主体、多种分配方式并存的基本经济制度

一是提高劳动报酬占比。中国在经济高速发展过程中，劳动所得占比曾出现一定程度的下降，2008 年之后有所回升，但仍然偏低。

"十四五"时期，必须坚持多劳多得原则，着重保护劳动所得，增加劳动者特别是一线劳动者报酬，从而提高劳动报酬在初次分配中的比重，缩小分配差距。要进一步完善反映市场供求关系和企业生产经营效益的工资决定机制，包括劳动报酬增长机制和薪酬支付保障机制。在社会主义市场经济条件下，进一步完善劳动力需求方和劳动力供给方的工资集体协商机制，同时参照市场工资水平，合理调整机关事业单位职工的劳动报酬。

二是构建发挥各类生产要素活力的分配体制，强化以增加知识价值为导向的收入分配激励机制。让资本、管理、技术以及数据等要素在生产经营中更加活跃起来，使企业家、职业经理人、科研技术人员和职业技能人员的各种创新潜能得以充分发挥，并进一步扩大中等收入群体。

三是在全面脱贫的基础上适当提高各地最低生活保障水平，并确保低收入者家庭子女的义务教育和职业技能培训权益，畅通低收入群体的社会上升通道，最大限度避免低收入群体阶层固化。

二、打破城乡行政分割，加快农民工市民化进程

一是畅通农民工在城镇落户的渠道。解决农民工问题，仅局限于住房、欠薪或在社会保障个别项目上采取一些灵活措施是远远不够的。

中国在从农业大国转向工业服务业强国的过程中，形成如此庞大的农民工群体，根本原因在于城乡户籍制度的行政性分割。解决农民工问题的关键是打破劳动力市场的行政性分割，促进劳动力在城乡之间的合理自由流动。今年中央出台了《关于构建更加完善的要素市场化配置体制机制的意见》，对促进要素的自由有序流动，提高要素的配置效率，进一步推动创新发展、高质量发展具有重要指导意义。针对当前劳动力要素配置存在的主要问题，《意见》提出要深化户籍制度改革，畅通落户渠道。"探索推动在长三角、珠三角等城市群率先实现户籍准入年限同城化累计互认""放开放宽除个别超大城市外的城市落户限制，试行以经常居住地登记户口制度""建立城镇教育、就业创业、医疗卫生等基本公共服务与常住人口挂钩机制，推动公共资源按常住人口规模配置"。真正落实上述政策措施，将大大加快农民工市民化进程，对缩小收入分配差距，提升居民消费能力，促进国内大循环具有积极作用。

二是增加农民工、农民的财产性收入。土地要素的城乡二元分割至今仍严重制约着农民工和农民的总体收入。有资料显示，因为大量农民工常年外出，各地农村的农房空置率普遍在 20% 以上，沿海很多地方普遍在 40% 左右，典型案例最高达 70%。农村宅基地流转不畅，导致农民财产性收入无法提高。十八届三中全会文件提出，要赋予农民更多的财产权利，十九届五中全会再次提出增加居民的财产性收入。提高农民工和农民的收入，需要进一步打破土地要素的城乡行政分割局面，将附着在宅基地和农村集体经营性建设用地上的巨大潜在财富转化为农民工和农民可以平等交易的财产权益。

三是优化个体从业者就业环境。绝大多数城镇个体就业者和多数个体工商户与农民工交集很大，且多是低收入人群，工作与收入不稳定是他们的心头之患。北京大学数字金融研究中心与蚂蚁金融研究院最近的一项调研成果显示，中国个体经营户有 9976.5 万户，从业人员 2.3 亿人。受疫情影响，这一部分就业人员受到重挫。坚持就业优先的原则，应当尽量挖掘潜力，为他们就业创造条件，而不是以市容优先的原则，用各种办法一刀切地把他们作为"低端人口"从一线城市挤出。就业优先与整顿市容并非水火不容，处理得当，个体工商户反而可以为大城市的市容增添几道美丽别致的风景线。

三、以提高公平性为方向，深化基本社会保障制度改革

一是坚持基本公共服务均等化改革方向。基本社会保障属于基本公共服务范畴，逐步实现均等化是"十四五"及今后改革的方向。20 世纪 80 年代末 90 年代初，针对平均主义盛行的社会背景，曾提出把一次分配的激励原则引入二次分配，这在当时历史条件下是可以理解的。经过 40 多年的改革开放，中国的社会经济生活已经发生了巨大变化，在创造了高速经济发展奇迹的同时，逐渐积累了许多问题，其中十分突出的是收入分配差距过大。在这种情况下，"十四五"及今后一个时期的基本社会保障制度改革，应强调并提高其公平性、共济性，以平抑一次分配的差距，实现共享发展。

二是加快实施职工基本养老保险全国统筹，平衡各地畸轻畸重的企业养老保险缴费负担，并促进全国人力资源的合理流动。如职工养老保险抚养比深圳市是 30：1，黑龙江不到 2：1，职工基本养老保险作为国家法定的基本公共服务项目之一，依国际惯例应当尽快实现统一缴费率、统一缴费基数、统一基金管理、统一经办机构。划转国有资本补充职工基本养老保险基金的工作，也应在职工基本养老保险全国统筹的基础上开展。

三是视经济社会发展情况，逐步调整并缩小城乡之间以及不同人

群之间的基本社会保障待遇差别。针对当前一些同志仍然片面强调在职工基本养老保险改革中突出激励机制，主张提高个人账户占比的观点。需要强调指出，基本社会保障最重大的项目——职工基本养老保险改革的方向也应坚持基本公共服务均等化的方向，提高其公平性和共济性。目前一个突出问题是职工基本养老保险连续多年调整费率与提高发放标准，统筹账户占比下降，同时个人账户记账利率由 2%~3% 上调至 6% 以上，进一步带来了再分配效应下降，再提高个人账户占比，必然进一步扩大一次分配差距。

此外，与社会保障体系建设紧密相关的养老、医疗以及教育等民生公共服务投资应进一步加大，并与高新科技的应用结合起来（如老年康养的大数据分析、远程医疗诊断、互联网教育等），合理纳入新基建的大盘子。养老、医疗和教育公共服务这三方面的投入，年度内、短期内的经济效益不一定明显，但对解除民众的后顾之忧，提升消费预期的作用很大，对全民的健康、社会的稳定、人才的培养则具有长远的影响，是现代国家治理的基础性建设，功在千秋。

四、提高直接税比重，发挥税收平抑贫富差距的作用

一是进一步完善个人所得税制度。扩大综合征收范围，实行家庭申报制度，并适当降低劳务所得最高边际税率，加大对短期资本利得、财产交易所得的调节力度。实行累进性税率制的个人所得税，对居民收入分配具有很强的正向调节作用，中国个人所得税几经提高起征点，虽然减轻了工薪阶层的税收负担，对促进消费起到一定作用，但同时应当看到，这一措施致使目前个人所得税覆盖面过窄、收入规模过小、占比过低，严重限制了其收入分配正向调节作用的发挥。"十四五"时期不宜再提高个人所得税起征点。

二是稳妥开征房地产税。目前房价过高，居民房贷快速增长在很大程度上挤占了居民消费支出，城镇居民购房支出占其可支配收入的比重由 2003 年的 7.3% 上升为 2019 年的 26.7%。为抑制商品房的投资行为，在总结一些城市探索房地产税经验的基础上，"十四五"时期应利用互联网大数据科技，尽快摸清居民住房实际情况，稳妥启动开征房地产税。房地产税的主要征收对象不是广大中低收入普通劳动者，而是高收入多套住房家庭，可以设计较高的累进调节机制。

三是研究开征遗产税和赠与税。遗产税是世界各国调节财富差距的常用手段。中国在 1996 年八届人大四次会议批准的经济社会发展"九五"计划和 2010 年远景目标纲要中就明确提出要逐步开征遗产和赠与税。但至今遗产税没有出台，且争议很大。中国已经出现了数量庞大的拥有巨额资产的家庭，这就具备了开征遗产税和赠与税的条件。所谓中国经济社会还未达到开征遗产税的发展阶段、开征遗产税将促使资本外流、开征遗产税成本高效益低等反对遗产税的道理，根本经不起辩驳，在实现共享社会理念面前，更是站不住脚的。建议"十四五"期间研究开征遗产税和赠与税。

开启区域经贸合作新篇章 ①

泽田康幸

亚洲开发银行首席经济学家

非常荣幸受邀参加 2021 中国发展高层论坛年会，就"开启区域经贸合作新篇章"发表我的观点。感谢主办方邀请学术界、政策制定者一起参加这样重要的经济峰会，探讨"迈上现代化新征程的中国"议程。

一个月前，亚洲开发银行发布了《亚洲经济一体化报告（AEIR）》。这份年度报告涉及近期亚洲区域合作和一体化方面的趋势和相关分析，尤其是关于贸易、投资、金融流量和人员流动的情况。

根据今年的报告，我想介绍关于区域经济合作、贸易、国际经济的五点情况。

第一，疫情之前区域一体化的总体情况。比较亚洲区域内经济一体化不同领域从 2001 年至 2019 年的数据可以得出：在疫情暴发之前，亚洲区域一体化在贸易、外国直接投资（FDI）、金融业和旅游业方面一直稳步增长。

第二，新冠肺炎疫情带来的威胁可能影响亚洲几十年来在贸易、投资、人员的跨境移动方面所取得的进展。由于多数国家关闭边境、实行出行限制并采取严格的隔离措施，亚洲贸易增长在疫情暴发之后直线下降。另外，在疫情暴发之前的几年时间里，针对亚洲的非关税措施明显增加，特别是卫生和植物检疫等领域。这一趋势在疫情期间

---

① 根据会议现场录音听译整理。

仍在持续。

然而，亚洲的出口在 2020 年 5 月触底后随即强烈反弹，原因是全球对医疗用品、医疗设备及电子产品的需求激增。在中国和其他国家制造业领域工业生产增长的带动下，亚洲的进口也开始增长。包括全球航运指数、包装行业指数、港口停靠数据在内的高频指标数据及近几个月的贸易数据都显示，亚洲贸易增长的恢复速度可能比预期的要更快。

但是，持续的疫情和经济双底衰退风险依然可能影响亚洲贸易增长恢复的可持续性。

第三，据估计，流向亚洲的外国直接投资金额在 2020 年出现下滑。外国直接投资中绿地投资保持温缓，但并购和棕地投资在去年第二、第三季度出现了恢复迹象，主要是由于通信、电子元器件行业投资的增长和抄底行为。

贸易和外国直接投资将在亚洲疫情结束后的发展中起到关键性的作用。但值得注意的是，亚洲对外国直接投资采取的限制政策往往要比工业化经济体的相关政策更加严格，尤其是在第三产业（服务业）。采取限制的政策包括更加严格的外资占股比例限制、额外的审查机制及一些其他运营方面的限制。2020 年，新冠肺炎疫情又导致亚太地区出现了新一波加强投资限制、监管的政策措施。

另外，在全球范围内都有一种担忧：由于疫情导致全球商业受到干扰以及加剧的紧张局势，可能会造成投资者与政府之间的纠纷增加。因此，有必要酌情更新当前和未来投资协定中的相关条款。

第四，我们注意到，疫情期间数字化发展的速度正在加快。疫情以来，面对面交流方式的销售量骤减，更多是远程方式的交易。通过电话或网络完成远程销售的方式如今已经成为新的常态。通过像今天这样的会议方式，人们可以继续进行日常活动，如远程问诊、在线教育、数字支付等，几乎不存在被感染的风险。数字平台使用量预计在今年和未来几年内将持续增长。我们最近的研究显示，如果数字行业的产值能够在 2020 年到 2025 年之间增长 20%，那么全球产量每年就会有 4.3 万亿美元的增长，亚洲产量每年会有 1.7 万亿美元的增长。因此，数字化支持经济复苏潜力巨大。

尽管数字化平台会带来好处，也存在颠覆性——可能会对传统商业产生影响，在隐私和网络安全、税收套利、税务漏洞、反竞争行为等方面产生诸多风险与挑战。必须解决这些问题，才能把威胁安全和金融稳定的风险降到最低。

因此，要保证数字化转型效益的最大化，就必须加强下列领域的工作：推广高质量信息通信技术基础设施的接入，促进数字化技能和素养的培养，提供安全的在线支付系统，为创新型创业公司提供金融支持，促进建立高效的电子政务平台和有效的法律、监管框架。

第五，我希望重申区域合作与一体化作为复苏及重振亚洲经济，走向繁荣、包容、有韧性及可持续之路关键驱动力的重要性。在这一点上，像《区域全面经济伙伴关系协定》这样的区域性协议将起到非常重要的作用。《区域全面经济伙伴关系协定》于 2020 年 11 月 15 日由东盟成员国、澳大利亚、日本、新西兰、中国和韩国共同签署，是有史以来规模最大的自贸协定，涉及全球经济总量的 30%，涉及全球约 30% 人口。该协定还将现有东盟成员国和其五大主要贸易伙伴之间的双边协议进行了整合。

这一协定不仅将惠益亚洲，还能惠益全世界，是实现开放、一体化的亚太经济体系以及全球经济体系的重要一步。该协定可以更加有效地协调成员国之间的监管措施和政策，从而加强区域生产网络，进一步推进区域内贸易发展。协定还规定了共同的原产地规则，将帮助降低成员国之间的出口成本。亚洲应进一步推广贸易自由化、便利化措施，包括贸易协定，尤其是像《区域全面经济伙伴关系协定》这样的区域协定和大规模协定。

总结如下：

① 亚洲贸易增长在 2020 年初期放缓，但据月度进出口数据及高频数据显示，已出现强劲复苏迹象。然而，供应链的重新配置将持续带来各种挑战。

② 加强非关税措施及数字化方面的工作有利于缓解各国国内瓶颈，提高贸易物流效率，推广产品和货物的数字贸易，推动强劲的经济复苏。

③ 外国直接投资在 2020 年显著下降，但去年二季度和三季度的并购和棕地投资流量表现出了经济复苏的早期迹象。

④ 疫情导致全球商业受到影响，人们担心疫情可能会导致投资者和政府之间纠纷的增加。因此，亚洲应改善投资环境，并利用投资协定吸引更多的外国直接投资。

⑤ 为释放目前持续快速发展的数字化转型的潜力，区域内国家应在各方面做好数字化转型的准备，并减小数字化贫富差距。

⑥《区域全面经济伙伴关系协定》可以实现更加开放的经济体系，打造经济贸易韧性，帮助亚洲地区更好地应对疫情。

全球变局下的区域经济合作展望

张燕生

中国国际经济交流中心首席研究员

　　首先，谈一下全球变局。我认为有三个基本的事实。一是当前全球化的收缩是一个基本的事实，也就是说全球化的上半场有重大科技创新进步的推动，有全球市场化进程的推动，有全球开放大趋势的推动，因此，我们说全球化时期往往会是世界经济增长的黄金时期，把握住全球化的机遇，往往会进入发展的快车道。然而，全球化到了下半场，可以看到全球化长期潜伏的三大矛盾会转化成三大危机：全球失衡转化为金融危机；全球化的政治和社会矛盾转化成政治、种族和社会的冲突，最后导致社会危机；全球实力对比变化会转变成大国之间的战略竞争和冲突对抗。从这个角度来讲，现在全球区域化快速发展的背景是全球化在收缩。从全球人均 GDP 的增速可以看到，金融危机以来已经下降到 1.9%，一个全球增长的黄金时代结束了。二是当前全球贸易投资减速也是一个基本事实。1990 年，全球贸易增长率是全球经济增长率的 1.5 倍至 2 倍，现在已经下降到 0.5 倍。贸易保护主义、贸易对抗已经严重影响到国际贸易格局和增长态势。三是全球产业链和供应链格局重塑也是一个基本事实。IT 革命带来了综合物流革命和全球供应链管理，全球化形成了国际工序分工体系，中美等大国之间合作造就了全球供应链的零库存和及时供货世界网络。然而，新冠肺炎疫情、贸易对抗和逆全球化浪潮严重损害了全球供应链体系、国际工序分工体系和零库存体系。全球化、全球贸易投资、全球产业链和供应链发展的黄金时代结束了。

其次，谈一下区域化前景。目前有两种不同类型的区域化，一种是高标准、一揽子、排他性的区域化，像美墨加协定的区域化。其中，高标准规则和一揽子协议，很多发展中国家达不到，很容易被排除在市场开放之外；协定包含了一些保护主义条款，像区域最低工资标准、本地价值含量等。此外，"毒丸条款"明显针对中国。另一种类型是适宜标准、分阶段推进、开放区域主义的区域化，如RCEP。它的特点之一，是既包括了发达的国家日本，也包括不发达国家老挝、柬埔寨、缅甸。因此它是一个包容的自由贸易区。同时，它又是一个开放地区主义的自由贸易区，不排他，它还是一个渐进的自由贸易区。经过共同努力RCEP终于达成了协议，形成了世界上最大的自由贸易区，而且RCEP的零关税比重经过努力将达到90%，这是一个巨大的进步。我预想，下一步中日韩自由贸易协定可以达到的零关税比重是多少呢？能不能达到95%？2020年11月习近平主席在APEC会议上表示，我们要积极考虑加入CPTPP①。未来努力争取达到的零关税比重有可能是99.5%。

再次，中国积极推动和参与区域化合作的目的，是在立足新发展阶段构建新发展格局的同时，构建更高水平开放型经济新体制。一是进一步推动商品和服务市场开放。刚才讲的几个区域贸易协定，中国努力实现零关税的比重越来越高，零关税措施的比重越来越高，贸易投资便利化水平和效率越来越高，服务业的市场准入和开放水平越来越高，努力推动全面市场开放。二是进一步推动制度开放。如果RCEP能够达到的制度开放标准相对较低，中日韩自贸协定的制度标准就会

---

① 习近平：《携手构建亚太命运共同体——在亚太经合组织第二十七次领导人非正式会议上的发言》，《光明日报》2020年11月21日第2版。

更高，中欧全面投资协定的制度标准也很高。中国积极考虑申请加入CPTPP，代表着中国推动制度开放是与国际高标准市场经济规则和体制相衔接的。三是进一步推动创新开放。包括在科学、技术、人才、创新等方面推动全方位国际合作，从中央到地方，从企业到个人推动形成开放创新、开放共享、开放合作的新局面。四是进一步推动谱写区域经贸合作的新篇章。当前，多边经贸秩序有不同的主张。一种是传统的基于规则的自由贸易秩序，这是"二战"结束后建立起来的秩序，如 WTO 等多边秩序。中国主张共商共建共享的包容贸易秩序。下一步在基于规则的自由贸易的体系、基于对等的公平贸易的体系和基于共享的包容贸易体系之间应当寻求合作，而不是对抗。

最后，区域经贸合作可能面对的挑战和变化是什么？

一是国际贸易还是全球经济增长的重要引擎吗？世界贸易保护主义的普遍化，将使国际贸易体系出现分化、倒退和变化。面对未来，推动贸易投资便利化，推动数字贸易、服务贸易、绿色贸易、普惠贸易和一些新型的贸易方式，可能更多是在双边、区域、诸边层次而不是全球领域。

二是国际贸易还是不是基于国际工序分工推动中间品贸易呢？可以看到，当前的贸易保护主义更加强调供应链安全，更加强调本国优先，更加强调民主人权等意识形态，国际工序分工的全球贸易体系将解体，产业链和供应链将逐步转向区域或本土。下一步区域经贸合作还能不能够继续推动开放的地区主义，将越来越难。区域贸易投资的发展，数字全球化、服务全球化、科技全球化、人文全球化更多是分散进行的。

三是国际大三角的区域贸易格局会不会发生新变化？新冠肺炎疫情后，我相信国际大三角生产网络之间的贸易格局将发生深刻的新变化。其中一个新变化就是逐步会出现全球需求东移、供给东移、创新东移、服务东移、资本东移、货币和金融合作东移的大趋势。这会带来东亚生产网络的转型、东亚生产方式的转换、东亚区域合作的变化等积极影响。因此，市场、技术和关键零部件生产的本地化、区域化将成为新趋势。

四是国际贸易利益冲突对中国贸易战略会带来哪些新转变？中国未来技术结构、产业结构、贸易结构的进步如何最大限度降低与美国等主要发达国家的直接冲突，降低与"一带一路"相关经济体之间的利益冲突，降低与东南亚东亚等周边地区的空间冲突？这就要求我们未来要构建互补性的贸易和产业结构、共享型的贸易和产业发展战略、差异化的贸易和产业竞争战略。不搞赢者通吃，开放合作，构建利益共同体、责任共同体、命运共同体。

五是中国在未来国际贸易体系中的定位和作用是什么？中国是一个全球负责任大国，从出口和招商引资驱动的外向型发展战略转向更高水平的开放型经济发展战略，从参与国际大循环转向双循环相互促进的新发展格局，从接受现有国际规则转向共商共建共享的全球治理观，中国将在国际贸易体系中发挥更重要的作用。首先，中国会进一步推动市场开放、服务开放、制度开放、创新开放、人才开放，成为全球高质量发展的新动力源。其次，中国会进一步推动开放、公平、包容、共享的国际贸易体系建设，成为全球公共产品供给者和国际贸易逆周期稳定器。最后，中国会进一步深耕东亚东南亚、深耕"一带一路"倡议、构建利益共同体、责任共同体、命运共同体。

后疫情时代的全球供应链变革

胡建华

招商局集团有限公司总经理

新冠肺炎疫情影响非常深远，全球的供应链正面临着前所未有的挑战。世界主要经济体在贸易保护和全球化发展等多方面存在着分歧，这加剧了全球产业链、供应链的不稳定和不确定的风险。中国作为全球供应链的枢纽，率先成功地控制了疫情，着力加速复工复产，积极畅通国际物流，逆势成就了贸易的增长，为全球供应链的稳定注入了动力和活力，也做出了一定的贡献。

我们招商局是一家综合性的企业集团，经营着交通物流，我们有综合的金融，还有城市与园区开发的三大核心主业。我们一直坚持走市场化、国际化的发展道路，积极投身全球抗疫与复工复产。我们在全球布局的像港口、航运、物流企业不断提升国际物流服务的保障能力，履行供应链保畅通的责任，根据我们的经验，有四点深刻的体会跟大家共享。

一是完善全球网络是根基，增强供应链连接能力。招商局集团具有大交通、大物流的资源优势，作为中国交通物流领域最早走出国门、国际化经营程度比较高的企业之一，我们始终致力于加强全球供应链全球通达的能力，至今我们大约在全球六大洲 27 个国家和地区布局了 68 个港口和码头。在境外 39 个国家和地区设立了 77 个物流的分支机构，我们投资和管理着五大海外园区，近 20 个海外的仓库。

二是加强运营组织，这是供应链的保障，支撑供应链的安全。我们的港口完成的货物总吞吐量位居全球第一，我们的船队总运力在全球排名第二，大家可能不是很了解。其实我们的超大型油轮和超大型的矿砂船规模在全球是排第一位的，全球四百多条船。中国外运是全球领先的国际货代和第三方物流企业，以港口为枢纽，航运为纽带，物流为延伸，我们正在积极地构建枢纽＋通道＋网络＋平台全球端到端的供应链的服务体系。招商局的金融板块也在致力于服务实体经济，可以为客户提供便捷、安全的供应链金融解决方案。

三是提升数智水平和能力，改进供应链的服务效率。全力打造数字化招商局，加快智慧港口、智慧航运、智慧物流体系的建设。我们在深圳的妈湾（音）智慧港是中国首个由传统码头改造升级成为自动化和智能化的码头，我们港口的平台、航运的可视化平台，还有物流的平台，都是致力于提升客户服务的。我们正在积极谋划物流大数据平台的建设，目的就是提升数字化服务效率。

四是推动合作共赢，这是一个基本原则，实现供应链协同发展。作为全球供应链的组成部分，我们深刻地知道必须加强国际合作，凝聚最大的合力，才能推动构建新型的国际物流供应链的体系。为此，我们坚定地支持维护全球化和自由贸易体系，也愿意不断与供应链上下游众多的合作伙伴、合作企业一起加强我们的关系。我们致力于在海外推广前港—中局—后城的产业链开发模式，搭建国际产能合作和商贸的流通平台，帮助当地的企业能融入全球供应链的体系。与此同时，随着国际形势的日趋复杂多变，我们深感企业融入全球供应链，注定要走一条很不平坦的路。

我跟大家再分享三个深刻的认识，第一，从集中到分散。全球供应链正面临新的挑战。目前全球化的发展趋势也出现了新的变化，迫使全球供应链从集中化向分散化转移，多元化、本地化和区域化的进程加快。但中国作为全球供应链最重要的组成部分之一，有信心在危机中育新机，于变局中开新局。

第二，从效率到安全。全球供应链将迎来新的变革，经历了全球化时代效率优先的推动之后，在后疫情时代，我们认为企业供应链将更加注重安全与稳定。前一段时间到现在也没有解决一箱难求的问题，集装箱在海外积压了很多，国内又没有这样的集装箱，使得全球的航运市场受到了打压。现在费用也非常高。给中国供应链最大的警示不是产业链转移的风险，而是国际物流供应链中断的风险，所以我们将致力于发展更富有韧性和弹性的物流供应链体系，并做出相应的处置变革。

第三，也是最后一点，从开放到合作。全球供应链共促新发展，中国坚定地维护和推动经济全球化，坚定不移地扩大对外开放，是我们这些企业积极融入全球供应链的信心所在。我们期盼加强国际合作，特别期待着携手共建开放包容、公平合理的全球供应链治理体系。协力打造全球供应链的共同体，更好地促进互利共赢和发展。

在开放合作中维护全球供应链稳定与安全

库乐满

赢创工业集团董事长

自 2020 年以来，新冠肺炎疫情以及相关的抗疫措施影响了我们公共和私人生活的方方面面。疫情已经对全球经济产生了巨大的影响，并导致全球贸易大幅下滑。生产和供应链中断，影响了各地的货物流通。有一点非常清楚：我们高度依赖全球供应链的正常运转；供应链一旦中断，生产就会停滞。新冠肺炎疫情进一步加快了之前就已经存在的供应链方面的趋势，保护主义也同样如此，其对全球的价值链产生了巨大的影响。

全球经济与开放市场紧密联系，为世界各国的繁荣发展做出了重大贡献。我个人坚信，以国际公平竞争为原则的全球自由贸易仍是最具吸引力的经济模式。这种模式可以促进经济增长并创造更多就业机会。未来我们需要的不是保护主义，而是必须致力于建立开放市场。

我们需要韧性、稳定性，特别是面对危机的时候。这不是缩短供应链的问题，而是让供应链变得更加稳定和有保障的问题。这意味着，关键产品必须有多个供应商。在过去，许多企业降低了供应商数量，从而造成了对某些供应商的依赖。我们必须在不牺牲全球化经济优势的情况下降低对原材料的依赖程度。

货物进口不应依赖于某个单一的出口国，无论该国在地理位置上是近是远。企业必须保证从多个来源获取原材料供应，以防止供应短缺甚至供应中断。这样也可以帮助他们顺利度过长期危机。不仅是企业，消费者也一样会受益于稳定的供应链。所有相关的参与方必须要采取行动并负起责任。

许多人预测，此次新冠危机将导致全球化终结。但是，我并不赞同。在我看来，问题的根源在于当前供应链和销售市场的一些特点，而不是全球化生产本身。与之相反，我相信许多企业将采取更加国际化的方式，将他们的战略、销售和运营相应地进行调整。这样也会让他们能够更好地服务于客户。尤其是在危机时期，德国化工行业就是如此。这些企业在北美和亚洲当地生产大量商品。他们应该这样做。如果企业能够直接在销售市场完成生产，那么便会减少供应链和保护主义方面的问题。

长期以来，我们的经济早已在全球范围内相互关联。在所有价值链体系中，我们已经建立了一种有效的国际分工模式，使全球数百万人甚至数十亿人摆脱了赤贫。全球化已经是一个十分成功的发展模式。我们绝对不能逆向而行。

我认为，在过去一年里，如果我们说学到一件事，那就是危机不分国界。单一国家无法应对疫情等全球挑战，也无法应对气候变化、移民或维和等难题。这些挑战必须要通过国际合作才能够应对。在这个紧密联系的世界里，我们不能将自己孤立于我们的邻居之外。只有在多边体制框架内，我们才能保持经济繁荣、社会发展和政治稳定。贸易的壁垒有害于我们的繁荣，无论在哪里，我们都依赖于自由贸易。这也就是为什么我们需要开放以及互相信任的合作关系。为了我们自己的利益，也为了我们共同的未来。

发掘城市群需求潜力

刘世锦

中国发展研究基金会副理事长、国务院发展研究中心原副主任

　　讨论城市群的增长潜力，我们需要讨论一个基本问题，城市群发展和高质量发展有什么关系？当前，中国经济进入了高质量发展阶段，高质量的内在要求或者标志很多，其中最重要的一项就是高效率，而这个效率又与聚集直接相关。这就是为什么这么多年推进两项任务：一项是工业化，另一项是城市化。人口由农村到城市，为什么要发生这个变化呢？原因在于城市具有聚集效应。但是40年来城市化的不同阶段，有不同的内容，最近几年城市化最明显的一个特征就是都市圈、城市群加快发展。这是城市化发展的新阶段，或者说是一种新的城市化形态。这种形态比其他城市形态，比如说过去单个的城市或者比较小的城市，有着更高的聚集效应，具有更高的全要素生产率。

　　就这一主题，需要讨论三个方面的问题。一是实现这样的要素聚集需要什么条件。实现城市集聚需要的条件就是生产要素，使包括土地、人员、资金、技术、数据等生产要素在城乡之间能够自由而充分地流动。要素实现流动以后，才能够进行组合，最后才能提高生产率。二是要素怎么进行流动。三是我们能不能事先做出非常缜密的规划。个人认为，事先做出规划很难，所以必须尊重市场规律。那么，在城市化进程中，怎么来尊重市场规律呢？我觉得需要重点关注的一个信号就是人口的流动，人口为什么不去那个城市，而是到了这个城市。老百姓可能并不理解什么城市聚集效应、全要素生产率，但他们知道

的最朴素的道理就是，到这个地方去能挣到钱、能找到工作。用媒体的话来讲，就是这个地方就业创业机会多。什么地方有这些特点，人口就到哪里去，这就是"用脚投票"，这就是市场信号。

从这个角度来讲，我们需要关注三个方面的动向或政策。

一是推动城乡之间生产要素充分而自由的流动。这几年我们推动土地制度改革，特别是集体建设用地入市和国有土地同价同权。但目前农民的宅基地只能在集体组织内部流转，并不能在集体组织外部流转，而真正大量的需求来自集体组织外部，比如县城、省城、直辖市。就人口流动而言，经过这么多年的城市化，农民进城现在还存在障碍。很多人在城市已工作很多年，但住房、基本公共服务、看病、孩子上学、社保等领域的问题，还没有完全解决，无法完全稳下来。与此同时，城里人也想下乡，特别是进入老龄化社会以后，一些老同志，比如 60 岁以上的老同志，他们退休了很想到郊区居住，能够在房子面积大一些、空气好一些、生活成本低一些的地区居住。最符合要求的就是都市圈内的小城镇，但是目前都市圈缺乏这样的小城小镇，难以充分满足城里人下乡的需求。总之，我们现在农民进城不容易，但是城里人下乡在某些方面好像更难。

二是城市规划，包括空间规划。城市规划和空间规划很重要，城市一定要有规划，而且城市规划一张蓝图画到底也没有问题。但问题是，这张蓝图是不是符合城市发展的规律呢？由于城市发展，城市建筑物是不可移动的，但是城里住的人是可以移动的，可以移动的人和不可移动的城市建筑物之间的关系得处理好。有些城市大家都很愿意去，但是有些城市建好以后大家不愿意去，由此出现了一些空城。与此同时，一些城市大家都很愿意去，现在人多了，原来规划的城市规模比较小，这种情况下要不要调整城市规划？城市规划，包括更大范围的空间规划，还是得讲一句话，市场在空间资源配置中也应该起决定性作用，应该更多地关注人口的流向。按照人口流向决定土地资源特别是建设用地的配置，决定财政资金等公共资源在区域之间的分配。

最后一点，有人说各个城市政策不一样，我觉得没有关系。中国城市很多，有潜力发展成为城市群、都市圈的城市也很多。城市之间相互竞争，出台的政策最终产生的吸引力并不相同，或者说全要素生产率提升的幅度是不一样的，最后城市发展的结果很可能差别很大。我们现在做了很多规划，认定某些城市是国家级城市、某些是国家中心城市。但 10 年、20 年以后，可能是另外一种画面，一个城市到底会发展成什么级别的城市，很大程度上不是事先规划出来的，而是通过人口流动，通过城市间不同政策的相互竞争，最终形成的。

以人为核心的新型城镇化

罗浩智

普华永道全球主席

普华永道于 2014 年首次发布《机遇之城》报告之际，适逢《国家新型城镇化规划（2014~2020 年）》颁布，我们欣闻中国常住人口城镇化率达到 60%（发展中国家平均水平）这一发展目标已于 2019 年末提前完成。

《机遇之城》报告观察了许多中国城市的发展与变迁，观察范围从 2014 年的 15 座城市逐渐增加到 2021 年报告的 47 座城市，这些城市大多是城市群的中心城市和区域重要城市。正当中国的城市化从快速发展转向高质量发展之际，城市群已经并仍将成为引领高质量发展的新驱动力。通过城市群带动区域一体化发展有利于打破行政管辖区域的壁垒，实现市场要素自由流动，同时有利于对公众服务的均等化，提升城市居民生活质量，并在城市群发展的过程中为诸多领域带来发展机遇和潜在需求。

中国的优质城市群包括京津冀城市群、长三角城市群、粤港澳大湾区、成渝、长江中游、中原、关中平原城市群等。这些城市群的发展激活了各个领域的机遇和潜在需求。例如：基础设施建设需求旺盛，城市周边及城市间连接的基础设施，如城际铁路等建设需求增加；完善城市综合治理和公共卫生服务体系的需求；新的经济运营模式的需求，包括远程办公、在线教育、在线医疗、上门配送服务等。

这些城市和城市群将在中国区域一体化发展和经济增长中发挥日

趋重要的作用。

在此，我也想和大家分享东京湾区和纽约湾区发展的经验和启示。

通过政府主导的整体发展规划以及产业政策的引导，东京湾区已经成为世界最大湾区之一，人口规模4000多万，经济总量接近日本全国一半。东京湾区、都市圈的整体发展规划始于数十年前。日本国土厅下属的大都市圈整备局成为规划的核心负责机构，日本中央政府成为推动湾区一体化规划的主体。推行的主要配套政策包括：搬迁企业的所得税减免、新开发区的地方政府发行地方债、新兴工业园的开发可享受法定的特别税制优惠。

另一个案例是纽约湾区。纽约湾区以纽约为核心，集合波士顿、费城、巴尔的摩、华盛顿等城市的城市群，常住人口约2300万。纽约湾区始建于1921年，由当时新成立的纽约区域规划委员会整体规划，逐步确立起以纽约为核心领导的湾区城市群合作发展模式。

为推动区域交通建设，纽约与新泽西州于1921年成立纽约与新泽西港务局，它不仅能够对海港、空港、地铁、地下隧道等进行管理，同时也能够对交通基础设施的建设进行投资。对于展现市场力量在城市发展中的积极作用，纽约与新泽西港务局是一个非常好的例子。

纵观东京湾区、纽约湾区和世界其他地区的成功案例，全局策略统筹，集中统一领导，精准政策举措，以及促进公共和私营部门的紧密合作是这些世界级湾区发展成功的关键因素。

2021年是中国"十四五"规划的开局之年，推进区域协调发展和以人为核心的新型城镇化是"十四五"规划两大主要目标。以人为本的城市规划的重要性前所未有。随着工作领域的迅速变化，以及疫情的加速影响，城市群的成功发展将为人们在学习、创新和职业发展等方面提供长期支持。

我们重新回顾优质城市群的诸多成功元素，不难发现，以人为核心，并持之以恒地贯彻执行是关键。

我了解到，中国已经颁布《关于建立更加有效的区域协调发展新机制的意见》，其中明确指出长三角城市群、粤港澳大湾区等城市群将推动国家重大区域战略融合发展。其中如上海、广州、深圳正在也必将成为引领城市群发展、城市群带动区域发展新模式，推动区域板块之间融合互动发展的新动力。

正逢中国城市、城市群和湾区发展的激动人心的时刻，普华永道热切期待在未来的《机遇之城》报告中，持续跟进并与大家及时分享相关进程的最新进展。

以聚中有散开辟共同富裕的城市群之路

倪鹏飞

中国社会科学院城市与竞争力研究中心主任

一、聚散之力让城市群成为实现多重发展目标的战略高地

首先,中国城市群的崛起正在影响世界。从 19 世纪中期的英格兰中部城市群初现,到 20 世纪中期的美国大西洋沿岸城市带发展,再到今天全球已有 40 多个世界级的城市群,未来 15 年中国城市群渐次崛起将加快全球经济地理的再度重塑。

表 1 2014~2019 年城市群、都市圈、中心城市的经济、人口增长率

城市群	中心五年经济增长率	周边五年经济增长率	中心城市经济增长率位序	中心五年人口增长率	周边五年人口增长率	中心城市人口增长率位序	中心城市
京津冀城市群	0.5428	0.0604	1/12	0.0009	−0.0005	10/12	北京
南宁城市群	0.4314	0.3547	5/11	0.0623	0.0403	1/11	南宁
南昌城市群	0.5257	0.6711	5/6	0.0688	0.0197	1/6	南昌
合肥城市群	0.8163	0.9199	4/9	0.0641	0.0216	2/9	合肥
太原城市群	0.5614	0.3107	1/6	0.0379	0.0198	1/6	太原
成渝城市群	0.6917	0.5894	3/14	0.1493	0.0127	1/14	成都
武汉城市群	0.6111	0.5597	5/11	0.0845	0.0053	1/11	武汉
辽中城市群	−0.0890	−0.1666	2/7	0.0042	−0.0066	2/7	沈阳
山东半岛城市群	0.4458	0.1905	3/10	0.0501	0.0483	2/10	青岛
珠三角城市群	0.4643	0.4960	8/21	0.1701	0.0572	3/21	广州
西安城市群	0.6714	0.3956	2/8	0.1827	−0.0214	1/8	西安
郑州城市群	0.7102	0.5348	2/14	0.1038	0.0128	1/14	郑州
长三角城市群	0.5853	0.5195	7/23	0.0010	0.0345	21/23	上海
长沙城市群	0.4587	0.4380	2/9	0.1481	0.0110	1/9	长沙

其次，"先聚后散"决定城市群崛起。聚散之力的不断变化促使经济地理空间不断演化，目前已进入"聚中有散"阶段。聚散之力正在江山千万里的巨型国家，跨越山河阻隔发挥作用，表现为四个崛起，即：城乡上的巨型城市化地区崛起、区域上的中部崛起、城市层级上的二线城市崛起、城市形态上都市圈城市群的崛起（上表）。这是一个可喜的现象和重大的机会。我们呼吁：要抓住难得的机遇，尤其要通过公共产品的扩散，引导好聚中有散，从而避免过度分化与聚集，促进先富地区带动后富地区，跨越中等收入陷阱，迈向全面现代化。

最后，顺应聚散规律梯次构建城市群体系。城市群是战胜多种挑战、汇聚多种红利、实现多重目标的战略高地。但是作为巨型国家，全国城圈群带网发展差异很大，目前总体还处在都市圈主导阶段，不能一刀切和一哄而起，应坚持梯次推进的原则，通过 15 年以上的时间，逐步建成以城市群为主体的多形态嵌套的城市化空间体系。

二、以"大聚小散"塑造城市群消费与投资相互支撑的巨大内需

城市群通过要素聚集以及全要素生产率改善所提高的潜在供给，只有通过匹配的消费、投资等才能获得完全释放。通过"大聚小散"，城市群可以通过消费和投资的相互支撑塑造巨量的内需。

"大聚小散"是指全国向群内的大尺度聚集与城市群内中心向周边小尺度扩散同时发生，形成要素、产业、公共产品向城市群分布式聚集，形成多中心、多层级、网络化的格局，不仅产生扩大容量、提升能级、缩小差距、共富共赢等四大直接效应，还塑造强大内需。

首先，"大聚小散"通过消费牵引可以塑造三大巨量投资。人口在城市群的多中心分散聚集所形成的就业、居住和生活需求，进而引致的新城镇开发、旧城区改造与重大项目建设，可以显著扩展基础设施尤其是社会基础设施、住房尤其是新市民安居工程、产业尤其是产业链构建三大投资的需求规模和空间容量；但投资落地大多还需要群内城市的协同。

其次，"大聚小散"通过投资支撑可以塑造三项巨大消费。基础设施、公共服务、产业与住房的"大聚小散"投资，为扩大就业、提高收入、缩小收入差距从而塑造新中产阶层创造条件。4亿新中产阶层在城市群分散聚集，城市群市场可达性提升，以及聚集所形成的创新动能，不仅塑造巨大而多样化的大众消费、高端消费和新型消费，同时还在改变消费方式与消费场景。从目前财税结构看，要通过开征房地产税与公共服务同权，将城市群红利从政府更多转给新市民。

三、以"高聚低散"塑造城市群的开放高地

双循环是城市经济学的最基本框架之一，城市是天然为其腹地而生，开放是城市第二本质特征，世界各地的城市群尽管内需变得重要，但开放仍然是它的本质特征。

首先，"高聚低散"是指高端要素产业继续集中聚集的同时，中低要素产业分散聚集。利用这一趋势性规律，实施一二线与核心区高端化、三四线与周边区专业化的"高聚低散"可以塑造对外开放的多层次城市群体系。可以塑造的对外开放的多层次城市群体系包括：全球中心、国际门户和区域节点的城市群，以及全球中心、国际门户和区域节点的城市。

其次，继续利用巨型国家的规模优势"高端聚集"，即向一二线城市群和中心城市集中聚集全国高端要素产业。在创新产业、高端消费和营商环境等关键领域塑造全球领先优势和能级，同时解决"卡脖子"问题和培育"领头雁"，形成服务世界的重要中心枢纽。

再次，继续利用巨型国家的梯度优势"低端扩散"，即向三四线城市群、城市及大都市周边城镇疏解一线城市的中低端要素产业。在全

国各线城市群和城市间形成产业、要素、市场等梯次分工的循环体系。这样也使三四线城市群及城市能保持中国的成本领先和产业集群优势，再塑服务世界的巨大市场、工厂和投资机会。

最后，"高聚低散"所形成的巨大投资和消费也为城市群创造开放的平台。

四、政府和经济分权同时增加了城市群聚散协同的动力与难度

城市群从"十一五"就开始被重视和规划，但直到现在进展并不理想，有些"雷声大，雨点小"，不仅城市之间缺乏联系、流动和共享，而且画地为牢，重复建设，跨境污染，恶性竞争，过度聚集，马太效应比较普遍。其原因有二：一是城市群协同的事务管理缺位，二是城市群协同的损益处理缺位。

由于城市群协同发展能够获得规模递增的报酬，各城市在协同发展上具有内在动力。但是城市群内聚集、扩散、流动、联系与共享的协同是一个涉及多主体责权利的公共事务，需要在损益上公平处理收益的分享、成本的分摊和损失的补偿问题，需要在共同事务上明确主体及其权力与责任。

在西方，虽然有效的市场解决了不少问题，但由于政府效率低，不能很好解决市场失灵的问题。在中国，政府和经济分权同时增加了城市群协同的动力与难度，导致在要素流动、产业布局、公共产品供给上，城市间存在大锅饭、"搭便车"以及"囚徒困境"等非合作博弈。

五、以中国方案的治理激发城市群聚散协同发展内在动力

顺应聚散规律，利用党政组织和效率优势，明确界定和公平处理参与主体尤其是城市政府的责权利关系，搞对激励，可以形成城市群协同的合力，激发自我发展和共同发展的内在动力。为此，首先，制定激励行动的顶层政策。必须从全局和战略的高度认识中国进入城市

群时代的重大趋势和意义，从政府到市场、从顶层到基层，抛弃乡村思维转向城市群思维，制定真正能够激励实际行动的顶层政策设计和基层操作规范，主要包括要素、产业尤其是公共产品布局的制度安排。

其次，建立治理的组织体系。针对事务管理缺位，一是基于政府组织体系借鉴企业治理思路建立城市群治理组织，包括综合决策委员会，若干专门事务委员会，投融资及开发公司。二是授予组织适宜的权力。即让渡上级和下级行政部门管理权限，或者赋予相应的治理权力。三是建立目标责任制度。明确和分解各组织、各个部门的岗位责任与目标任务。四是建立考核问责制度，上级对下级的月监测、季评价、年考核及奖惩和问责制度。将城市群的工作责任和业绩纳入政绩考核的范围，对不作为和乱作为造成严重后果的给予问责惩处。

再次，建立竞合的政策机制。针对损益处理缺位，一是建立"议价"机制。建立各种事项的常态化议价规则，通过算细账和讨价还价，形成参与各方均能接受的最优方案。二是建立协议机制。按照谁目前投入的多，谁未来的收益大；谁未来收益大，谁现在就要投得多的原则。在收益分享、成本分摊或者损失补偿方面，签订单一的或一揽子协议。三是建立抵押担保机制。在商定合作时，确定相应的资产或稳定收益作为合作的抵押担保，留作违约的补偿。

最后，健全法律保障体系。没有法律依据，协同参与主体的责权利便无法保障，但城市群这方面还是空白。建议全国人大进行立法调研，尽快建立相关法律条例。一方面制定专门的法规条例，对城市群组织体系、权力利益、义务责任、运行规则等做出明确规定。另一方面修改现有的相关法规条例，加上城市群尺度的相关内容，为其规划、建设、融资、运营和治理等，提供法律保障。

推进城市群建设来发掘内需潜力

张玉良

绿地集团董事长兼总裁

刚刚闭幕的全国两会，审议通过了"十四五"规划和 2035 年远景目标纲要，为中国今后一个时期的发展描绘了清晰的蓝图，鼓舞人心，催人奋进。会议提出，要坚持扩大内需这个战略基点，推进以人为核心的新型城镇化，发挥中心城市和城市群带动作用，建设现代化都市圈，加快构建以国内大循环为主体、国内国际双循环相互促进的新发展格局。那么，应该怎样认识城市群对扩大内需的重要意义，如何更好地通过推进城市群建设来发掘内需潜力呢？我想谈几点初步的认识，与大家交流，供大家参考。

一、深入推进城市群建设是扩大内需的重要途径，也是构建新发展格局的内在要求

中国发展仍然处于重要战略机遇期，只不过机遇和挑战都有新的变化、新的内涵。我认为，面向未来，推进以人为核心的新型城镇化，仍然是中国经济社会发展的主要动力之一。其中，加快城市群建设作为下一阶段新型城镇化的主要表现形式，既是扩大内需的重要途径，也是构建新发展格局的内在要求，意义重大，潜力巨大。

（一）加快城市群建设有利于拉动投资和消费，是内需的重要发动机。推进城市群、都市圈建设，将有效拉动"两新一重"等重大项目投资，提升整体消费能级，扩大内需增长，促进经济增长。据初步估算，仅核心城市群、都市圈的建设，每年就能为经济增长提供 0.5 至 1

个百分点的动能。

（二）加快城市群建设有利于构建更高水平的统一国内市场。中国已初步形成了全球最大的统一国内市场，但还存在一些有形无形的"断头路""瓶颈路"，影响了资源要素的自由流动和高效配置。加快城市群和区域一体化建设，有利于深化改革开放，形成更加强大、更高水平的国内市场。

（三）加快城市群建设有利于扩大中等收入群体，促进消费升级。中等收入群体是消费的重要基础。中国约有 4 亿中等收入人口，绝对规模世界最大，但是相对规模还有所不足，仅占全国总人口的不到30%。推进城市群建设，恰恰是扩大中等收入群体的重要途径。

（四）加快城市群建设有利于参与国际竞争及合作，促进双循环。现代城市群、都市圈，不仅是经济增长的动力源，也是代表国家参与国际竞争及合作的重要载体。美国东海岸城市群、西海岸城市群、五大湖城市群、日本东京城市群、英国伦敦城市群等，都是这些国家核心竞争力的重要表现。

二、深入发掘城市群的需求潜力，当前可以把握几个重要的抓手和载体

我认为，结合中国经济社会发展实际，在现阶段通过深入推进城市群建设来发掘需求潜力，可以把握以下几个重要的抓手和载体。

（一）推动城市数字化转型

数字化正以不可逆转的趋势改变人类社会，推进数字化转型是面向未来塑造城市核心竞争力的关键之举。主要包括：设施数字化 —— 推动城市建筑、基础设施与人工智能、信息技术、大数据、云计算等前沿技术深入融合，全面建设未来之城；生活数字化 —— 运用数字化手段，全方位赋能交通、商业、文娱、健康、教育、养老等日常生活场景，提高城市生活品质；治理数字化——推进公共服务"一网通办"、城市运行"一网统管"，全面提升城市治理能力和治理水平。

（二）进一步提升城市功能

目前，中国城市功能还有很多发展不充分、不平衡的问题，需要全面予以提升。包括：补齐城市基础功能短板，特别是要补齐基础设施、市政工程、公共安全、生态环保、公共卫生、物资储备、防灾减灾、民生保障等领域的短板。比如，中国基础设施建设已经取得了长足进步，但在跨区互联互通以及形成网络化效应方面仍然存在短板。提升城市产业功能。导入产业资源，促进产城融合。扩大战略性新兴产业投资，促进新旧动能转换。提升中心城市能级。增强中心城市的资源配置、科技创新、产业引领和开放门户等核心功能，提升首位度，打造核心增长极。

（三）挖掘增量建设空间

当前和今后一段时间，城市群建设仍有不少增量空间。比如，优化城市内部空间布局。推动多中心、组团化、郊区化发展，逐步解决中心城区人口和功能过密的问题。比如，上海正在按照独立城市的人口规模和功能配置，着力打造五大郊区新城。有序推进城市更新。改造提升老旧小区、老旧厂区、老旧园区、老旧街区和城中村等片区功能，提升生活品质和经济密度。建设现代都市圈。依托辐射带动能力较强的中心城市，提高 1 小时通勤圈协同发展水平，培育发展一批同城化程度高的现代都市圈。

（四）全面促进消费增长

顺应居民消费升级趋势，把扩大消费同改善人民生活品质结合起来，稳步提高居民消费水平。包括：提升传统消费；支持合理的住房消费需求，促进住房消费健康发展；促进汽车、家电等大件消费；培育新型消费；发展信息消费、数字消费、绿色消费，鼓励定制、体验、智能、时尚消费等新模式新业态发展；发展服务消费；推动教育培训、医疗健康、养老托育、文旅体育等消费提质扩容；加快线上线下融合发展。此外，还应积极培育建设国际消费中心城市，打造一批区域消费中心。完善市内免税店政策，规划建设一批中国特色市内免税店。

（五）扩大中等收入群体

规模庞大的中等收入群体，是持续释放内需潜力的重要支撑。当前，中国还有近6亿人月均收入在1000元以下，扩大中等收入群体仍然任重道远。一方面，要继续推进户籍制度改革，加快转移人口市民化，让更多人分享中高收入的红利。中国常住人口城镇化率已超过60%，但户籍人口城镇化率仅为45%左右。也就是说，在城市常住人口中，还有1/4以上的人没有实现真正的市民化。另一方面，要优化收入分配结构，拓展居民收入增长渠道。特别是要提高劳动报酬在初次分配中的比重，并完善按要素分配政策，多渠道增加居民财产性收入。

高质量发展与城市群建设

陆铭
上海交通大学教授、上海交通大学中国发展研究院执行院长

今天围绕会议主题我讲三个观点。

第一，在当前中国经济要实现高质量发展，中心城市和城市群的重要性可以说是日渐增强，而且这个任务非常紧迫。当前中国即将迈入人口负增长时期，人口老龄化和老子化的趋势也非常明显。虽然我也同意要尽快放开自由生育，但这个作用不会太强。真正要从人口方面解决中国发展动力的问题，就要改善人口资源配置，要在城乡间和地区间，以及小城市、大城市之间改善人力资源的利用效率和配置效率。与此同时，未来要提高人口的素质，而当前人口素质提高的关键在于农村户籍的孩子，其中有大量是留守儿童和进城务工子女的流动儿童的群体，这两种群体占到学龄儿童的大约 1/3。未来要提高教育水平和质量，要逐步实现 12 年义务教育，这部分群体是改善教育的重点。

从土地角度来讲，长期以来在人口大量流入的大城市（特别是东部大城市）建设用地指标管制非常严，而在中国中西部、东北，尤其是小城市，建设用地指标投放非常多，导致严重土地资源空间错配的问题。有人口流入、有需求的地方没有充分供给，而有大量供给的地方没有充分的需求。

再讲到投资的问题，我认为中国虽然整体上存在投资过度、产能过剩的问题，但是分区域来看，中国在人口流入的地方实际上有很大

投资增长的空间，包括基础设施、公共服务、教育、医疗等，人口流入地的投资，不仅能够带动整个中国经济的发展，而且可以提高经济增长的质量，提高整体投资回报。在杠杆率问题上，当前中国经济杠杆率太高，我认为这也要结构性地看。在人口流出地的地方杠杆率存在太高的问题，但人口流入地再加点杠杆没有问题。政府进行基础设施、公共服务的投入，没有钱可以发债，甚至可以为城市化建设和新市民的市民化的推进发专项债。

从消费角度来讲，我若干年前就进行过研究，一个外来人如果没有本地户籍的话，在所有条件都一样的情况下，比本地城镇户籍人口消费人均要低 16%~20%，而今天这个人群有将近 3 亿。如果这 3 亿人口能够在居住地、就业地转化成当地市民的话，将释放巨大的消费空间。今天中国的经济结构中，服务业在 GDP 和就业中所占的比重超过制造业，中国已经或者即将进入后工业化社会，以大城市为核心的都市圈将在服务业发展中起到越来越多的作用。

第二，到今天我们对于城市群内部的城市和城市之间，特别是大城市和小城市之间，中心城市和外围城市之间关系的理解，过多强调竞争关系，而我们地方的发展规划都是以地级市、直辖市为空间单元的，这样就形成相互竞争的格局。我认为未来中国城市群内部不同城市之间应该更加强调互补合作。如果城市群内部城市只是相互竞争的，城市群这个概念是没有必要存在的。城市群这个概念今天之所以被重视，就是因为到了这样的阶段，要更新对城市和城市之间关系的认识。如果不同城市的功能是互补的，核心大城市带动周边中小城市发展，那么，核心城市如果发展再好一点，更能起到带动周边中小城市发展的作用，中心城市周边的都市圈还有进一步做大的必要。根据我最近的一些数据分析，在国际比较的视野里，结合中国国情，中国排名前

30 位的中心城市周边的都市圈仍然有成长的空间，在这些地方进行基础设施投资、公共服务投入、土地建设用地指标的投入等都非常有必要。尤其在长三角地区的上海和其他地区的关系，以及京津冀地区的北京和天津、河北的关系上对这个问题存在更新认知的必要，这些地区长期以来采取了限制中心城市发展、限制土地供应和开发强度的政策方针，这方面有必要调整。中国的一些中心城市管辖范围非常大，本身就已经不是"单体城市"的概念，而是都市圈的概念。如果以中心城市为核心的都市圈不能做大，对城市群高质量发展和使中心城市起到更好的龙头带动作用是不利的。

第三，讲讲当前我们的难点。我刚才讲到，最重要的是，要认识到城市和城市之间的协作和分工作用，当前中国发展碰到的最大的障碍，就是我们地方政府的行为。我们现在的空间规划、城市规划，包括"十四五"规划都是以直辖市、地级市为单位。这种规划当然有它的积极作用，但是最大的弊端就是把发展看成一个以地级市、直辖市为单位的发展，人口、土地、基础设施如何规划，也都是以这样的城市辖区为空间单元的。但实际上我们一些中心城市，在"十四五"期间以及更久的时期，会碰到的一个最大的问题就是要跨行政管辖边界与周边中小城市一起建设都市圈。有些都市圈边界甚至跨省，比如说最近发展改革委批复的南京都市圈，就是跨江苏和安徽两个省的都市圈。上海都市圈也必然要跨上海、江苏、浙江的边界。成渝双城经济圈也是跨省级边界的，广深之间好一点，它是跨了市一级边界。目前深圳土地供应是按照 2000 平方公里做的规划，也做了很多关于建设用地的限制。最为头疼的就是北京和天津的关系，中间隔了属于河北的三河，实际上三河市的燕郊到北京比北京辖区范围内的一些地方（比如平谷）还要近，交通连接性也更好。未来如何在围绕中心城市半径

50~100公里空间单元里打破行政管辖边界对于城市群、都市圈发展的障碍，我认为是急需要解决的问题。根据我的团队的大数据分析，当前省级行政边界对于城市群和都市圈的一体化起着非常明显的制约作用。

怎么办呢？我认为未来需要建立跨越行政边界的协调机制，比如最近在做的长三角一体化示范区的规划。此外，如果在很多重要的事情里再挑最为重要的事情，我会讲两点。

政府提供基础设施，而且这是市场取代不了的，接下来跨省界的轨道交通网和高速公路网需要不同城市相互协作，打通基础设施的连接，特别是核心都市圈范围内的轨道交通网及其形态和线路。

改革制度，要使以劳动力为核心的生产要素自由流动起来。未来如果真的能在城市群内部、都市圈内部打破户籍制度制约，实现人口自由流动，其他很多问题将迎刃而解。人口流动可以通过"用脚投票"的方式来告诉人们生产要素应该如何配置，以及政府政策和投资相应做怎么样的调整。

第三方合作：共商共建共享的实现路径

门洪华

同济大学特聘教授、政治与国际关系学院院长

一、推动国际合作创新的时代需求

世界转型加速和中国全面发展，推动我们迎来一个国际竞争更趋激烈、国际合作更显重要的时代。

"百年变局"走向深入，我们正处在一个挑战频发的世界。我们迎来一个全球化退潮、强国家主义回归和地区合作强化的时代。新冠肺炎疫情依旧肆虐，世界经济尚未摆脱衰退，单边主义、保护主义仍持续抬头，全球治理体系遭受严峻挑战。世界面临单边与多边、对抗与对话、封闭与开放的重大选择，处于何去何从的关键十字路口。这一境况引起了人们的深刻反思。正如世界经济论坛主席克劳斯·施瓦布指出的，疫情影响到人类生活的方方面面，但悲剧并非其唯一遗产。相反，疫情也提供了绝无仅有的机会，来反思如何重塑我们的世界。

世界进入国际环境变局丛生、大国战略博弈加剧、极其需要国际合作的时代。在世界等待和呼唤重启的时刻，国际合作的重要性得到各国高度重视，被视为国家目标实现的核心路径。在应对全球治理危机的过程中，既有的国际合作理念受到挑战，"霸权稳定论"不再能够给世界提供稳定，而全球治理危机凸显了以个体为中心的新自由主义的失败，彰显了大国协调的战略价值和国际制度重塑的必要，一种基于新理念的国际合作理论正在形成，它建立在近年来国际协调和全球治理重塑的基础上，进一步强调人类共同利益，强调风雨同舟的现实

诉求，强调各国一荣俱荣、一损俱损的命运与共，强调共克时艰、共享前景的可能。中国是这一理念的推动者，"一带一路"的共商共建共享是这一理念的现实表达，而第三方市场合作就是这一理念的实现路径。

中国是新国际合作理念的践行者。中国以自我变革为基础，以融入国际社会为路径，以渐进为核心方式，以内外兼修推动国际合作的展开与深入，其国际合作理论以命运共同体为指向、以共同利益为前提、以互利共赢为目标、以积极承担大国责任为重要条件。

二、"一带一路"第三方市场合作的定位

"一带一路"倡议体现了国际合作新模式的探索。"一带一路"建设跨越不同地域、不同发展阶段、不同文明，是一个开放包容的合作平台，是各方共同打造的全球公共产品。"一带一路"倡议体现了以共同发展为核心、以开放包容为特色、以宏观政策协调和市场驱动为两轮的战略思路，是一种新型的国际合作模式追求。中国强调合作者的地位平等，并致力于分享发展红利，适当让渡非战略性利益，积极承担大国责任。"一带一路"倡议是一个陆海并进、依托亚洲、辐射周边、影响全球的泛亚地区合作框架，把战略对接作为具体的实施目标，推动形成以中国为中心、周边为腹地的开放型经济体系，强调中国开放、地区合作、全球发展的有机结合。它表明，中国致力于向世界提供新的战略机遇期，让中国机遇、中国贡献为世界所共享，以建设性作为防止世界他国"脱钩"之念，以共商共建共享为主线推动实现国际合作的新境界。

第三方市场合作源自全球市场形成之际，它是合作双方根据自身利益的需求，扩大多方共同利益、减少国际经贸风险的重要途径。当前，全球化与逆全球化并行，国际经贸风险不断，缓和国际经贸矛盾、

寻找新的经济增长点是各国的共同期盼。第三方市场合作调节资源配置、增进共同利益、避免系统性风险的特性使其成为稳定和发展国家间关系的战略抓手。2015 年以来，中国先后与 14 个国家签署了有关第三方市场合作的联合声明或文件，在东南亚、中亚、中东欧、非洲、南美洲等开展产能优化、基础设施建设、金融投资、人工智能、环境保护等领域的合作项目。随着"一带一路"沿线投资活动的开展，第三方市场合作的重要性彰显。

"一带一路"的第三方市场合作是新时代的产物，是中国国际合作理念的现实表达。中国企业与发达国家的跨国企业在与双方贸易互补性较高的第三方市场，尤其是东南亚、中亚、非洲市场等开展对外直接投资、基础设施建设、金融产品供给、产能利用、对外援助及科技产业等专业领域的市场合作。

第三方市场合作早已有之，是一个常见的国际经济合作模式，也是国际政治合作和全球治理协作的特定方式。它肇始于新航路开辟时期，伴随着国际分工与全球市场的形成而演进。不同于殖民扩张时期，当前第三方市场合作不仅关注经济收益，也关注国家寻求的战略价值、国家威望、国际道义等因素，以政府推动与实现长期性的互利共赢为特征，以扩大地区影响力与提高国家形象、改善第三方经济发展环境、建立公正合理的国际秩序为目的。概言之，第三方市场合作是国家合理配置资源、拓展海外利益的重要渠道，也是国家在相关地区塑造国家形象与地区影响力、提升全球治理能力、防范系统性风险的重要途径，有着三方共赢的追求。在实际运作过程中，中国倡导的共商共建共享、互利共赢原则得到了遵循，多边主义的理念得到重视，共赢主义成为共同追求。有鉴于此，第三方市场合作堪称推动国际合作的新探索、实现国际关系良性变革的重要路径和抓手。

三、中国推动第三方市场合作的理念与行动

中国创新国际合作形式，将第三方市场合作作为探索路径，逐渐走出一条具有中国特色的第三方市场合作道路。中国推动的第三方市场合作是配合"一带一路"倡议、推动国内全面开放新格局、拓展国际经济新增长点的创举，在全球经济治理、国际金融秩序、基础设施建设、东亚合作等领域积极作为，促进第三方市场合作为中国—世界的良性互动做出新贡献。

2015 年至今，中国先后与 14 个发达国家签署了第三方市场合作协议、联合声明或备忘录，实现了制度化的合作；与此同时，中国与其他国家进行了第三方市场合作的非制度化探索。中国与东亚、西欧、北美、大洋洲等地区高发展水平国家进行智能制造、生物科技、大数据信息、金融服务、环保等高技术领域的合作；与东盟、中亚、非洲、拉丁美洲等新经济体与发展中国家进行基建、产品加工、能源利用等中初级产品领域的合作，积极推动开放型经济的发展。总体而言，在中国推进的第三方市场合作中，与发达国家的合作是重点，与欧洲国家的合作堪称重中之重，中意合作尤为突出。近年来，中国第三方市场合作向纵深发展，尤其是 2019 年之后，第三方市场合作从基础设施建设、国际产能合作向数字经济、国际金融风险管控等方向全面发展，强调了与全球治理对接的必要性。

第三方市场合作源于"一带一路"倡议，是"一带一路"建设合作的延伸。换言之，"一带一路"倡议是第三方市场合作开展的关键地缘依托，"一带一路"的建设内容、原则理念、规则机制塑造并影响着第三方市场合作的内质与实践。"一带一路"倡议为第三方市场合作提供了关键性的地缘布局：以亚洲国家为重点，以东南亚与中亚为核心地带，以中东欧、非洲、南太平洋为地理延伸。第三方市场合作具有

避开激烈对冲的天然属性，以共同开发而不是抢占市场的形式开展国际合作。"一带一路"第三方市场合作以与发达国家在发展中世界的合作为主线，以国家间优势互补、国家政策协调、共同利益追求为手段，邀请法意日等国参与"一带一路"在中亚、东南亚、中东欧等市场的产融投资和智能城市建设，充分发挥这些发达国家的科技优势，加快双边与多边的优势互补，为三方共谋福利。可以说，中国推动的"一带一路"第三方市场合作体现了政府主动、企业主导的重要特征，贯穿了共商共建共享的宗旨，展现了互利共赢的追求。

与此同时，鉴于共建"一带一路"强调政策沟通、设施联通、贸易畅通、资金融通、民心相通。第三方市场合作强调设施联通，以基础设施建设与项目投资合作为主要内容；以自由市场与政府力量相结合的方式，强调资金融通、贸易畅通、政策沟通，致力于减少地区贸易保护主义、降低市场准入门槛、打开国内国际市场交流的通道；以共同利益与政治共识为驱动力，加强民心相通；坚持三方共同受益的原则，合理关切三方正当要求，加强信任建设与人文交流建设。

在推动"一带一路"第三方市场合作进程中，中国实现了国际合作理念的实践创新，锤炼了国际合作能力，实现了国家治理能力的提升。中国推动的第三方市场合作以两国企业为主体，两国政府为双方企业提供政策协调、资金支持以及与第三方市场准入谈判等服务。中国坚持以企业为第三方市场合作的主体，积极发挥市场的活力与生命力，中央政府和地方政府主要扮演战略部署、国际协调、组织动员等角色。中国坚持共赢，强调优势互补、劣势互济。中国因地、因时制宜开展合作，与发展中国家共辟第三方市场。中国广西、云南等地与东南亚国家开展泛北部湾产业合作，将双方劣势进行整合，优化产业结构与产品质量，共同打开欧美市场的大门。可以说，劣势互济原则符合建设人类命运共同体的思想，即在危机面前同舟共济、共克时艰，将劣势转为优势，将危机转为发展机遇。

四、深化第三方市场合作的若干思考

第三方市场合作的达成需要基础条件，也需要推动力。我们认为，资源禀赋差异和比较优势互补、政治意愿和共同利益构成第三方市场合作的基础条件。其中，资源禀赋差异和比较优势互补是第三方市场合作的经济基础，而政治意愿是第三方市场合作开展的政治基础。在第三方市场合作中，政治意愿的表达越来越体现出决定性意义，其根本还在于政治共识的达成。当前，中法、中意、中日开展的第三方市场合作基于双方对具体国际议题如经济全球化、自由贸易、金融稳定等方面的共识，并明确以第三方市场为支点，采取合作或协调形式扩展双方海外利益的交汇点，实现国家利益延伸与拓展。共同利益的追求是第三方市场合作达成的根本条件，即使双方存在优势互补和政治意愿，若缺乏利益的交汇，合作仍难以达成。在这里，共同利益的追求包含着共同收益的实现与共同挑战的应对。第三方市场合作的推动力主要来自合作双方的战略意愿和制度化合作程度，共同利益的扩大具有重要的指标意义，而战略对接水平则可视为核心标杆。

当前，"一带一路"第三方市场合作遇到了总体性难以提高的局面，这固然与中国企业第三方市场合作经验不足、新冠肺炎疫情在全球肆虐有直接关系，但深层次的困境仍值得我们深入挖掘。这主要体现在：其一，合作双方的社会制度和经济体制差异导致战略疑虑，如何消弭由此带来的问题值得我们密切关注；其二，第三方拥有发展潜力，但也常常存在政治生态复杂、文化习俗差异等不稳定因素，由此导致的营商环境复杂性影响着合作项目的顺利推进；其三，第三方市场的竞争更趋激烈，这不仅存在经济利益因素，其背后的大国博弈因

素也有着较大的影响，恶性竞争因素依旧存在；其四，合作双方的政治关系波动、战略目标调整、融资条件的配备等因素影响着第三方合作的质量与进度；其五，中国所提出的正确义利观、新型国际关系等理念往往被过度引申，对中国过高的诉求导致对共同利益的非理性诠释，有时会影响合作的正常进展。

第三方市场合作是一个渐进与反复的过程，在合作富有成效的情况下，双方与第三方之间的共同利益交汇点增多、受益面扩大，产生溢出效应，可能导致合作的进一步深化；但在合作受到阻滞的情况下，三方共同利益收缩，合作意愿减少，市场合作收益产生回撤，合作进程则可能出现停顿或者倒退。这些都可能是自然现象。进一步推动第三方市场合作的深入发展，需要克服上述难题。我们建议：其一，中国深化对第三方市场合作的认识，强调第三方市场合作与既有制度化途径的关联，如依托中国既有的伙伴关系网络展开合作，中国伙伴关系强调以发展为导向的制度化合作，如能成为第三方合作的对象国，则可形成相互促进的成效；与此同时，中国可进一步推进与战略支点国家开展第三方市场合作，这既可为伙伴关系的升级夯实共同利益基础，也可为中国布局海外市场、发挥支点国家的价值提供便利。其二，加强合作双方的政治对话和协调，促成政治共识和政治意愿，减少误解误判和大国博弈因素的严重干扰，明确第三方市场合作的总体框架和阶段性目标，稳定政治预期，这是第三方市场合作的前提性条件。其三，加强合作三方的政策沟通和战略协调，遵循企业主体、市场运作、政府引导、互信互利的原则，共同搭建开拓第三方市场合作平台，推动建立涵盖政府主管部门、企业商会协会、金融机构、驻外使馆的工作机制平台，加强规划及其实施。与此同时，还要大力促进合作三方的经济团体、贸易投资促进机构建立长效支持机制，为三方企业合作搭建平台，协商解决合作中出现的问题。其四，强化第三方市场合作的共同利益基础和经济效益原则，防止其承担过多的政治意涵。

创新第三方合作模式

卫杰明

托克集团董事长、首席执行官

自 2013 年启动以来，"一带一路"倡议为发展中国家的交通、贸易和能源带来了大量投资。在该倡议的下一个阶段，创新的第三方合作模式会提供更多与发达国家和国际公司接触的机会，从而进一步深化全球贸易和经济协作。中国政府发出这个扩大国际合作的明确意向正值我们这一代人面临两大最严峻的全球性挑战：新冠肺炎疫情和气候变化。这使得扩大国际合作显得尤为重要。2020 年对发达国家来说是具有挑战性的一年，对发展中的"一带一路"沿线国家和地区来说尤其如此。托克集团是世界上最大的实物商品贸易商之一，每天交易 600 万桶石油，每年交易 2000 万吨金属和矿物，每时每刻都有租船在海上航行，拥有遍布全球的办公室、投资、物流与客户关系网络。其中包括在中国的重要业务和广泛的客户基础。

我们所处的有利地位让我们看到疫情在全球的蔓延对国际供应链和经济产生的巨大影响。更重要的是，这也意味着在面对严重的破坏和动荡时，我们可以发挥至关重要的作用，比如向最需要的地方供应重要商品，或者在出现过剩时，提供存储直到新的需求出现。我们一年前正是这样做的。当时供应过剩，WTI 油价首次出现负增长，我们在海上储存石油，并将油轮船队规模增加了 70%。

中国在此期间表现出了非凡的韧性，在去年新冠肺炎疫情大流行中，中国成为唯一一个未衰退的主要经济体。

但在许多其他国家，尤其是非洲和其他发展中国家的金融稳定受到严重破坏，需要若干年才能恢复。中国在新冠肺炎疫情之后，经济发展势头更加强劲，同时我们看到中国积极推动"一带一路"沿线国家和地区的经济复苏，提供价格优惠的疫苗，提供资金和其他支持。"一带一路"倡议下一步的重要举措就是扩大到包括公共卫生、绿色技术和数字服务等领域。这标志着对贸易而非投资的重视，有利于推进与国际企业和发达国家政府在第三方市场上进行更大的合作。

贸易在过去一年出现了前所未有的混乱，尤其是对国际供应链的过度依赖，现已成为全球许多国家的焦点问题，这一变化也正成为"一带一路"面临的重大挑战。在过去的一年里，由于依赖单一来源、难以适应实时冲击等隐藏成本的暴露，供应链的许多弱点已经显现。应对这些弱点我们需要改进风险管理，提高透明度，推进多方面发展，采用更灵活的供应来源。作为一家实物商品贸易公司，我们在供应链管理方面的专业知识尤为相关。降低风险、保证供应的灵活性和安全性以及获得融资都是像我们这样资金充足、全球互联的大型商品公司所能发挥的核心作用，（我们）高效负责任地连接国际贸易链，以平衡市场，满足市场的需求。

今天，在与"一带一路"沿线的中国国企和私企的合作中，我们很自豪能担任这样的角色，比如为秘鲁的中国铜矿企业提供物流服务，或者与中东和巴基斯坦的中国油气生产商合作，将油桶运回中国客户手中。我们相信，随着对商品的需求速度超过供应的速度，这一角色对于世界如何管理正在进行的向零碳能源的转型将变得更加重要。

中国乃至亚洲经济的强劲复苏将带来更大的商品需求。其中大部分的需求将来自"一带一路"沿线国家和地区。应对气候变化将是我们这一代最紧迫的全球挑战，这也将是助推商品需求的又一次重大结构性转变，这种转变可能只有十多年前中国的城市化和工业化才能够与之相比。可再生能源发电机，电动汽车以及电气化所需的基础设施，与它们所要取代的传统发电或内燃机相比，金属密集度更高。以电动汽车为例，电动汽车所需的铜是汽油或柴油汽车的 5 倍，中国的目标是到 2060 年实现净零排放。据一些分析人士估计，达成此目标平均每年将增加 200 万吨的铜需求，这还没算上美国和欧盟等国家的重大绿色投资计划，所有这些都会加大铜的需求量。基于目前和未来可确认的供应，我们估计，到 2030 年全球大概 15%~20% 的铜需求无法得到满足。一方面要确保这些商品有足够的供应，以推动世界所需的变化速度；另一方面要确保以负责任的方式进行生产，尽可能地减少碳足迹，并促进可持续发展。

为了应对这些挑战，提高"一带一路"倡议的效率，需要政府、企业和社区共同努力，以负责任、透明和包容的方式投资新的供应来源。"一带一路"第三方合作的两个重点领域是资金来源多元化和加强国际与地方的合作伙伴关系。提高合作有效性的关键在于尊重国际公认的市场标准、遵守法律、公平竞争，以及与东道国、社区、国际和地方伙伴的包容合作。这一切都为通过亚投行或其他融资平台吸引更广泛的投资奠定了基础。

建立一个强大的生态系统使国际参与者能够与中国企业和当地伙伴进行有效合作也是同样重要的。这将意味着与有能力的全球参与者和知识渊博的本地参与者进行合作，并在发展本地经济方面保持一致的长期目标。

作为中国的长期合作伙伴，我们愿意发挥自己的作用，进一步促进第三方合作。

"一带一路"的第三方合作

李小云

中国农业大学文科资深讲席教授、国际发展与全球农业学院名誉院长

从历史上看，从 17 世纪荷兰与英国东印度公司之间的合作，到 19 世纪美国向很多国家推销开放政策，与英国、德国、法国、日本等国打开亚洲、拉美市场，其实在某种程度上都具有三方合作的性质。但是今天讲的三方合作实际上主要是新兴国家出现以后引发的发展趋势。由于长期主导全球发展的基本范式是理性主义驱动的现代化范式，所以非西方国家在这样一个过程中只能被动学习现代化。新兴国家的基本经验形成了替代性的发展路径，在这样一个前提之下，新兴国家在经济方面的成长既为世界提供了新的机会，也提出了新的挑战。更为重要的是，新兴国家的发展也提供了一个新的议题，即新兴国家的政治制度、文化传统、发展经验、发展路径与传统的先发国家之间存在一定的差异，"竞争性的趋势"应运而生，单一主导的趋势不复存在，三方合作也由此出现。

在这样背景下出现的三方合作有不同的意图。最初提出三方合作的国家，尤其是在发展合作领域，往往是 OECD 成员国的大国，有三层意图。首先，它秉持一个"看不见的议程"，即希望能够平衡新兴国家的影响力。其次，这些大国看到了新兴国家的发展经验，所以也有学习的动机，尤其希望学习像中国这样国家的经验；另外，平衡战略实际上也还是起很大作用的。最后，这些大国也希望把新兴国家拉入其主导的国际体系，共同承担更多的国际责任。相较于经济合作领域

而言，这些意图在国际发展合作领域尤其明显。基于此，三方合作有两大范畴：一是广义上的三方合作，以经济利益为主，不论是否是发达国家都一起合作。二是较为狭义的三方合作，主要是指一个发达国家和一个发展中国家，再加一个第三方国家或机构来进行的合作。这是进入 21 世纪以后，国际合作领域出现的一个新的变化，而这个新的变化给了我们一个很大的挑战。

三方合作按照这样一个逻辑具有三大优势：第一大优势，它有不同的经验。有新兴发展经验，如基础设施优先、农业发展优先、农业发展和减贫等都是新兴国家的经验；也有发达国家的环境资源管理、标准方面的经验。第二大优势是能形成技术优势，如新兴经济体的实用技术和发达国家的高技术可形成互补。第三大优势是不同的市场需求和不同的劳动力资源的互补。实际上三方合作很容易形成比多边合作、双边合作更大的优势。它的重要意义在于可以创造出三方和多方行动的平台，探索新兴经济体合作的路径。

但同时，三方合作也存在三大问题。第一，协调成本太高。三个完全不同的事物放在一起困难极大，谈判成本过高，不如直接做解答。第二，政治文化差异太大。国家间的政治制度、历史文化价值完全不一样，很难达成共识。第三，也是最重要的一点，即近年来讨论较多的技术标准差异。发达经济体要求高标准，但是事实上我们讲得更多的是一种适合当地的标准，涉及人的、环境的各个方面。

在这样的情况下，解决三方合作的问题应遵循三大原则，并通过去政治化、避免完全陷入地缘政治来最大程度地发挥三方合作优势。第一个原则是以人为本。通过减少贫困和不平等，强调包容性发展，强调以人为本来弥合差异。第二个原则是绿色发展，即强调环境保护、资源保护、气候变化缓解等。第三个原则是互惠互利，即强调经贸合作、第三方受益机制等。这三个原则中应把以人为本放在第一位，而不要把互惠互利放在第一位，把绿色发展放在第二位，并通过这种形式建构一个新的世界主义的共同理念。如果没有一个共同的理念必然会出现争吵，因此把西方的人道主义、人文主义与中国的以人民为中心的理念结合起来，形成以人为本的新的世界主义理念，可以凝聚三方的共同利益，克服三方的差异，实现共同发展和富裕。从这个角度出发，中国提出了"一带一路"倡议，再根据这样一个倡议来分享我们的经验，进行三方合作。过去发达国家推进的三方合作更注重共享资源、共享市场以及捆绑大家的利益。如果能把不同的三方合作的想法结合在一起，我们的"一带一路"倡议就能成为有效构建人类命运共同体非常好的平台。

第三方合作为
"一带一路"基础设施建设带来新契机

房秋晨

中国对外承包工程商会会长

很高兴受邀参加今天的论坛，探讨"一带一路"第三方合作的话题。

为使"一带一路"国际基础设施投资与建设的成果惠及更多国家，整合好各方优势资源，实现互利多赢，2015 年 6 月，中国政府同法国政府正式发表《中法关于第三方市场合作的联合声明》，首次提出了"第三方市场合作"这一概念，这是中国企业与发达国家在第三方市场基建项目合作中首创的国际合作新模式。

习近平主席提到，"一带一路"倡议，它的核心内容是促进基础设施建设和互联互通，对接各国政策和发展战略，深化务实合作，促进协调联动发展，实现共同繁荣[①]。第三方市场合作旨在倡导多边主义，推动各方各施所长、各尽所能，通过双边合作、三方合作、多边合作等各种形式，将中国的优势产能、发达国家的先进技术和广大发展中国家的发展需求进行有效对接，充分发挥各国的优势和潜能。目前"第三方市场合作"已经成为各方参与共建"一带一路"的重要内容。

我所服务的中国对外承包工程商会是由中国对外承包工程、对外

---

① 《"一带一路"国际合作高峰论坛举行圆桌峰会 习近平主持会议并致辞 强调密切政策协调 对接发展战略 深化务实合作 实现互利共赢 共同推动"一带一路"建设合作不断取得新进展》，《光明日报》2017 年 5 月 16 日第 1 版。

投资及产业链上下游企业组成的全国性行业商会,目前拥有会员1500余家,会员企业业务遍及全球190多个国家和地区。"一带一路"倡议提出以来,商会会员企业在广泛参与沿线各国基础设施建设的同时,也积极拓展与发达国家伙伴间的第三方市场合作,积累了宝贵的合作经验。

从中国"走出去"企业开展的第三方合作实践来看,我们将第三方合作划分为五种类型。第一类是产品服务类的合作,第二类是基础设施项目的合作,第三类是投资合作,第四类是产融结合的合作,第五类是战略合作。作为中国"走出去"基建企业的行业代表,今天我从商会的角度重点谈一谈中国工程企业基建类项目的第三方市场合作。我们在这里所说的第三方市场合作,指的是中国企业和欧洲国家、美日韩等发达国家的企业在第三方市场展开合作,共同开展国际基础设施投资与建设。第三方合作作为一种创新合作机制,为"一带一路"沿线国家基础设施发展带来新的契机,其意义主要体现在以下五个方面。

一是各取所长,充分发挥各方比较优势。发达国家的企业大多数在设计咨询、工程标准和规范等方面具有比较优势,而"一带一路"国家大多也是采用这些发达国家的标准体系。中国企业与发达国家在第三方市场开展合作,使得中国企业能够借助这种比较优势,以相对灵活的方式与发达国家企业共同在第三方市场承揽国际基础设施项目,同时也能充分发挥中国企业的自身优势。

二是提升项目融资能力和国际标准适应性。发达国家普遍拥有完善的融资体系,融资成本也比较具有竞争力。在第三方合作模式下,中外金融机构联合为"一带一路"项目提供融资,既可以扩大银团联合融资的规模,提升项目的抗风险能力,同时也可以使项目更好地适应国际通用的投融资标准。

三是共同实施可持续基础设施项目，推动东道国可持续发展。在第三方合作模式下，项目在设计规划、建设以及运营过程中需充分采用国际通行的 ESG 标准，除需符合国际通行的环保标准外，还需达到项目在社会和治理方面的可持续，这完全契合联合国 2030 年可持续发展目标，有效促进"一带一路"国家社会经济的可持续发展。

四是兼顾各方诉求，扩大受益面。第三方市场合作能够有效满足各参与方的诉求，使包括业主、投资方、多双边金融机构、承包商、设备供应商、东道国政府以及社区民众等在内的利益相关方都能从合作中受益。

五是带动中国基建产业链"走出去"。第三方合作能够发挥中国企业施工能力强、质量好、效率高的优势，同时结合发达国家企业在国际市场、设计规划、认证许可、跨国管理、跨文化交流等方面的比较优势，带动中国装备、设备材料以及管理、技术标准等"走出去"。

目前中国对外承包工程商会拥有会员 1500 多家，涵盖了几乎所有在境外开展基建项目的中国工程企业或称为中国国际承包商，会员企业在全球 190 多个国家和地区开展基础设施投资与建设业务。2020 年，受新冠肺炎疫情的影响，中国企业在"一带一路"沿线国家的业务出现下滑，其中，在"一带一路"沿线的 61 个国家新签合同额同比下降 8%，为 1414 亿美元，占同期中国企业在境外签约总额的 55%；完成营业额同比下降 7%，为 911 亿美元，占同期总额的 58%。无论是从新签合同额还是完成营业额来看，"一带一路"沿线国家的项目几乎都占了中国企业在全球基建业务总量的近六成。可见，"一带一路"沿线国家是中国企业开展基建合作领域的重要市场。

为摸清中国企业参与第三方合作的总体情况，促进合作的进一步发展和升级，承包商会在 2020 年初开展了一次专题调研，并根据企业提供的 64 个第三方合作案例，发布了《中国对外承包工程企业参与第三方市场合作报告》。《报告》对中国企业参与的 64 个合作项目的主要情况、成功经验和合作建议做了详细阐述，《报告》的发布在我们"走出去"企业中得到了很好的反响。在这里，我将《报告》中的一些数字和典型案例分享给大家。《报告》中的 64 个合作项目涉及 15 个发达国家的 54 个企业，在"一带一路"沿线的 32 个国家和地区开展第三方市场合作，项目涵盖电力工程、交通运输、一般建筑和水利建设等多个领域，比如葛洲坝集团与英国莫特麦克唐纳公司合作的巴基斯坦 SK（苏基克纳里）水电站项目，北京城建与美国 AECOM 合作的马尔代夫国际机场改造扩建项目，中国港湾与法国达飞集团合作的尼日利亚莱基港项目，中国电建与西班牙布恩德斯集团组成联营体承揽的厄瓜多尔瓜亚基尔医院项目等。此外，在被誉为"非洲三峡工程"的埃塞俄比亚吉布三水电站项目中，法国的阿尔斯通集团和意大利的撒利尼建设工程公司与中国东方电气集团联合投标，为第三方市场合作向复杂化、专业化方向发展提供了可供参考的经验。中国的金融机构也与国际金融机构积极开展合作，共同为第三方合作项目提供融资支持。在第三方市场合作过程中，我们总结出以下五条经验。

一是要坚持第三国需求导向的合作原则，推动与东道国经济社会发展特点及阶段特征相吻合的高质量可持续发展项目落地，因时因地制宜，切实实施本土化经营。

二是要坚持企业为主体的合作机制，充分发挥市场在合作伙伴选择、模式构建等方面的作用，遵循市场化合作原则，让企业自主选择项目与合作伙伴，这样才能形成合力。

三是要坚持互学互鉴的合作精神，丰富不同层面互动交流，促进在理念和技术层面的融合发展。

四是要坚持合规守信经营，推动项目合作向战略合作升级。

五是坚持持续优化，弥补合作短板和不足：第三方市场合作作为新生事物，存在着理论支撑不足、实践经验有限等问题，不少合作仍停留在初级阶段，仍需中外各方持续深化对接合作。

最后我想说的是，共建"一带一路"可以推动各方携手应对全球发展面临的共同挑战，实现优势互补、互利共赢。后疫情时代，推动共建"一带一路"高质量发展既重要又迫切。第三方市场合作模式以其强调优势互补、照顾第三国需求的独特优势，正逐渐发展成为吸引各国参与"一带一路"建设，促进国际投资合作的重要形式，有助于中国企业和各国企业的优势互补，共同推动第三国产业发展、基础设施提升和民生改善，真正实现了 1+1+1>3 的效果。

中国经济双循环与跨国公司新机遇

白重恩

清华大学经济管理学院院长

我们的双循环是以国内大循环为主体。以国内大循环为主体，一方面是要扩大国内的市场，另一方面要让国内市场的质量更高。除了以国内大循环为主体，还要两个循环互相促进，这就要求我们有更高水平的开放。我想从三个方面来谈一下双循环给跨国公司带来了什么样的机遇和挑战，一是国内市场的扩大，二是国内市场质量的提高，三是高水平的开放。

首先，考虑建立更大的市场。其实未来五年我们仍然预期中国经济会比较快地增长。随着经济的增长，我们国内的需求也会比较快地增长，特别是消费的需求会很快地增长。这为全世界的企业都创造了机会，当然也带来了一些新的挑战。

这里我想强调的是，我们消费需求的结构在不断地变化，有以下几个方面。

第一，随着生活水平的提高，人们对消费品的质量有更高的要求，要求个性化、多样化、高品质的消费产品，这对企业提出了更高的要求。

第二，年轻一代的消费需求增长得非常快，尤其是来自第二到第四线城市的，不是最大的城市，而是中小城市的年轻消费者，他们的需求增长得非常快，有一个报告说2017~2018年，占人口25%的二到四线城市的年轻人贡献了60%的消费增长，这是一个特别大的群体。

任何一个企业，包括跨国公司怎么来为这些消费者提供更好的产品和服务？我觉得这是特别需要去考虑的。

第三是所谓的"银发经济"。随着我们人口老龄化，60 岁以上的人口占比越来越大，他们的消费需求过去没有得到很好的满足。怎么来满足他们的消费需求？他们的消费需求不仅仅是在产品上的消费，更多的是在服务方面的消费，包括医疗和健康消费，这也对企业提出了机遇和挑战。

第四，过去产品的消费比较多，未来服务消费占比可能会越来越大，这些服务消费包括我们刚才说的健康、医疗，也包括体育、文化、娱乐、旅游等消费，未来增长会非常快。

第五是农村和城镇。有一项研究发现，农村的消费结构大概比城镇的消费结构落后 10 年，随着我们城镇化水平的不断提高，农村也对消费产生了新的需求，数字化的消费稍后许宪春教授可能会谈。

第六，我想讲的就是消费者对绿色消费越来越重视，有很多研究发现，消费者的环保意识越来越强，很多消费者买产品的时候，会看包装上面写的原材料是什么，如果这些材料不是绿色的他们就不购买，这也是我们需要考虑的。尤其是中国政府提出来要在 2030 年实现碳达峰，2060 年实现碳中和，这对绿色消费提出了很高的要求，那企业怎么来满足这项需求？

这除了给我们带来机会，也带来一些挑战，比如说中国消费者的消费行为也在变化。有研究发现，年轻的消费者对中国国有品牌的认可度越来越高，这其实对跨国公司是构成挑战的，过去对于很多年轻人来说只要是外国的品牌基本上很容易销售，但是现在中国国内的品牌与国际品牌相比，竞争力变得越来越强，我想这可能是跨国公司一定要考虑的一个挑战。

首先，随着高品质的消费变得越来越重要，营销的渠道也变得更加重要。然而，中国的零售渠道跟西方的零售渠道非常不一样，习惯于用西方零售渠道去销售的跨国公司怎样适应中国特别的零售渠道，可能也是一个挑战。

其次，建立更高质量的国内大市场。中国正致力于不断地改善市场的环境，中国政府希望让市场变得更加有效，尤其是全国统一的大市场的增长。其中关键的是统一。过去我们的企业在不同地区可能面临着不同的监管环境、不同的产品标准，这让企业觉得很困难。如果我们能提高全国市场的统一程度，对跨国公司来说应该也是一个机会。

最后，我想说我们双循环里面的第二个循环，就是国内循环和国外循环互相促进。中国政府非常强调我们要保持开放，甚至要有更高水平的开放，我们在很多行业也有更高程度的开放。但是对跨国公司来说这也提出了要求。中国的"十四五"规划非常强调经济安全，每一个企业都有它的社会责任，跨国公司对它的东道国也有一定的社会责任。在中国政府如此强调经济安全的时候，可能每一个跨国公司都要好好地琢磨一下怎么在这样的要求之下更好地运营，有的时候可能需要企业主动地去考虑怎么更好地适应中国对更高的经济安全的要求，这样做的企业在中国一定会更加成功。

共同建立可持续发展的生态系统

乔治·奥利弗

江森自控全球董事长、首席执行官

在去年 11 月举行的中国发展高层论坛上，我有幸分享了江森自控为推动"双循环"发展所做的贡献。今年，我想谈一谈江森自控助力中国实现可持续发展目标的契机。正如中国领导人所说，可持续发展是构建双循环新发展格局的目标。

可持续发展也是中国两会和"十四五"规划的主要议题之一。今年是"十四五"规划的开局之年。江森自控将全力支持中国实现高质量经济增长目标，并不遗余力地保护环境，减少碳排放，保障人民的幸福安康。这也与我们自身的可持续发展愿景非常一致。

在江森自控，可持续发展是一切行动的核心。自 2000 年以来，公司在全球累计交付 3000 多个节能项目，帮助客户减少超过 3000 万吨二氧化碳排放，节约能源成本达 66 亿美元。今年 1 月，江森自控隆重公布了全新的可持续发展承诺计划，承诺到 2040 年实现净零碳排放并在 2030 年帮助客户减少 16% 的排放量。

中国是江森自控视为重中之重的市场，未来，我们将继续致力于投资我们的客户、员工和整个国家。得益于我们在智慧、可持续建筑解决方案的全球领导地位，以及我们在深耕中国市场的过程中积累的丰富经验，我们拥有得天独厚的优势，能够帮助中国实现节能减排和可持续发展目标。我们期待着持续拓展中国市场业务，支持中国政府的各项脱碳举措，并与领先的组织机构和重要利益相关方建立伙伴关系。

去年 11 月,我们参加了第三届中国国际进口博览会(CIIE),并向中国客户展示了江森自控 OpenBlue 数字化解决方案。OpenBlue 涵盖一整套数字化解决方案,通过大数据和人工智能科技来优化建筑的可持续性能。这些创新成果正在加速从数据报告到数据管理的转型,推动实现更高水平的可持续发展。

既有建筑在城市二氧化碳排放中的占比高达 40%。江森自控 OpenBlue 服务可通过节能改造和翻新来提升既有建筑的能效水平,合同能源管理(EPC)服务可以帮助建筑业主解决融资困境。在中国,江森自控节能改造团队成功更新了北京 SK 大厦、上海红塔酒店等老旧建筑的设备,通过改造,这些建筑重新成为城市可持续发展的标杆。

我们的 OpenBlue 健康建筑解决方案由先进的暖通空调、能源储存和回收产品以及楼宇自动化和楼宇自控系统组成。在后疫情时代,我们的空调设备将在改善室内空气质量和促进室内空气循环方面发挥重要作用。

作为可持续发展领域的行业领导者,我们深知创新和协作是实现可持续发展目标的关键驱动力。为此,我们承诺将 75% 的研发资金投入到可持续相关领域。我们希望能够与本地合作伙伴携手研发能够满足特定市场需求的解决方案。继我们在新加坡投资建设 OpenBlue 创新中心并取得成功后,我们正在中国筹建协作中心,以便更好地满足整个产业价值链对于数字化加速发展与扩大协作的需求。这些中心将作为应用创新实验室,发挥数字化生态系统核心的作用。它们将为智慧、可持续城市建设孵化应用程序,支持中小企业和初创企业研发创新型建筑解决方案,从而更好地满足中国的发展需求,把握发展机遇。

随着中国"双循环"经济新格局的推进,我们目睹中国正在成为可持续发展治理和全球气候合作的领军者。作为行业领导者,江森自控有责任分享我们的知识和专长。今年 2 月，江森自控签署了《气候宣言》，承诺将与其他 52 家成员公司共享技术和创新成果，到 2040 年实现净零碳排放。作为美国商业圆桌会议能源与环境委员会主席，我也希望能向更多全球商界人士介绍中国的承诺和我们在中国开展的工作。

诚然，可持续发展愿景的实现不能仅仅依靠一家公司、一个社区或一个国家的努力，它需要创新的加持、合作的推动，以及整个生态系统的支持。我很高兴能有机会在这里发言，我们愿与更多中国利益相关方和行业参与者携手，共同构建一个可持续发展的生态系统，为中国实现可持续发展和高质量发展贡献一份力量。

我要特别感谢中国发展高层论坛给我这次发言的机会，并期待今后更多的建设性对话。

构建强大的国内市场 ①

许宪春
清华大学中国经济社会数据研究中心主任

构建以国内大循环为主体、国内国际双循环相互促进的新发展格局需要坚持扩大内需这个战略基点，需要有强大的国内市场作为支撑。

如何通过扩大消费、激发投资活力等方式合力形成强大的国内市场？要找到一些关键的环节、关键的领域，我认为在目前的情况下，数字经济就是扩大消费、激发投资活力的一个十分重要的环节和领域。通过发挥数字经济的作用来扩大消费需求、激发投资需求，我认为是一种有效的办法。要围绕发展数字经济进行有效的制度安排，建设消费和投资需求旺盛的强大的国内市场，在这个基础上协同推进数字贸易强国建设，为加快构建新发展格局提供重要支撑。

中国的数字经济发展还是比较快的，根据我们的测算，2008~2019年，中国数字经济增加值年均增长 13.41%，高于同期 7.98% 的国内生产总值年均增速，数字经济在中国的经济发展中发挥着比较重要的作用。

2015~2019 年，中国实物商品网上零售额年均增长 25.7%，比社会消费品零售总额年均增速高出 16.1 个百分点。在去年新冠肺炎疫情冲击比较严重的情况下，网络消费新业态得到了快速的发展，实物商品网上零售额增速虽有所下降，但依然保持着两位数增长，达到 14.8%。

---

① 清华大学中国经济社会数据研究中心助理研究员王洋对此文亦有贡献。

数字经济在释放消费潜力、提升消费能力、激发消费活力方面发挥了重要作用。从释放消费潜力方面看，线上消费模式打破了时空限制，使得原本"买不到"，或者是"没时间买"的消费得到满足，随时随地的在线购物使得消费潜力得以释放。从提升消费能力方面看，数字技术催生了新业态、新模式，由此培育出大量的新个体和微经济，开辟了新的就业空间，产生了新的就业岗位。"零工经济"的发展使得人们获取收入的渠道变得多元化，为扩大中等收入群体规模提供了重要的支撑。收入的提高带动了消费意愿的增强和消费能力的提高，使得有效消费需求得以释放。从激发消费活力方面看，便利的数字产品和服务使得用户付费意识觉醒，新的消费习惯得以培育形成，消费升级的需求得以满足，消费意愿大大提升，有效地激发了消费的活力。

数字经济的发展需要工业互联网、大数据、5G 等新型基础设施的支撑，需要生产设备的迭代更新和技术的升级改造，数字经济的快速发展也带动了新型基础设施投资及设备更新和技术改造投资。与此同时，新型基础设施的改善、设备和技术的升级可以助力企业实现数字化转型升级，提升盈利能力，进一步激发企业潜在投资需求，实现良性循环。

数字经济的发展为跨国公司提供了新的发展机遇，持续扩大的数字消费市场为跨国公司提供了广阔的发展空间，互联网、物联网、人工智能、大数据、5G 等新的数字化基础设施、网络平台的快速发展，提高了跨国产品贸易的效率，提升了数据库、软件、通信等服务的可贸易性。

发展数字经济既能有效地扩大消费需求，也能带动投资需求，同时为跨国公司的发展提供了新的机遇。应以发展数字经济为构建新发展格局的重要抓手，围绕解决数字经济发展面临的主要问题进行有效的制度安排。

一是完善农村地区的信息和通信基础设施建设，加快构建以城市群为核心的区域数字化、智能化网络，提高一体化发展水平，缩小区域间的数字鸿沟，推动数字消费市场向三四线城市、农村下沉，充分挖掘并释放消费的潜力。

二是协同政府和市场的力量，充分发挥政府引导作用、企业主体作用，围绕产业数字化转型所面临的关键技术能力不足、资金短缺、复合型数字化人才不足等问题做出有效的制度安排。以数字化转型向纵深拓展激发投资活力。

三是供给端同步发力，以数字化赋能提升商品和服务的供给质量，使其能够满足高层次的消费需求，形成供给和需求之间的正向反馈机制，提高供需适配性，以更高水平供需动态平衡助推形成强大国内市场。

四是以发展数字贸易为重要抓手，推动跨境电商、跨境服务贸易等加快发展。推进贸易链条的数字化改造，培育外贸新动能，助力贸易高质量发展，内外协同发力为加快构建新发展格局提供重要支撑。

中国经济"双循环"与跨国企业的机遇和责任

乔安路

联合利华全球首席执行官

我祝贺中国发展高层论坛将"双循环"主题纳入了今年的经济峰会，尤其是将这两个主题非常正确地联系在一起——中国经济的"双循环"和跨国企业的发展新机遇。毫无疑问，它们是相辅相成的。

对于联合利华而言，"双循环"带来了许多机遇以及责任。接下来，我将一一分享我们的所见所想。

一、"双循环"

首先，我认为"双循环"是中国政府基于目前经济周期节点以及中国发展阶段，提出的完全合理、合乎逻辑的政策决策。将重点放在打造充满活力的国内经济上具有明显的意义。

"双循环"战略的明确性和开放性，对于像我们这样希望能够继续为中国成为经济强国做出贡献并从中受益的企业来说非常有益。

中国加快形成国内外市场相互促进的新发展格局，为私营企业成为中国经济增长的更大引擎开辟了道路，我们对此表示欢迎。这使得中国在为其他国家提供拓展市场机会的同时，自身也在国际合作和竞争中形成新的优势，吸引世界各国的商品、资源、技术等生产要素到中国来，这是潜在的双赢。

如中国政府所言，成功取决于开放性。如今，没有地方可以关闭边界，也不会有我们在许多时候和地方看到的那种欠考虑的民族主义，因为这些都将让经济走上毁灭之路。

我们对在中国发展有长期承诺，联合利华将积极参与中国发展的下一阶段。作为改革开放后首批进入中国的跨国企业之一，联合利华于 20 世纪 80 年代中期来到中国。几十年来，我们在人才、制造和品牌方面投入了大量资金，这些都为我们在中国的发展奠定了坚实的基础。我们拥有 7 个生产基地和 23 个物流中心网络，为超过 1000 家分销商服务。如今，我们在中国的业务充满活力，我们为 80% 的城市家庭提供从清洁到食品等的日常生活用品。我们的经营理念很明确，那就是"立足中国、服务中国"。我们在中国招聘本地员工，97% 的管理团队都是在当地招聘和培训的，7000 名直接雇员和 10000 名三方员工基本上都是中国人。在过去的 3 年里，我们一直是行业内的最佳雇主。

2009 年，我们在上海成立了一个全球研发中心，目前拥有近 350 名顶尖的行业科学家，并拥有近 900 项专利。

事实上，作为一家业务遍布全球的企业，我们的经营模式在很多方面都基于"双循环"概念，以及支撑这种循环的资源优化，对"双循环"我们有深刻的体会。

以我们在中国最受欢迎的产品之一梦龙冰激凌来举例，我们在中国生产梦龙，但它的巧克力原料来自比利时。联合利华在中国工厂生产的产品不仅供应中国市场，还出口到包括欧洲和拉丁美洲在内的全球 10 多个国家和地区。

二、跨国公司的桥梁作用

我们将继续推动"双循环"发展，支持中国进一步开放。我们有机会成为连接国内和国际循环的桥梁，包括通过我们的开放式创新，再举几个例子来说明。

首先是联合利华"创想 +"。在这个平台上，我们与有科技灵感的初创企业合作，利用我们的规模和专业知识帮助他们在广告技术、包装和顾客营销等领域建立业务。

此外，最近我们推出了联合利华 U 创孵化器，通过提供联合利华在研发、采购或营销方面最好的能力支持，来培育新的中国品牌。这些都是国内和国际相互联通、互利共赢的典型案例。

三、结束语

我们理解"双循环"经济原理，以及"双循环"背后对更大自给自足的愿望。这预示着中国的发展进入一个激动人心的新阶段。我们欢迎中国经济的进一步开放，这是"双循环"方式的基础。毫无疑问，接下来将有更多新机遇出现，尤其是对于那些能够在国际和国内循环之间架起桥梁的企业来说，联合利华就是其中一家。开放性、透明度和确定性将是成功的关键。更广泛地说，在经济增长和发展方面，世界需要摒弃那种认为所有贸易都是二元的狭隘民族主义。这不是一场零和游戏。

今天，我们比以往任何时候都更需要在一个基于规则的体系里的更成熟和复杂的方式，但要识别合作区和竞争区的作用。在这一背景下，我们看到了"双循环"。我们期待为中国下一阶段的卓越发展做出贡献，并以负责任和可持续的方式与中国共同成长。

中国经济双循环

王小鲁

国民经济研究所副所长、研究员

我认为双循环有两个题中应有之义：一个题中应有之义是，中国必须保持对外开放，必须继续参与国际分工，必须继续发展国际贸易和国际经济合作；另一个题中应有之义是，中国的经济增长必须把基础放在以内需为主带动增长这样一个基础之上。实际上对世界上所有的经济大国来讲，内需都是经济增长的主要带动力量，没有例外。

对中国来说，我们在改革开放期间经历了长时期的经济高速增长，在这期间内需也得到了迅速的发展，包括投资需求、消费需求都得到了快速发展。但是后来的一个阶段，也出现了一些问题，出现了内需不足的现象。这个时期，投资率越来越高，消费率越来越低，伴随着这种变化，就出现内需不足、需求相对疲软、对外需的依赖过重，到了外需下降的时候，国内经济增长就遇到各种问题。

从统计数字看，我们国家 1980 年的消费率，就是消费占 GDP 的比重是 65%，1990 年和 2000 年都是 63%。但是从 2000 年到 2010 年消费占比出现了急剧下降，而投资占比出现了急剧上升，消费率到 2010 年降到了 49%，投资率或者叫资本形成率从 35% 上升到 47%，有大幅度的上升。伴随着这个变化，就出现了经济过多地依赖外需拉动增长。当外需出现问题的时候，我们经济增长就开始放慢，前些年开始的经济增长逐步放慢，我认为和这个结构问题是有直接关系的。

从 2010 年到 2019 年我们的消费率有所回升，从 49% 提升到 55%

左右，资本形成率有所回落；但是和 1980 年、1990 年、2000 年的水平来比较，我们的消费率仍然偏低，资本形成率仍然偏高。按照凯恩斯主义经济学的观点，可以说消费需求和投资需求是可以互相替代的，当消费不足的时候，就可以通过扩大投资来带动总需求、来拉动经济增长。但是，我认为这只适用于短期，就长期而言，如果持续地靠货币刺激，或者持续地靠政府扩大投资来拉动经济增长，就会导致投资率过高、消费率过低，导致结构失衡。这种结构失衡的表现就是越来越多的产能过剩，投资效率越来越低，相反消费受到排挤，消费对经济增长的拉动作用会变得越来越弱。我认为这种情况虽然在过去几年中已经得到部分纠正，但是未来还需要进一步地纠正。

也就是说，在消费需求和投资需求之间，必须保持一个合理的比例关系。我认为我们在改革开放前期的百分之六十几的消费率，百分之三十几的投资率是相对合理的，我们未来恐怕还需要继续对消费需求和投资需求的结构进行调整。

我认为这个调整至少有两个方面的问题需要注意。第一，我们总体上需要保持一个中性的、稳健的货币政策，避免以宽松的货币政策持续刺激经济，导致结构失衡。第二，政府支出结构需要进行调整，需要减少那些不必要的，或者不急迫的政府投资，需要减少政府在行政管理方面的支出。同时把政府支出的重点更多放在民生方面，放在医疗、教育、社会保障各种公共服务方面，通过政府支出结构的调整和相应的体制改革来推动收入分配进一步合理化，推动居民消费进一步增长。如果是这种情况，中国未来在强有力的内需支持之下，经济增长仍然可以长期保持强劲的势头，而且这也会给外资、外贸提供更大的市场，给外国产品和国外的投资提供一个更广阔的空间。我想这样一种调整无论对内还是对外都是必要的，也是合理的。

第三篇

科技创新与数字化转型

共享中国科技新机遇　共创全球发展新未来

王志刚

中国科学技术部部长

非常高兴与各位相聚在 2021 年中国发展高层论坛科技部圆桌会，通过这个重要平台，与大家就科技创新合作的重要议题进行深入交流研讨，共商全球创新发展大计，这是中国发展高层论坛举办以来首次设置科技议题圆桌会，充分表明了中国政府与世界各国、跨国企业加强科技创新合作的真诚意愿。在此，我谨代表中国科技部，向以线上线下不同形式参加本次圆桌会的各国企业家表示热烈的欢迎，向中国国务院发展研究中心为本次科技部圆桌会付出的辛勤努力表示衷心感谢！

当今世界正经历百年未有之大变局，科技创新是其中一个关键变量。历史和现实都告诉我们，要把握好大变局的趋势和机遇，找准发展领域、发展重点、发展路径、发展方法，向科技创新要方法、要答案，历来是重要而关键的选择，甚至是不二选择。回顾人类文明进步的历史，科技创新始终是推动人类进步的发动机，是产业革命、经济发展、社会进步的有力杠杆。任何一个领域的科技突破，都可能为世界发展注入新的活力，引发新的产业变革和社会变革。历史上的几次工业革命都是由重大科技突破引发带动的。18 世纪中期兴起的第一次工业革命，以热力学为基础，蒸汽机大量使用，机械工业代替了农业和手工作坊，人类进入工业化时代。19 世纪中期兴起的第二次工业革命，以电磁场理论为基础，发电机、电动机被发明并广泛应用，人类

207

进入电气化时代。20 世纪 50 年代以来兴起的信息技术革命，以电子学为基础，在电子信息技术驱动下，人类进入信息化时代。当前，新一轮科技革命和产业变革深入发展，基础科学理论取得新的突破，人工智能、量子科技、区块链、脑科学、基因编辑等新兴技术加速迭代，颠覆性创新不断涌现，一批关键通用技术开启大规模商业化部署应用，正在深刻改变这个世界的面貌，为人类文明进步开辟新的空间。科技的渗透性、扩散性、颠覆性特征，将会对今日之世界、今日之中国产生越来越深刻而广泛的影响，科学技术从来没有像今天这样深刻影响着国家前途命运，从来没有像今天这样深刻影响着人民生活福祉。面对新科技革命和产业变革大潮，进一步深化各国科学家、企业家、工程师之间的交流合作，共同打造更多以新技术、新产业、新业态、新模式为特征的发展新动能，对于推动世界繁荣发展、产业转型升级和改善社会民生具有重大意义。

近年来，中国政府始终高度重视科技创新发展，既是顺应全球化发展大势的必然选择，也是中国向高质量发展阶段迈进的内在要求。中国把创新作为引领发展的第一动力，大力实施创新驱动发展战略，推动基础研究、应用基础研究和技术创新一体化布局，着力构建良好的法律政策文化制度环境，建设高效、顺畅的国家创新体系，努力探索实践一条从人才强、科技强到产业强、经济强、国家强的创新发展新路径。经过全社会的共同努力，中国的科技实力和创新能力有了明显进步，基础前沿领域涌现出一批重大成果，移动通信、高速铁路、卫星导航、新能源汽车、高端装备等领域的发展举世瞩目。中国政府高度重视通过创新创业打造发展的新动能，构建普惠性的创新政策体系，通过建立科技企业孵化器、科技园区等，形成从创意到产品生产、服务全链条的生态体系。中国企业在人工智能、云计算、无人机、智能终端等领域的创新发展能力不断增强。从宏观指标来看，2020 年中国全社会研究与试验发展（R&D）经费持续增长，超过 2.4 万亿元人民币，占 GDP 的比例达到 2.4%。作为在华外资企业主要聚集地的国家高新区，成为推动经济增长的重要阵地，高新区内的企业在疫情期间实现逆势增长，园区内企业的 R&D 经费占园区 GDP 的比例达到 6.8%，盈利能力和经济效益持续好转。

当前，中国进入全面建设社会主义现代化国家的新发展阶段，推动高质量发展、实现人民高品质生活、构建新发展格局比以往任何时候更加需要科技创新的有力支撑，巨大的市场规模、多样化的消费需求、新兴的产业形态也将为科技创新提供更加丰富的应用场景和广阔空间。依靠创新驱动发展、加快塑造新动能，成为中国社会各界的共识行动。同时我们也清醒地认识到，中国的科技创新与世界先进水平相比仍有明显差距。在"十四五"国家发展规划纲要中，中国已明确提出，坚持创新在现代化建设全局中的核心地位，把科技自立自强作为国家发展的战略支撑，并对科技改革发展的重大任务作出全面部署。面向未来，中国将统筹中长期和当前国家发展的急迫需求，立足进入新发展阶段、贯彻新发展理念、构建新发展格局的新要求，着力提升关键领域核心技术水平和创新能力，推动基础研究、应用研究和技术创新一体化布局，真正解决经济社会发展的重大科技问题；着力加强体系能力建设，强化战略科技力量，增强企业创新能力，畅通科技、产业、金融良性互动的通道；着力深化科技体制改革，完善科技计划体系，改革评价激励机制，优化创新生态，加强国际科技交流合作，建成更加高效开放的新时代国家创新体系。

中国开放的大门只会越开越大，科技开放合作是中国对外开放的重要一环。我们提出的科技自立自强与开放合作不是对立关系，而是辩证统一的。开放合作、交流互鉴对推动中国科技创新发挥了重要作用。中国的科技创新从来都不是封闭式的创新，今后也不会关起门来自己搞。改革开放 40 多年的经验充分证明，中国的创新发展离不开世界，世界的科技进步也越来越需要中国。在座的各位企业家，很多都是中国改革开放进程重要的参与者、见证者，跨国企业在中国规模巨大的市场中引入了大量的先进技术成果，也获得了丰厚的收益，充分说明了一个开放、创新的中国为近几十年来全球经济增长做出了重大贡献，也将为今后一个时期世界的繁荣发展继续贡献智慧和力量，这既符合中国自身现代化建设的内在逻辑，也符合全球繁荣稳定发展的共同利益。请各国企业家相信，中国科技开放的大门会越开越大，中国科技开放的环境会越来越好。

当前，中国进入新的发展阶段，深化改革开放的意愿更加强烈，举措更加务实。中国愿与国际上更多的新朋老友编织更加紧密的"科技创新朋友圈"，在更高起点、更广领域、更深层次加强与世界各国科技界、产业界、企业界的科技交流合作，共同研究解决气候变化、能源资源、生命健康等全球性问题，推动高校、科研院所和企业在基础研究、应用研究、技术创新等不同层面与其他国家科研人员开展联合研发，为世界各国企业在华发展提供更加广阔的空间，为全球经济复苏和企业成长创造更加良好的创新环境。

面向未来，中国将继续深入实施开放包容、互惠共享的国际科技合作战略，更加积极主动地融入全球创新网络，进一步拓展国际科技交流合作的深度和广度。中国推动科技创新开放合作，将从以下几个方面着力。

一是强化全球视野，打造全方位、深层次、广领域的科技开放合作新格局。中国始终把国际科技合作作为推动科技改革发展的重要内容，作为集聚全球创新资源、提升科技创新能力的重要支撑。目前，中国与全球 160 多个国家建立了科技合作关系，参加国际组织和多边机制超过 200 个，积极参与了 ITER、GEO、SKA 等一系列国际大科学计划和工程，以推动人类文明进步的强烈责任感和促进全球创新合作的实际行动，向世界展示了中国推进科技创新、增进人类福祉的信心和决心。面向未来，我们将聚焦事关全球可持续发展的重大问题，建设高水平科技创新国际合作平台，深入实施"一带一路"科技创新行动。扩大国家科技计划对外开放力度，设立面向全球的科学研究基金，加快发起中国牵头实施的国际大科学计划和工程。探索面向全球公开征集选取科研团队承担科技任务，逐步放开在中国境内设立国际科技组织和外籍科学家在中国科技学术组织任职的政策限制，为来华工作创业的海外人才提供更加便利的条件。

二是强化务实行动，有效应对全球重大挑战、构建人类命运共同体。我们深切地认识到，面对气候变化、能源资源、公共卫生等全球性重大挑战，任何一个国家都难以独自应对，迫切需要全球科研人员之间加强科研交流合作，迫切需要各国政府之间加强创新共同治理。中国作为一个负责任大国，面对突如其来的新冠肺炎疫情，在做好自身防控的同时，认真履行国际义务，积极搭建面向全球的开放科学共享服务平台，向国际社会分享中国的抗疫经验，切实履行向全球提供疫苗等公共产品的庄严承诺。目前，中国已有 4 款自主研发的新冠疫苗获批上市，中国疫苗研发有关企业与美德英等国公司已经开展了很好的合作。今后，我们还将积极推动建立应对重大突发传染病的国际科技合作机制，推动中国企业、高校、科研院所与国外企业、研究机构开展务实科技合作，以实际行动对全球公共卫生事业尽责。此外，中国已经明确，未来 5 年将大幅削减碳排放量化指标，积极推动 2030

年碳达峰、2060 年碳中和进程。要实现这两个目标，根本出路在于科技创新，构建新的能源体系和产业发展体系，世界主要国家也都纷纷提出了碳达峰、碳中和的目标。在这个领域，中外双方有着巨大的科研合作潜力，为各国企业家们提供了数万亿规模的新兴市场愿景。我们愿意与各国政府和企业共同携手，推动绿色技术发展，建设人类美丽家园。

三是强化企业创新，营造开放包容的国际化制度环境。企业是创新的主体，是推动高质量发展的生力军。中国始终高度重视企业在科技创新中的重要地位和作用，不断加大政策、资金的投入和支持力度，推动创新型企业成长壮大，加快建设以企业为主体、市场为导向的技术创新体系。在座的企业家们都已看到，近几年中国企业的技术创新能力大幅提升，企业研发投入年均增长 12%，企业研发经费占全社会研发经费支出比例超过 76%，企业发明专利申请量占国内申请总量的 65%，一批创新型领军企业、细分领域"隐形冠军"和国际化的互联网头部企业日益发展壮大，为中国发展和全球经济做出重要贡献。面对全球产业发展大势，我们进一步加大大数据、云计算、5G、物联网等新型信息基础设施投资力度，积极培育类脑智能、量子信息、基因技术、氢能储能等前沿科技和未来产业，依托完备的产业体系，注入新的科技要素，加快创新赋能，为各国企业增强创新能力、开拓发展空间提供重要舞台。一大批跨国公司地区总部、研发中心和项目加快落户中国，与中国企业形成了优势互补、携手创新的良好局面。面向未来，我们真诚欢迎外资企业更加积极融入新时代中国改革发展浪潮中，参与实施中国科技计划，加大在华研发活动力度，与中国科研机构、高校、企业加强研发合作。在这里，我也郑重地告诉大家，中国保护创新、激励创新的制度环境将不断优化，"十四五"期间政府基础研究经费投入占比将提升到 8%，制造业企业研发费用加计扣除比例将提升到 100%，对新兴技术领域的知识产权保护制度将更加完善，全社会的创新生态环境将更加开放包容，中国将成为全球企业创新创业的"理想栖息地"。

科技创新是人类文明进步的根本动力。展望未来，人类追求美好生活的愿望不会改变，适应科技创新自身发展的规律要求，比以往更加需要加强科学共同体和市场主体之间的交流合作。我们愿意以更加开放的姿态、更加务实的科技改革发展举措推动建设开放型世界经济，维护全球产业链供应链安全稳定，欢迎各国企业共享中国发展的机遇，携手创造更加美好的未来。

"十四五"时期数字经济发展的最简要的解析

江小涓

全国人大社会建设委员会副主任委员、清华大学公共管理学院院长

这一次"十四五"规划有很多特点，一个非常突出的特点就是为数字经济、数字中国专设了一篇，这在中央的重要文件中是第一次。这一篇中有 4 个方面的核心内容，分别是数字经济、数字社会建设、数字政府和数据作为生产要素的一些基本的要求。

在这一篇中有对未来 5 年数字发展的一些要求。第一是增长的要求，数字经济核心产业增加值占 GDP 的比重从 7.2% 提高到 10%。刚才我们的主持人提到了一个数据，是中国数字经济占的比重已经达到了 36% 左右。我们的数字经济是由两部分构成的，一部分是数字技术的产业化，大体上相当于 5G 应用的核心产业，这个部分现在只占到 7.2%；更大的部分是我们各个产业的数字化，这个部分占到现在数字经济 4/5 的比重。在"十四五"期间，中央、国家给出的增长只对应着数字经济核心产业（即数字产业化部分），从 7.2% 涨到 10%，这个比重的含义是，如果我们 GDP 的增长是 5% 的话，那么数字经济按照 10.4% 的速度来增长这个比重的提升才可以达到。其中提到了重点的产业，这都围绕着数字产业化的内容，云计算、大数据、物联网、工业互联网、区块链等一些核心的产业。（纲要）要求数字经济在"十四五"期间全面覆盖，覆盖到经济、覆盖到社会、覆盖到政府治理本身。希望它能够广泛地赋能，即数字经济的连接边界和深度都要继续扩展，也提了一些重要的行业，在消费、旅游、交通出行、医疗、

教育等方面都提到了它下一步发展应用的主要方面。另外专门一节讲了数字政府，讲了数字治理要使整个治理更加公平有效。最后讲数字经济、数字社会不是一个浅层次的变化，会带来生产方式、生活方式和治理方式的根本改变。这是纲要中对数字经济的一些最重要的表述，充分表明了下一步数字技术在整个经济社会发展中的重要作用。

前面讲了它的比重要提高，要全面覆盖，要广泛渗透，通过哪些措施来做到这些呢？在"十四五"规划中大概提了这么几条。

措施一：5G网络建设。围绕着数字核心产业，云计算、物联网、5G网络等。纲要里边提了一个指标，5G网络用户的普及率要提高到56%，现在5G终端连接大概到去年年底是2亿，我们有11.58亿移动手机用户，56%接入的话意味着6.5亿要接入，即未来有4.5亿的手机要接入5G网络，还有其他更多的设备互联。这是5G最核心产业部分的建设。

措施二：有重量级的数字新消费。从2018年下半年开始，大家都在讲数字经济的消费部分可以见顶了，我们要进入数字的生产部分，实际上随着5G的发展，我们数字消费还会有非常重量级的消费的空间出现，我本人对这一点是非常有信心的。举几个例子：以前我们的数字教育其实就是远程听课，点对点、多点师生之间的交流、学生之间的交流、分组的讨论，我们有的实训实验在数字远程都是做不到的，因为它需要非常高通量低时延的技术，随着5G的发展，这些都是完全可以做到的。以前数字医疗就是远程诊断，低等级的医生把病人的病情通过互联网上传给专家，请他们看看应该怎么诊断、怎么治疗，随着5G网络的发展，我们的数字应用远程诊断、远程检查、远程手术，还需要一定的时间，2019年6月，积水潭医院的医生在北京给一个5G端的安徽病人打了一颗钉子就用的这个技术，但是从复杂手术来讲，可能还有相当长的路要走。

措施三：推进数字的生产。这是更大的领域，前些年我们消费互联网、数字消费发展得非常普及了，我们天天在用，但是数字生产确实是一个更复杂的场景，每一个行业的应用场景问题都是不一样的，它很难做一个平台就会把所有的厂家和消费者都接进来。所以数字生产在"十三五"期间，大体上还处在起步阶段，我们能数得过来的有真正应用价值的互联网大概是可以拿百来数的，有 100 家、200 家、800 家，很多都是在发展之中。"十四五"期间，会进入一个起步加速阶段，还很难预测是不是能达到像我们数字消费网络这样一个广泛的连接，在"十四五"期间仍然还在路上的，我们就不细讲了。

措施四：要激活数字交易。我们讲了数据是生产要素，就表明它可以确权、可以交易、可以获得收益。其中最重要的问题就是要处理好利用数据促进产业发展和保护个人隐私和国家数据安全之间的关系。

结论：1. 数字经济发展在"十四五"期间得到了非常高的重视，中国的数字技术应用和我们的消费群体、产业群体非常大，所以我们有着良好的发展基础和未来的发展条件，我们在数字经济方面有着广阔的发展空间，在全球经济中也有非常良好的起点。

2. 未来 5 年数字消费有重量级的应用，数字生产进入起步后的加速阶段，数字资源的开发利用将会特别快速地往前推进。

3. 数字经济发展也要规范，一定时期内监管会带来新的不确定性，这也是长期健康发展要付出的成本，我们讲现在数字企业都是大平台，力量很强大，也要有耐心，以数字自身的发展带动整个经济的发展。

中国数字经济发展的逻辑和下一步的挑战

陈煜波

清华大学经济管理学院党委书记兼副院长、互联网发展与治理研究中心主任

我想谈一谈中国数字经济发展的逻辑和下一步的挑战。

去年我在给联合国贸易发展会议的一篇文章里对中国数字经济的发展逻辑做了系统的总结：中国发展数字经济的逻辑和硅谷、欧美发达国家的很不一样，我们发展数字经济的逻辑假设前提是"四化同步"，也就是中国没有走完工业化、城镇化和农业现代化就迎来了信息化，所以我们发展数字经济需要解决前面"三化"没有解决的痛点。针对这样的市场环境，中国政府前瞻性地采用了超前的数字基础设施建设政策，比如宽带中国（3G、4G）、提速降费等，成功地将我们超大规模的市场红利和人口红利转化为数据红利。中国本土企业家也根据"四化同步"的市场环境探索出了一系列的商业创新模式，解决了工业化时期没有解决的基础设施的问题，发展出了真正适合于新兴市场发展的数字经济商业模式。

现在数字化进程总体从消费端或者需求端向供给端渗透。如果过去中国政府是前瞻性地用数字基础设施将我们的人口和市场红利转化为数据红利，下一步就是依托5G、大数据、云计算等为代表的新基建政策将我们具有的世界上最完备的工业体系优势转化为我们在产业链、价值链、供给侧的数据红利。但是谁来挖掘数据？谁来分析数据？既懂行业又具有数字化素养的数字人才将成为下一阶段中国全面数字化转型的核心驱动力。

数字人才不仅包括 IT 人才，还应该包括与 IT 技能协同互补的人才，也就是价值链上其他既懂管理运营，又具有数字化素养的人才。按照整个价值链的数字化转型，我们将数字人才分为六类：数字战略管理、深度分析、数字研发、先进制造、数字运营和数字营销。在过去几年内，我们跟领英合作，基于中国近 4000 万领英会员的大数据分析，我们发现中国数字人才结构性问题非常突出，95% 都在研发和运营，数字战略管理、深度分析、先进制造和数字营销这四类人才非常缺乏。另外，我们发现数字人才仍然还是从传统行业反流回互联网和软件行业。背后的原因可能是，互联网和软件行业有高度的数据集中优势，数字人才必须跟数据结合才能发挥它的价值。

为了更好地了解全球数字经济的发展趋势，尤其是中国与西方发达国家的差异，2020 年我们进一步对全球 31 个重要创新城市（地区）所有领英用户中近 4000 万数字人才展开分析。我们发现中国数字人才在 ICT 行业比例高于欧美发达国家，而欧美发达国家的数字人才在传统行业比例高于中国，可见西方发达国家的传统行业数字化转型比较深入。另外，我们发现中国数字人才的主要技能集中在数字技能方面，而欧美发达国家的数字人才除了拥有数字技能还拥有丰富的行业技能和商业技能（比如医疗管理、房地产、建筑工程、制药、教育管理等）。这些发现表明，与西方发达国家相比，中国传统产业数字化转型进程还相对滞后，既有数字化素养又拥有丰富行业和价值链其他领域管理技能的跨界人才是下一阶段中国数字经济发展与经济数字化转型需要重点引进和培养的人才。

另外，数字技能又可以分为两类。一类是基础性的数字技能，比如说编程、制作网页、制作游戏等。还有一类是大家没有注意到的，我们把它叫作颠覆性的数字技能，这些数字技能将会为我们带来数字时代新的场景。最典型的比如说基因工程，基因工程不是一个新的现象，它已经有几十年的历史，但是这次新冠肺炎疫情，从病毒的检测，到疫苗的开发都是完全基于大数据、人工智能所带来的新的基因工程和技术，将来材料科学、纳米科学等都会因为数字技术发生颠覆性的变革。关于颠覆性的数字技能，我们对全球 31 个重要创新城市（地区）领英人才数据库中近 4000 万数字人才的所有颠覆性数字技能进行分析，首先计算出各城市中拥有某项数字技能的人才在该城市所有数字人才中的比重，将该比重定义为数字技能的渗透率；然后计算该数字技能在各城市的渗透率与所有城市的平均渗透率的比值，并定义这一比值为相对渗透率。我们发现北美地区城市颠覆性技能的渗透率较高，且处于全球引领地位；欧洲地区整体排名都比较靠前；亚太地区印度班加罗尔、阿联酋、新加坡排名较高；而中国除了北京在人工智能，上海在基因工程、材料科学、纳米技术和机器人方面有一定的优势，在颠覆性技能渗透率上的排名都相对落后。

总结一下，下一阶段中国乃至全球数字化转型的挑战有一些共性问题，针对这些问题，我们有三点建议。第一，刚才说为什么数字人才反而回流到软件互联网行业？因为数据资源高度集中在某些行业，所以下一阶段我们要加强数据资源的整合、开放、流动和监管，要推进数据要素的市场改革，这是数字经济发展的基础。第二，既懂行业又具有数字化素养的数字人才应该成为下一阶段中国经济全面数字化转型的核心驱动力。越来越多的传统行业上市公司正在进行深入的数字化转型，这就需要既懂行业，又具有数字化素养的人才，从企业的CEO 开始就要成为数字化转型的领导者。第三，全世界尤其是中国要注意加强数字技术与生物、材料、能源等技术的交叉融合，加强颠覆性数字技能的培养。我们看到，其实新一代信息技术只是拉开了由数字技术带来新一轮的全面科技变革和产业革命的序幕，下一阶段数字技术会推动很多新的基础科学和产业的变革，这就需要数字技能的培养。

拥抱数字化转型，丰富全人类生活

桑杰·梅赫罗特拉

美光科技总裁兼首席执行官

数字化转型正在为时下的数据经济提供发展原动力。企业、政府及整个社会正在被数字化服务交付、数据驱动的洞察力所改变。在此期间，新冠肺炎疫情又进一步加速了数字化转型，带来新的虚拟体验，促进了远程工作、在线教育的快速发展。同时我们意识到，应该更加注重以科技手段来应对生物、气候变化等复杂问题。

从强大的数据中心，到 5G 网络，直至智能边缘和用户终端，在广泛互联互通技术进步的驱动下，我们正在进入一个加速创新的新时代。

在数据中心，数据相关工作中被集成人工智能创造出的新需求，正在挑战传统的计算平台架构。这些变化促使我们重新构想数据的传送、存储和处理方式。不断增加的数据量需要新的存储分层方法，因此加速了固态存储技术的应用。如今，所有企业都必须能够跨多云混合环境来管理工作负载和数据。

云的效率和规模创造了更多的机会，来释放数据的价值，推动业务向前发展。云环境海量数据存储和可扩展计算的结合，极大推动了人工智能在全球最大型数据中心的应用。

对人工智能的投资有望迅速提高我们的实时洞察能力。预计明年将有超过 75% 的企业级应用集成人工智能。这些工作负载助力科学探索，提高制造效率，甚至能创造全球经济复苏的新机会。在这样的前景下，美光看到了推进内存和存储能力以实现这一承诺的巨大机遇，我们期待着与全球的行业领导者们共同努力以实现这一目标。

5G 网络也将在数字化转型中发挥重要作用。5G 极大地提高了网络峰值吞吐量，提供的带宽是 4G 网络的 20 倍。随着通信服务提供商在更靠近数据源的地方部署非常可靠的计算能力，5G 基站的广泛普及将使智能边缘具备以数据为中心的计算能力。这意味着数字化转型能够延伸到以数十亿计的智能边缘设备，在每个行业中获得新的效率和价值。智能边缘扩展了数据源，并要求基础设施具有数据中心级别的能力，以便在这种广泛的环境中进行部署。例如，美光旗下两个大型内存晶圆厂因采用了先进的智能制造技术，被世界经济论坛（World Economic Forum）评为"灯塔工厂"。这些晶圆厂装有近 50 万个传感器，每周创建近 1600 万张图像用于分析。每天采集 13TB 的新数据。虽然这需要对我们自己的数据中心进行大量投资，但是值得的：我们的员工工作效率提高了近 20%，产品报废率减少了 1/5，某些项目的产品上市时间缩短了一半。增强现实等工具还让我们能够随时随地获得内部和外部专家资源，帮助我们处理复杂的维护问题，安装新工具。事实证明，这在疫情期间非常行之有效。

许多其他行业也将遵循类似以数据为驱动的数字化转型路径。在边缘产生的高价值数据量往往过于庞大，无法快速或以划算的方式转移至云端。滞留的数据致使边缘端需要具备更强的计算能力，并由推动数据中心增长的云架构支持这种需求。

随着 5G 在全球的持续部署，终端设备能力的增强推动了数据产生和使用的良性循环。强大的智能手机就是这一趋势的明显例子。以前，没人相信手机能拍出高质量的照片或视频。如今，旗舰手机使用多个摄像头，可进行 12 连拍，合成一张亮度和对比度俱佳的照片。要做到这一点，就需要尖端的硬件和几乎相当于高性能 PC 的低功耗大容量内存。这些智能手机的强大功能结合 5G 高速网络的共享和流媒体图像能力，使我们能够创造更多的内容，开发出更好的应用程序，这反过来又对云数据中心提出了更高的要求。

所有这些进步都离不开内存和存储，因此美光正位于全球数据驱动经济的核心。从需要大量内容的 5G 智能手机的低功耗内存和存储，到为人工智能机器学习系统提供服务的高带宽 DRAM（动态随机存储器）和数据中心存储，我们开发了一系列的解决方案来帮助构建其基础设施。美光是全球最大的半导体公司之一，全球有 4 万多名员工。我们以创新为支柱，视创新为成功之道，40 多年来已获得 44000 多项专利。如果世界要成功驾驭这些数字化转型，并将其完全融入丰富全人类生活的经济体中，我们认为以下三点非常重要。

首先，必须在全球范围内建立良好的合作伙伴生态系统。中国在科技领域的大力投入培育出了一些行业的世界级企业。我们在中国的客户都是各行业的主要领导者，涉及移动技术、消费类电子和个人电脑、云计算、企业数据中心、工业设备以及汽车等领域。我们认为，如果企业能够协作利用合作伙伴在各行业和各类应用上的专业知识来解决复杂问题，这将是千载难逢的良机。

其次，必须共同努力开展技术创新，保护知识产权，自由公平地进行竞争，只有这样才能保持增长和投资。这样的环境不但可以降低风险，激励创新，而且可以为企业更有信心地进行长期投资提供稳定的氛围，从而推动全球技术稳步前进。

最后，必须投资于人才。我们在中国的 3000 多名员工对美光的成功至关重要。我们在北京和深圳等多个城市设有强大的客户支持中心，在上海设立了大规模的研发中心，还在西安设有一个大型制造工厂。依靠中国完善的高等教育体系，我们可以获得最优秀的人才，确保我们能够不断创新，在技术上与时俱进。

我相信，中国如果在这三个领域持续有所作为，将在世界上引领数字化转型，实现"丰富全人类生活"的愿景。

数字化应用

宋志平

中国上市公司协会会长、中国企业改革与发展研究会会长

非常高兴进行关于数字化应用的交流。我做了 40 年的制造业，这两年开始做中国上市公司协会的会长。做上市公司协会会长的这段时间，我到几十家上市公司进行了调研。在调研过程中，让我印象最深的是企业数字化转型的速度之快，尤其是在智能化方面进展得非常快。不仅像富士康、美的等这样的高端制造业企业，在很多传统制造业，包括江中制药、云南白药等企业，在数字化、智能化方面的应用也相当快，而且普及也很广，留给我的印象很深刻。我在金蝶软件调研的时候，该公司董事长和我讲了一个概念——"数字战斗力"，说的是今天企业的竞争实际上是靠数字战斗力，这个提法非常好。

刚才讲到富士康，我曾调研过它旗下的工业富联这家公司，过去富士康因"人海战术"被大家熟知，一度被称为"血汗工厂"，而今天的工业富联已经建设了不少"熄灯工厂"。过去一个工厂需要几百人，现在只需要 30 多人，这样的变化确实让人很吃惊。云南白药生产的牙膏在中国市场的占有率约 20%，是全国最大的牙膏企业，整个牙膏厂通过机器人来进行智能化操作，工厂里很少见到工人。可以说，今天中国的制造企业都在发生着深刻变化。

对于智能化大规模的使用，我想讲三点看法。

第一，智能化首先是减人，即减少人工成本。据统计，智能化可以提高作业效率 60%，减少人工成本 20% 以上，提高管理效率 50%。

其实智能化关键不是减少了多少人，最重要的是提高了作业精准度、提高了产品质量、降低了成本。中华人民共和国成立初期我们生产水泥，一个年产 200 万吨的水泥厂需要 12000 人，20 年前需要 2000 人，现在先进的工厂大约需要 200 人，而最新建设的智能化工厂仅需要 50 人，而且还是三班倒，也就是说每班只需要十几人，即使这十几人都离厂，工厂还能继续运转。过去工厂里有中央控制室，现在中央控制室都没有了，完全是靠智能化模拟系统的控制，大家看到连这样最传统的水泥制造企业，它的智能化都可以做得很好。过去水平高的水泥厂，每生产 1 吨熟料大约消耗 110 公斤标准煤，而现在的智能化工厂，每吨熟料消耗的标准煤只有 85 公斤，下降 20 多公斤。这对节约能源、减少二氧化碳排放来讲，是至关重要的。

第二，智能化解决了制造业向中高端升级的问题，巩固了中国作为全球制造业中心的基础。大家知道，当年日本家电等制造业领域曾出现大规模的产业空心化，由于人工成本的提高，他们的工业进行大规模的迁移，迁到韩国、中国台湾地区等，再从韩国、中国台湾地区迁到东莞、昆山，后又迁到郑州、成都，现在又在向越南、印度迁移。智能化的大规模普及，可以巩固中国作为全球制造中心的基础。因为中国是一个市场大国、消费大国，不可能靠其他地方来供应，同时我们还要供应全球，这是客观需要。但人工成本又是回避不了的问题，智能化恰恰解决了这个最棘手的问题，这对中国来讲意义尤其重大。我最近去美的调研，了解到美的的机器人使用密度在 300 台 / 万人左右，也就是每万人配套使用机器人的数量能够达到 300 台，而且正朝着每万人使用机器人 500 台的目标发展，这确实挺让人振奋。

第三，资本市场在企业数字化转型过程中发挥着极大的支持作用。目前在 4200 多家 A 股上市公司里，数字产业的上市公司大约占 17%，去年上市的 396 家 A 股公司里约有 33% 是数字产业的上市公司，也就是说，资本市场极大地支持了企业的数字化转型。坦率来讲，数字化转型需要资金，所以资本市场对数字产业的支持就至关重要。熊彼特说资本是创新的杠杆，其实资本也是数字创新的杠杆。下一步我们的资本市场还会加大力度，支持我们国家的数字化改造和数字化创新。

下一个颠覆性创新

薛其坤

南方科技大学校长、中国科学院院士

我想今天跟大家分享一个我作为物理学家长期思考的问题，就是太阳能的高效利用和可持续循环？一个非常宏大的问题，我用了一个不恰当的问号，这是不是一个可能的、终极性的颠覆性技术？今天我想和大家分享一个关于未来的问题。

如果要谈我这个领域，信息时代颠覆性的技术，就是我们现在正在进行的量子计算和量子网络方面的技术，如果我们有了通用的量子计算机，在此基础上，像有了电子计算机一样，像发展互联网一样，我们就能造就一个完全第二代的信息技术，因为今天只有几分钟的时间，我不谈这个领域。

我谈一个大家熟悉的问题，就是我们生活的太阳系，大家都很熟悉，太阳上发生了什么？太阳上每天每时每刻都在进行氘、氚和氢的同位素的聚变，这种聚变产生了巨大的能量，每一公斤的氢产生的能量相当于一万吨煤，每天照到我们地球表面上的太阳能达到了每秒五百万吨煤的水平。火星从太阳上得到的能量可能不到这个的一半，所以未来的地球人比未来的火星人更加的幸福。这些太阳能造就了地球上的万物，植物、动物经过长达几亿年的演化，造就了我们今天的化石能源，煤、天然气、石油等。

以石油为例，石油形成需要 3 亿~4 亿年，而且这是一种不可再生的能源，用完了就没了。我们人类在过去 250 多年的时间里经历了三次工业革命，这三次工业革命的共同特点就是化石能源的开采和利用，它们都来自太阳。如果没有这些化石能源，我们今天看到的所有高技术都不存在，所以我们应该感谢太阳。

按照 BP 去年的统计数据，经过这三次工业革命，我们从地球上继承的能源已经寥寥无几了，可以预计在 50 年以后，石油和天然气按照目前的发展水平和用量将会用光，所以尽管三次工业革命给我们造就了巨大的现代化产业，给我们创造了美好的生活，但是我们把祖宗留下来的东西几乎快用光了，半个世纪以后可能就没了。所以，50 年以后如果这些化石能源用光了，我们现在的技术还存在吗？比如汽车、飞机烧油，没有油飞机还能飞吗，轮船还能跑吗，飞机还能打仗吗？特斯拉公司给我们这个问题提供了部分答案，那就是电动汽车的发展，中国也有很多像比亚迪这样的企业在做这样的事，这是解决问题的方案之一。我们再想象远一点，一百年之后，我们这几代不能把地球上所有的化石能源用光，我们应该给我们的子孙后代留一部分，但是为了保持目前的工业发展水平和高科技，我们唯一的答案就是开发用之不竭的太阳能，所以下一个颠覆性技术，也是一个比较重要的颠覆性技术，就是基于太阳能的光电效应和太阳能的高效利用，这就是我今天的主要观点——可持续循环。什么叫可持续循环？按照我自己的定义，就是在基本不使用化石能源的情况下，包括太阳能电池在内的清洁能源能保证三次工业革命造就的主要核心技术被持续地运用，飞机还能继续飞，汽车还能继续跑，我们能做到这一点吗？有了这个利用太阳能的太阳能电池，我们还需要配套技术，我们需要把能量储存起来，像化石能源一样方便，我们想用的时候就可以到电池上、储能器上取，就像我们想用煤的时候就挖一样。还有一个问题，50 年以后我们不使用石油、天然气了，我们生产水泥、钢铁，建造大楼、高速公路，制造飞机、轮船，需要大量的电，大功率的电，这些电从哪里来呢？也是用这种电池吗？发动机用的燃料是什么呢？一个最科学的回答就是氢气，把煤、石油、天然气用氢气代替，将来的飞机就是氢气飞机，以后我们的天然气管道全换成氢气管道，氢气和氧气生成水，既高效又干净、清洁。

那么我们如何得到氢气呢？还是回到太阳，把这个光用最高效率的太阳能收集起来变成电，用最好的储能技术，让它变成像化石能源一样随时可用，然后用这些电源源不断地让水分解出氢气。有很多科学家要做这件事，比如下一代的电池材料，我们现在最好水平的转化率，砷化镓达到了 47%，我们人类能制造出价格寿命比拟硅、效率比拟砷化镓的太阳能电池吗？从目前的 27% 提升到 40% 甚至更高，需要材料科学、量子科学等方面长期的科学研究。

根据上面我的分析，我们下一次的工业革命，下下一次的工业革命将是什么？在基本上不消耗化石能源的前提下，我们前三次工业革命主要的技术能进一步地完美，而且在全球普及，这个判断是基于一个科学家和物理学家的判断，因为现在的科学规律只能这样，除非有像量子力学这样的技术产生以后打破现有的科学框架，我们才可能有新的答案，这是我想基于现在的科学认知水平，我们能想象到的下一次工业革命将会是什么样的。

大家知道，自然界的基本规律是大道至简，人类社会的发展也是如此。按照热力学的物理学规律，任何能源在使用过程中都会造成浪费、造成二氧化碳等的污染，所以我们还是要回归初心，从最基本的爱因斯坦的质能关系出发，从核聚变出发，回到太阳，利用宇宙中最简单的元素氢发展最清洁、最有效、最长久的太阳能光电氢能技术。我们人类社会能花两百年的时间搞三次工业革命，我们为什么不花一百年的时间把这个路线彻底走通？所以我希望全球的科学家、工程师、企业家联合起来，通过 30~50 年，甚至 100 年的科技创新，在化石能源彻底消耗殆尽之前完成这一使命，保障我们这个地球美好的未来。

习近平主席在 2020 年 9 月份代表中国做出一个承诺，努力争取 2060 年前实现碳中和 ①。拜登总统刚刚上任以后，也代表美国宣布在 2050 年实现碳中和。我想我今天提到这样一个颠覆性的、大家可能都知道的技术，有可能为实现这些目标提供最佳的答案，有了这个答案我们人类就能建造出一个非常美好的命运共同体，让我们全世界的政府、科学家和企业家一起努力，让未来 SpaceX 的火箭用上最干净的氢能，把我们送到火星甚至更遥远的地方。

① 习近平：《在第七十五届联合国大会一般性辩论上的讲话》，《人民日报》2020 年 9 月 23 日第 3 版。

汽车业的新革命

欧阳明高

中国科学院院士、清华大学教授

　　我理解的汽车新革命大概包括三个部分。回顾历史的话，我们经历了三次工业革命，前面有两次能源革命，其实能源革命和工业革命总是紧密相关的，第一次能源革命是从木柴到煤炭，我们有蒸汽机，有火车，然后引发第一次工业革命。第二次有很多，包括电力，从能源的角度来看，应该是煤炭到石油可能更具代表性。这中间诞生了汽车，汽车拉动了石油的繁荣，同时也引领着第二次工业革命。现在我们面临着的是第三次能源革命，就是从化石能源到可再生能源的转型。我们可以把它叫作绿色化，其中动力更多的是电化学的能源动力系统，包括各种电池，储能电池、光伏电池、燃料电池等。我想其中有一个引领性的产品，就像上次的火车和汽车一样，这次可能是电动车辆。引发工业革命除了刚才说的这些能源的绿色化和低碳化，还有就是以数字化网络为核心的智能化，这两化是我们正在到来的工业革命的核心。如果从这个高度来看问题的话，新能源汽车有三大革命，第一个革命就是电动化，电动化也就是电动车革命。电动车革命主要是动力系统的电动化，锂离子电池的出现是百年以来的大革命。它使电动车不断地走入家庭，正在普及，同时燃料电池技术也在突破。另外，我们预计将来 10~15 年电动车会大规模地普及。我们需要的是进一步可能会带动交通的全面电动化，不仅仅是汽车，甚至各种交通工具都会全方位地电动化。这是大家已经看到的最直接的一场革命。

第二个革命是我刚才说到的低碳化革命，也就是新能源革命。我们把电动汽车叫新能源汽车，其实现阶段的电动汽车还不是真正意义上的新能源车，因为它使用的电还不是完全的清洁电。但是我们正在进行碳中和、碳达峰这一场新能源革命，真的要实现电动车用新能源，并不是什么很遥远的目标。大家知道我们现在用煤发电，去年中国大概是 60%，今后每年大概会降低 1~2 个百分点，目前看，可能会到 2 个百分点，以前预计是 1 个百分点。由于碳中和目标的实现，我相信可再生能源会大规模发展，光伏、风电会在中国大规模地发展，快速地发展。最近中央财经委员会第九次会议已经明确，要形成以新能源为主体的新型电力系统，我相信这也会在 10~15 年之内完全实现。

这样一来，我们新能源的核心就是波动的能源，就必须要进行储能，我们现在靠什么来储能？大规模地储能我们现在认为有两种主要方式，一个就是储能电池，另外一个就是氢能。氢能是长周期大规模的，电池可能是短周期分布式的。将来我们很重要的一个来源就是电动车上的电池，这个电池的规模可能是最大的，因为它有可能到达两百亿度电，什么意思？所有的轿车如果都换成电动车的话，三亿辆车就会达到两百亿度电，达到每天中国消费的总电量这么一个规模，这是其他的储能电池纯粹靠单纯的电储能做不到的。另外一个就是氢能，是更大规模的，长周期跨季节的风电、水电等。我们有了这个就可以真正实现碳中和，我们的电动车会带来整个能源的革命，它是促进能源革命的，同时它自身也变成真正的新能源汽车。

第三个革命就是智能化，也就是人工智能革命。一方面从能源的角度，这一场革命可能要靠智慧能源。几亿辆电动车是分布式的，必须用互联网，用区块链把它们连起来。另一方面，整个智慧能源，还有智慧交通、智慧出行、智能汽车的发展，使我们的汽车变成最大的智能终端，这也是很值得期待的。大家知道大多数的互联网企业都进入汽车行业，这也是汽车新革命一个重要的组成部分。所以三大革命聚焦在一块儿，在一个产品上体现，是前所未有的。我们这次把三者合起来——就是新能源、智能化、电动车，就是一个战略性产品，也将形成一个没有边界的行业。从经济角度讲，经济规模将会达到几十亿，几十万亿的水平。我相信这会改变未来整个经济格局和我们的生活方式，以及社会企业的组织方式。我相信在这一场新到来的工业革命中，我们这个行业是一个引领性的行业。

平台经济如何帮助实现包容性增长 [①]

迈克尔·斯宾塞

纽约大学教授、诺贝尔经济学奖获得者

刚才的发言令人印象深刻，是利用数字技术，特别是平台技术的一个优秀案例。我是一个经济学家，想简要地谈谈为什么平台在促进包容性增长模式方面有如此强大的力量。我们知道，任何一个经济体，即使缺少了数字基础，也有生产和消费者，还有市场。市场是至关重要的。一个经济体有非常关键的物理层，是人们生活、工作、生产的地方。但是，还有另一层面，我们也一直在讨论，即万维网、网络支付等。我们在这一层传递信息、传递知识、协调活动、参与交易、做出决定。在这里，每天都发生着大量的经济活动。

第一次工业革命带来了机器，实现了些许自动化，并在物理层增强了人类的能力。但相对来说直到最近，我们才在信息层开始使用（强大的）机器。这就是我们现在生活的数字革命时代。自然而然的，在数字经济时代，之前线下的世界（市场、交易所、会议室等）模拟成了现在的平台。这些平台对正在建立的数字经济来说，是关键基础设施的一部分。平台非常强大的一点在于，它是类似有组织的市场或交易所的设施。我们可能没有完全正确的词语来描述它，但它和公司不同。市场是多个参与者彼此互动的地方。公司对市场来说很重要，因为市场必须有结构和功能，而平台公司就是这些组织集合的设计师、管理

---

① 根据会议现场录音听译整理。

者和建设者。中国目前在创新和建立数字基础的市场或生态系统方面比世界上任何其他地方都要先进，目前的系统已经十分强大、高效。

市场最复杂的工作就是将产品和服务的供应与特定人群的具体兴趣相匹配。我们刚刚听到的发言就是一个很好的案例，使用大量数据和机器学习的数字平台，人工智能也变得越来越优化。一些研究表明，平台架构中的推荐引擎及其类似产品，在市场效率和各种功能的复杂程度方面，正在超越上个时代的一切产品。

有一点大家刚刚讨论过，对我来说比其他方面更有吸引力：由于数字技术可以跨越距离和时间工作，那么，现在是把过去人们要去的地方 —— 有组织的市场 —— 带给了人们，这样做技术上是可行的，也产生了惊人的包容性增长模式。中国的实践表明，从使用率、产品、渗透率来看，影响最大的是三四线城市和农村地区。我认为，在中国和中国科技公司的帮助下，这将成为推动发展中国家（特别是那些处于发展早期的国家）十分强大的增长引擎。

最后一点让我十分惊讶的，是人们对数字技术（特别是平台）的使用率正在明显加速升高。在疫情中，帮助我们生存的，正是可以进行协作、继续工作及交换数据的平台，现在平台的使用率正在快速攀升。这些领域的"领头羊"说过，以前认为要花 5 到 10 年的事情，在两三个月之内就发生了。虽然其中一部分在未来会回归到之前的水平，但我认为大部分不会。除了速度快，那些曾经高度抵制变革的领域也发生了变化：初级医疗健康服务的远程交付领域正在快速增长，将产生"独角兽"企业；教育领域也是如此。这是一个十分令人激动的时代。

但是，前面的发言人也提到，我们必须要注意安全问题，还要负责任地对数据的使用进行定义。这项工作目前正在开展，我认为这是使平台经济在各方面能够产生巨大利益的关键基础。

在线旅行平台的模式创新

孙洁

携程集团首席执行官

国家的"十四五"规划纲要提出，加快数字化发展，建设数字中国。携程成立 20 多年来，以数字化转型驱动旅游生产方式和消费模式的变革，推动旅游行业数字化转型升级。通过自身不断创新，在线旅行行业重塑了中国旅游业，引领了中国人的旅行模式，推动旅游业高质量、可持续发展，一部手机、一个 App 游天下，成为很多中国人的习惯。

尽管面对全球疫情的冲击，得益于中国良好的疫情应对，携程充分发挥在线旅行平台的创新引领作用，提出"深耕国内、心怀全球"战略，融入国家"双循环"发展新格局，全年业绩表现"跑赢大盘"，2020 年第三四季度实现盈利，携程平台交易额连续 3 年稳居全球在线旅游行业第一。

受全球疫情影响，中国出境游用户不得不回流国内市场，这就倒逼国内目的地住宿、景区等产品进行升级，以有效承载新增的中高端旅游度假消费需求 —— 更有深度的玩法和产品亟待开发。基于这样的一个新趋势，携程的"深耕国内、心怀全球"战略，从内容、产品、供应链和质量四个方面深耕国内旅游市场。

首先是"内容深耕"，其核心价值在于推动携程从交易型平台迭代成为集寻找灵感、优惠和休闲于一体的服务型平台。与旅游相关的短视频、直播、游记攻略等内容，可以完成用户与新产品的连接，更好地满足用户多元化、层次化需求。

携程直播就是携程"内容深耕"的一项创新之举。2020 年是旅游直播的元年，携程董事局主席梁建章化身"旅行主播"，为行业伙伴带货。从最初的酒店售卖逐渐拓展边界，景区、机票、美食等品类纷纷上架。截至 2020 年底，携程直播已经进行了 118 场，2 亿消费者在直播间预约旅行，带动携程预售总交易额超 40 亿元，全网曝光量超 62 亿。

携程直播走遍中国的同时，所行之处与目的地政府达成深度合作，数以亿计的旅游补贴通过携程发出，为旅游复苏带来强劲势能，也切实给消费者带来利益。2020 年，携程集团联手河南省推出"老家河南、清凉一夏"活动，通过一系列富有创意的营销，带动河南夏季旅游消费超过 2 亿元。

作为携程重要的内容窗口，未来携程直播将继续挖掘内容价值，邀请具备内容生产能力的商家共同参与直播，打通内容到交易的闭环。

今年年初，携程又推出了"星球号"计划。星球号是旅行目的地或品牌在携程社区中开设的官方账号。从功能上讲，星球号集合了社区、直播、商品旗舰店三大功能。同时，借势携程平台强大的产品供给能力，整合爆款产品，打造专属于商家的内容和营销阵地。

其次是"产品深耕"与"供应链深耕"，进一步延展了"内容深耕"的深度。在产品端，携程将着重挖掘诸如精品民宿、特色玩乐等小而美的新一代旅游产品；区别于同质化的大众产品，小而美的旅游产品能持续产生真正有趣的旅游内容，更好地吸引用户关注。在供应链端，携程则试图打通从内容到交易的闭环，确保高品质服务的持续输出。

"质量深耕"是上述"三个深耕"的重要保障。在携程进行平台选代的过程中，用户与供应商的体验必须得到质量保证，其中最关键的就是技术赋能。携程的技术标准是"优雅而强大"，通过先进的数字技术能力和严谨的信息安全思维，打造高效便捷的互联网平台生态系统。这"四个深耕"共同构成了携程"深耕国内"战略的基本框架。

当然，携程在深耕国内的同时，继续心怀全球，从一开始就考虑到了深耕国内与全球化布局中的"连接点"，实现全球战略的长期布局。携程先后收购了多个有不同竞争优势的航空类 OTA，在英国、韩国、日本设立了三家海外服务中心，通过打造全球超级旅行 App，助力 4 亿用户更加便捷地游中国、游天下。

随着国际疫情发展逐渐向好和各国疫苗接种率的不断提高，携程将把在中国市场积累和验证过的新技术、新产品、新模式推广至全球，未来一个蓄势待发的携程将会出现在全球用户的面前。

平台经济与全球共同发展

佩兹尼

经合组织发展中心主任、秘书长发展事务特别顾问

中国在 2015 年成为经合组织发展中心的成员国，并委任国务院发展研究中心列席经合组织发展中心的管理委员会。在此，我向马建堂书记、李伟主任、张军扩副主任和吕薇部长致以特别的问候。我们共同编写了一本关于发展领域的创新和创新助力发展的书，将在今年出版。

首先，我想强调我们需要利用数字化为后疫情时代实现更可持续、更平等的发展模式。

近几十年来，数字化为许多发展中国家和新兴国家的经济发展做出了贡献。发展中国家经历了快速的经济增长，取得了积极的发展成果。从 2000 年到 2018 年，对比经合组织国家 1.8% 的 GDP 增长率，亚洲的平均 GDP 增长率达 7.4%。目前，数字技术已经改变了全球经济，并通过创造就业机会、实现多元化以及提高所有部门的生产率，继续为增长创造新的机会。数字平台提供了补充和支持这种增长的架构：全球市值最高的 10 家企业中有 7 家使用基于数字平台的商业模式。

但是，如果我们不帮助各个国家弥合数字鸿沟，这种转变仍然是不平等的根源，而且会加剧不平等。全球范围内的封锁暴露了在获得工具、教育、基础设施方面的缺口，新冠肺炎疫情危机正在加剧国家之间以及国家内部在这些问题上的脆弱性和差距。

学校关闭和停课影响了全球范围高达 91% 的注册学习者。然而，

在拉丁美洲和加勒比海地区，只有不到 14％ 的贫困小学生家里拥有连接互联网的电脑，而来自富裕家庭的小学生则有 80％ 都能拥有。新冠肺炎疫情可能会抹去长达 6 年的发展进步，并于 2021 年底使 1.5 亿人口陷入极端贫困。如果我们不弥合这些差距，那么，脆弱的国家、人口和企业将错过今天最重要的增长机会，从而进一步暴露在风险中。

其次，国际社会必须弥合这些差距，以利用数字技术和平台经济来实现更可持续和更具弹性的模式。解决数字行业内部的不平等现象至关重要。我们必须缩小数字基础设施的差距。2021 年 1 月，非洲的平均互联网下载速度几乎比世界平均速度慢 4 倍，比排名最高的国家慢 15 倍。我们还必须找到解决方案，使"新人"能够进入平台经济。初创公司不再是硅谷的现象，因为我们看到它们在非洲、亚洲和拉丁美洲遍地开花。但是，美国仍然占有 46％ 的风险投资基金，其次是中国，占 29％。非洲和拉丁美洲仅占全球风险资本投资总额的 1.5％，这已是 10 年前的 3 倍，但仍远低于其潜力。

正如我们在即将发布的《深圳生产转型政策评估报告》中指出的，平台经济可以发挥重要作用，尤其是在新的融资方式和制造能力被调动的情况下。为使数字化为可持续发展服务，我们需要支持有目的的创新——这是我们与国务院发展研究中心就"中国创新 40 年"即将发布的新作中传递的重要信息。平台模型可以帮助从多利益相关方获取想法并促进实验；与 AI 配合使用，可以实现产品和服务的定制和改进。

然而，为了使这些措施充分发挥实现发展成果的潜力，数字化政策必须超越数字领域。经济的所有利益相关者和社会行为者必须能够通过通用的技术语言进行交流。信息通信技术领域以外的其他经济参与者需要具备必要的知识和能力，以采用和适应数字工具。数字革命必须延伸至中小型企业，中小型企业必须能够使用新的基础设施，并与平台公司或模式一起进入价值链。为此，扩展服务是需要的。正如我们在 2021 年 1 月 19 日与非洲联盟共同发布的《非洲发展动力 2021：数字化转型助力优质工作》中所强调的，大规模创造就业机会的真正潜力在于将数字创新从领先企业引入经济的其他领域。例如，东非的移动货币革命通过多种间接渠道带来了显著的就业提升，比如通过对家庭和企业的溢出影响以及实现新的商业模式。

同样，我们与拉加经委会、拉美发展银行和欧盟合作于 2020 年 9 月 24 日发布的《2020 年拉丁美洲经济展望：数字转型以实现更好的重建》显示，该地区的国家能利用数字化，通过开发基础设施、连通性、数字技能和能力的综合补充政策来提高生产力。针对东南亚、中国和印度地区，我们于 2021 年 2 月 4 日发布了该地区经济展望报告，报告强调需要为数字教育分配资源，并使技术和职业教育与培训从新冠肺炎疫情中反弹。预测显示，东南亚和太平洋地区只有 7% 的工人从事使他们能够在家中开展工作的职业。然而，该地区数百万的工人，特别是旅行和旅游部门的工人，需要在新冠肺炎疫情大流行期间及以后重新掌握技能才能谋生。

我要讲的最后一点将围绕重新考虑全球合作以支持这种新的发展模式的必要性。当今许多的全球性挑战将影响所有国家的发展前景，需要跨越国界的协调。但是，如新冠危机所示，当前的框架不是一个对大流行病采取协调一致的全球机制，相反地，它鼓励竞争而且不信任国家之间的团结，将发展中国家排除在国际治理机制和进程之外。

为了更好地重建并实现可持续发展目标，我们必须创建一种更具包容性的模式：一种让各个国家参与到包容性的对话以期建立共同的路线图并投资于全球公益的模式。为了使国际合作重新适应当前的挑战，经合组织发展中心开发了一种新方法 —— 转型中的发展。该范式旨在建立一个包括所有处于各个发展阶段的国家的合作体系，使它们参与应对国际挑战的进程，同时帮助它们建立实现自己目标的能力。这种模式适用于数字化和平台经济，它将鼓励更多的先进国家帮助发展中国家获得新技术的好处，并将它们纳入多边和多方利益相关方的进程中，以管理这场革命的全球产物，例如税收和网络安全等问题。加强国家和国际层面的这种联系可以推动全球公共产品的供给更良性地循环。

包容性对话可以催生共同的路线图，为国际合作体系奠定基础，支持符合可持续发展目标的全球公共产品。只有通过这种对话，我们才能增进对解决共同挑战的国际倡议的相互信任和支持。数字领域可以成为我们进行多边实验所需的领域之一，以促进向横向团结的发展范式转变。我们需要把全球公共产品的投资从垂直的外国援助转向全球公共投资。

平台公司的多重身份属性

刘学

北京大学光华管理学院组织与战略管理系教授

刚才前面几位嘉宾都讲了平台以何种方式创造价值，平台怎么促进社会经济的发展，这些我都是非常认同的。相对于传统模式，绝大多数平台的崛起源于技术创新、源于商业模式创新，而不是监管套利。我要强调的是，平台公司的角色复杂而又多重，它首先是一个与其他替代模式，包括传统的企业和其他类似功能的平台进行竞争的企业，同时又是多边市场的管理者。

作为企业，平台公司拥有非常强烈的排除竞争、追求垄断地位，进而谋求自身利益最大化的动机。作为平台市场的管理者，平台制定平台市场的游戏规则并保证这些规则能够得以实施。比如说什么人有权在平台市场上运营，即平台市场的准入规则由平台公司来制定；平台市场的参与人应该遵守什么样的行为规范，也由平台公司来制定。平台公司通过定价机制，包括流量的分配机制，在很大程度上决定了平台生态系统创造的价值，在平台参与人之间以何种方式进行分配；平台还对决策权在平台参与人之间以何种方式进行分配拥有巨大的话语权。所以，在平台市场，平台公司既是立法者又是执法者。

当然平台公司在行使这些权力的时候，并非不受任何力量的约束。经济学家寄予希望最大的一个力量是市场竞争，他们希望市场竞争能够使平台在制定游戏规则的时候不会制定那些仅对自身有利，但是对其他参与人不利的游戏规则，平台不会试图攫取那些超出它自身应得利益以外的那部分利益。但是,市场竞争能够对平台的权力产生有效的约束吗?

绝大多数平台都具有非常显著的先动者优势。平台可以通过提高客户的转换成本来锁定客户;平台具有非常强烈的网络效应,包括同边效应和跨边效应;大数据积累能够为先动者带来非常显著的匹配效率优势;规模收益递增会带来显著的成本优势。这些因素的结合,使得率先突破临界规模的平台非常容易达到垄断地位,甚至赢者通吃。

1995 年贝索斯创建亚马逊,他最重要的战略是什么?通过大量烧钱驱动公司规模快速成长,以便成为这个行业的 NO.1。大家注意,贝索斯的这种做法自 1995 年以后几乎成为所有平台公司的标准化套路。这就是它背后最关键、最核心的动因。

大家看,垄断地位 + 大数据、算法、海量资金 + 游戏规则制定与实施的权力,这些独特的地位、资源与权力的结合,在互联网平台公司创造性的开发与利用之下,形成了一种巨大的力量——一种仅仅依靠市场力量绝对不足以抗衡的力量。这就是为什么"外卖小哥困在系统里",他们在平台算法的驱动之下,不得不通过各种办法赶时间,甚至基本的安全需求都得不到有效保障;平台公司通过大数据杀熟剥夺我们消费者的剩余;我们个人的隐私数据在平台的关联公司之间不断地分享,甚至被转卖;还有其他各种此起彼伏的反竞争行为背后的关键原因。

所以我们在看到平台发展给社会经济带来巨大价值的同时,我们需要意识到,平台需要监管。但是,监管者的手什么时候能伸出来,监管者的手伸到哪里,对平台经济的健康发展具有重要的决定性作用。

我的基本建议是,在任何情况下监管者都不要试图去剥夺、取代平台公司的治理权、自治权。把治理权交给平台公司,这是整个社会最优的选择。因为技术在它手里，数据在它手里，由它来制定并实施这个规则，从社会角度看绩效一定是最优的、成本一定是最低的。

平台监管的重点我认为有两个：第一保护竞争，对平台公司的反竞争行为要予以控制，平台经济的发展绝对不仅仅取决于现有的平台，更多的平台崛起是平台经济发展的关键；第二保护平台参与人的合法权益。

居住服务数字新价值

彭永东

贝壳找房联合创始人、CEO

我认为所有行业整体进化的方向主要有两点：第一，消费者有更好的体验；第二，整个产业的效率有大幅度提升。

"衣食住行"都是非常大的赛道，或者说是非常大的类目。"住"这个领域数字化还很慢，据估计，在"衣食住行"领域，"住"的行业数字化要落后将近 5 年时间。为什么这个行业数字化程度会那么低？

关于"住"这个领域，我希望跟大家做一些分享。任何一个行业都有很多底层矛盾和底层冲突，比如房产交易领域，全中国一年的二手房交易量大概在 550 万套，新房是 1100 万套。整个交易的规模是 1600 万笔，但换手率却不到 2%，只有 1.8%，这是一个非常低频的行业，平均一个用户 5 年才换一次房。同时，流程的复杂，造成了服务者和消费者之间的冲突，形成单次博弈。换句话说，一个服务者为消费者提供服务以后，再次向该消费者提供服务可能需要很长时间，所以这个行业的第一重矛盾就是单次博弈所带来的服务体验比较差，这是服务者和消费者之间的冲突。

另外，在很多行业中，供给侧如果没有相应的规则，很多时候会因为低频、交易额度大等原因，造成服务者和服务者之间比较大的冲突，这是一种什么博弈呢——零和博弈，就是你成交了我就不能成交。有一个现象就是，房产交易行业的服务者从业时间非常短，基本上大部分小于一年。所以大家可以看到这个行业里很多消费者体验不好，服务者的从业时间又比较短，这是整个行业遇到最大的一个挑战。

一个企业、一个组织对一个产业最大的价值贡献就是解决这个难题，将单次博弈和零和博弈变成一个长期的博弈，这也是贝壳在产业里进行的实践。

居住服务行业最大的挑战是刚刚谈到的两个本质问题。针对这两个问题贝壳的思考是，如何推动一个单次博弈者看长？第一，推出信用机制。一个服务者和一个消费者如果只进行一次交互的话，对服务者来说，他的服务好坏实际上是没有任何记录的，所以我们做的第一件事就是把每个服务者的信用评价出来，一个人如果做得好，就会有更多的消费者可以看到，选择他的概率就会变高，如果他的服务不好，消费者就不会来选他，这样就推动整个服务体验的提升。第二，我们认为服务者之间是可以进行合作的，合作远远好于竞争。这种情况下，大家是基于"服务好消费者"进行相应合作的，服务者更好地合作，将能更好地服务于消费者。

基于以上思考，我们希望"住"这个领域可以产生多一些变化。比如消费者体验的提升；从业者、服务者的从业时间变得更长，进而更看长，这是我们的实践。

面向未来的发展，我们有以下几个观点。

第一，使消费者体验变好、行业效率提高，需要行业、企业等参与各方均看长。如果大家都很短视，就是零和博弈和单次博弈，过程中应搭建一些相应机制，形成看长模式。

第二，房子是用来住的，不是用来"炒"的，"房住不炒"是我们在"住"这个领域的底层核心认知与坚持，"住"本身也是关系到国计民生的重大议题。所以，企业有责任、有义务维护公平、有序的市场竞争和市场服务。另外，服务业是非常复杂的，不能完全做到数字化甚至量化，居住服务背后是每一个服务者，包括二手房经纪人、装修工长和工人、租赁管家等的付出。实际上，人在过程中成为一种服务供给，我们认为服务业的本质其实是最优质的服务供给。

中国服务业中很多领域存在非常大的机会进行职业化升级和职业化改造，比如今天对于优秀经纪人和服务者的招募、培训、培养和信用机制搭建，实际上就是让中国在很多关于"住"、关于家的领域能够更加职业化。类似的投入需要践行长期主义，一两年时间根本不够，但五年到十年的努力后中国的服务业就会更加标准化。只有服务供给变优才能带来迭代和升级，没有专业服务者，消费者得不到好的体验。我们希望未来的服务供给能得到更多关注与投入。

第三，关于技术应用和实践。空间的数字化其实会大幅提升消费者决策的效率，消费者在决策的时候可以基于这些数据来做相应的判断。比如说今天我们可以通过相应的 AI 设计，把一个二手房装修以后的样子展现出来，这样消费者就更容易做相应的决策和判断，我认为这对消费者的体验是一种非常大的提升。

基于以上几点来看，中国很多行业都有大幅拥抱数字化、拥抱技术，以及在服务供给侧大幅迭代、创造价值的可能，但是这条路也会比较长，企业、参与各方需要看得更加长远，给产业革新一个不断迭代的空间。我相信，未来五到十年中国很多产业都会有升级换代的可能，中国人将能住得更好、生活得更好。

强化企业科技创新主体地位

吴晓如

科大讯飞总裁

"强化企业科技创新主体地位"这个议题非常有意义，尤其是在当前这个阶段。

我想讲的第一大点，总体来说，目前中国的科技成果转化的成功率还不够高。我看到过一个数据，中国的科技成果转化成功率只有10%，西方很多发达国家将近40%。为什么有这么大的差距呢？其中既有潜力，也有一系列的问题需要解决。

第一个问题，中国企业创新的意愿还要进一步提升，现在有不少企业把大量的精力和资金花在营销渠道上，下一步要走向创新驱动，要大幅度提升企业创新的积极性。

第二个问题，科技成果本身是要有市场导向的，从科技成果设置的时候就要为以后走向市场、真正能够为老百姓服务设置更好的市场导向课题。同时要支持各种成果——企业的成果、国内外合作的成果、大学的成果，更多地从企业的通道里转换成最终的生产力。我认为科技成果是有保鲜期的，一旦过了这个时期，其意义就会减小。这是有关成果转化的第二点。

第三个问题，科技成果的转化在当前阶段还是比较困难的，需要有懂成果转化的人。我们现在的人才属于二元化的结构，有的人在技术领域很精深，有的对市场很了解，但是怎么更好地把二者衔接起来，很大程度上直接影响到科技成果的转化。这是我讲的第一大点。

第二大点，怎么去促进科技成果转化，其中也有几个问题。

第一个问题，科研创新和转化需要资金，企业要有意愿把企业的资金投入到创新研发活动上。现在社会上有非常多的企业在进行占领市场的"战争"，大家处于同样一个产品的层面，进行红海中的"战争"。这无形中消耗了很多社会成本，要让企业把更多的钱投到研发上去。

第二个问题，可以更多地鼓励企业参与国家的一些研发投入。让企业能够独立承担一些课题，或者企业和国家、大学科研院所共同承担一些课题，这样才能让以市场为导向的原则得到贯彻。

第三个问题，希望资本层面能给企业科研创新更多的支持，这是一个重要的要素。我发现一个问题，在人才的流动上，现在在国内一个人大学毕业以后，如果进了高校，很大程度上就一直在高校工作了。不断双向循环流动的可能性比较小，如果建立了很好的双向流动的人才机制，以后既懂技术又懂市场的人就会变多。我们可以引导更多的对成果转化有促进作用的人进入企业。在成果转化这方面，我们要更好地建立"你情我愿"的机制，大学愿意把成果交给企业去转化，企业有收益的时候进一步支持大学的科研活动，这三个方面的要素是非常重要的。

怎么去促进这些要素向以企业为主体的创新主体去集聚呢？第一，要更好地为科研成果保驾护航，知识产权保护这几年有了很大的进步，但是还要进一步提高侵害知识产权的成本。要让维权的成本更低，因为很多知识产权都是具有一定专业性的。第二，要让企业参与到国家的一些创新规划中去，创新的规划既有学术技术导向的成分，也有很多市场导向的成分。企业要参与国家的创新规划，把企业未来的发展和国家大的创新体系的发展更好地融合起来，这样企业才能更好地承接未来科技成果转化的结果，使创新形成一个很好的闭环，科研转化的成功率才可以更高。

当然企业也少不了财税的支持，要让各种影响企业创新的机制，影响企业投入的机制变得更加活跃，要有一些财税的支持。昨天晚上科技部王志刚部长在谈话中讲到，下一步要进一步提升研发加计扣除的力度，从税收上进一步给予支持，这样企业的意愿就会更高。通过从财税，从国家的科研规划，从法律层面进一步强化对知识产权的支持，可以进一步提升科研创新的动力。

最后，科研成果转化中还有一些堵点。现在有很多科研成果掌握在大学科研院所手中，有些科研成果需要大家相互合作，在合作过程中需要更好的平台和机制。缺少这种平台和机制，对接有问题，缺乏信任，就很难使一些转化难度大的成果的相关方形成合力。另外我之前提过人才体系，这是成果转化中非常重要的一个方面。要让很多懂市场的技术人员瞄准市场去转化成果，也要让懂技术的市场人员，知道怎么对科技成果进行很好的转化，科大讯飞和清华大学成立了一系列的联合实验室，我们觉得多元化的人才对科研成果的转化非常重要。企业创新热情非常高，国家也确定了创新驱动发展的战略，下一步我们要坚定地提升创新的竞争力。

知识产权激励和保障高水平创新与高质量发展

韩秀成

国家知识产权局知识产权发展研究中心主任

在经济全球化和创新驱动下高质量发展的今天，只有严格保护知识产权，才能激励和保障高质量发展、构建新发展格局、维护中国国家安全和经济安全。

一、知识产权保护驱动创新与经济高质量发展

为创新经济奠基，需要以高质量发展为主题，高质量谋划和布局知识产权，努力在危机中育新机、于变局中开新局。

高质量发展与安全发展，需要持续不断地以创新和强大的知识产权保护为支撑和保障。以苹果公司为例，每年都研发出大量的创新技术申请专利。2013 年，苹果公司被美国专商局累计授予超过 1700 件专利，此后专利数量持续增长，2020 年被授予了 2791 件专利。目前苹果公司在全球持有 18163 件有效专利，在中国已布局了 9565 件专利。除了专利，苹果公司还拥有大量的商标、商业秘密等知识产权。正是源源不断的创新和强大严密的知识产权保护，支撑并成就了具有持续生命力的世界级苹果品牌，其价值高达 3500 多亿美元。当今世界，任何一个驰名的品牌都是如此。每年单单依靠数据线上常见的 MFI（Made For iPhone，iPad，iPod）认证收入，就达到几亿美元。凯度（Kantar）2020 年"BrandZ 全球品牌价值 100 强"榜单显示，苹果排名第二，其品牌价值高达 3522 亿美元（蝉联榜首的亚马逊品牌价值为 4159 亿美元）。美国加州大学和雪城大学三位教授在《捕捉苹果全球供应网络利

润》报告中指出，除去主要原料供应地所占的利润分成，其他利润分配依次是：苹果公司独占 58.5%，未归类项目占去 4.4%，非中国劳工占去 3.5%，而中国只占 1.8%。苹果公司的巨额利润，实质上就是知识产权保护和运用带来的收益；苹果公司在产业链上的控制力和话语权，依靠的主要是在产业链上始终处于上游和知识产权的竞争优势。

严格的知识产权保护为创新提供强有力的保障，源源不断产生创新活力。以医药产业为例，众所周知，药品的研发是一项高投入、高风险又是高回报的工作。药品的研发成功率仅 3%，国际上对药物研发有一个"3 个 10"的规律性认识，即耗时 10 年以上、成本 10 亿美元、每年 10 亿美元销售额。如此漫长的周期、如此巨额的投入、如此高的风险，如果缺乏强有力的知识产权保护，新药研制必将缺乏动力和良性循环。因此，要引领产业发展、增强产业控制力，就要保护知识产权。创新驱动发展，那靠什么保护和驱动创新？靠的就是国际为国内的实践所充分证明的知识产权制度。

充分利用专利信息情报可以找准正确的创新点和技术路线，保障高水平创新。坚持创新在国家现代化建设全局中的核心地位，重要的一点就是要在战略和策略层面充分运用好知识产权，使其在创新驱动发展中真正起到基础保障作用。知识产权关系着高质量发展。

二、知识产权保护关系构建新发展格局

为创新经济奠基，就要坚持目标导向、坚持新发展理念，准确把握知识产权工作在新发展格局中的角色和定位，自觉在以国内大循环为主体、国内国际双循环相互促进的新发展格局下运用好知识产权战略。

我们以青蒿素为例。1972 年，我方在学术会议上公开了提取青蒿素的具体发明内容。由于那时中国还没有专利法，也没有保护意识，论文的披露破坏了专利新颖性，失去了重要机遇。而某外国跨国公司敏锐地觉察到重要商机，趁机申请几项重要专利，随后一些跨国公司陆续在全球布局，从而联手控制了国际市场。中国是技术的原创，又是具有几千年中医药传统优势的国家，本应独领世界市场风骚，但由于知识产权保护意识和知识产权运用经验的缺乏，传统的中医药与尖端的技术相结合形成的创新成果，最终没有变成中国的市场优势，在全球青蒿素市场中，中国产品只占到了3%左右的份额。这一实例告诉我们，即使有了原创技术、重要发明，如果没有及时形成充分的强有力的知识产权保护，同样不会形成市场优势，也谈不上经济安全。构建新发展格局离不开产业的健康发展，更离不开知识产权的保驾护航。

三、知识产权保护关系国家安全

为创新经济奠基，确保国家安全自主可控，必须重视和强化知识产权全链条保护，方能准确预判风险，正确作出决策，避免重大损失，筑起有力屏障，维护国家利益。

2018年开始，美国针对中兴、华为，在核心技术及核心部件方面，采取禁令限制，给中国产业发展带来严峻挑战和严重的经济安全威胁。问题的出现，根本上是关键核心技术知识产权的缺乏，受制于人。而面对新冠肺炎疫情依然存在核心技术受制于人的情况，在抗疫用品方面也同样存在着"卡脖子"问题：防护服难以破解美国的面料工艺；医用口罩的熔喷布设备喷头依赖德国进口；呼吸机上的三成关键零部件均靠进口。

关键核心技术的知识产权是买不来、等不来、讨不来的。华为、中兴是中国运用知识产权的一流企业，筑起了庞大的知识产权保护网。华为在国内外布局了近10万件发明专利，为什么还面临如此严峻的挑战？就是因为关键核心技术的知识产权还不够强大，"卡脖子"问题没有从根本上得到解决。近年来的严峻考验和沉痛教训清楚地告诉我们：知识产权关系国家安全和经济安全。维护知识产权领域的国家安全，在合作开放的大环境下，必须走更高水平的自力更生之路，更多形成关键核心技术的知识产权。

四、结语

习近平主席深刻指出，创新是引领发展的第一动力，保护知识产权就是保护创新[①]。立足"中国正在从知识产权引进大国向知识产权创造大国转变、知识产权工作正在从追求数量向提高质量转变"的全新历史方位，我们必须从国家战略高度和进入新发展阶段的新任务、新要求出发，全面加强知识产权保护工作：对内，引领驱动创新发展与高质量发展；对外，为国际竞争与对外开放保驾护航。牢牢把握百年未有之大变局提供的重要战略机遇，全面推进社会主义现代化国家建设向第二个百年奋斗目标进军。

---

① 习近平：《全面加强知识产权保护工作 激发创新活力推动构建新发展格局》，《求是》2021 年第 3 期。

知识产权保护：在国际贸易的竞争中摸索前进

张平

北京大学法学院教授

中国知识产权制度实施至今将近 40 年，这 40 年中中国在知识产权的立法、司法以及整个社会保护意识和应用能力方面确实取得了可喜的成绩。但是回顾一下知识产权制度实施的前 20 年，中国的企业大都是在教训当中认识到知识产权的重要性，由此才学会了利用知识产权参与市场竞争。下面我从三个方面谈一些体会。

第一，知识产权与科技创新的关系。知识产权制度确实是激励创新的法律保障，但是它对创新的激励并不是直接的线性作用，并不是有了知识产权制度一定能鼓励社会大众创新。知识产权制度是通过国家授予垄断权鼓励市场主体进行创新投入进而产生赋予了知识产权属性的创新成果。被激励的对象是市场主体，创新的主体也是参与市场竞争的机构。这一点非常重要。为什么中国前 20 年在知识产权制度应用上没有太明显的效果，就是因为当时在专利申请上很多是非职务发明，是境外的大企业发明，专利法并没有激励更多中国的企业去申请专利。在商标注册上也是以国外的驰名商标为主，在版权领域更是以引进的国外具有著作权的文化产品居多。国内企业大部分是代工模式，或者属于中小企业创业的起步阶段，他们对知识产权制度的需求没有那么强烈。无论是专利权、商标权还是著作权，国内市场主体开始重视基本上始于 2008 年国家知识产权战略的实施。在这之后，多数企业才开始对知识产权制度有了认识。

第二，知识产权制度与市场竞争的关系。在市场竞争当中，知识产权制度是企业巩固其垄断地位，拓展市场的有力武器。企业要走进国际贸易市场，如果赤手空拳，没有知识产权，在遇到竞争对手的阻止时便毫无反抗之力。要守住国内市场，如果没有知识产权，国内的市场也会丢失殆尽。早期跨国公司在中国部署了大量的知识产权，今天国内在衣食住行等各个领域，特别是高消费领域的产品，依然还是国际品牌为主。像日用化工、汽车领域由于没有知识产权的意识及应用能力，在合资合作、招商引资过程中，我们把许多好品牌丢掉了。有些领域，没有太高的技术门槛，仅是企业的商标战略失误，就会导致国内市场的全面丢失。所以，企业不仅要注重专利、著作权这些创新类知识产权，也要重视像商标这类依靠经营产生价值的知识产权。企业仅有创新能力还不足以在市场中立足，还要有自己的品牌，有可持续发展的理念，只有具备经营百年老店的意识，才能在知识产权方面进行超前部署和战略应用。任何一个老字号、一个国际上的驰名商标都是在知识产权上全方位加以重视，紧紧围绕着市场竞争来展开知识产权的应用及保护。企业一定要非常清醒地认识到为什么要拥有知识产权——一切为了提升市场竞争力。

第三，知识产权与国家经济发展。知识产权制度诞生于市场经济、服务于市场经济，也成功于市场经济，它是市场经济得以强势发展的重要法律保障。在评价知识产权对一个国家经济发展的贡献时，可以从几个基本指标加以观察。首先看 GDP，大家都以 GDP 的增长量来衡量经济的好坏，但是在 GDP 增长里，知识产权的含量有多少却没有进行统计。既然中国已经成为专利大国和商标大国，这些权利对国民经济的贡献所占的比例也应当处于各国前列。发达国家的商标、专利及著作权在全球收取的许可费可直接贡献到国家的 GDP 中。其次是劳动就业率。作为专利大国，应当有相当比例的人从事知识产权创造、管理、应用及保护，但是中国在创新创造领域的从业人员比例还不高，多数还处于跟随研究状态。最后，在国际贸易中，在知识产权许可与被许可的占比中，中国企业作为被许可方居多，也就是说在知识产权收费和付费比例中，中国企业后者居多。这些经济指标直接说明了中国知识产权制度应用还刚刚起步，知识产权在市场竞争和国家发展中还没有显现出优势。

知识产权制度已不仅仅是激励创新的法律保障，更被用作巩固科技优势、贸易地位、垄断和控制国际市场的战略工具。国家间技术先进性竞争已经演变为技术垄断性的竞争，仅有创新能力和创新成果还不足以在市场竞争中取胜，将创新成果权利化、垄断化、市场化才能真正让创新成果具有竞争力。

创新、市场、垄断是知识产权制度的三个基本点，追求产业利益是核心目标。

数据跨境传输和使用

杰弗里·肖特

彼得森国际经济研究所高级研究员

我们要讨论的这个话题很大，知识产权方面的规定总是会面临这样一个困难：即如何在保护发明以促进创新的同时，扩大知识的广泛传播以造福社会。21 世纪生产、分配和信息技术的进步加快了创新的步伐，但也为盗用知识产权和逃避执法措施创造了新的途径。近年来，中国的改革大大提高了中国知识产权保护的执法力度。但在相关法律法规的修订方面，要赶上技术进步的步伐，中国仍有很多工作要做。

我认为这些问题都很复杂，涉及多个方面，相对于小组讨论这么有限的时间来说，这个话题有些过大。因此，我将就创新过程的一个关键组成部分——数据的使用和跨境传输，谈一些我个人的看法，希望对大家有用。

对于商品生产商和服务提供商来说，数据已成为越来越有价值的资产。跨境数据流动和数据共享使基于数据驱动的创新成为可能。但对数据主权的担忧导致一些国家对数据加以控制，比如，禁止将本国数据传输到国外，或限制外国获取本国某些类型的数据，等等。

当然，政府必须维护国家安全。为了这一基本目的，政府也必须对一些数据严格监管。但出于国家安全考虑，政府对数据进行监管的范围，应狭义定义，而且范围越小越好。这一点既对中国适用，也对美国适用。数据的监管需要平衡个人隐私、国家安全和经济发展之间的关系。数据本地化的要求，通常是为了保护消费者的隐私，但这可能无法确保对数据进行保护，还可能对创新活动产生负面影响。对大型跨国企业来说，这些要求不仅成本高昂，还限制了它们将不同市场的信息连接到国际数据集的能力。这反过来又会缩小市场上可用产品和服务的范围。值得注意的是，本地化要求会对人工智能创新造成负面影响，因为大型、多元化、国际化的数据集是人工智能应用的关键输入。

对个人隐私的担忧是限制数据流动的另一个因素，但对个人隐私保护的范围，各主要国家存在很大差异。美国一直在努力，试图在其相对开放的数据访问政策（见 CPTPP 的数字贸易章节）和欧盟更为严格的个人信息控制［见《通用数据保护条例》（GDPR）］之间找到折中。在亚太地区，亚太经合组织制定了《跨境隐私保护规则》（CBPR），这一区域行为准则得到了亚太经合组织 21 个成员的一致同意，但只有 9 个成员真正执行了。CBPR 为遵循国际数据隐私保护规则的企业提供认证，为这些企业进行跨境数据传输提供了更大的自由度。促进各国数据隐私保护政策的互操作性，对开展和促进数字贸易至关重要；数据共享机制有助于推动创新，促进信息、知识和技术的传播，并培育竞争、开放和有效的市场。新加坡、智利、新西兰在其近期推出的《数字经济伙伴关系协定》（DEPA）中，借鉴了亚太经合组织的经验，来平衡个人隐私保护、创新以及企业对于数据跨境畅通流动需求之间的关系。

最后，我想谈一谈在网络安全方面进行政策合作的必要性。这对防止公然盗用知识产权，促进人们对于安全可靠的数字贸易的信心和信任，都是必不可少的。

金融助力知识产权保护

李彤

中银国际控股有限公司首席执行官兼执行总裁

全面加强知识产权保护是"十四五"期间实施创新发展战略、打造科技强国的内在要求，将为全面建设社会主义现代化国家提供创新驱动力。

知识产权是创新创造者的"无形"劳动成果。知识产权保护是产权保护制度的有机组成，体现了现代化国家对知识、对创新、对市场运行规则的尊重、认可与保护，能够为创新发明者提供"定心丸"，形成稳定的创新创业预期，鼓励企业和科创人才安心开展创新活动。只有以全面的知识产权保护为前提，创新成果的归属才有明晰界定之准绳，惩治侵害知识产权行为才有裁定执行之凭依，创新要素的流动与配置也才有交易运转之规则。

历史经验显示，知识产权保护的出现、发展和完善与经济、社会、科技、产业发展阶段相互适应、相互影响。进入新发展阶段，中国已经初步迈入创新型社会，正从技术的使用者向技术的创造者转变，从知识产权引进大国向知识产权创造大国转变。世界知识产权组织的报告显示，2020 年中国位列全球创新指数排名第 14 位，是前 30 名中唯一的中等收入经济体。2020 年，中国国际专利申请数量同比增长 16.1% 达到 6.87 万件，占当年全球专利申请数量的 1/4，位居世界第一。中国知识产权保护事业不断发展，知识产权相关立法日益完善，订立了侵权惩罚性赔偿制度，同时组建了国家知识产权局和知识产权法院等专门行政和司法机关。

知识产权保护事关国家安全与核心利益，具有全局性影响和跨时代意义。当前中国知识产权保护仍有部分不足，主要表现为在全社会知识产权保护意识、知识产权维权效率、应对海外知识产权纠纷等领域与发达国家相比仍存在一定差距。但就在不到 1 个月前，最高人民法院知识产权法庭判决了一起赔偿额高达 1.59 亿元的案件，也是史上最高的侵害商业秘密案件，彰显了国家重拳出击，严厉打击侵权行为，坚决保护知识产权的决心，也预示了"十四五"时期中国知识产权保护工作将向更高水平迈进的建设方向。

知识产权保护也需要与时俱进。尤其是在新技术新业态快速发展的过程中，如何界定数据等新要素资源的产权归属，如何保护大数据、人工智能等新业态知识产权，如何平衡知识产权保护与反垄断和其与消费者权利和隐私保护之间的关系，正在成为包括中国在内的全球知识产权保护需要慎重思考和解决的新课题。越快地建成与新领域新业态相适配的知识产权保护体系，就能越好地激发全社会在新技术领域的创新活力，也就能越早在世界科技与产业的深刻变革中抢占先机。

技术要素与资本要素的融合发展是加快知识产权应用，带动产业革新的关键驱动力。从国际经验看，能够高效对接科创研发和知识产权应用的金融体系，特别是资本市场为美国在过去几十年引领全球科技创新提供了重要支持。面向创新型国家建设需要，打造更有利于知识产权创新的金融生态系统正是金融服务实体经济的历史新使命。而金融行业发展到新阶段，如何在传统的服务模式中翻出有利于科技创新的新浪花，也恰与创新型国家建设的内涵外延不谋而合。

一是发挥金融市场价值发现和资源配置的独特优势，促进知识产权自由流动和高效配置。知识产权评估难、交易难、处置难是影响技术要素流动的重要原因。价值发现是金融市场的重要功能，通过组建专门知识产权评估机构，开发适用不同场景、不同参与主体的知识产权价值评估模型和工具，能够协助完善知识产权定价机制。透明和高效是金融交易的重要特点，当前中国也建立了多家区域性知识产权交易中心，提供更加标准化的交易流程，便利知识产权交易与处置，进而促进科研成果转化与应用。同时，全面的知识产权保护也有助于降低金融服务知识产权的建设难度，激发金融机构的参与热情。

二是依托资本市场在资本形成、集聚和配置中的枢纽作用，通过资本手段实现知识产权商业价值，通过财富创造激发创新热情。资本市场的投融资功能与科技创新活动具有较强的适配性，是知识产权实现经济利益的重要场所。资本市场风投活动能够为发掘和培育科技创新成果提供初始资金。截至目前，中国有 1.5 万家左右私募股权和创业投资基金管理人，管理了 11.6 万亿元的资产，将在未来科技创新产业化中发挥重要作用。此外，资本市场上市融资增强了创新企业资本实力，形成了财富激励效应，加快了创投资本流转速度；而资本市场并购重组整合了创新要素资源，促进了市场优胜劣汰。展望未来，一个市场化、国际化、多层次的资本市场将更好促进技术要素与资本要素的融合，为科技创新活动赋能。

三是创新知识产权相关的金融产品与服务，丰富创新企业融资渠道。知识产权与金融创新融合，正在形成新的金融产品和服务。其中，知识产权质押贷款，知识产权资产证券化，知识产权融资租赁，保险和信托等各类新型的以知识产权或其预期收益为基础的金融产品不断丰富，为拓宽创新企业融资渠道提供了补充支持。2020 年全国实现专利、商标质押融资额 2180 亿元，质押项目数 1.21 万项；目前全国共有 6 只存量知识产权证券化产品，总融资规模 17.2 亿元，占全部证券化产品的 0.5%，当然，相比美国超过 270 亿美元的特许权类资产证券化存量规模和 1.7% 左右的市场占比，中国知识产权金融产品和服务仍有较大的提升空间。

小楼一夜听春雨，时代向着新技术的方向演进，知识产权保护正是其源头活水、生态底座。厚积才有薄发，蓄力方能跃迁，要早日实现科技自立自强，就需要全社会共同增强知识产权保护意识，抵制侵害知识产权的行为。金融机构也需要思考和创新知识产权金融服务模式，促进知识产权保护与应用，为建设科技强国贡献金融力量。

知识产权保护的重要意义 ①

乔舒亚·库珀·雷默

Sornay 顾问及投资公司董事长兼 CEO

很高兴见到大家。今年的中国发展高层论坛举办之时，中国和全世界正处于非常重要的时刻，这也体现了论坛不可替代的重要性。

我想先提出三个问题：知识是从哪里来的？为什么？知识又去哪里了？

考虑增长与知识产权保护之间的关系时，我们会发现我们实际在扮演侦探的角色。因为要想了解思想在经济或文化生活中起到的作用，传统上第一步是要做好命名，然后是确定来源、所有权和最佳分配方案。500 年前的威尼斯人（在 1474 年 3 月 19 日）颁布的《威尼斯专利法》就很好地反映了我们今天的世界。他们写道："在这座城市中，来自不同地方的人们出于对它的伟大和善良的向往而聚集在一起，他们拥有设计和发明各种形式的新奇装置的能力。因此做出决定，城市中每一位制作新奇装置的人都应登记。十年之内禁止其他人制造任何与该装置相同和类似的装置。"

从一开始，知识产权的问题就是信息的问题，即知识与社会的互动如何能够带动增长；反过来说，一个社会如果扼杀思想、创新及其可能带来的增长，会产生怎样的风险。有人认为可以通过控制知识产权来保证增长，也有人认为窃取、占用或解放知识产权才是正确的做法。

---

① 根据会议现场录音听译整理。

著名的知识产权学者、经济学家哈罗德·德姆塞茨曾经描述过知识产权保护局面的临界点，即不保护知识产权付出的一切代价总和大于保护知识产权所用的一切成本总和。这里使用成本（代价）"总和"一词，是因为德姆塞茨关注的不仅是一个想法、一个品牌或是一种概念本身的价值，还考虑到了如何将其置于社会中广泛的、不断变化的、不可捉摸的外部性之中。正如他曾讲过的："一切与社会相互依赖、相关联的成本和效益都是潜在的外部性。"

"保护人们的想法以及这些想法的外部性"，就是我今天发言内容的引论。从这个基本点出发，我想延伸一下"共同进化"概念（这是我在十年前建言中美关系发展模式时所提出的概念），证明我们现在已经跨越了所谓德姆塞茨临界点，当前能够理智地管好知识产权相关事宜与被动应对相比会产生更大的效益。这种观点能够成立的基础，不仅来自每个想法所能够创造的价值，还包括整体的系统效应。

在全球范围内，人们正在寻求新的办法来平衡知识产权监管的工作，这也为重新考虑政策机遇做好了准备。中国将知识产权保护提升到国家战略高度的决定，以及 2020 年 1 月实施的《外商投资法》都说明了这一问题。

那么，知识的共同进化是什么意思？为什么这个概念是切题的？

首先，简要介绍一下人类目前所处历史时刻的特点。我们现在正处于计算机、生物和社会组织大规模革命的最早阶段。在很多领域，老的模型方法已经不再适用于解决新的问题。因此，我们需要找到新的解决方案、新的想法，才能把握好这些正在重建现代生活诸多要素的革命性力量。这就是进化概念的重要作用。

再回到最初的问题，思想是从哪里来的？思想当然是来自个人思想、实验和大胆猜想之后的小心求证，像是一个在民族心中的花园里播种的梦想。如写作、计算机、金融这样的新颖想法一旦交汇在一起，就能够产生改变社会的力量。正如科学历史学家尤尔根·热恩曾经说过的："知识在全球化进程中的功能包含了知识、科技和社会互动之间的共同发展。"这种共同发展（或者说共同进化）之所以能够发生，是因为知识并不是单独存在的，而是包含于相联的网络之中的。

这种现象在许多重要领域都可能发生：保护某些版权，进行专利开发，注资创新保护等，它们同样重要。但我想特别讨论知识产权工作如何能够保证经济增长，特别是在美中关系的背景下。在这个领域采取新的工作方法是否能够使世界受益？我想提三个想法。

第一，作为双方重启经济对话工作的一部分，应该加速某些领域的研发合作——加速对气候变化管理、医疗保健甚至是网络安全这些领域的中美研发合作团队的投资。这样做的目的是通过合作的过程和最后取得的成果帮助双方创造共同利益，从而将一些有争议的领域转化为合作的领域。

第二，各方都应加强其他管辖范围的法务工作。这项工作耗时长、难度大，但最终我们只有在法律基础上提出问题、找到分歧，才能够开始考虑如何最好地处理知识产权相关问题。

第三，各方应鼓励开发新的协议，允许知识产权的快速许可、认证，可以使用区块链和人工智能技术助力。对知识产权的监管行为本身不应该成为战场，这是极其重要的，应立即开展相关的谈判和对话。

这些政策能够利用知识、信息帮助双方进行更多的互动，带来实质性的发展。希望在双方可辨认的法务工作交流的框架下，能够实现新的概念、希望和理想的交汇，在全球范围内启发新思想、新发明。

坚持价值务实，
"点面结合"助推知识产权"质量齐升"

付英波

旷视合伙人兼总裁

近年来，中国在知识产权保护方面的进步，大家有目共睹。作为一家以技术创新为立身之本的企业，我们也在不遗余力地扎实做好知识产权工作。下面我将结合旷视在知识产权方面的积极探索与行业观察做一点分享。

今年《政府工作报告》以及"十四五"规划两份顶层设计文件均重点着墨于知识产权保护，让我们看到了中国在知识产权工作方面的决心。而国家出台的一系列相关政策文件，以及推进专利法、商标法等法律法规修改，重新组建国家知识产权局、建立知识产权法院，也让我们高科技创新企业更加明确了知识产权工作的方向。

保护知识产权就是保护创新。知识产权今天栽大树，科技创新明天好乘凉。知识产权已成为国家发展的战略性资源和国际竞争力的核心要素，成为建设创新型国家的重要支撑和掌握发展主动权的关键，对于企业是同样的道理。为此，近年来中国企业科技研发投入日益增长，专利申请总量连续多年排名世界第一，在一些重要细分领域，中国专利申请也十分活跃。可以说，作为专利申请的重要主体，中国企业的创新活动在世界舞台上正发挥着更加积极的作用。

对于旷视而言，作为创新驱动的技术公司，只有保护好研发出来的产品、技术，才能在竞争日益激烈的市场中保持前进的步伐。为此，旷视紧密围绕产业趋势与业务实践来开展知识产权工作，在尊重他人知识产权的同时积极保护自身权益。截至目前，从已披露的数据来看，旷视的专利拥有量在中国处于业内优势地位。

知识产权重"量"，更重"质"。"十四五"规划对知识产权工作提出了明确的"靶向要求"，体现在对知识产权工作的重视从数量向质量转变。事实上，"价值务实"作为旷视的文化基因，也是知识产权工作的导向。基于此，旷视采用了"点面结合"的专利布局模式，即在"点"上，加强对核心算法创新的专利布局；在"面"上，既注重以产品关键创新为主的专利布局，还兼顾产品外围创新的专利布局。同时注重专利申请质量不断提升。

事实上，目前中国很多企业在知识产权保护方面取得了长足进步，但知识产权保护是没有终点的马拉松，需要持续优化和改进。面向未来，旷视对知识产权保护提出以下几点展望和建议。

第一，期待人工智能、大数据等新领域、新业态的知识产权保护更上一层楼。例如人工智能作为一个技术创新密集型的新兴产业，只有扎紧知识产权保护的"篱笆墙"，才能真正保护创新、促进创新，让行业得到可持续发展。

第二，在赋能知识产权保护和管理上，让人工智能更有可为。目前，人工智能作为一种技术手段已经被应用于知识产权保护和管理中。随着全球知识产权的申请量不断增加，人工智能技术可以更好地帮助专利注册审查，提高效率，解放人力。

第三，明确靶向，练足内功，鼓励企业打造高质量知识产权。中国目前正从知识产权大国向知识产权强国迈进，在这个历史时刻，需要广大科技企业重视本质创新，打造高质量知识产权。这也是企业创新发展的关键。

　　第四，协调共进，加强世界各国、地区和组织之间的交流与合作。借助世界知识产权组织、中美欧日韩知识产权五局合作（IP5）等平台和机制，加强知识产权审查业务合作，提升审查效率，提高企业开展全球知识产权布局的便捷性，更好地促进共同发展。

抓住数字货币带来的新机遇

丹尼尔·舒尔曼

贝宝总裁兼首席执行官

首先，我要感谢国务院发展研究中心和中国发展研究基金会邀请我参加今年的中国发展高层论坛。在过去的两年中，我一直很高兴参加这个论坛并非常期待在公共卫生状况允许出行后再次与大家见面。

我此次分享的内容恰好契合了今年论坛的主题——中国的现代化新征程。PayPal 所有人都对中国及世界各地中央银行数字货币的潜力感到特别兴奋。我相信，数字货币的发展为我们创建更安全、更便捷、更经济的普惠金融基础设施创造了机遇，并最终有助于改善全球民众、家庭和企业的财务健康状况。

中国已经是全球数字货币发展的领导者之一。我想借此机会祝贺中国人民银行在数字人民币领域取得的进展。你们成功的试点和合作开放的模式已经充分证明了数字货币的无限可能，尤其是它对金融普惠性的积极影响。世界各国中央银行目前也开始考虑其货币数字化的实施计划。

我很高兴代表 PayPal 分享一些关于如何共同抓住数字货币带来新机会的想法。2014 年以来，PayPal 一直在探索价值的数字表现形式和潜力。过去 5 年，我们不断加强内部研发团队对此的关注和资源投入，致力于探索和研究下一代数字金融服务基础设施。

我们正在与世界各地的中央银行和监管机构合作，以探索 PayPal 如何与其他利益相关者一起支持他们的工作，以及我们如何为数字货币的设计、开发、理解和应用做出贡献。

使用数字货币不再是一个问题，而是时机。全球健康危机使世界各地的消费者养成新的习惯。他们正在放弃使用现金，企业也在做出回应。数字化已在全球加速发展，不可逆转。

我相信货币的数字化与颠覆无关，而是通过赋能人们在全球范围内参与和受益于安全有效的货币流动来创造共享的机遇。我相信创造价值和产生影响的最大机会来自合作伙伴关系。

以客户为中心的合作伙伴关系新模式可以进一步改善支付体验，并将全球经济进一步推向数字时代。例如，我们与中国银联建立合作伙伴关系，实现了跨境销售；我们与中国邮政合作直接将产品交付到中国消费者面前。我们需要以这些协作方式为基础，赋能创新和影响整个生态系统，并确保新的数字经济从本质上对世界各地的人群和企业更加普惠。

随着我们金融基础设施的现代化，我们需要持续与所服务的客户以及整个生态系统中的所有利益相关者建立并保持信任。创新不能以牺牲金融体系的完整性和稳定性为代价。信任既是 PayPal 的基本价值，也是其持续投资的领域。例如，我们的反欺诈功能有助于促进在世界另一端的人们之间对数字支付的信任。我们还努力成为监管者值得信赖的行业参与者。我们尊重监管，因为他们监督并确保金融系统的完整和稳定。在 PayPal，我们欢迎监管，并努力遵守所有的当地法规。在数字货币方面，我们致力于做同样的事，并且始终渴望做对客户来说正确的事情。在继续探索和投资这一领域时，我们将继续与监管机构、政府和中央银行携手合作。

中国的"十四五"规划提出了"稳妥推进数字货币研发"。数字货币发展和其他创新对于构建强大的基础设施很重要，其中包括智能合约、多个共识的算法和高级分析方面的工作。我们认为必须进行协作，并以追求普惠性发展为共同目标，同时改善对所有用户的服务。

最后，我想指出，PayPal 荣幸地成为第一家在中国获得在线支付服务许可的外国企业，对于我们和我们的客户而言，参与中国持续的数字化和更广泛的全球经济联系是一个重大进步。我们在合规和风险管理方面进行了大量投资，以维护我们取得牌照所带来的对监管机构和消费者的责任。我们对中国在数字货币等关键领域的长期发展计划充满热情。中国的经济发展无论从哪方面看都是令人充满期待的，当我们期待进一步发展全球数字经济时，我们共同的现代化金融基础设施对于建设一个更普惠和更繁荣的世界至关重要。

再次感谢论坛组织者盛情邀请我与大家进行交流。我们希望每年都能与中国发展论坛互动，因为我们希望尽自己的一份力量参与"中国的现代化新征程"。我很高兴继续参与这些活动。

对数字人民币"可控匿名"含义的一些思考

穆长春

中国人民银行数字货币研究所所长

目前，数字人民币试点测试工作正在稳步推进。关于数字人民币"可控匿名"的讨论比较多。有人担心央行掌握用户交易信息，侵犯用户隐私；有人认为数字人民币的匿名特性将导致数字人民币成为犯罪工具。我想借此机会，和各位汇报交流一下对数字人民币"可控匿名"的思考。

数字人民币是由中国人民银行发行的数字形式的法定货币，由指定运营机构参与运营并向公众兑换，以广义账户体系为基础，支持银行账户松耦合功能，与纸钞硬币等价，具有价值特征和法偿性，支持可控匿名。其中，"可控匿名"作为数字人民币的一个重要特征，一方面，体现了其M0（流通中现金）的定位，保障公众合理的匿名交易和满足个人信息保护的需求；另一方面，也是防控和打击洗钱、恐怖融资、逃税等违法犯罪行为，维护金融安全的客观需要。

"可控匿名"的第一层含义是匿名，就是要满足合理的匿名支付和隐私保护的需求。

目前的支付工具，无论是银行卡还是微信、支付宝，都是与银行账户体系绑定的，银行开户是实名制，无法满足匿名诉求。数字人民币与银行账户松耦合，可以在技术上实现小额匿名。钱包采用了分级分类的设计，根据KYC（认识你的客户）程度的不同开立不同级别的数字钱包，满足公众不同支付需求。其中KYC强度最弱的钱包为匿名钱包，仅用手机号就可以开立，当然这类钱包的余额和每日交易限额也最低，只能满足日常小额支付需求。如果你要进行大额支付，就需要升级钱包，钱包余额和支付限额会随着 KYC 强度的增强而提高。这样设计的考虑一方面是满足公众合理隐私保护需求，另一方面要防范大额可疑交易风险。

有人说，央行可以通过电信运营商查手机号，来获取用户真实身份信息。这其实是误解，尽管电信运营商的支付部门也参与了数字人民币的研发，但是根据现行国家有关法律规定，电信运营商不得将手机客户信息披露给央行等第三方，当然也不得向自己运营数字人民币的部门提供。因此，用手机号开立的钱包对于人民银行和各运营机构来说是完全匿名的。

推送子钱包设计，能够保护个人隐私。在前期的试点体验中，大家可能已经注意到一个细节：数字人民币钱包可开立子钱包并推送到电商平台。原来你在电商平台购物，在支付环节，你要用网关支付或绑卡开通快捷支付，把你所有的支付信息填进去。这种方式导致的结果是什么？电商平台会知道你所有的信息。有些个人信息本来不应该让平台知道的，就如同你到街上小摊买一棵白菜，小摊的摊主是不应该知道你信用卡的 CVV 安全码的。

使用数字人民币支付时，我们将用户的支付信息打包做加密处理，用子钱包的形式推送到电商平台去，平台是不知道你个人信息的，这样就保证了用户核心信息的隐私安全。

此外，我们还进行了很多技术和制度设计来保证用户隐私安全。比如，数字人民币钱包之间用 ID 匿名化的技术处理，所有钱包之间有关个人信息的数据对交易对手方、运营机构和其他商业机构匿名。数字人民币严格按照《网络安全法》《民法典》《信息安全技术个人信息安全规范》等相关法律法规、技术标准规定的要求，建立个人信息保护制度和内部控制管理机制，对所有客户信息进行去标识化处理，履行客户信息保护的管理流程，确保个人信息安全。总之，数字人民币对用户隐私的保护，在现行支付工具中是等级最高的。

"可控匿名"的第二层含义是可控，我们在保护合理的匿名需求同时，也要保持对犯罪行为的打击能力。两边都不能太偏，偏向哪一边，都会有非常大的问题。

第一，央行数字货币的匿名是以风险可控为前提的有限匿名，完全匿名的央行数字货币是不可行的。国际清算银行总裁 Agustín Carstens 在《数字货币与货币体系的未来》中明确指出，完全匿名的概念不切实际，完全匿名的系统不会存在。他认为绝大多数使用者会接受由一个可信任的机构例如银行或公共服务部门来保管基本信息，保留一定的身份识别对于支付系统的安全、反腐败、反洗钱、反恐怖融资至关重要。在便利性和可追溯性之间需要寻求一个均衡。同样，国际清算银行与欧洲央行、美联储等7家中央银行共同编写和发布的《央行数字货币：基本原则和核心特征》报告同样否决了完全匿名的可能性，报告指出，虽然有人认为央行数字货币可能带来的主要好处是某种程度的电子支付匿名性，但完全匿名是不合理的。虽然反洗钱和反恐怖融资的要求不是中央银行的核心目标，也不会成为发行央行数字货币的主要动机，但中央银行数字货币的设计应符合这些要求。

第二，央行数字货币的匿名探索不能违反反洗钱、反恐怖融资及反逃税等监管规定。金融行动特别工作组（FATF）同样强调央行数字货币应履行"三反"义务，《FATF 就稳定币向二十国集团财长和中央银行行长报告》指出，与现金相比，央行数字货币可能带来更大的洗钱和恐怖融资风险。因为央行数字货币可以提供给公众以零售付款或作为账户使用，并且在理论上允许匿名的点对点交易。在这种情况下，央行数字货币能够提供接近现金的流动性和匿名性，较现金更具有便携性。由于央行数字货币会得到其司法管辖区的中央银行的支持，因此有可能被广泛接受和广泛使用。匿名、便携性和广泛使用的结合对于以洗钱和恐怖融资为目的的罪犯和恐怖分子极具吸引力。FATF 明确表示，一旦建立了央行数字货币，与央行数字货币交易的金融机构，包括指定的非金融机构以及虚拟资产提供商，将承担与法定货币或现金相同的反洗钱和反恐怖融资的义务。使用央行数字货币进行的客户交易将履行与使用法定货币进行电子交易相同的客户尽职调查义务。

由此可以看出，完全匿名从来不是各国央行数字货币的考虑，只有符合"三反"等监管要求前提下的有限匿名才是国际共识。刚才提到，用手机号开立数字钱包，人民银行并不掌握用户真实身份。那么怎样保持打击犯罪行为的能力呢？比如说经过大数据分析，所有的证据都显示某个用户在进行电信诈骗，我们并不知道这个人的真实身份，就把证据线索提交给有权机关，由执法部门依法去电信运营商、银行那里调取用户真实身份信息。这样就实现一个平衡，在满足日常大多数人的合理匿名需求的同时，也能够保持对犯罪行为的打击能力。

如果说光强调对老百姓的隐私保护，而忽略了数字人民币对犯罪的打击能力，或者说由于过于强调匿名导致打击犯罪的成本极高，会导致什么后果？

比如说比特币。其实比特币也不是完全匿名的，但是由于追踪用户信息的成本非常高，所以一些人拿比特币去做非法交易，比如毒品交易、武器贩卖、人口贩卖等。中国很多网络赌博都是通过泰达币（USDT）加上比特币来实现的。

再比如电信诈骗。目前电信诈骗等犯罪在完全实名的情况下依然是非常猖獗的，在传统的银行账户体系下，开立账户需要进行实名验证，收集用户姓名、证件号码、有效期、联系方式等9项要素信息。即便采取了如此严格的客户身份识别措施以及持续的尽职调查、交叉验证等风险防控手段，仍然无法避免不法分子利用银行账户和电子支付工具进行网络赌博、电信诈骗。当前全国范围内从事网络诈骗活动的犯罪分子有100多万人，每年造成直接经济损失1000多亿元。各类网络赌博案件也层出不穷，2019年，公安机关侦破网络赌博刑事案件7200余起，查冻扣涉赌资金逾180亿元。数字人民币如果匿名程度过高，也可能被犯罪分子盯上，变成黄赌毒等非法交易的工具。同时，数字人民币采取"小额匿名、大额可溯"的设计，也是希望让老百姓安心，如果发生利用数字人民币进行的电信诈骗，能够帮助老百姓把钱追回来，守护老百姓的财产安全。

所以说，央行数字货币实现风险可控基础上的匿名是国际共识，为维护金融安全和稳定，各国中央银行、国际组织在探索央行数字货币的匿名特性时均将防范风险作为重要前提，对于无法满足反洗钱、反恐怖融资及反逃税等要求的设计将被一票否决。

以上就是我对数字人民币"可控匿名"含义的一些思考，欢迎各位批评指正。

中央银行数字货币的新颖之处 ①

鲁里埃尔·鲁比尼

纽约大学教授，鲁比尼宏观研究公司主席、CEO

我想谈谈我对中央银行数字货币的看法。

显然，现在世界上许多央行都在认真考虑引入央行数字货币，包括中国、瑞典、欧元区和其他一些国家。同时，在全世界范围内，现金正在消失，GDP 和所有交易中现金使用占比也在下降。在瑞典这样的地方，现在甚至有一些街头的乞讨者都在使用数字应用程序接受转账，而不是接受现金。中国已经在一些城市试行数字人民币，并可能在未来几年推出。在欧元区，现金还未消失，但欧洲央行也正在展望未来几年内升级数字欧元的计划。其他央行也在考虑引入央行数字货币。即使是美国联邦储备委员会，现在看到中国人民银行、欧洲央行等主要央行在这方面的发展，也开始觉得美国已经落后于其他国家了。

问题是，央行的数字货币有什么新颖之处？我认为，央行数字货币的新颖之处并不在于它是一个数字支付系统，因为现在存在很多形式的数字支付系统，比如账户储蓄、支票、ATM 卡、借记卡、银行汇款、自动清算支付系统等，甚至基础货币中存放在央行的超额准备金都要求数字支付。当然还有数字支付系统技术，比如支付宝、微信支付，印度的 UPI 支付系统，肯尼亚和非洲其他国家使用的 M–Pesa 支付系统，美国的 Venmo、PayPal、Square 等，这些数字支付系统都可以通

---

① 根据会议现场录音听译整理。

过手机应用程序来使用。如今只有现金（纸币、硬币）不是数字形式的货币，几乎其他所有东西都已经数字化了，而且已经经历了很长时间的发展。

那么，如果央行的数字货币不是一个数字支付系统，它又有什么新颖之处呢？目前，只有银行能够记入中央银行的资产负债表，即在央行持有账户并按要求存入准备金和超额准备金，只有这样才能与央行或其他商业银行进行交易。在美国，这就是联邦基金市场。但有了中央银行的数字货币，除银行以外，每个人都可以记入央行的资产负债表，并持有可以进行支付的账户。原则上，每个个体、家庭、企业、非金融公司、非营利组织、非银行金融机构都可以。因此，人们可能不再需要使用账户储蓄、支票、借记卡甚至是数字支付系统，如支付宝、PayPal 或者其他支付方式，因为人们可以使用在央行的账户。因此，央行数字货币的新颖之处在于，经济体中的所有机构都将记入央行的资产负债表，央行成为一个适用于所有体系的储备体系，而不像以前，只有商业银行在央行持有账户和流动性储备金。

因此，如果设计得足够好，随着时间的推移，中央银行的数字货币可能超越并主导所有其他私人支付系统，包括账户储蓄，甚至是数字支付系统，如 PayPal、Venmo、Square、支付宝、微信支付等，因为央行数字货币更快捷、更安全、费用更低，还能提供全部支付交易的即时结算和即时清算。所以关键是，现在私人储蓄是一种私人货币，用于非银行私人机构之间的交易，即使是支付宝、Venmo、PayPal 等数字支付系统也不能完全脱离银行系统运营，因为它们绑定了银行账户。但是，允许所有个人通过中央银行进行交易，央行数字货币就能够改变现状，通过使用数字银行账户，减少对现金甚至是对目前的私人数字支付系统的需求。

当然，要想拥有这样一个账户，就需要有一个符合 AML／KYC 规则（反洗钱／客户尽职调查）的数字身份证，避免犯罪分子和其他恐怖分子使用央行数字货币。现在，央行可能不是最理想的 AML／KYC 工作执行机构，但他们可以把工作外包给银行（他们每天都在做这项工作）。关键是，如果中央银行数字货币在未来主导其他各种私人支付系统的话，实际上它会扰乱当前建立在部分准备金体系基础上的银行系统。在这一系统中，银行接受的隔夜存款的性质是短期性、流动性，通过期限转换变成某种长期资产。

实际上，如果中央银行的数字货币支配了其他所有私人支付系统，就会出现一个狭义银行系统，即只有一家狭义银行——中央银行。然后，其他银行实际成为支付系统中的中介机构，通过长期借款来为长期项目提供资金，如贷款、抵押贷款等。但这将是一场彻底的革命，因为如果中央银行的数字货币主导账户储蓄和其他私人数字支付系统的话，那么目前的部分准备金银行系统将被打破。这也意味着会产生一些问题，比如如何从一个系统过渡到另一个系统，如何从根本上保证过渡期的金融稳定。我认为这些是增加中央银行数字货币所面临的主要挑战。

关于匿名和隐私的问题，我同意前面发言者的观点，这只能是一个部分匿名系统。即使在当前的金融体系下，私人银行账户的私人性质也是有条件的——税务审计人员或执法机构有权依法以税务审计或刑事调查的目的调查交易记录。因此，是不存在完全匿名性的。同样，使用中央银行数字货币进行的交易也是匿名的，除非由于税务、刑事调查等原因，在有法律授权的情况下调查金融交易记录。当然，民主国家的法制成熟，相比法制薄弱的国家，执法操作将会更加高效。

我认为，中央银行数字货币是未来的发展方向，但我们必须认真考虑它给金融体系带来的影响。原则上，除非新的中央银行数字货币只是批发型货币，不是每个人都可以使用，银行系统才不会变成中介。但如果中央银行数字货币是零售型的，那么随着时间的推移，它将主导所有私人数字支付系统，创造出一个完全不同的金融体系——一方面会存在狭义银行，另一方面同时存在长期借款并发放长期贷款的贷款金融机构。事实上，金融体系需要更多的稳定性，因为目前的部分准备金银行体系允许了货币、信贷泡沫的可能，从经济和金融稳定性的角度来看，这将制造"繁荣—萧条周期"，是存在危害的。我们可以转向一个在这方面问题更少的体系，但毫无疑问，这将彻底改变金融体系的结构，因此我们必须考虑随之而来的金融稳定问题。

这就是我对中央银行数字货币的看法。

人民币数字货币的影响 ①

迈伦·斯科尔斯

斯坦福大学教授、诺贝尔经济学奖获得者

中国正在迅速采取行动，为加密货币背书，（我认为）下一步将使用区块链记录交易序列。中国已经通过试点项目完成了数十亿元人民币的转账。这一项目的成功实施意味着什么？有宏观和微观两个角度。可能需要不止一两年时间，但影响一定会慢慢显现。

首先，人民币数字货币将提高人民币在国际上的吸引力，提高跨境结算的效率。人民币将使跨境支付速度更快、成本效益更高，成为储备货币，并成为中国商品和服务以及未来他国商品和服务的结算货币。人民币可以成为环球银行金融电信协会（SWIFT）的竞争对手，后者允许美国不使用银行就能进行结算交易，从而监控资本流动和国际贸易。由于可以获得经济活动的数字交易信息，货币和财政政策将得到加强。例如，中国人民银行提供的流动资金可以更有针对性、及时性，央行可以直接向目标用户汇款，设置使用限制和消费时限，并监控系统中所有资金的流向，使挪用公款和滥用职权几乎成为不可能。

人工智能离不开数据，因此数字货币将提供多个交易序列中的交易和资金流向数据，降低无银行账户人群的成本，并有效地与移动平台竞争，减少对纸币的需求。统一跨金融机构支付系统将降低用户成本，并带来许多新的服务，还可以救活一些过去的支付应用。数字货

---

① 根据会议现场录音听译整理。

币将使银行系统能够与其他支付解决方案供应商进行竞争，打造全新的应用和区块链解决方案。

数字货币将使公司和其他的商业交易变得可靠、高效、安全、可信。会计和审计工作将实现高度数字化，从而消灭金融诈骗和逃税行为。不过，采用数字货币需要对现有的信息技术系统进行全面的改革和升级，这些工作至少在 2024 年巴黎奥运会之前很难完成。

当然，许多人由于可能失去隐私而不愿使用数字货币。关于匿名加密货币（如比特币）和由国家支持的数字货币，哪种会最终胜出的问题，讨论会一直持续。然而，匿名加密货币并不匿名，不具有稳定的价值，也不是很好的记账单位或估值单位。

其微观影响如下：有了人民币数字货币，金融的功能将更加分散、更加横向，用鲁比尼教授的话说，就是个人对个人或者实体对实体。在大多数交易中，银行将不再需要扮演委托人的角色，而是成为验证员、转账代理或值得信任的顾问。

自动化和区块链交易将减少许多标准金融功能的中间环节，如交易处理、资金转账和交换、项目贷款和融资、微观到宏观金融、未来储蓄和资产管理、风险转移（如保险交易所和信贷市场）、市场定价、市场预测、一次性交易衍生品、流动性供给和信托。银行、信托公司和保险公司的老旧技术是无法与加密货币区块链解决方案和创新有效竞争的。

数字货币将为所有金融交易带来更短的交易时间、个性化的解决方案和更灵活的实施方式，并加速推动金融和商业领域的创新。截面数据和时间序列数据将减少执行错误，降低诈骗风险。由于交易机制将变得安全、低成本，并更加注重服务个人客户的需求，人们对金融系统的信任度将提高。在当前的云计算世界中，每个人将拥有更多的个人数据控制权。大量区块链应用程序呈碎片化趋势，个人和实体不是很了解，因此可能产生不信任感。但通过更有效、更及时的监控，可以确保转账过程中串通和篡改的风险降低，提高客户信任度。

目前的中介机构需要压缩中后台的功能和成本，创新的重点是客户、客户所想和客户的独有需求。要采取主动行动，与客户互动，重点关注客户，减少所谓的被动过程（也称控制过程），比如标准化产品、电脑部门、律师、合规部门、销售人员等，这些其实减慢了互动过程，还增加了不必要的成本。随着时间的推移，数字货币和区块链创新将以越来越低的成本为客户提供更新型、更具创新性的服务，这将颠覆、取代目前的中介形式结构，并要求对金融系统以完全不同的形式进行监控和治理。

随着时间的推移，自我调控、区块链技术和智能合约将占据主导地位。人工智能、大数据和物联网的各种传感器数量将从十亿级增加到万亿级，几年内将需要数字货币使用传感器信息在个人之间有效地进行产品和服务的转移。云服务、开源和应用程序接口（API）是现在的关键。不过，云服务的优势将继续扩大。企业现在可以用很低的价格通过 API 下载或者购买专业软件，可以通过区块链不公开租用软件，根据需求决定租约时间框架（所谓的智能合约），从而实现大规模、个性化、灵活的部署。数据将转移到云服务的边缘，并在内部数据库范围取代云的重要性。个人将控制自己的数据和市场操作。监管机构需要意识到加密数字人民币的出现推动了向人对人转账的重大转变。结算将从几天减少到几乎是瞬间完成，从而减少了金融系统对多余抵押品的需求。

银行及其他中介机构和政府现在依然被人们信任，但需要通过努力才能维持自己的地位。它们目前的分类账还在使用截面数据，已经用了几代系统。分类账是建立在用来清算交易的结构之上的,是一个个瞬间的"快照"。公司内部各种部门和垂直功能都需要进行清算交易,这使数据传输成本很高,需要大量的营运资金,也限制了交易和增值应用。当前的交易处理模式、监管控制系统、会计和合规系统将通过未来的分类账补足 —— 未来的分类账将使用区块链技术测量加密货币的流量并影响交易,将"快照"变成"连续影像"或"电影"。数据流的所有权归属和数据用途是很重要的问题,监管当局需要衡量并控制金融功能横向化和分散化的程度。未来的模式将从交易处理转变为交易分析,从而更高效地服务客户。银行需要与客户合作,了解他们的财务需求,重视这方面的工作就能建立客户的信任,为客户带来价值。

互联网时代大潮下的媒体担当与公共责任

任贤良

中国网络社会组织联合会会长

大家下午好！在这万象更新、草长莺飞的大好时节，很高兴与大家相聚在此，参加中国发展高层论坛 2021 年年会经济峰会。我谨代表中国网络社会组织联合会对论坛的举办表示热烈祝贺，向主办方的诚挚邀请和大力支持表示衷心感谢！

本单元以"互联网时代的媒体治理与公共责任"为主题，有着非常重要的意义。近年来，随着新一轮科技革命和产业变革孕育兴起，网络媒体的传播影响力日益增强，已成为公众获取信息的重要渠道，媒体融合与转型升级正成为时代主流。习近平主席强调，坚持正确舆论导向，高度重视传播手段建设和创新，提高新闻舆论传播力、引导力、影响力、公信力。加强互联网内容建设，建立网络综合治理体系，营造清朗的网络空间[1]。面对互联网的发展大潮，我们应当抓住机遇、乘势而上，强化媒体发展的责任担当，为构建更加美好的数字世界做出贡献。借此机会，我愿分享几点认识和体会。

一、深刻把握媒体格局的演进变化

当今时代，互联网已成为人们生产、传播、获取信息的主渠道。互联网的快速发展在更大范围推动着思想、文化、信息的传播和共享，媒体格局和舆论生态正在发生整体重塑。一是传统媒体作为民众主要

---

① 习近平：《决胜全面建成小康社会，夺取新时代中国特色社会主义伟大胜利 —— 在中国共产党第十九次全国代表大会上的报告》，《光明日报》2017 年 10 月 28 日第 1 版。

信息通路的价值迅速消解。新技术带给传统新闻业最大的冲击就是信息渠道越来越多，许多新兴平台都具有媒体属性和媒体动员功能。万物皆媒时代已经来临，人们对于传统主流媒体的渠道依赖越来越低，新媒体日益成为信息传播的主渠道主平台。二是网络信息的生产主体越来越多元化。"人人都有麦克风，个个都是自媒体"的现实颠覆了以采编权为中心的媒体管理方式，各类信息爆炸式增长、裂变式传播。三是社交网络已成为民众获取信息的第一渠道。信息传播已经进入了"秒传播"时代，传统媒体的传播常常呈现渠道失灵、传播中断的态势，社交媒体成为触达广大受众"最后一公里"的传播渠道。四是"两微一端"（微博、微信和新闻客户端）承载着社会信息发酵池的功能。新闻热点事件越来越呈现出"遍地开花"的趋势，"两微一端"由于其本身的公开性、公共性特质，已然成为公开的舆论场，民众可以随时参与公共讨论，产生观点的交流和碰撞，甚至是再传播、再生产。

二、精准掌握新型技术的主动权

技术是网络媒体发展的"助推器""加油站"，实践反复证明，谁顺应技术变革大势，适应新技术、用好新技术、引领新技术，谁就能在发展中赢得主动。一是着力提升对新技术的应用能力。网络媒体应时刻保持对新技术的敏感度和前瞻性，积极谋划、提前布局，不断增强自主创新能力，努力抢占新一轮技术变革先机。要把大数据、云计算、人工智能等新技术，有机融入新闻采集、生产、分发、接收、反馈全流程，让报道搭上技术创新的快车，用个性化定制、精准化生产、智能化推送重塑与用户的连接。二是着力加强对新技术的管理能力。要深入研究大数据等新技术带来的"信息茧房"等问题，避免算法推荐带来"自我封闭"的危险，用真实、全面、客观、公正等基本原则，规范信息推荐和信息过滤等智能算法。三是着力增强对新技术的驾驭能力。要使互联网变成"最大增量"，就需要在新闻传播领域用主流价值驾驭技术发展，规范技术运用，而不是相反，让人成为技术的奴隶。比如当前算法推荐是实现精准传播的重要手段。但是，任何算法都不应抽离价值标准，都应在主流价值驾驭之下。

三、落实深化网络媒体的公共责任

无论是主流网络媒体、社交媒体，还是自媒体，都是网上内容的主要生产者、供应者，都要切实履行主体责任，承担起公共责任。

一是高举思想旗帜。习近平新时代中国特色社会主义思想是指引全党全国人民为实现中华民族伟大复兴而奋斗的行动指南，是指引我们有效应对重大挑战、抵御重大风险的思想武器。网络媒体要聚焦思想引领，发挥内容、渠道优势，创新传播方式方法，推动习近平新时代中国特色社会主义思想往深里走、往实里走、往心里走，引领网民与党同心、与党同行。

二是做强正面宣传。网络媒体要积极培育和践行社会主义核心价值观，培育积极健康、向上向善的网络文化。推进网上宣传理念、内容、方法、手段等创新，开展分众化传播、差异化传播、个性化传播，做到春风化雨、润物无声，善于运用网民视角，深耕信息内容，使广大网民愿听愿看、爱听爱看，不断滋养人心、滋润社会。

三是凝聚社会共识。网民大多数是普通群众，来自四面八方，各自经历不同，观点和想法肯定五花八门，不能要求他们对所有问题都看得那么准，说得那么对。主流网络媒体、社交媒体、自媒体应充分发挥网络传播"互动、体验、分享"的优势，成为接受人民监督的重要渠道，成为及时化解怨言怨气、及时廓清模糊认识、及时纠正错误看法的重要平台，广泛凝聚网民共识，形成网上网下同心圆。

四是做到守土有责。网络空间是亿万民众共同的精神家园。网络空间天朗气清、生态良好，符合人民利益。但如今，网络空间各种乱象仍然存在，网络暴力高发频发，个人信息泄露等问题依然严峻，网络淫秽色情等行为屡禁不止。网络媒体要建章立制，规范信息发布流程，做到严格管网，经营好自己的"一亩三分地"，为广大网民特别是青少年网民构筑良好网络生态、营造清朗网络空间。

"风雨多经人不老，关山初度路犹长。"当今世界，机遇与挑战并存。各网络媒体要紧扣时代脉搏、回应时代要求，在建党百年之际，引领广大网民形成共识、接续奋斗，为实现"两个一百年"奋斗目标、实现中华民族伟大复兴的中国梦做出应有贡献。

最后，预祝本次论坛取得圆满成功！

互联网时代下的公共利益与责任 ①

南希·斯诺

加州州立大学传播学院荣休教授、京都外国语大学公共外交教授

从今天早上开始，我一直在收看中国发展高层论坛。如果大家允许，我想分享一个小故事，让我们考虑一下有互联网之前和有互联网之后的对比。我来自美国南部腹地，小时候听说过 20 世纪 60 年代整合运动前后的事情。今天早上全体会议的开幕式，听到亨利·基辛格的讲话，我很激动，想起小时候在电视上看到的尼克松中国之行、中美关系解冻。想一想如果当时有互联网的话，可能就是一种不同的叙事了。

补充一下，我现在在东京，但是我的梦想是能回到北京。已经有几年没回去了，我真的很想念和你们在一起的时光。今天我很荣幸能参加这个论坛，我想和大家分享几点想法。

第一，因为我有很多工作属于公共外交领域，所以我总是在思考"公共"一词的定义。在这个背景下，什么是公共责任？我们讨论的互联网属于谁？大家想一想如何以不同的意识形态、文化、地理位置的角度来思考这个问题。有人会认为，公共责任可能更多等同于一种集体责任，一种更权威的责任；也有人会把公共责任看成极端自由主义。关于互联网方面，我们有万维网，20 世纪 90 年代克林顿执政时期，阿尔·戈尔曾称其为信息高速公路。但是现在我们也都听说过暗网和深

---

① 根据会议现场录音听译整理。

网的存在。因此，互联网是分层的。

第二，社交媒体公司。不知道是否有人去过脸书公司（Facebook）的总部，我差不多是两年前去过的。感觉那里完全是另一个世界，另一个星球。脸书公司的园区之大让我记忆深刻，但是更让我惊讶的是，他们不承认公司承担任何媒体责任。他们不断强调中性背景，重复着"平台"这个词。这让我十分失望。因为我明白，我自己作为一名教育工作者，必须教给我的学生什么是互联网的公共责任，所以我也很期待这些公司能承担起这些责任。他们现在的规模太大了，不能同时充当责任仲裁人的身份。他们坚持广告模式，但这种盈利模式的设计并不利于推广公共责任或公共利益。换句话说，这些大数据公司宁可唯信息利益是图，也不愿真正地分享信息，更像是一个赌场经济信息平台。

第三，我们这些每天都使用网络分享信息的用户，也要对这些大技术、大数据公司负责。这些公司掌握我们的全部信息，而我们却对他们几乎一无所知。我刚才说过，在脸书公司的时候我觉得自己是个陌生人，或者说他们似乎对我来说更陌生，整个访问期间我都觉得自己和他们没什么关系。

第四，在讨论数字经济时，我们几乎从来不提及公共利益和公共责任的概念。发生这种情况，是因为我们现在几乎是完全通过企业的角度来看待新闻媒体的。但是全世界的大众并不了解这些私营企业的语言和文化，也不清楚如何通过质询来对他们问责。那传统精英媒体现在是什么情况呢？比如我们常说的"记录类报纸"——《纽约时报》，他们现在也在跟风社交媒体，强调数字订阅，并更多地关注数字化平台。也就是说，现在即使是精英网络报纸也像大数据公司一样，都在使用跟踪设备来引导用户的消费习惯。老派的"事实导向"或调查性新闻已经不再主导新闻议程，不再像以前一样引发人们思考。人们已经习惯于寻找新闻品牌——新闻现在更像是品牌，属于消费。

人的报道自由和知情自由一直都很重要。同样重要的还包括适当的监管、媒体素养和对互联网世界的教育。我说过，虽然硅谷和许多这样的公司不能解决所有问题，但是我们还需要它们，所以也不能完全放弃。今天很多人提到过，他们现在已经拥有了规模垄断，如果引导正确的话，是可以做很多好事的。但是他们规模过大了，大到如果不像当初解散铁路巨头那样打破他们垄断的话，我们不可能看到巨变的发生，尤其是在缺少公众压力和大众教育的情况下。

另外，广大公众更需要明白的是，作为大众的一分子，或者说作为观众，要负起什么样的责任。作为互联网的底层大众，我们通常选择不假思索地站队。我刚才谈到新闻品牌，现在各个品牌都在选择性地向我们推送新闻。但是，我们常常不会用批判性思维或理性思维去消化新闻报道。我们变得像机器人一样，只要通过言语攻击或者贴标签的动作，就可以轻易操纵我们在对立双方中选边站队。这种现象在国家层面、国际上都普遍存在。这就削弱了我们展开辩论和进行对话的能力，而这些恰恰对于帮助我们理解现在的互联网时代至关重要。与此同时，大众也颇受幻象迷惑之苦，受标题炒作、过度煽情和受害者心态的荼毒。

我要说的最后一点是，政府、行业和人民群众，需要在纵容与限制之间选择平衡。

参与、赋权、转型：短视频时代的中国乡村振兴
——作为"新农具"的三农类短视频

段鹏

中国传媒大学副校长

很高兴能在这里与诸位分享一些自己对于互联网时代公共责任问题的感悟和体会。正如今天我们的会议主题所表明的，互联网刚出现的时候人们对它寄予厚望，它也确实通过自己沟通社会的能力成为影响世界社会经济政治的重要力量。但同时我们也意识到，互联网中出现的极化思潮实际上阻碍了网民们观点和思想的传播。

然而今天我更想以一种发展传播学的理论视角，将对社交媒体的思考聚焦在中国农民群体身上。这一群体在互联网极化思潮中，反而呈现出"逆流而上"的姿态。他们参与到网络传播实践中，在社交媒体中进行自我表述，开始了以自我为主体的乡村叙事。同时，他们也在社交平台的电商逻辑下推动着乡村经济发展转型。

我们知道，发展传播学在几十年时间中，经历了现代化范式、依附范式到多元范式的转变，经历了从西方中心主义到本国中心主义的理论修正过程。值得注意的是，对多元范式下参与式传播理论进行应用实际上是一个不断为中国社会发展提供理论框架的过程。因此，我们将农民群体在社交媒体中的参与式传播置于发展观念下，抛开西方视角，去探讨发展中国家如何利用大众媒介促进群体赋权和乡村发展。这对发展传播学理论中国化的建构具有关键作用，同时也能为中国乡村振兴进程提供一种理论支撑。

因此我们来看看，这种群体性的参与式传播是怎样的过程，传播力如何？

根据中国互联网络信息中心（CNNIC）今年 2 月刚刚发布的《中国互联网络发展状况统计报告》，现在农村用户的网络发展状况主要体现为规模扩大化和城乡差异缩小化两大特征。可以说在互联网飞速发展的背景下，农民群体首先占有了参与到网络传播过程中的技术背景。

农民群体在技术普及率高、自媒体准入门槛低的情况下参与到网络传播过程中。群体大规模的涌入让我们看到，抖音、快手等社交平台上，"三农类"短视频越来越火了。像三农类博主"守山大叔""华农兄弟""巧妇九妹"都在各大社交媒体中有极高人气。

那么三农短视频的传播内容有哪些呢？在抖音平台上以"乡村""农村"这样的词汇作为关键词搜索，接着按照三农的框架进行一个内容细分。我们观察这些传播内容，会发现群体在参与的同时借用了来自乡村的非常丰富多元的叙事素材。

这些传播内容我们也可以看到，但是农民往往只是作为客体被描述。这种参与式传播其实实现了乡村叙事身份主体性的转变，农民在传播过程中有了表达和叙事的赋权，这是具有很高文化政治价值的。

就像我们刚刚讲到的，三农短视频有丰富的传播内容，也实现了乡村叙事主体的转变。因此三农短视频以真正源自乡村的画面内容勾起很多用户的集体记忆，给其他用户营造一种"数字在场"式的拟态环境，对不了解乡村的用户来说也具有新奇感和可信度，在建构大众对乡村文化想象的同时，逐渐形成了非常强的传播力。像"华农兄弟"的一个视频，"转、赞、评"总数就超过 200 万，这样的传播力是非常可观的。

另外就是农民参与式传播创造的经济价值。我们来看一个例子。

有个博主是抖音平台上目前有近 500 万粉丝的"可乐不是哈士奇",她上传的其实最早就是一些非常业余的村民手机自拍等内容,偶尔有一些山羊上树、狗抓鸭子之类的乡村画面。但随着她越来越火,视频内容开始转为分享其他乡村的优质农特产品。就像我们刚刚感受到的,风格很突出,剪辑也较为专业。她去到很多贫困县,也对烟台红薯、武鸣沃柑这样的特色农产品进行推广,现在在平台上有着相当强的"带货"能力,既满足博主的经济需求,也满足地方农产品销售需求。诸如此类的农民博主案例还有很多。

这也是今天我想和各位专家探讨的话题。对于处在互联网时代的农民来说,参与式网络传播实践是否是一种"现代化农业行动"?三农类短视频又是否因其对农民生产方式的影响,成为一种"新农具"?就像我们经历了从刀耕火种到铁犁牛耕、畜力农具再到现代农机一样。无论什么时代,农具一直都是改变劳动对象的辅助性工具。

我们以果农为例,原本他的劳动流程可能只是从播种到收获再到售卖,这个售卖的过程也不确定是自行售卖还是被收购。但现在一部分农民开始考虑传播在这一流程中的意义,也许在果子还在生长的时候,就开始拍摄种植环境,果子成熟后就继续通过视频表现这个果子的优质程度,用这种方式促进销售,或者干脆走电商路线。那么三农短视频作为一种"新农具",不仅影响了农民原有的劳作方式,也给农民带来了更高的经济效益。

因此我们可以这样简单总结农民群体网络中的参与式传播路径:先是群体在技术浪潮中被解放,然后以参与式传播为途径,加入短视频洪流中,接着以表达赋权为结果,由乡村叙事中的"他者"转变为自我言说的"主体"。同时在这个过程中,短视频也作为"新农具",带动乡村农副产品的电商销售,加快乡村发展转型。这其实就是我们乡村振兴战略背景下，数字乡村的真实写照。

展望未来，三农短视频将成为社交平台商业化趋势中的关键地带，把很多人的"乡村记忆"转换为"乡村经济"。区别以往的"输血式"的帮扶方式，这种方式依靠农民自身内生动力实现乡村"造血式"发展转变。我们也应注意实践过程中的一些问题，要重视传播内容上正确的价值观引导，引领三农短视频的内容创新，正面传播乡村文化。此外，我们也需要进行一些批判性的思考，互联网时代中媒介对农民群体的赋权具有怎样的程度？广义的农民群体是否能在数字传播的背景下真正实现主体性的跃升？这些依然是值得我们深思的问题。

发展如是说

中国发展高层论坛2021年会萃选

下

马建堂 ▼ 主编

中国发展出版社
CHINA DEVELOPMENT PRESS

C 目 录
CONTENTS

第四篇　绿色发展的实现路径　　4

5　第五篇　民生建设与共享发展

第六篇　新时期的中美关系

6

7 第七篇　全球经济复苏展望

第八篇　总结篇

8

第四篇

绿色发展的实现路径

用好正常货币政策空间 推动绿色金融发展

易纲

中国人民银行行长

很高兴来到中国发展高层论坛，首先我要感谢卢迈秘书长的邀请，感谢他在过去二十年来对发展高层论坛做出的贡献。今天我主要就中国货币政策和绿色金融同大家分享一些观点和看法。

我来讲讲近年来中国实施稳健的货币政策、支持实体经济的高质量发展的做法。第一，我们有较大的货币政策调控空间。中国货币政策始终保持在正常区间，工具手段充足，利率水平适中。我们需要珍惜和用好正常的货币政策空间，保持政策的连续性、稳定性和可持续性。当前广义货币（M2）同比增速在10%左右，与名义GDP增速基本匹配，10年期国债收益率约为3.2%，公开市场7天逆回购利率为2.2%。2020年居民消费价格指数（CPI）同比上涨2.5%。从上述数字可以看出，中国的货币政策处于正常区间，在提供流动性和合适的利率水平方面具有空间。第二，货币政策既要关注总量，也要关注结构，加强对重点领域、薄弱环节的定向支持。在保持流动性总体合理充裕的基础上，货币政策能在国民经济重点领域、薄弱环节和社会事业等方面发挥一定程度的定向支持作用。新冠肺炎疫情以来，中国人民银行实施了多项措施，有效帮助中小企业维护就业稳定。第三，货币政策需要在支持经济增长与防范风险之间平衡。中国的宏观杠杆率基本保持稳定，在为经济主体提供正向激励的同时，抑制金融风险的滋生和积累。第四，货币政策需要为深化金融改革开放营造适宜的环境。

总体来看，当前，我们要实施好稳健的货币政策，支持稳企业保就业，持续打好防范化解重大金融风险攻坚战，进一步深化金融改革开放。

在绿色金融方面，近年来，中国人民银行积极践行绿色发展理念，大力发展绿色金融，取得了积极成效。2020 年末，中国本外币绿色贷款余额约 12 万亿元，存量规模居世界第一；绿色债券存量约 8000 亿元，居世界第二，为支持绿色低碳转型发挥了积极作用。

中国提出 2030 年碳达峰和 2060 年碳中和目标，对我们的工作提出了新的更高要求。我认为，在碳中和约束条件下，有两个方面的任务格外紧迫。

第一，实现碳中和需要巨量投资，要以市场化的方式，引导金融体系提供所需要的投融资支持。对于实现碳达峰和碳中和的资金需求，各方面有不少测算，规模级别都是百万亿元人民币。这样巨大的资金需求，政府资金只能覆盖很小一部分，缺口要靠市场资金弥补。这就需要建立和完善绿色金融政策体系，引导和激励金融体系以市场化的方式支持绿色投融资活动。

第二，气候变化会影响金融稳定和货币政策，需要及时评估、应对。国际研究普遍认为，气候变化可能导致极端天气等事件增多、经济损失增加；同时，绿色转型可能使高碳排放的资产价值下跌，影响企业和金融机构的资产质量。一方面，这会增加金融机构的信用风险、市场风险和流动性风险，进而影响整个金融体系的稳定。另一方面，这可能影响货币政策空间和传导渠道，扰动经济增速、生产率等变量，导致评估货币政策立场更为复杂。这是在维护金融稳定、实施货币政策上面临的新课题。

围绕这两个方面的要求，中国人民银行已经把绿色金融确定为今年和"十四五"时期的一项重点工作。我想重点提以下几个方面。

一是完善绿色金融标准体系。绿色金融标准是识别绿色经济活动、引导资金准确投向绿色项目的基础。人民银行在 2015 年、2018 年分别制定了针对绿色债券和绿色信贷的标准，即将完成修订《绿色债券支持项目目录》，删除化石能源相关内容。同时，我们正在与欧方共同推动绿色分类标准的国际趋同，争取年内出台一套共同的分类标准。我们在 G20 也将讨论这一问题。

二是强化信息报告和披露。目前，银行间市场绿色金融债券已经要求按季度披露募集资金使用情况，同时金融机构需要报送绿色信贷的资金使用情况和投向。下一步，我们将推动在已有试点的基础上，分步建立强制的信息披露制度，覆盖各类金融机构和融资主体，统一披露标准。

三是在政策框架中全面纳入气候变化因素。在金融稳定方面，我们正在研究在对金融机构的压力测试中，系统性地考虑气候变化因素。货币政策方面，正在研究通过优惠利率、绿色专项再贷款等支持工具，激励金融机构为碳减排提供资金支持。外汇储备投资方面，将继续增加对绿色债券的配置，控制投资高碳资产，在投资风险管理框架中纳入气候风险因素。

四是鼓励金融机构积极应对气候挑战。中国金融机构在积极行动。中国工商银行把环境与社会风险合规要求纳入投融资全流程管理。中国银行正在研究开展环境风险压力测试。此外，近期银行间债券市场成功发行了碳中和债券，募集资金专项用于具有碳减排效益的清洁能源等项目。中国人民银行已经指导试点金融机构测算项目的碳排放量，评估项目的气候、环境风险；已按季度评价银行绿色信贷情况，正在研究评价金融机构开展绿色信贷、绿色债券等的业绩。

五是深化国际合作。2016 年，中国人民银行在中国担任 G20 主席国期间，发起 G20 可持续金融研究小组并担任联合主席，为凝聚绿色金融国际共识发挥了积极作用。今年 G20 主席国意大利重启研究小组，中国人民银行和美国财政部共同担任联合主席。我们将与意大利、美国和其他 G20 成员加强协调，讨论制定推进可持续金融的总体路线图，推动各方就信息报告和披露、绿色分类标准等需要加强国际协调的重点议题进行讨论。

同时，中国人民银行将继续在央行与监管机构绿色金融网络（NGFS）、可持续金融国际平台（IPSF）等多边机制下深化国际合作。我们将继续帮助发展中国家加强绿色金融能力建设，增强他们支持自身绿色转型、应对气候变化的能力。

总体来看，金融体系可以在支持绿色转型、管理气候相关风险上发挥积极作用。下一阶段，中国人民银行将更加积极主动作为，落实新发展理念，支持经济绿色、低碳、高质量发展，服务实现碳达峰、碳中和目标。

为可持续发展融资

奥古斯汀·卡斯滕斯
国际清算银行总经理

易纲行长刚才的讲话非常全面，也非常完整，应该说人行在减排、绿色金融，为可持续发展领域提供融资方面做得是非常好的。我想说的很多内容和易行长说的是非常一致的。

我们知道，在所有的领域当中信息是非常重要的。金融市场、金融活动都取决于信息，我们需要有非常扎实的信息来支持我们的绿色金融工作。因此，我也是非常支持，同时也是赞同易行长刚才所说的，我们要进一步加强信息的工作，对信息的标准化、一致化、统一化做更多的工作，同时要做好信息披露。在分类法方面也需要进一步做好趋同的工作，这样我们才能够更好地定义和明确什么是绿色金融。这也取决于我们是否能够快速获得准确的信息。

充分解决这样的问题，我们的市场才会更好地发展，才能够真正地符合我们最终的减排绿色发展的目标。事实上，这一系列的工作也需要进行核实、进行监管。正如易行长刚才所提到的，我们作为央行来说，也非常重视金融稳定的问题。压力测试将会成为大家共同采取的行动。同时，在现在这个阶段，我们要共同合作，也要进一步加强风险的分类工作，要使之与经济发展和气候变化相适应。我们需要建立起有关气候变化方面的市场风险、金融风险等的定义。下一步我们还需要做相关的工作来看看如何更好地将这些纳入我们的监管标准当中，也就是巴塞尔协议的框架中来。

关于央行的运作，气候变化的确是一个非常广泛的议题。它对很多国家，包括发达国家、发展中国家都有影响。我们必须非常谨慎地考虑和处理如何把气候变化纳入我们货币政策的决策过程中。作为央行来说，在应对气候变化问题方面，我们可以做出很多的贡献。比如说，在债券市场，央行事实上是大有作为的。同样我们也非常需要有准确的信息。此外，央行为气候变化和绿色发展提供国际储备支持，这也是非常重要的。央行需要提供充足的基础设施或者说是储备资源，来帮助我们实现应对气候变化的目标。

总的来说，还有很多工作需要我们做。过去的几年当中，我们已经建立起一个非常稳健的基础，为我们建立了这样的一个绿色金融的体系。我还想赞扬中国人民银行一直以来在这个问题上所表现出来的非常积极的态度，同时在国际层面发挥了领导作用，正如易行长刚才所提到的。

信息披露与投资模式优化

劳伦斯·芬克

贝莱德集团董事长、首席执行官

金融行业现在面临两大问题，其中一个是今天讨论的严峻话题——可持续发展的问题。

金融业的魅力在于如果能更充分地理解问题的本质，我们就能在定价和风险方面提前了解这些问题。换句话说，市场开始在今天的资产价格中考虑未来可能出现的长期问题，如气候变化。

最近，我与客户的谈话几乎都是关于气候变化及其带来的机遇和风险。去年，我们对可持续发展产品的投资翻了一番，仅一年时间内就投入了超过3800亿美元。当前的根本问题是数据和透明度。如果我们不能有更高的透明度以及更好的数据、更迅速的行动，就不能实现净零排放的世界。我们迫切需要所有企业，无论是公共企业还是民营企业，按照TCFD等标准进行信息披露。通过提高透明度，我们可以更积极地向前推进。我相信现在全球的公共部门正朝着更好的信息披露方向高速发展。通过更好的信息披露，我们将看到投资模式的优化，将有更多的资金流入可持续发展投资的项目。如果我们不能取得社会对应对气候变化的支持，那么困难就来了。整个改变不能仅仅依靠上市企业来完成。

当然这个责任不能只落到上市企业身上，我们的政府、监管机构需要把焦点放在私营市场，不能容许在上市企业和非上市企业之间有套利的机会。否则，我们将看到上市企业撤出碳氢化合物业务并转移到私营企业和其他并没有优先考虑可持续发展的市场里，而这将抑制他们实现净零排放的目标。

如果我们真的希望按照 TCFD 标准，包括披露全球温室气体范围二和范围三，我们必须要求整个社会向前迈进。对所有的政府官员来说，最重要的是思考如何让这种转变在公允、透明的情况下实现。

我想赞扬中国人民银行在绿色金融方面做出的表率，中国在绿色金融方面推出了很多的引领政策和项目。我认为中国人民银行推进绿色金融的工作应该获得其他各国央行的关注。贝莱德期待与中国人民银行及其他各国政府机构共同努力，推动世界实现净零排放的宏伟目标。

金融政策空间与绿色经济 [①]

史蒂芬·罗奇

耶鲁大学高级研究员

很高兴可以在中国发展高层论坛发言，感谢从论坛举办以来，每年都有机会参加并发言。

感谢易纲行长非常全面地介绍了中国人民银行在绿色金融领域面临的问题、挑战以及解决方法。仔细听过易行长和后面嘉宾的发言后，我只想强调一个要点。我们要把易行长讲话的两部分放到同一个背景里面。首先他讲到了货币政策的定位，其次是央行在应对气候变化以及发展绿色金融方面采取的做法。在绿色金融领域，中国正在全球发挥着至关重要的领导作用。

但是女士们、先生们，我想和大家强调，这两方面的问题不应分开考虑，而应被看作全球各国央行都面临的相关挑战的一部分。特别是对中国人民银行来说，因为和其他央行相比，中国人民银行所面临的挑战更为紧迫。主要有两方面的原因：第一，污染。中国的领导人多年前就明确指出，防治污染是一场十分关键的战斗，是中国面临的三个关键战役之一。过去 30 年来造成的环境破坏，让中国必须将防治污染问题提升到最高程度予以关注。第二，绿色发展目标。"3060"双碳目标比其他国家的目标更宏远。相比欧盟和美国所做出的承诺，中国的发展曲线将更陡峭、紧凑。最终，这可以缩短碳中和过渡期的时

---

① 根据会议现场录音听译整理。

间，但同时也增加了过渡期的管理风险。

易行长的发言说明他十分了解这项挑战的性质。关键问题是，中国人民银行或其他央行如何将处理气候变化及发展绿色金融的程序纳入其更广泛的货币政策框架。说到这里，我想重提易行长一开始就提出的观点。他强调，在当前危机期间，包括在十多年前的全球金融危机期间，中国人民银行有能力做一些世界上其他主要国家央行做不了的工作，即保持政策空间，不降至零底线，不采取实验性及激进型货币政策。其实如果采取这样的做法，会给金融体系，尤其是金融稳定带来更大的风险。尽管面临的挑战十分紧迫，完成环境目标的过渡期十分短暂，但是保持政策空间的必要性仍然十分重要。其他央行一而再、再而三地错误认为，零利率和无限制的量化宽松是万能的灵丹妙药。当通货膨胀率很低时，确实会起作用，央行可以将其政策利率固定在零底线上，然后财政部门就能够进行无休止的支出，我们现在经历的就是这种情况。但政策利率必须正常化的那一天终将到来，到时如何收场是更具挑战性的问题。

我再次赞扬中国人民银行，无论是在融资工具和分类方面，还是在这一关键问题上的全球领导力方面，中国人民银行在绿色金融的发展中真正发挥了关键的领导作用。所有人明确理解现阶段的两个目标：一是采取应对气候变化的政策框架，确保金融体系的韧性能够抵御当前世界进入破坏性气候变化时期所产生的风险；二是确保金融系统处于有利地位，支持向绿色经济的过渡，实现"3060"双碳目标。但考虑到面临挑战的紧迫性，要想成功就需要保持政策空间。

加快推动绿色低碳发展
建设人与自然和谐共生的现代化

黄润秋

生态环境部部长

非常高兴参加中国发展高层论坛 2021 年年会。在此，我代表中国生态环境部，对会议的召开表示热烈祝贺！对各位嘉宾给予中国生态文明建设和可持续发展事业的关心和支持表示衷心感谢！

绿色发展已成为当今世界潮流，代表了当今时代科技革命和产业变革的方向，代表了人民对美好生活的向往和人类社会文明进步的方向。在世界各国全力抗击新冠肺炎疫情，推动全球经济复苏的重要时刻，我们通过网络平台，共同探讨"促进经济社会全面绿色转型"这一话题，具有重要的现实意义。借此机会，我就"加快推动绿色低碳发展，建设人与自然和谐共生的现代化"，与大家交流。

人与自然是生命共同体，人类必须尊重自然、顺应自然、保护自然。当前，中国正在推进 14 亿人口整体迈入现代化社会，这在人类现代化历史上是前所未有的。在这一进程中，如何处理好人与自然，也就是发展与保护的关系，形成人与自然和谐发展现代化建设格局是我们一直在探索解决的问题。

党的十八大以来，以习近平同志为核心的党中央把生态文明建设和生态环境保护摆在治国理政的重要位置，将生态文明建设纳入中国特色社会主义事业总体布局，将"坚持人与自然和谐共生"列入新时代坚持和发展中国特色社会主义的基本方略，将绿色发展作为新发展理念中的一大发展理念，将建设美丽中国作为建设社会主义现代化强国的目标之一，就是要解决好人与自然和谐共生问题。

中国国家主席习近平多次指出，绿水青山就是金山银山，改善生态环境就是发展生产力。[①] 这些新理念、新思想、新战略，系统形成习近平生态文明思想，为我们处理好发展和保护的关系、建设人与自然和谐共生的现代化提供了方向指引和根本遵循。

近年来，在习近平生态文明思想的科学指引下，中国生态文明建设从认识到实践都发生了历史性、转折性、全局性变化。

我们坚决贯彻新发展理念，绿色发展成效逐步显现。"十三五"期间，化解钢铁、煤炭过剩产能 1.7 亿吨、10 亿吨，关停水泥产能 3 亿吨、平板玻璃 1.5 亿重量箱。2020 年，中国煤炭消费量占能源消费总量的 56.8%，比 2015 年下降 7.2 个百分点；清洁能源占能源消费的比重达到 24.3%，光伏、风能装机容量、发电量均居世界首位。新能源汽车产销量、保有量占世界一半。资源能源利用效率大幅提升，碳排放强度持续下降，截至 2020 年底，中国单位 GDP 二氧化碳排放较 2005 年降低约 48.4%，提前超额完成下降 40%~45% 的目标。

我们坚决向污染宣战，生态环境质量持续改善。"十三五"规划纲要确定的 9 项生态环境约束性指标超额完成。2020 年，全国地级及以上城市优良天数比率为 87%，比 2015 年上升 5.8 个百分点；细颗粒物（PM2.5）未达标地级及以上城市平均浓度相比 2015 年下降 28.8%（目标 18%）。全国地表水优良水质断面比例从 2015 的 66% 提高到 2020 年的 83.4%（目标 70%）。全国森林覆盖率增加到 23.04%，森林蓄积量超过 175 亿立方米，连续 30 年保持"双增长"，成为同期全球森林

---

① 习近平：《出席二〇一九年中国北京世界园艺博览会开幕式并发表重要讲话》，《光明日报》2019 年 4 月 29 日第 1 版。

资源增长最多的国家。初步划定的陆域生态保护红线面积约占陆域国土面积的 25%。各级各类自然保护地总数达 1.18 万处，保护面积占全国陆域国土面积的 18%。人民群众身边的蓝天白云、清水绿岸明显增多，生态环境获得感、幸福感、安全感显著增强。

我们加快生态文明体制改革，制度体系不断完善。出台《生态文明体制改革总体方案》《关于加快推进生态文明建设的意见》，制定并实施生态保护红线、河（湖、林）长制、自然资源资产产权制度、国家公园体制、生态保护补偿机制、生态环境损害责任追究等数十项生态文明建设相关具体改革方案，生态文明四梁八柱性质的制度体系基本形成。制定、修订环境保护法、生物安全法、长江保护法、环境保护税法等近 30 部生态环境与资源保护相关法律。中央生态环境保护督察工作深入推进，第一轮督察对全国各省（区、市）实现全覆盖，并对 20 个省（区）开展"回头看"，解决老百姓身边的生态环境问题约 15 万个。第二轮督察首次对有关部门开展探讨式督察试点，并将有关中央企业纳入督察范畴。督察工作已成为推动落实生态环境保护责任的硬招、实招。

我们积极参与全球环境治理，成为全球生态文明建设的重要参与者、贡献者、引领者。引领全球气候变化谈判进程，为《巴黎协定》的达成、签署、生效和实施做出了突出贡献；习近平主席在第七十五届联合国大会一般性辩论上宣布，二氧化碳排放力争于 2030 年前达到峰值，努力争取 2060 年前实现碳中和[1]，充分彰显了中国应对全球气候变化的大国担当。深入开展绿色"一带一路"建设，成立包括 130 多家相关政府机构、企业、智库和国际组织参加的"一带一路"绿色发

---

[1] 习近平：《在第七十五届联合国大会一般性辩论上的讲话》，《人民日报》2020 年 9 月 23 日第 3 版。

展国际联盟。成功申请举办《生物多样性公约》第十五次缔约方大会。2014 年，库布齐沙漠被联合国确定为"全球沙漠生态经济示范区"；2018 年和 2019 年，河北省塞罕坝机械林场和浙江省"千村示范、万村整治"工程先后获联合国"地球卫士奖"。

"十四五"时期中国进入新发展阶段，开启全面建设社会主义现代化国家新征程。深入贯彻新发展理念，加快构建新发展格局，推动高质量发展，创造高品质生活，都对加强生态文明建设、加快推动绿色低碳发展提出了新的要求。

党的十九届五中全会将"生态文明建设实现新进步"作为"十四五"时期经济社会发展主要目标之一，将"广泛形成绿色生产生活方式，碳排放达峰后稳中有降，生态环境根本好转，美丽中国建设目标基本实现"作为到 2035 年基本实现社会主义现代化的远景目标之一，设专章对"推动绿色发展，促进人与自然和谐共生"作出具体部署和安排，明确要求深入实施可持续发展战略，促进经济社会发展全面绿色转型，建设人与自然和谐共生的现代化。本月初结束的全国"两会"批准了政府工作报告、"十四五"规划和 2035 年远景目标纲要，提出"十四五"时期要加快发展方式绿色转型，协同推进经济高质量发展和生态环境高水平保护。3 月 15 日，习近平主席主持召开中央财经委员会第九次会议，强调要把碳达峰、碳中和纳入生态文明建设整体布局，拿出抓铁有痕的劲头，如期实现 2030 年前碳达峰、2060 年前碳中和的目标。[1]

对照新目标、新愿景、新要求，当前中国生态文明建设和生态环境保护工作任重道远。主要体现在中国仍是发展中国家，仍在工业化、

---

[1] 《习近平主持召开中央财经委员会第九次会议强调 推动平台经济规范健康持续发展 把碳达峰碳中和纳入生态文明建设整体布局》，《人民日报》2021 年 3 月 16 日第 1 版。

城镇化进程中，全面绿色转型的基础依然薄弱，生态环境保护结构性、根源性、趋势性压力总体上尚未根本缓解，最突出的是"三个没有根本改变"，即以重化工为主的产业结构、以煤为主的能源结构和以公路货运为主的运输结构没有根本改变，污染排放和生态破坏的严峻形势没有根本改变，生态环境事件多发频发的高风险态势没有根本改变。特别是当前中国距离实现碳达峰目标已不足 10 年，从碳达峰到实现碳中和目标仅有 30 年，与发达国家相比，我们实现碳达峰、碳中和愿景目标，时间更紧、幅度更大、困难更多，任务异常艰巨。

面对复杂形势和诸多挑战，我们将坚定不移贯彻新发展理念，以经济社会发展全面绿色转型为引领，以减污降碳为主抓手，加快形成节约资源和保护环境的产业结构、生产方式、生活方式、空间格局，坚定不移走生态优先、绿色低碳的高质量发展道路。

一是加快发展方式绿色转型。坚持生态优先、绿色发展，严格控制高耗能高排放项目建设，推进钢铁、石化、建材等行业绿色化改造。推动煤炭等化石能源清洁高效利用。加大货物运输结构调整力度，推动大宗货物和中长途货物运输"公转铁""公转水"。推动建筑领域绿色低碳发展，加快推进既有建筑节能改造。加快绿色低碳技术攻关和推广应用，壮大节能环保等产业，激发绿色低碳的新动能，不断增加绿色发展韧性、持续性、竞争力。

二是深入打好污染防治攻坚战。协同推进减污降碳，以改善生态环境质量为核心，围绕"提气、降碳、强生态，增水、固土、防风险"，深入打好污染防治攻坚战。"提气"，就是要实施 PM 2.5 和臭氧污染协同防控，进一步提升空气质量。"降碳"，就是加快推进二氧化碳排放达峰。"强生态"，就是要统筹开展各类生态系统保护修复监管。"增水"，就是统筹水资源、水生态、水环境，开展综合治理、系统治理和源头治理，继续增加好水，提升水生态安全。"固土"，就是要进一步加强受污染土壤的安全利用和严格管控，以及固体废弃物环境污染治理。"防风险"，就是要统筹生态环境保护与经济社会发展，有效防范和化解各类生态环境风险，确保核与辐射安全。

三是积极推进应对气候变化。稳步推行碳强度和总量双控制度，支持有条件的地方和重点行业、重点企业率先达峰。构建清洁低碳安全高效的能源体系，控制化石能源总量，实施可再生能源替代行动。深入推进工业、建筑、交通等领域低碳转型，加大甲烷等其他温室气体控制力度，提升生态系统碳汇能力。推进近零排放示范工程建设和碳中和示范区建设。加快建设国家自主贡献项目库。

四是完善绿色低碳政策和市场体系。强化绿色发展的法律和政策保障，完善能源"双控"制度，完善有利于绿色低碳发展的财税、价格、金融、土地、政府采购等政策。大力发展绿色金融。推进排污权、用能权、用水权市场化交易。加快推进全国碳排放权交易市场建设，完善温室气体自愿减排交易机制。健全自然资源有偿使用制度，创新完善自然资源、污水垃圾处理、用水用能等领域价格形成机制。

五是广泛培育绿色低碳生活方式。加强宣传教育引导，提升全社会绿色低碳意识，倡导简约适度、绿色低碳的生活方式，反对奢侈浪费和不合理消费。开展创建节约型机关、绿色家庭、绿色学校、绿色社区和绿色出行等行动。建立统一的绿色产品标准、认证、标识体系，完善绿色产品推广机制，扩大低碳绿色产品供给。通过生活方式绿色革命，倒逼推动生产方式和供给绿色转型。

面对生态环境挑战，人类是一荣俱荣、一损俱损的命运共同体。建设清洁美丽世界需要国际社会的共同努力，推动绿色低碳发展离不开国际社会的广泛参与。在此，我提三点倡议。

一是加强绿色低碳发展国际合作。希望国际社会秉持人类命运共同体理念，加强应对气候变化、生物多样性、全球海洋治理等领域国际合作。中国将继续推动《联合国气候变化框架公约》第二十六次缔约方大会取得积极成果，筹备办好《生物多样性公约》第十五次缔约方大会，扎实推进气候变化南南合作，为推动全球绿色低碳发展、应对全球气候变化做出贡献。

二是推进绿色低碳技术创新。希望国际社会共同维护全球化进程，共同维护开放型世界经济和稳定的全球产业链，抓住新一轮科技革命和产业变革的历史性机遇，大力发展绿色低碳经济，促进绿色技术创新和低碳绿色产品装备研发应用，推动疫情后世界经济"绿色复苏"，汇聚起可持续发展的强大合力。

三是担当绿色低碳发展引领者。希望国际社会共同加强绿色基础设施建设、绿色投资、绿色金融，支持发展中国家开展应对气候变化行动，支持落实联合国《2030年可持续发展议程》，推动《巴黎协定》全面有效持续实施，共同推进全球气候治理体系向更加公平合理、合作共赢的方向迈进。

参加今天会议的嘉宾，很多来自能源、矿业、交通、工业、银行、金融等各领域领军企业，很多企业都已提出新的、更有雄心的碳中和或净零目标以及可持续发展战略。希望各位嘉宾和专家学者发挥领域优势及专业特长，畅所欲言，建言献策，为推动中国经济社会全面绿色转型、助力全球向碳中和目标迈进提供智慧和方案。

最后，预祝本次年会取得圆满成功！

促进经济社会全面绿色转型

金立群

亚洲基础设施投资银行行长

我们对中国提出的 2030 年碳达峰、2060 年实现碳中和的目标表示欢迎。应对气候变化是我们共同面临的挑战，也需要更多的国际合作，我们也听到了如何推进转型，如何去实现疫情后的复工复产的案例。当前，各国政府和金融机构在积极促进全球经济恢复的同时，也在共同呼吁实现绿色复苏。政治的意愿对于实现这样的目标非常重要，我非常赞赏习近平主席在这方面做出的非常重要的表率。中国要在 2060 年实现碳中和的目标，对于 21 世纪全球应对气候变化有非常重要的影响。我毫不怀疑，这一宏伟而又具体化的承诺，可以激励其他发展中国家，特别是亚洲国家来推进制定自己的雄心目标。作为一家绿色的基础设施银行，亚投行也随时做好准备支持中国和其他所有成员国实现净零排放目标的一些工作。中国的净零排放承诺，对于经济和社会各个部门都有影响，中国的能源部门也必须进行全方位的改造和改革，适应新的能源结构，这也将涉及现有的一些基础设施和消费者行为的转变，每个人都需尽己之力参与到节能行动过程中。随着"十四五"规划的实施，中国已经开始将政策化为行动，确定了非常具有活力的路线图，为实现低碳化制订了更为宏伟的目标。

"十四五"规划强调的一个重要的要素是必须让制造业在环境上实现可持续发展，长远看来，需要进行进一步的产业升级，亚投行将通过对国内技术驱动型的新基础设施的投资来继续改善区域的互联互通，去协助中国在价值链上实现绿色化和数字化，这也是亚投行倡导的面向未来基础设施的意义所在。同时在这个过程中我们也需要多边机制，多边机制可以帮助我们实现净零排放的目标。我们认为缔约方会议和二十国集团是这个机制非常重要的组成部分，同时我们也需要通过金融稳定委员会和金融业绿色发展框架有效地发挥相关的作用。这两个平台在政策的讨论和政策的审议方面越来越相互关联。作为这些论坛的成员，中国也有望对这些平台机制的有效运行和发展做出表率，帮助我们解决气候变化的一些问题。

我想借此机会重申，亚投行坚定不移地致力于根据《巴黎协定》应对气候变化，我们已经加大了对气候减缓和适应项目投资的力度，我们也已经在中国积极开展这一领域的工作部署。

同时，在我们最近的战略里也通过一个目标，到 2025 年气候融资在银行批准投资中占比要达到 50%。我们致力于和中国及其他的成员共同努力，支持各成员实施《巴黎协定》，让世界走上可持续发展的道路。

非常感谢今天有机会向大家发言，希望从这次论坛中我们可以更多地听取如何成功实现经济社会绿色转型的想法。

应对能源格局之变，助力中国能源转型

潘彦磊

道达尔集团董事长、首席执行官

和大家一同参加本次会议，本人倍感荣幸。在此，我要感谢中国发展高层论坛提供的这次机会。

能源行业经历了长时间的发展，人们对能源的需求也与日俱增。新冠肺炎疫情未能放缓全球气候变化的脚步，而且再次凸显了世界各国之间相互依存的关系。当前，我们正面临诸多挑战。

世界面临的主要挑战之一便是如何在满足持续增长的能源需求的同时降低碳排放。人口和经济的增长将带来更多的能源需求。尽管技术方面取得了很多进步，但是我们预计到 2050 年，一次能源需求仍将增加 25%。

在未来的几十年里，我们预计终端用户行业的电气化程度将大幅提高。预计到 2050 年，这些行业的电气化比例将达到 30%~40%。加上氢气、生物质气和生物燃料，非化石燃料在终端需求中的比例将达到 50% 以上；而在某些交通领域，石油仍然是不可或缺的燃料。

2020 年 5 月，道达尔集团公布了新的愿景，将与社会各界携手努力，致力于在 2050 年在集团全球生产业务以及客户所使用的能源产品上实现净零排放。

为了打造一家多元化能源公司，道达尔（如果股东大会在 5 月批准新名称，则将更名为"道达尔能源"）主要在以下三个方面采取行动：针对排放采取行动、针对产品采取行动、针对需求采取行动。同时，道达尔在碳负排放方面积极采取行动，通过投资碳汇以及碳捕获、利用与封存（CCUS）技术努力平衡碳排放。

众所周知，2016 年，中国批准了关于在 21 世纪中叶将全球变暖限制在 2℃的《巴黎协定》。2020 年 9 月，在联合国大会上，习近平主席重申了中国在 2030 年前实现碳达峰的承诺，并正式宣布中国力争在 2060 年前实现碳中和。亚洲主要工业国家如日本和韩国也宣布了到 2050 年实现碳中和的目标。

道达尔的战略与中国对能源转型的追求完美契合。作为一家在中国活跃了 40 多年的大型能源公司，道达尔已经准备好携手中国踏上实现净零碳排放的征程。

为了实现这一目标，中国正在改变自身的能源结构，一方面摆脱对煤炭的依赖，另一方面增加天然气和可再生资源的份额。

第一，天然气将是撬动中国能源转型的重要抓手。亚洲乃至全球目前和未来都将做出更多努力，推动天然气增产。我们估计，到 2030 年，天然气需求将保持每年 1.5% 的增长。由于其低碳潜力和灵活性，液化天然气（LNG）在中国市场上得到了更广泛的应用。在中国，经济增长对能源的需求与日益紧迫的环境问题必须加以权衡。

道达尔非常重视中国市场，每年向中国供应超过 400 万吨液化天然气。2020 年，道达尔向中国海洋石油集团有限公司（中海油）交付了第一批碳中和液化天然气，标志着向实现净零排放的目标又前进了一步。在积极争取液化天然气进口项目以及与中国签订供应合同的基础上，道达尔还打算更多地参与下游市场，为中国天然气市场的发展提供支持。

第二，作为全球最大的光伏市场，中国的地位举足轻重。通过我们的子公司 Total Solar，道达尔继续在价值链的不同环节中通过合资企业来推动业务扩张，在中国各地多个光伏电站的建设中发挥了重要作用。除了参与内蒙古、四川和河北的太阳能电站项目，我们还与天津中环半导体成立了一家合资企业，合作生产高效光伏产品。2019 年 9 月，道达尔与远景集团（Envision）成立了一家合资公司——道达尔远景能源服务公司（TEESS），助力道达尔进入中国分布式光伏市场。

第三，道达尔和中国同行都相信，高效的储能能力将推动能源转型期间可再生能源的整合，并成为应对气候变化的生力军。2016 年，道达尔收购了一直为海陆空及太空领域提供产品和服务的全球高科技电池解决方案领导者帅福得（Saft）。2019 年 4 月，帅福得与中国天能集团签署协议，成立天能帅福得能源股份有限公司（TSE），合资公司将为国内和国际市场开发、生产和销售用于电动自行车、电动汽车和储能解决方案的高性能锂电池、模块和高端电池组。

最后，我希望对《巴黎协定》的目标和重点以及习近平主席宣布的新目标表达敬意。道达尔将全身心致力于通过双方牢固和长期的合作关系，为中国完成这一目标保驾护航。

助力碳密集行业更快绿色转型

奥利弗·贝特

安联保险集团董事长、首席执行官

我们十分赞赏中国在绿色转型方面取得的显著进展。中国近年来在该领域的发展速度领先于世界各国，中国政府也对气候问题做出了明确承诺。中国致力于在 2060 年实现碳中和的目标非常令人称道。

刚才潘彦磊先生也讲到了，在能源业和制造业积极参与的同时，金融机构对实现碳中和也发挥着非常重要的作用。这里不仅指的是金融机构自身业务运营过程中的碳中和，这一点安联集团在大约 10 年前就已经实现。作为机构投资者，例如保险机构、银行和养老基金，我们有责任携起手来共同推动资本向可持续领域的优化配置，帮助碳密集行业更快推进绿色转型。

以联合国发起设立的净零资产所有者联盟（The Net-Zero Asset Owner Alliance，AOA）为例，目前该联盟管理的总资产规模超过 5.4 万亿美元，涵盖了 35 家全球最大的养老基金、保险公司和主权财富基金（数据截至 2021 年 3 月）。这些成员金融机构均承诺于 2050 年前，实现其投资组合的碳中和。在此长期目标的基础上，每家成员机构还制订了 2025 年的具体减排目标和相应的行动方案，这一点非常关键。设立长期目标十分必要，而短期内透明可量化的行动方案也至关重要。如此才能够让碳中和的进程更加取信于民，并切实保障我们的子孙后代拥有一个更美丽的地球。

净零资产所有者联盟是机构投资者携手合作推动气候保护、支持碳中和转型融资的典型案例。最近加入联盟的金融机构是日本第一生命保险公司。在日本政府作出碳中和承诺后不久，这家机构也成为联盟的新成员。对此我们也非常赞赏。

我们很高兴能够邀请中国的机构投资者加入联盟，进一步支持中国实现 2060 年碳中和的目标。我们始终欢迎包括保险公司、养老基金，特别是主权财富基金等在内的机构投资者加入净零资产所有者联盟，中国将在 2060 年实现碳中和做出积极且可量化的贡献。在清晰可量化目标的指引下，我们可以与不同行业的企业和政府进一步探讨低碳减排的联合行动的具体方案。

安联集团在承诺投资组合碳中和基础上，设立了更为切实的目标。我们会更加积极地与被投资企业、相关行业以及价值链上各个利益相关方进行对话。我们会确保增加对可再生能源的投资，并加快退出对煤炭行业的投资。我们也会确保为正在进行转型的企业提供支持，尤其是能源行业。我们不能让他们孤军奋战。

我们倡议中国将远大的长期目标具体化，并为包括金融机构在内的各部门制定相应的中短期政策和路线图。对于机构投资者而言，我们需要更清晰地理解中国将如何进行能源行业的转型来实现能源的净零排放，以及国内和国际金融机构如何更好地支持这一转型。各行业具体的政策和路线图对于指导企业制定绿色转型计划、帮助投资者评估转型计划非常关键，并有利于开展长期规划和资本配置、落实具体可靠及可预见的措施。

此外，公平竞争的环境以及强制性的气候信息披露也十分重要。

可持续金融支持绿色"一带一路"

温拓思

渣打集团行政总裁

非常荣幸出席此次会议，并就促进经济和社会的绿色转型这一非常重要的主题分享我们的观点。

一、关于中国提供的可持续投资机会

中国"2030年碳达峰，2060年碳中和"的承诺标志着全球应对气候变化的一个重大进展。据中国金融学会绿色金融专业委员会的估计，中国每年需约4万亿人民币用于清洁技术、节能、绿色交通等方面的投资，其中85%~95%的资金需要来自私营部门。渣打集团去年发布的《2030机遇》研究发现，在包括中国在内的15个世界上发展最快的市场，和三个联合国可持续发展目标（SDG）相关的私营部门中投资机会为近10万亿美元，其中中国的投资机会和需求最大，达2.829万亿美元。2020年，我们对全球300家最大的投资公司进行了一项调研。我们发现53%投资于新兴市场的机构将中国列为重点投资市场。根据我们近期的《可持续投资评估》，目前高达90%的高净值投资者对可持续投资感兴趣，其中42%的人考虑在未来3年内将其15%的资金用于可持续投资。

二、关于动员私营部门进行可持续投资的政策框架

当前，为了动员私营部门进行投资和支持资本的配置，我们需要可以整合可持续成果和管理ESG风险的政策和监管框架、更高质量的数据、统一的定义和全面准确的披露。

我们对中国人民银行和政府有关部门构建的绿色金融政策框架体系表示高度认同，绿色金融标准、环境信息披露、政策激励机制、产品创新体系和国际合作为该体系的五个重点支柱，对引导、激励和奖励公司向低碳经济过渡至关重要。

三、关于渣打集团推进可持续金融的策略和承诺

在渣打集团，我们采用了"三管齐下"的做法，包括推进可持续金融、管理气候变化带来的金融性和非金融性风险，以及减少我们自身运营和融资活动带来的碳排放。

近年来我们在这些领域采取了积极的行动。2017 年，我们承诺在全球范围内停止为新的燃煤发电厂提供资金，并正与客户合作协助其在未来 10 年内做好燃煤转型过渡。我们还承诺到 2024 年底前提供 750 亿美元的资金，其中 400 亿美元项目融资用于促进可持续发展的基础设施建设，350 亿美元用于清洁技术融资。我们也致力于到 2030 年实现我们自身运营的净零碳排放，到 2050 年实现我们融资活动的净零碳排放。

我们将支持绿色"一带一路"倡议作为工作重点。我们是最早签署"一带一路"绿色投资原则（GIP）的银行之一，并于 2020 年获得 GIP 指导委员会颁发的"最佳实践奖"。2020 年，我们参与了 120 多个"一带一路"项目，所有项目的总价值超过 200 亿美元，其中超过 36% 的项目符合联合国设定的可持续发展目标，如清洁 / 可再生能源、垃圾处理和水资源项目。此外，渣打集团作为 GIP 秘书处绿色产品工作组的联席主席，与业界同行紧密合作，推广与转型过渡相关的金融产品——债券、贷款、基金和保险，使市场参与者能更好地参与碳排放净零转型，并从中获益。

我很高兴得知，2021 年 1 月 1 日，中国碳市场开始了第一个"履约周期"，标志着全球最大的碳排放权交易市场正式启动。我目前担任由 200 多个全球领先市场参与者组成的私营部门"扩大自愿碳市场工作组"主席。该工作组也包括来自中国的几个机构，其目的是建立和扩展私营部门自愿碳市场，帮助企业向净零排放过渡。我们非常期待为中国碳排放权交易市场的发展做出贡献。

四、呼吁志同道合的金融机构共同采取行动

现在是呼吁志同道合的金融机构采取联合行动的时候。首先，我们必须一致支持客户向净零碳排放过渡，为上述改变提供融资支持，并为转型困难的行业创造机会。其次，我们必须把资金调动到能够创造最大变化的区域，特别是发展中国家。我们都需要给自身更大压力，确保在金融决策时充分考虑气候因素；可持续性和着眼于长远应该成为企业战略和文化的一部分。再次，我们必须支持可持续金融指标与产品标准化方面的工作。最后，我们需要让可持续金融具有普惠性。我们需要与客户和投资者合作，让他们了解可持续金融能够产生的积极影响，特别是在需求最迫切的新兴市场。

五、结语

渣打银行已经在中国植根 163 年。我们致力于全力支持中国在国内和国外推进的绿色转型，包括"一带一路"沿线项目。我们遍布亚洲、非洲和中东的网络，以及雄厚的专业能力，也使我们在上述转型中有机会做出应有的贡献。我们期待着与客户、合作伙伴、投资者、智库、非政府组织和监管机构密切合作，共同努力，推进这一具有重大意义的举措。

应对碳中和挑战 ①

尼古拉斯 · 斯特恩
伦敦政治经济学院教授

　　碳中和转型是一项适用于世界上所有国家和城市的基本原则。它将在很大程度上通过投资、创新、结构和行为转变来实现，而这些转变又将由同时聚焦发展、气候变化适应和减缓的战略、政策和体制所推动。我们需要促进对四种资本的投资和创新——人力资本、社会资本、物质资本和自然资本，以推动整个经济所需的变革。系统设计和管理起着至关重要的作用，尤其是在城市、能源、交通和土地利用这四大系统中。

　　我们必须认识到接下来这 10 年的关键性。世界基础设施可能在 15~20 年内翻一番，世界经济可能在 20~25 年内翻一番。这些增长很大一部分将与城市扩张有关，其中很大一部分是在中国。如果这个新的世界经济或基础设施的增长和旧的类似，我们可能会陷入长达数十年的污染和低效的发展中。这将对世界造成毁灭性的后果。关于未来 20 年的基础设施建设的决定将在未来几年内做出——我们必须集中精力，迅速采取行动。

　　由于经济规模和温室气体排放量，中国作为一个整体，特别是在气候行动方面，必须在世界扮演核心角色。中国的巨大进步得益于对基础设施的大力投资，这一进步对中国和世界都有好处。然而这也意

---

① 根据会议现场录音听译整理。

味着，除非中国降低其排放，否则世界总排放将无法降低。而且还必须快速实现，如果我们还希望有机会能将全球平均气温的上升幅度控制在"远低于2℃"的《巴黎协定》目标下。事实上，我们逐渐明白，1.5℃的目标可能更安全。这就是为什么中国的排放量提前达峰是如此重要。

中国对《巴黎协定》的自主贡献包括承诺在2030年排放量达到峰值。然而，从世界排放总量的要求来看，很明显，除非中国的排放在2030年之前就达到峰值并开始大幅持续下降，否则《巴黎协定》气候变化目标是不可能实现的。中国碳排放越早达峰，峰值越低，越有利于其2060年碳中和目标的实现。如若中国能将温室气体排放峰值提前到2025年，即在第十四个五年计划之内，对于实现中国自身的碳中和目标至关重要，反过来也可能改变世界各国的承诺。走低碳发展道路，不仅有利于环境和气候，也可以为增长提供新动力，持续改善民生。因此，尽早实现碳达峰不仅是未来气候的需要，而且对中国的发展也更有吸引力。

实现这一目标可能有不同的途径，但一些指导战略和政策行动的基本原则至关重要，要在全球范围内迅速淘汰煤炭和停止对煤炭的投资。这将是一个非常积极的增长故事，包含可再生能源、能源效率、储能、新型交通方式、新型农业、土地恢复等多方面的巨大发展机遇。由于这将是一个非常快速的变化过程，一个重塑经济的过程，它将涉及一些行业的收缩，从根本上转变另一些行业，并为其他行业提供重要的发展机会。就业错位将不可避免。这种混乱需要通过对受影响的人员和地区进行强劲和持续的投资来解决，以管理转型带来的社会经济后果。

城市是中国低碳转型的核心。中国在城市方面有着令人兴奋的新议程，围绕着清洁、紧凑和互联（CCC）城市的新模式，这是富有成效的。同时，能源行业处于转型的中心，其转型包括从煤炭转向可再生能源、电力市场改革和更高效的电网管理等。

中国将引领世界应对气候变化。对于中国而言，在第十四个五年规划即到 2025 年内达到碳排放峰值是至关重要的，这将使其转型更早、成本更低，并为世界树立一个强有力的榜样。这将为中国和整个世界带来巨大的好处。

实现"碳中和"的最佳方法

赵国华

施耐德电气董事会主席兼首席执行官

感谢中国发展高层论坛邀请我参加今天这个重要议题的讨论。中国承诺 2030 年碳达峰和 2060 年碳中和，可能是 2020 年应对气候变化领域最好的消息了。这是一个转折点。很多行业，包括施耐德电气都将因此迈向新的发展方向。

中国的"十四五"规划和 2035 年远景目标设定了清晰的里程碑，我们知道中国一定会付诸实践，这种强大的执行能力非常鼓舞人心。"十四五"规划高度关注碳减排，也同时关注高质量发展和效率、数字经济、新能源、创新等，这都将是实现双碳目标的重要支柱。

施耐德电气专注于为实现高效和可持续发展提供数字化解决方案。展望未来，我们看到气候变化将是一个超级难题，因此可持续发展至关重要。我们所做的每个决定都影响着未来。我们已经偏离了气温上升的正确轨迹，现在我们必须控制这一曲线。为实现控制 2℃温升这一目标，我们必须要关注建筑、城市和工业，确保这些领域成为行动的重点。有两项技术，或者说颠覆和改变可以帮助实现这一目标 —— 数字化和清洁电气化。

先说数字化。数字化应用于物，即我们常说的物联网，它和大数据、软件、人工智能一起，成为一种全新的颠覆手段，能使我们达到更高的能效水平。数字化可以为建筑和工业提升 30% 的能效，通过减少不必要的能源消耗，提高生产率。在中国我们有很多客户案例，比如工业领域的三宁化工——我们用数字孪生的方法进行全生命周期管理，打通了相互孤立的各个阶段，帮助客户真正降低了排放，提高了生产效率。

数字化也是能达到系统性效率的唯一方法。整个能源供应链正在发生剧烈变化，能源生产因为更多的新能源接入而变得不稳定，能源消费也在不断调整，只有数字化才能应对这些变化并在整个价值链中实现系统性效率。

数字化无疑也是实现循环可持续的唯一方法，因为它可以实现资源的可追溯性，从而实现经济的循环发展。

第二大催化剂是清洁电气化。电气化是能源脱碳的唯一途径。我们看到最明显的变化是车辆的电气化。事实上，未来最大的变化是建筑的电气化，尤其是建筑中的温度控制、制冷和供热的电气化。想让建筑更加智能和绿色，在数字化和电气化方面，我们还有很多要做。在工业领域，我们同样看到了工业过程的电气化趋势。

想要实现气候目标，我们必须合作。就我们自己而言，施耐德电气 90% 的碳足迹来自我们的供应商，我们每年还帮助客户节约 1 亿吨二氧化碳。我们需要重塑建筑和工业。没有任何一家公司可以独自完成这一使命。只有通过合作，并统一我们的价值主张才可以实现目标。

此外，还需要政府和金融机构的一致行动，为这些科技的创新实践提供资金支持。

中小企业的参与也非常重要。它们很可能没有大型企业的资源，因此建立特定的机制让大企业可以在可持续发展上帮助小企业。

我还想提醒大家关注联合国全球契约组织的核心目标，它为我们提供了一个共同的话语体系、衡量指标、指南针，让我们向着共同的能效目标前进。

最后，我还有两点建议。首先，为年轻人提供新的就业机会既是责任，也是机遇。首先，我们需要教育、培训更多的劳动力，他们是提升建筑、工厂效率的主力军，无论是通过高等教育还是职业教育。这不仅可以带来更多的工作机会，也是创新的源泉。施耐德电气正和这些学校保持着紧密的合作，以推动职业教育的发展。其次，是行动的紧迫性。我们今天建造的每一栋使用化石能源的楼宇，将对未来50年产生影响；我们今天建造的每一间传统型工厂，也将对未来50年产生影响。我们已经偏离了应对气候变化的正确路线，并且这一切已经对我们的社会产生了影响。因此，未来的每一个决定都很重要。让我们从现在开始合作！

为碳达峰提供政策驱动力

夏光

生态环境部研究员、原国家生态环境保护督察专员

"2030 年碳达峰和 2060 年碳中和"已经成为国家战略目标。碳达峰就是对二氧化碳排放进行总量控制，主要途径是调整能源结构、推动绿色技术创新、建立绿色生活方式等。当前中国距离实现碳达峰目标已不足 10 年，时间紧迫。对于中国这样体量巨大的经济体而言，实现碳达峰目标，任务艰巨，时不我待，必须通过制定相关政策，向全社会提供为实现目标而共同奋斗的驱动力。

实现碳达峰目标所需的政策驱动力是很大的，是一个很大的系统。总体上，可以把这种政策驱动力分为三大类 —— 推动力、拉动力、行动力。

一、推动力：政府实施的管制性政策

实行二氧化碳排放总量控制，是政府进行的社会公共管理行为。如同对其他污染物进行总量控制一样，按照 2030 年前碳达峰的目标，也需要制订全国二氧化碳排放总量控制计划，确定 2030 年前二氧化碳最高排放量指标；根据各地现有排放程度、经济发展水平、未来排放需求等多种因素，将该指标分解到各省（市、区），再依次分解到城市和企业，在此基础上，进行定期调度，督促落实，并进行年度和终期考核，追责问责。确定的碳达峰指标还要对重点行业进行分解，并纳入行业五年发展规划和年度发展计划。

在推动二氧化碳排放总量控制中，各级政府还可以实施产业准入

政策，确定高碳／低碳产业名录，提出产品碳标签，限制高能耗、高排放产业投资。提出清洁能源约束性发展指标，限制化石能源增长。确定绿色低碳交通发展目标，推广节能和新能源车辆。

二、拉动力：通过市场提供的激励性政策

实现碳达峰目标，需要进行广泛的绿色技术创新，通过完善市场机制，可以引导和激励更多的市场主体参与到绿色低碳转型中来，积极主动地采取碳减排行动。

绿色投资——发布绿色低碳项目投资指南，设立低碳项目投资基金。

碳交易——设置资源环境交易所，将节能减排所获得的碳排放额度上市交易。探索碳期货、碳期权等市场化交易机制。建设全国碳排放权注册登记结算系统和交易系统。

绿色信贷——银行等金融机构为清洁能源、植树造林等低碳降碳项目提供优先贷款服务。

税收减免——对企业研发应用新的绿色低碳技术给予税收优惠支持。

财政补贴——对新能源汽车等新产品、新业态给予资金支持。对国家自主贡献重点低碳项目和地方低碳试点工程给予贷款担保等。

生态补偿——对于保护生态、增加碳汇的地区给予经济补偿或合作进行经济合作项目。

低碳示范——深化低碳省、低碳城市、低碳工业园区、低碳社区试点，推进近零碳排放示范工程和碳中和示范区建设。

三、行动力：增强社会行动能力的引导性政策

实现碳达峰碳中和目标，要提升全社会生态文明和绿色环保意识，增强全民参与碳减排的行动能力，建立新型绿色低碳生活方式。这是一场深刻的社会变革，需要有力的政策引导和支持。

目前已经采取的鼓励公众参与生态环境保护的各项政策，对实现碳达峰目标都是适用的。在此基础上，针对碳达峰的特定目标，还可以实施更多的政策，包括通过各级政府、社会团体、新闻媒体、教育机构等各种社会主体，科学宣传"双碳"目标的重要意义，广泛动员社会公众形成生态文明和绿色发展意识。鼓励公众采取节约能源、合理膳食、垃圾分类、低碳出行、公共交通、循环利用、美化家居等各种方式，建立自己绿色低碳的生活方式。通过建立城市绿色低碳生活方式评价排名公布机制和绿色低碳行动积分奖励计划等，推动建设节约型机关、绿色学校等。探索建立各级政府部门、事业单位和国有企业举办大型活动（会议、赛事）实施碳中和行动的制度。

氢能经济助力碳中和

施南德

麦肯锡公司董事长兼全球总裁

首先，我想感谢卢迈先生与中国发展高层论坛邀请我参加本次活动并让我分享我的一些看法。新冠肺炎疫情是一场全球危机，严重影响了各国人民的健康与福祉。然而，我们面临一个更大的风险，那就是气候变化。

特别是在后疫情时代，这一关键时期将会决定我们能否实现《巴黎协定》的减排目标。因此，气候行动——尤其是脱碳行动，必须持续作为中国的重点议程。这对中国、对世界来说都有着重大意义。

自 1909 年以来，中国的平均气温已经上升了 1.5℃之多。气候变化可能会让中国变得更加炎热、潮湿。如果短期内中国的碳排放量继续以当前速度增长，到 2030 年极端炎热和致命热浪可能会威胁到 1000 万至 4500 万人。

随着气候变化加剧，适应行动固然重要，但政策制定者、企业和个体也应当立即行动起来，减缓气候变化的影响。

中国政府已经做出承诺——到 2030 年单位 GDP 碳排放比 2005 年下降 60% 到 65%，到 2060 年实现净零排放。

中国在应对气候变化方面已经取得了进展，尤其是在可再生能源和绿色创新领域。在可再生能源投资方面，2018 年中国几乎占全球可再生能源投资总额的 1/3，高达 912 亿美元。

在投资新出行方式方面，中国拥有全球 95% 的电动公交车队以及全球近 50% 的电动乘用车。此外，过去 5 年中仅北京地铁的长度就增加了 1/3。

中国在绿色发展领域的研究也在不断增长。多年以来，中国持续发表绿色和可持续科技领域的论文。2016 年以来，论文增加了一倍多。过去 10 年发表论文总数达到了 3 万篇。

展望未来，后疫情时代的复苏为中国创造了独特的机遇，中国将加速迈向碳中和。这就要求在行业攻坚战中取得新进展，例如煤炭、化工和水泥等行业。中国顶级的气候研究机构已经制定了路线图——到 2050 年消除燃煤发电，并在未来 30 年内改变中国的能源结构。

打造氢能经济是其中一个关键元素。制氢技术正在快速发展，成本也在下降。政府可以制定激励措施，推动市场发展。根据麦肯锡的研究，中国氢气需求现在近乎为零。但到 2030 年或将增至 1800 万吨，主要来自钢铁和运输行业。

此外，还有碳捕集、利用和封存技术（CCUS）方面的挑战。将 CCUS 应用于煤炭能源可大大减少煤电的排放量。根据麦肯锡的研究，到 2050 年中国可通过 CCUS 捕集约 13 亿吨二氧化碳。

推广植树造林和低碳生活方式也是把握这一轮机遇的重要举措。中国可以利用电商市场的力量来支持可持续的绿色行动。新兴数字举措可以鼓励消费者做出低碳决策，重建消费习惯与环保之间的联系。

让我们思考一下脱碳的治理模式以及这意味着什么。中国脱碳需要集体作战，需要各方协同努力，包括公共部门、私营部门以及个体。这些变化将可能颠覆所有行业和领域的现有商业模式。然而，迄今取得的进展表明，在所有利益相关方的协同努力下，未来不一定是黯淡的。

政府发挥着关键作用。其中一个作用就是汇聚各方力量，使各方都朝着同一个方向努力。首先，政府可聚焦韧性建设和绿色复苏，强调提升私营部门参与度的刺激措施以及将绿色举措作为核心规划的措施。其次，政府可制定脱碳政策，将环境标准纳入公私合营制度并重点扶持具有减排潜力的项目。最后，环境与经济是不可分割的。因此，政府可以进一步支持绿色金融，推广绿色债券，推进全国碳市场建设。

企业也要发挥自己的作用。我们相信只要企业迅速行动，发现并采用可持续的商业模式，可持续性可以成为竞争优势。企业需要制定具体、公开的脱碳战略，最好有明确的排放指标。高排放行业需要加速脱碳。

世界经济论坛认为，首先，通过现有的、经济上可行的做法，例如投资发展循环经济和可再生能源，可将供应链的排放量减少40%，而且成本较为低廉。其次，调整工作模式也有助于减排。据麦肯锡估算，在发达经济体中，高达1/4的劳动力可以每周三到五天在家办公而不损失生产力。这可能会极大改变工作开展的地点，从而减少由出行带来的排放。此外，新冠肺炎疫情还加速了劳动力需求的转变。企业领袖可与政府合作，将气候风险和脱碳意识纳入员工技能升级计划。最后，数据质量和透明度至关重要，可以帮助企业统计、监测和减少温室气体排放。企业应当利用大数据、自动化等指导更有效、更可持续的商业决策。

消费者显然也有一份责任。在正确的治理结构下，个人也可以为脱碳做出贡献，提高对脱碳影响的认识，形成绿色生活方式。这并不意味着必须减少消费，而是在消费时注重环保以及生活品质的提高。这也意味着践行循环经济原则，参与产品和服务的共享、回收和再利用。

最后，再次感谢各位给我这个机会分享我的观点。通过与利益相关方合作，中国可以展示向净零排放过渡的潜力。我们坚信，只要各方在这些方面群策群力，中国可以实现碳中和目标。

发展新型电力系统　助力实现碳达峰碳中和目标

舒印彪

中国华能公司董事长

2020 年 9 月 22 日，习近平主席向世界宣布，中国二氧化碳排放力争于 2030 年前达到峰值，努力争取 2060 年前实现碳中和。实现碳达峰碳中和，事关中华民族永续发展和构建人类命运共同体，中国经济社会将发生广泛而深刻的变革。碳达峰碳中和是一项系统工程，电力行业肩负着重要的历史使命。根据国际能源署（IEA）统计，2019 年中国碳排放总量 113 亿吨，能源领域碳排放量 98 亿吨，占全国总量的 87%，其中，电力行业碳排放 42 亿吨，占全国总量的 37%。因此，实现碳达峰碳中和，能源电力行业任务最重、责任最大，将承担主力军作用。

一、近年来中国电力低碳转型取得显著成效

一是新能源实现快速发展。截至 2020 年底，中国风电、太阳能发电装机分别达到 2.8 亿、2.5 亿千瓦，占世界风电、太阳能发电装机的 34%、33%，均居世界首位。中国新能源已形成完整的技术研发和生产制造产业链供应链体系，海上风电最大单机达 1.2 万千瓦，光伏 210 毫米硅片大尺寸组件最大功率可达 670 瓦。新能源发电成本不断下降，近 10 年来陆上风电、光伏发电成本分别下降 40% 和 82%。

二是大力实施电能替代。加快"以电代煤、以电代油"，2016 年以来累计电能替代电量超过 9000 亿千瓦时。建成覆盖全国主要高速公路的"九纵九横两环"电动汽车城际快充网络，打造世界上规模最大

的智慧车联网平台，新能源汽车保有量突破 500 万辆。中国电能占终端能源消费比重达到 27%，过去 10 年增幅是世界平均水平的 2.7 倍。

三是特高压有力支撑可再生能源大规模开发利用。特高压是最先进的输电技术，具有远距离、大容量、低损耗的优势，是西部大型水电、新能源基地开发外送的关键技术。10 年来，累计投资 5150 亿元，建成 13 回交流、16 回直流特高压工程，年输送电量 4500 亿千瓦时，其中 70% 以上为可再生能源。依托特高压大电网，可再生能源实现基地化、规模化开发，在西南地区金沙江、澜沧江、雅砻江等流域，建成向家坝、溪洛渡、锦屏等巨型电站，形成千万千瓦级水电基地 4 个。在"三北"地区甘肃、新疆、宁夏等省区建成千万千瓦级风电基地 8 个，青海、新疆、内蒙古等省区建成千万千瓦级太阳能发电基地 8 个。

四是煤电实现清洁高效利用。86% 的煤电机组完成超低排放改造，全国供电煤耗降至 305 克 / 千瓦时，过去 10 年下降 28 克 / 千瓦时，相当于年减少煤炭消耗 1.4 亿吨、减排二氧化碳 4 亿吨。优化存量、控制增量，煤电装机占比历史上首次降至 50% 以下。大力发展垃圾发电、污泥耦合发电，建成 9 个煤电 CCUS 示范项目，年二氧化碳捕集能力达 40 万吨。

二、再电气化是实现双碳目标的有效途径

实施再电气化，就是在能源生产侧实现"清洁替代"，在能源消费侧实现"电能替代"，以电为中心、电力系统为平台，清洁化、电气化、数字化、标准化为方向，构建清洁低碳、安全高效的能源体系。电是现代能源系统的中心，在生产侧，实现碳达峰碳中和，要大力发展可再生能源，可再生能源资源需要通过转化为电力加以高效利用。在消费侧，工业、交通和建筑等行业实现碳达峰碳中和的重要途径是大幅提升电气化水平，提高能源利用效率，加快控碳脱碳。在传统电

气化基础上，实现高度电气化社会。

以新能源为主体的电力系统将发生革命性改变。按照双碳目标，基于中国能源禀赋，我们对未来 40 年的能源转型进行推演。预计到 2060 年，中国非化石能源消费比重将达到 83%，电能消费比重达到 70%，全社会用电量超过 16 万亿千瓦时，新能源发电装机达到 50 亿千瓦，新能源发电量占比由目前的 8% 提高到 60% 以上。大规模新能源发电具有间歇性、随机性和波动性，给电力系统平衡调节和灵活运行带来重大挑战，高比例新能源、高比例电力电子装备广泛接入，电力系统的稳定特性、安全控制和生产模式都将发生根本性改变。

三、构建以新能源为主体的新型电力系统

传统电力系统将向新型电力系统转变。过去一百多年来，电力系统已经形成以化石能源为主体的技术体系，在规划运行和安全管理等方面具有成熟的技术，达到很高的水平，保障了可靠的电力供应。未来，将加快向以新能源为主体的新型电力系统转变。电力系统的结构形态发生变化，从高碳电力系统，变为深度低碳或零碳电力系统；从以机械电磁系统为主，变为以电力电子器件为主；从确定性可控连续电源，变为不确定性随机波动电源；从高转动惯量系统，变为弱转动惯量系统。

新型电力系统具有四个方面的基本特征。构建新型电力系统，需要统筹发展与安全，保障电力持续可靠供应，充分利用数字技术和智慧能源技术，在传统电力系统基础上，增强灵活性和柔性，提高资源优化配置能力，实现多能互补、源网荷储高效协同，有效平衡新能源的波动性、随机性和不确定性，实现智慧友好。一是广泛互联。形成更加坚强的互联互通网络平台，发挥大电网优势，获取时间差季节差互补、风光水火互相调剂和跨地区跨流域补偿调节等效益，实现各类发电资源充分共享、互为备用。二是智能互动。现代信息通信技术与电力技术深度融合，实现信息化、智慧化、互动化，改变传统能源电力配置方式，由部分感知、单向控制、计划为主，转变为高度感知、双向互动、智能高效。三是灵活柔性。新能源要能主动平抑出力波动，提高发电品质，成为友好型电源，具备可调可控能力，提升主动支撑性能。电网具备充足的调峰调频能力，实现灵活柔性控制，增强抗扰动能力，保障多能互补，更好适应新能源发展需要。电力用户既是电能消费者又是生产者，加强主动配电网建设，由过去单一的网随荷动，变为荷随网动、源网荷协调互动。四是安全可控。实现交流与直流、各电压等级协调发展，建设新一代调控系统，筑牢安全"三道防线"，有效防范系统故障和大面积停电风险。

清洁低碳转型是全球面临的共同挑战，需要各国科技界、企业界开展更加广泛的国际合作，共享合作成果。充分发挥科技创新引领作用，实现产学研用协同，加快突破关键核心技术。在基础前瞻领域，重点攻关高效率高安全大容量储能、氢能及燃料电池、高效率光伏发电材料、新型绝缘材料、超导材料、宽禁带半导体电力电子器件等技术。在工程应用领域，重点攻关 CCUS、高效率低成本新能源发电、大规模海上风电、虚拟电厂、源网荷储协调运行、主动需求响应、综合能源系统等技术。

清洁低碳发展已成为未来趋势，中国华能将勇当能源转型"排头兵"，大力调整能源结构，加快建设世界一流现代化清洁能源企业，力争 2025 年前实现碳达峰，"十四五"时期清洁能源装机占比超过 50%，2035 年超过 75%。我们愿与各方一道，积极推进新型电力系统建设，加强低碳技术研发，创新商业模式和融资方式，完善产业政策和技术标准，为实现碳达峰碳中和做出积极贡献！

加速创新合作，推动供应链绿色转型

薄睿拓

百威集团全球首席执行官

感谢主办方邀请我参加 2021 年中国发展高层论坛。能够在这一难忘的年度参加此次会议我感到非常荣幸。能够与大家齐聚一堂，为我们的社区，为中国乃至全球积极做出贡献，我备受鼓舞。

2020 年是极富挑战的一年，但同时也带来了新的机遇，使我们重新确定首要任务，能够齐心协作，展现韧性。我们必须在危机中吸取教训，提高应对未来不确定性的能力——没有什么危机比气候变化更加迫在眉睫了。

气候变化是全球面临的最紧迫的社会和环境问题。我们将持续投资新技术，减少在运营和供应链中的碳排放，让我们的价值链更具韧性和气候适应性，这点至关重要。

中国政府的减排承诺——力争于 2030 年前实现碳达峰，在 2060 年前实现碳中和，令我们备受激励。百威相信，该承诺彰显了中国发展的目标、重点和长期合作的发展思路，为推进目标实现提供了强有力的支持。

百威是一家比利时公司，我们在中国深耕发展已 30 余年。如今我有 22000 多名同事在中国工作，致力于啤酒的酿造和销售，将我们的啤酒送到消费者身边。

百威于 2019 年在香港证券交易所公开上市了中国区和亚太区业务——百威亚太控股有限公司，现已在恒生指数中公开交易上市。百威集团是全球领先的啤酒公司，在 100 多个国家拥有 500 多个在售品牌。

在百威，我们梦想远大，旨在建立一家基业长青的公司，携手你我迈向下个百年。百威的宗旨是"携手你我，酿造更美好世界"。实现这一目标的关键，即通过可持续的实践和运营以实现持续成长。

可持续发展是我们的业务本身。没有水就没有啤酒。由于啤酒是由天然原料酿造而成，所以 98% 的百威产品都是本地生产的。百威的价值链为我们生活和工作的社区带来了积极的经济影响：为农业、原料供应、物流、市场、餐厅、杂货店、便利店、酒吧和酒馆创造数百万个就业机会。

那么，目前为止我们做了什么？

我们已公开承诺了宏大的"2025 年可持续性目标"。这是我们业务的内核所在，包括智慧农业、守护水源、循环包装和气候行动。所有这些目标都是为了让百威的运营和价值链更具气候适应性。

今天，我想重点谈谈百威的气候行动目标，即我们购买的电力将 100% 来自可再生能源，且整个价值链的碳排放将减少 25%。

我们的中国团队在实现这些目标方面处于领先地位。这里我想分享一些我特别引以为傲的例子。

作为在数字化世界中加速创新的传统制造企业，百威致力于自身发展，并与供应商和行业伙伴携手并进，努力推动中国啤酒行业的现代化转型升级，使其更加高端化、智能化和绿色化。例如 2020 年，我们位于四川省资阳市的啤酒厂通过电力购买协议成为国内啤酒行业首个 100% 使用可再生电力生产的工厂。随着中国可再生能源行业的发展和政策的优化，我们意识到在绿色能源方面的合作机会也越来越多。实际上，我们今年通过电力购买协议，又实现了武汉和昆明两家啤酒厂的 100% 使用可再生电力生产。

百威最大的分布式光伏电站安装在我们福建莆田的啤酒厂屋顶上。我们还用天然气锅炉代替了燃煤锅炉,安装 LED 照明设备,并要求必须购买标有一级能效(代表最节能型号)的冰箱和冰柜。

应对气候变化需要通力合作。以绿色物流为例,我们正在与合作伙伴协作,控制我们运营过程中产生的二氧化碳排放。

百威设定了一个以科学为基础的减碳目标,即我们 2025 年的碳排放强度(范围 1、2 和 3)与 2017 年的基线值相比减少 25%,生产中的绝对碳排放值(范围 1 和 2)减少 35%。在中国,我们生产中的碳排放强度(范围 1 和 2)与 2017 年相比已降低了 30% 以上。

我们已经配置了 216 辆清洁能源汽车,其中包括 180 辆液化天然气卡车、31 辆电动卡车以及新近配置的氢燃料电池卡车。这些卡车都采用了先进技术来减少碳排放。此外,我们还与中国的物流供应商签署了新的承诺,承诺到 2025 年之前配置清洁能源卡车占比超过 50%。

供应商和社区也是我们可持续发展道路上的重要合作伙伴。通过"100+ 加速器"项目,百威积极紧密地与供应商和初创企业协作。该项目旨在于 2025 年之前应对 100 多项挑战。

我想分享一个成功案例,是关于百威和一家上海初创公司的合作。该公司专注于重复利用电动汽车中的退役电池来存储能量。我们于 2018 年年底通过"100+ 加速器"项目开始合作,促成了其与世界银行可持续发展基金的合作,在百威佛山啤酒厂建立了一个 20 兆瓦容量的电站。这样的合作让我们看到了转型的可能。

中国正在加速创新合作,其对气候行动的承诺使我们有信心实现我们的可持续发展目标。因为百威的可持续目标与中国的减排目标、联合国可持续发展目标紧密相连。

我们相信，百威将在中国实现碳中和目标并在通过创新推动绿色和高质量发展的过程中发挥应有的作用。

百威对中国的承诺坚定不变。百威助力中国实现碳达峰与碳中和目标的承诺坚定不变。

我们的世界拥有应对气候变化和可持续发展所需的资源、技术和知识。只有协调共享，我们才能应对气候变化、扩大创新规模，在整个社区中增强韧性。

我们正在尽己所能，集中全价值链的力量助力全球社会经济复苏。以往，啤酒是经济增长的强劲引擎；在后疫情时代，啤酒也可以是经济复苏的关键动力。百威全球和百威亚太将继续努力，为中国及全球各地创造可持续发展的未来。

碳达峰碳中和与能源转型

李政

清华大学气候变化与可持续发展研究院常务副院长、教授

极端天气频发在警示着我们，尽管全世界仍在与新冠肺炎疫情做殊死的决战，但是我们不应该忘记，气候变化是人类面临的更长期、更深层次的危机，所以疫后重建要走绿色复苏的道路。我们的未来并不确定，听之任之，地球将会有灾难性的后果，而主动采取行动，可以将危害控制在可承受的范围之内。所以人类未来的命运实际上是掌握在人类自己手里的。在这样的大背景下，碳达峰、碳中和已经成为全球的广泛共识。《巴黎协定》目前已经有 190 个缔约方批准，《巴黎协定》设定了温升不超过 2℃，并争取低于 1.5℃的长期目标，实际上它也规定了碳达峰和碳中和的路径，就是尽快实现全球排放达峰，在21 世纪下半叶实现温室气体源的人为排放与汇的清除之间的平衡。

截止到 2020 年底，全球已有 100 多个国家做出了碳中和的承诺。古特雷斯秘书长去年 12 月份在"我们的星球现状"演讲中表示，到2021 年初，做出碳中和承诺的国家将覆盖全球二氧化碳排放量 65% 以上、占世界经济规模的 70% 以上，所以这是一个大的趋势。应对气候变化可能会影响和阻碍经济发展，这是许多人的忧虑和担心。恰恰相反，碳达峰、碳中和的战略并不是就气候谈气候、就低碳谈低碳，实际上它是一个经济社会发展的综合战略。最典型的例子就是欧洲的绿色新政，除了在能源、工业、建筑等 7 个领域制定了一整套深度的转型政策，实际上有更高的目标，那就是将欧盟转变为一个公平繁荣的

社会、一个富有竞争力的资源节约型现代经济体，到 2050 年温室气体达到净零排放，以及实现经济增长与资源消耗脱钩，实际上就是要实现可持续发展。

碳达峰、碳中和已经成为中国坚定的发展方向，习近平主席已经在多个重要的国际场合宣示了中国的目标和坚定的决心。碳达峰和碳中和已经纳入了国家的总体发展规划。刚刚召开的中央财经委员会第九次会议再次强调，中国力争 2030 年前实现碳达峰，2060 年前实现碳中和，是党中央经过深思熟虑作出的重大战略决策，事关中华民族永续发展和构建人类命运共同体。所以碳达峰和碳中和是顺应全球低碳发展的大势、倒逼中国经济走向高质量发展道路的战略之举。

与发达国家相比，中国面临的减碳压力更为巨大，主要是因为中国正处在工业化、城市化进程中，与美国、欧洲和日本相比，我们从碳达峰到实现碳中和的时间要短得多，因此要付出更加艰苦的努力。从能源系统来讲，要在从一次能源的来源到中间转化技术再到需求侧的利用方式和技术创新上发生深刻变化，根本特征是要实现以煤炭和化石能源为主的系统转变为以非化石能源为主的系统。

根据清华大学气候变化与可持续发展研究院发布的长期低碳发展战略，在 2℃目标下，2050 年非化石能源要占到 70% 以上，终端电力比重要占到 55%。而按照 1.5℃的目标，非化石能源要达到 85% 以上，终端电力比重要达到 68% 以上，和舒总（舒印彪）讲的数据大方向是一致的。

要实现这样的目标，除能源系统之外，还需要全社会各个部门的共同努力，需要从经济的供给侧和经济的需求侧部署新的技术并开展技术创新。能源低碳转型需要付出巨大的成本，按照清华大学的测算，实现 2℃目标导向转型路径，2020 年到 2050 年能源系统需要新增投资约 100 万亿元，占 GDP 的 1.5% 到 2%，而要实现 1.5℃目标导向转型路径，需要新增的投资约 138 万亿元，超过每年 GDP 的 2.5%。同时，需要强调的是，能源转型会带来新的增长点和新的就业机会，支撑高质量经济发展，因此付出这样的成本是值得的。

碳达峰和碳中和是相互关联的两个阶段，它们的辩证关系是"此快彼快、此低彼易、此缓彼难"，因此"十四五"是一个关键期和窗口期，需要有迎难而上、只争朝夕的精神，为碳达峰和碳中和的伟大事业做出贡献。

企业绿色转型助力碳达峰与碳中和

李瑞麒

波士顿咨询公司首席执行官

第一，企业应该让供应商长期参与进来，制定标准，跟踪供应商的表现，这可能是减少上游排放的最有力的直接抓手之一。比如说，荷兰的材料公司帝斯曼集团就已经开始要求供应商 100% 使用可再生能源，同时通过研讨会的形式，帮助供应商了解从传统能源转向可再生能源的商业论证。

第二，企业可以利用最重要供应商提供的数据，通过模型测算，制定更清晰的供应链排放目标。企业还可以与供应商合作，共同创造一些脱碳机会。作为全球制造业的中心，中国在绿色能源方面的领导地位可以在世界产生积极的连锁反应。

第三，企业可以增加回收材料的使用，重新思考产品的设计，以减少能源的消耗。例如，特斯拉不断改进其产品规格，减轻车身重量，延长电池寿命和续航里程，从而增强了对消费者的吸引力。

第四，所有的商界领袖都需要考虑如何在自身的组织中嵌入供应链脱碳的措施。他们可以引入低碳治理模式，协调企业内部激励措施，来赋能组织减排。

最后，企业应与其客户，以及中国和世界各地更加广泛的生态系统进行合作。企业应积极邀请同行、政府、投资者和客户参与。下游企业若能承诺在协议中采购更加环保的材料，将为生产商提供确定性并让投资成为可能。

总体而言，端到端的脱碳对终端消费者价格的影响比想象中要小得多。我们最近与世界经济论坛合作进行了一项研究，分析了 8 条全球主要的供应链，发现终端消费者面临的价格涨幅在 1% 到 4%，主要原因在于高排放的原材料通常只占据最终消费者支付价格的一小部分。例如，虽然高排放原材料的脱碳成本很高（如钢铁、铝、塑料），但它们在终端消费者价格中所占的比例却比较低，零碳汽车的价格对买家来说只提高了 2% 左右。

脱碳举措带来的成本增加，还是会给诸多行业带来很大影响。在一些地区，消费者很难接受更高的产品价格，许多企业也难以接受利润的降低。但值得庆幸的是，我们在讨论 2% 的价格浮动，而不是10%或 20%，这为价值链上的合作创造了可能性。

虽然企业在应对气候变化方面可以发挥重要作用，但并不意味着可以凭一己之力扭转乾坤。企业需要和政府及投资者建立牢固的伙伴关系，勠力同心，聚力前行。

第五篇

民生建设与共享发展

健康中国建设新机遇

于学军

国家卫生健康委员会副主任

　　过去几年中国卫生健康事业取得了历史性的新成就，特别是在此次抗击新冠肺炎疫情中，医药卫生体系在维护人民生命安全和身体健康、保障经济社会发展方面发挥了重要的作用。

　　党的十九届五中全会对健康中国建设提出了新的要求，健康中国的位置更加突出。结合此次疫情防控，我谈谈健康中国建设中的几个重要问题。

　　第一，加快疾病预防控制体系改革。在这次应对新冠肺炎疫情中，疾病预防控制体系经受住了考验，但也暴露出一些短板与不足。下一步，要理顺体制机制，明确功能定位，提升专业能力。要建立稳定的公共卫生事业投入机制，改善疾控基础条件，完善公共卫生服务项目，优化完善疾控机构职能的设置，加强国家级的疾控机构能力建设，健全疾控机构和城乡社区联动工作机制，完善公共卫生重大风险评估、研判、决策机制，创新医防协同机制，筑牢国家公共卫生防护网，为人民生命安全和经济发展保驾护航。

　　第二，推动公立医院高质量发展。这次抗击新冠肺炎疫情，公立医院发挥了主力军作用。公立医院是中国医疗服务体系的主体，是全面推进健康中国建设的重要力量。要坚持公立医院的公益性，坚持医防融合、平急结合、中西医并重，以改革创新为动力，力争通过5年努力，公立医院发展方式从规模扩张转向提质增效，运行模式从粗放管理转向精细化管理，资源配置从注重物质要素转向更加注重人才技术要素，为更好提供优质高效医疗卫生服务、防范化解重大疫情和突发公共卫生事件风险、建设健康中国提供有力支撑。

第三，面向人民生命健康加快科技创新。科学技术为抗击疫情提供了强大支撑。党的十九届五中全会，提出了科技工作"面向人民生命健康"的新要求，彰显了以人民为中心，坚持人民至上、生命至上的执政理念。要坚持创新驱动发展，立足医学科技自立自强，集中力量开展关键核心技术攻关，加快解决一批药品、医疗器械、医用设备、疫苗等领域的"卡脖子"问题，推动中国健康科技创新整体实力大幅提升，助力健康中国建设。

第四，促进健康产业的高质量发展。新冠肺炎疫情让人们的健康意识大幅提高，健康越来越成为人民群众关心的重大民生福祉问题，群众多层次多样化高品质的健康需求持续增长。健康产业是健康中国建设的五大战略任务之一，产业链条长、关联产业多、带动效应强、跨界融合度高。将深化卫生健康领域供给侧结构性改革，持续深化"放管服"改革，主动适应人民健康需求，深化体制机制改革，优化要素配置和服务供给，补齐发展短板，推动健康产业转型升级，积极促进健康与养老、旅游、互联网、健身休闲以及食品的融合，培育健康新产业、新业态、新模式，不断满足人民健康需求。

从制药大国向制药强国跨越

徐景和

国家药品监督管理局党组成员、副局长

以习近平同志为核心的党中央高度重视人民生命健康，在《"健康中国 2030"规划纲要》中，提出到 2030 年跨入世界制药强国行列的目标。当前，中国正处于从制药大国到制药强国跨越的历史进程中。

国家药监局自组建以来，坚持以习近平新时代中国特色社会主义思想为指导，以保护和促进公众健康为监管使命，以加快推进药品监管体系和监管能力现代化为战略重点，凝心聚力，奋力前行，在药品监管和健康中国建设方面取得了重大进展。特别是在法规制度建设、监管体系建设、审评审批制度改革、国际交流合作中，取得了新进展与新成效。

当前中国与制药大国还有一定差距，应当总结国际药品监管工作规律，立足中国的历史方位，从以下几个方面持续努力。第一，构建显著的制度优势。制度是生产力的"第四要素"，是绿色的持续的永久的发展资源。要建立更加鼓励和支持药品产业创新的制度体系，为药品产业的发展营造更好的生态。第二，培育优秀的产业群体。这些群体包括在中国运营的中外合资、合作企业和外商独资企业。第三，提升卓越的创新能力。国家药监局将按照新发展理念要求，持续推动治理理念、治理制度、治理机制、治理方式、治理战略的创新，助力推进药品产业的质量变革、效率变革和动力变革。第四，建立完善的监管体系。努力为药品持续发展提供更加强有力的支持。第五，贡献更多的智慧力量。积极参与全球药品监管交流与合作，努力为国际药品监管和人类健康贡献更多的中国智慧和力量。

下一步国家药监局将坚持科学化、法治化、国际化、现代化的发展道路，精心编制好"十四五"药品发展规划，认真落实中国药品监管科学行动计划，全面提升药品监管体系和监管能力的现代化水平，努力为保护和促进公众健康做出新的更大的贡献。

疫情后的共同富裕之路

甘犁

美国德州农工大学经济系讲席教授、

西南财经大学中国家庭金融调查与研究中心主任

今天的演讲是根据我们在去年一年开展的疫情调查，包括我们自己做的疫情调查，还有和蚂蚁金服研究院合作开展的疫情调查的一些结果，跟大家分享一下，也希望谈一下疫情以后如何实现共同富裕。

新冠肺炎疫情在全球对各类家庭的冲击是不一样的，各个国家的情况都是类似的。高收入、高财富家庭在疫情期间和疫情后的表现远远好于低收入、低财富家庭。图 1 两张图，左图是家庭财富指数，指数为 100 表明了与上一季度持平，大于 100 表明有增加，数字越大增加的情况越好。

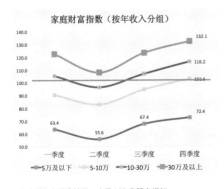

100 表明与上季度持平；大于 100 表明有增加

图1

数据来源：中国家庭金融调查与研究中心 蚂蚁集团研究院

从左图中可以看到，2019 年家庭收入 30 万以上的家庭，财富指数在整个疫情期间都在增加，10 万～30 万家庭除第二季度之外，财富也在增加，5 万～10 万的家庭只有在第四季度才略有好转，而 5 万以下的家庭情况则非常不乐观，财富一直在减少。收入的情况也是类似的，高收入家庭收入在疫情后比 2019 年还要好。整体上整个疫情导致了我们收入和财富差距的加大。

图 2 是关于消费的。居民消费恢复的情况滞后于居民收入，也滞后于 GDP。在疫情以前过去 10 年，我们是消费增长好于或者相当于收入增长，而收入增长则好于 GDP 增长。但疫情正好让情况颠倒了。我们的 GDP 取得了巨大的成就，去年是正增长，全年达到 2.3%。从季度同比来看，居民收入在第三季度、第四季度同比是增加的，但是居民消费每一个季度和上年相比都在下降。

为什么我们的消费增长低于收入的增长？这个现象与刚才谈到的高收入、中低收入居民收入变化密切相关。

·居民收入同比增长 >GDP 同比增长　　·居民消费同比增长 <GDP 同比增长

图 2　居民消费恢复滞后于居民收入和 GDP

数据来源：国家统计局

我一直认为，收入差距问题是长期制约中国消费增长的主要问题。中美经常账户逆差问题与中国高储蓄密切相关。图 3 是我们核算出来的边际消费倾向。最低收入 20% 的家庭，把政府补贴用于消费的比例高达 82.9%，将补贴全部用于消费的家庭占比是 86.5%，如果能够精准补贴到这部分家庭，对消费的刺激非常可观。如果你补贴收入最高 20% 的家庭，用于消费的比例只有 5%，大部分钱就是被存起来了。贫困家庭存在消费意愿而无钱消费。富裕家庭投资意愿强烈。这是疫情前的数据，而疫情导致现这个问题更加突出。

补贴前收入组	补贴用于消费的比例	将补贴全部用于消费的家庭占比
最低20%	82.9%	86.5%
20%-40%	47.4%	53.5%
40%-60%	24.3%	31.6%
60%-80%	15.0%	17.8%
最高20%	5.0%	5.4%

· 贫困家庭存在较大的消费意愿却无钱消费
· 富裕家庭边际消费倾向低，投资意愿强烈
· 疫情冲击导致问题更加突出

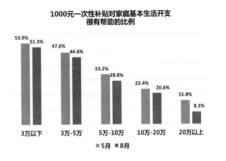

1000元一次性补贴对家庭基本生活开支很有帮助的比例

· 每个家庭一次性补贴 1000 元，总补贴为 4500 亿，直接拉动消费 2400 亿元
· 能够精准补贴到年收入 3 万以下家庭，总补贴额为 1500 亿，直接拉动消费 1200 亿元

图 3　收入差距问题长期制约消费增长

在去年 5 月份和 8 月份，我们问了这样一个问题：如果一次性补贴 1000 元，对家庭基本生活开支会有多大的帮助？年收入 3 万以下的家庭在 5 月份回答有帮助的比例是 53.9%，8 月份是 51.3%，超过 50% 的家庭认为 1000 元的补贴帮助很大。我们核算出，如果给一个家庭一次性补贴 1000 元可以直接拉动消费 2400 亿元，成本是 4500 亿元。如

果精准补贴到年收入 3 万元以下的家庭，直接拉动消费 1200 亿元。事实上，这次疫情期间，政府对能够找得到的低收入家庭的补贴确实在大幅度增加。年收入 3 万元以下的家庭，在去年年初疫情刚刚开始的时候，只有 9.2% 获得了补贴，月户补贴额为 428 元；到去年 9 月份，获得补贴的比例已经增加了一倍，年收入 3 万元以下的家庭补贴比例占到了 21%，月户均补贴的额度增加了 586 元。拿到补贴的家庭是政府能够找得到的，不论是通过低保、失业保险还是社保。对于我们能够找得到的低收入家庭，政府确实在大幅度增加对他们的支持和帮助，也取得了很好的效果。

这部分家庭比例毕竟很少。疫情以后，我们已经完成了消除绝对贫困的任务，1 亿人顺利脱贫，这是非常不得了的成就。

但这是不够的，脱离绝对贫困还谈不上共同富裕，因为绝对贫困的标准很低。最近这段时间，很多同事、很多朋友都在做个税综合年度汇算，从 3 月份到 6 月份，利用个税 App。但是，只有年收入 6 万元以上的人需要填报这个 App，年收入 6 万元以下的没有必要填这个 App。实际上，个税 App 可以让我们能够精准地找到低收入家庭。

我提一个简单的补贴设计。鼓励年收入 6 万以下的也填个税 App。参考目前个税 6 项专项附加支出额的认定标准和认定方式，年收入 6 万以上享受的税收优惠，包括儿童补贴、继续教育补贴、赡养老人、大病、房贷、房租等。认定的支出额一个小孩一个月是 1000 元。如果按照认定支出额的 10%，设计各类补贴额度，全国补贴总 额为 7000 亿。图 4 包括了每一项补贴的额度、补贴比例、补贴的家庭数。

年收入 6 万元以下是不交所得税的。不交所得税政府还给补贴，就是一个"负所得税"的概念。负所得税在全球很多国家广泛实施。中国要实现共同富裕也应该做这件事，而且我们能够高效地做这件事，同时还可以大幅度提升消费。真正通过制度的建设来实现全体民众的共同富裕。

✓ 目前只有年收入6万以上的个人需要填报这个APP

✓ 鼓励年收入6万以下也填报该APP

✓ 补贴设计：参考个税六项专项附加扣除项支出额的认定标准和认定方式

✓ 按认定支出额10%设定各类补贴的额度

获得补贴家庭比例	占比	家庭数（万）	平均补贴额	补贴总额（亿元）
儿童补贴	33.5%	15635	1846	2887
继续教育补贴	0.4%	183	499	9
老年人补贴	33.6%	15658	1833	2870
大病补贴	5.0%	2338	3179	743
房贷补贴	4.6%	2147	1200	258
房租补贴	3.8%	1785	1602	286
合计	61.9%	28881	2442	7053

直接增加消费 5000 亿

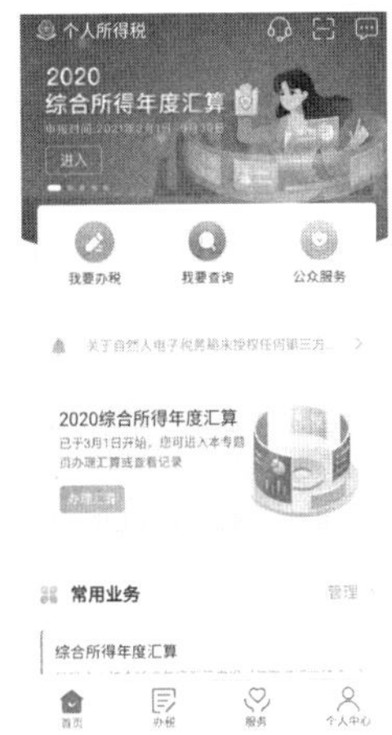

图 4　负所得税

应对"少子化"困局：
发掘建设现代化国家时期的人口红利

原新

南开大学经济学院人口与发展研究所教授、

南开大学老龄发展战略研究中心主任

首先，感谢论坛组委会的邀请，给了我一个机会与大家分享我个人关于应对"少子化"困局的一些思考。我要讨论的内容聚焦在"少子化"背景下如何发现新机会，发掘建设社会主义现代化国家时期的人口红利。

在我的逻辑思维中，以人口发展规律审视"少子化"现象，这是一个很难改变的状态，会在很长一段时期内主导中国未来人口发展的大趋势，是未来人口变动的基本表现。所以，我想从建设社会主义现代化国家"两个十五年"时期，从怎么认识"少子化"条件下的人口机会和人口红利入手，与大家谈一谈新的发展机遇。

一、"少子化"的基本面

第一，低生育率水平和稳定的"少子化"已经持续 30 年。"少子化"的前提是长期的低生育率水平，微观层面表现为孩子生得少了，家庭的孩子数量少了；宏观层面表现为年度出生人口数量的减少。从中华人民共和国成立到目前的总和生育率（总和生育率相对于每个妇女的平均生育孩子数）变化的统计中可以看到，20 世纪五六十年代平均每个家庭生育 6 个左右的孩子，70 年代初生育率水平开始大幅度下降，开启了"少子化"历程；1991 年生育率水平降到 2.09%，也就是所谓的更替生育率水平，生育率水平达到并低于更替水平就称之为低生育率水平。1992年以来，中国生育率水平就再也没有回到更替水平，尽管国家在2013年末、2015年末分别放开了"单独二孩"和"全面二孩"生育政策，生育率略有回升，但依然没有达到更替水平。换言之，中国自1991年进入低生育率水平时代，同步进入了稳定的"少子化"时代，至今已经30年了；同时，这也意味着人口的内在增长率由正转负，开始孕育人口负增长的能量，也已经30年了。人口正增长的惯性即将消耗殆尽，预计总人口负增长在未来10年之内到来毫无悬念。

第二，育龄妇女规模不断缩减，也就是生育者的数量正在萎缩。根据联合国发布的2019年《世界人口展望》中的数据，中国15~49岁育龄妇女人口数量在2008年就已经达到峰值3.8亿人，然后规模不断缩小，目前为3.4亿人，预计到2050年只剩2.6亿人。中国人当妈妈的年龄大多在20~34岁，这个年龄段的女性称为生育旺盛期育龄妇女，早在1996年就达到峰值1.8亿人，之后缓慢地减少，现在为1.5亿人，预计到2050年只有1.1亿人。我做了两个假设进行模拟：第一，如果想要保持每年生育1400万孩子不变，相当于现在的生育数量，在育龄妇女规模减小的大趋势之下，目前需要每个妇女平均生育1.4个孩子，2050年就需要平均生育1.9个孩子；第二，如果总和生育率水平维持1.6%不变，伴随育龄妇女数量的减少，目前一年可以出生1550万人口，到2050年就只能出生1150万人口。这个模拟的政策含义很简单，伴随着育龄妇女规模的持续性缩减，即使生育率水平保持不变，年度出生人口数量也会逐渐递减；反之，要想保持每年的出生人口规模，就必须让育龄妇女增加平均生育孩子数量，提升生育率水平。

根据人口发展的规律性，至21世纪中叶，低生育率水平和"少子化"的基本形态不会根本改变。

二、宏观人口的基本面

第一，"少子化"、长寿化和老龄化如影相随。"少子化"是从现在到 21 世纪中叶建设社会主义现代化国家时期的人口基本形态，如果放眼宏观人口的基本面去考察，"少子化"、长寿化相伴相随，两者组合必然导致人口老龄化。中国的总和生育率水平从 20 世纪五六十年代的 6% 左右，下降至目前 1.5% 上下，估计未来将维持在 1.5% 左右，甚至更低。中华人民共和国成立之前，中国的出生平均预期寿命只有 35 岁，20 世纪 50 年代为 43 岁，现在增加到 77.3 岁，21 世纪中叶将超过 80 岁。相应的，60 岁及以上老年人口规模和人口老龄化水平，在中华人民共和国成立之初不足 0.4 亿人，占总人口 7.4%；现在为 2.6 亿人，占总人口 18.8%；21 世纪中叶将再翻一番，分别达到 5 亿人左右和 35% 以上。"少子化"、长寿化和老龄化"三化并存"是不可逆转的客观现实，这是人口规律所决定的。

第二，国家发展的人口基础正在发生重大转折。在"三化并存"的背景下，按照人口学传统把总人口分为少儿人口（0~14 岁）、劳动年龄人口（15~59 岁）和老年人口（60 岁及以上）三个年龄组，观察 1978 到 2050 年各自的变化。改革开放以来（1978~2019 年）和建设社会主义现代化国家时期（2020~2050 年），少年儿童人口持续性减少，从 1978 年的 3.6 亿人，现在的 2.4 亿人，到 2050 年预计只有 2.0 亿人；劳动年龄人口先增后减，1978 年为 5.4 亿人，2011 年达到峰值 9.4 亿人，然后开始下降，目前为 9.1 亿人，预计 2050 年为 7.2 亿人，规模依然庞大；老年人口持续快速增加，1978 年只有 0.7 亿人，目前为 2.5 亿人，净增 2.6 倍，预计到 21 世纪中叶再增加 1 倍，达到 5 亿人左右。

考察人口年龄结构的变化，请大家不要忘记一点，中国总人口规模巨大的基本国情不会根本改变。总人口从 1978 年 9.6 亿人增至 2019

年 14.0 亿人，预计 2025~2030 年期间达到峰值 14.5 亿人左右，然后开始人口负增长，2050 年降到 13 亿~14 亿人。虽然国内外不同的人口预测方案给出了不同的人口预测数值，但是大趋势是一致的。也就是说，在人口年龄结构不断老龄化的同时，中国人口规模巨大的基本国情没有根本改变，所有人口年龄结构的变化都是发生在 13 亿~14 亿总人口巨大的基础之上，这就是中国人口变化的最大特色。

第三，认识和发掘建设社会主义现代化国家时期的人口红利。毫无疑问，人口规模巨大、人口老龄化对经济社会发展的挑战更加严峻，变数更加复杂，新的人口机会和人口红利是什么？我的态度是，要在新的人口变化中去探索新的人口机会，开发第二次人口红利。按照中国以 16 岁步入劳动市场，女性 55 岁退休，男性 60 岁退休来分析，参照联合国发布的 2019 年《世界人口展望》中的预测结果，首先，少年儿童人口规模缩减将减轻少儿抚养负担。0~15 岁的少年儿童将从 2020 年的 2.7 亿人减少到 2050 年 2.1 亿人，缩减 22.2%，少年儿童人口缩减意味着少年儿童社会抚养负担减轻。人口素质从娃娃抓起，伴随健康中国战略和健康中国行动的落实、教育水平和教育质量整体提升，未来人口综合素质会不断地改变。其次，劳动年龄人口规模缩减但数量依然庞大。2020~2050 年期间，16~54 岁女性人口将从 4.0 亿人降至 2.9 亿人，16~59 岁男性人口将从 4.7 亿人降至 3.7 亿人，二者合计从 8.7 亿人降至 6.6 亿人，可见劳动力资源绝对规模依然庞大；与此同时，中国高等教育毛入学率已经达到 54.4%，高等教育进入普及化阶段，2019 年之后的年度普通高校招生人数已经突破千万，累计大专及以上学历人口数量超过 2 亿人，占总人口 15% 上下，预计 2035 年达到 3.5 亿人左右，在总人口中的占比将达到 20% 以上，劳动力平均受教育年限将从 10.3 年增长到 14 年左右，人力资本积累越发雄厚。最后，开发老年人力资源。一方面，实施渐进式延迟法定退休年龄，假如在未来 30 年内，把男女性的法定退休年龄都提升至 65 岁同龄退休，即可把 0.9 亿~1.2 亿人的 55~64 岁女性和 0.4 亿~0.6 亿人的 60~64 岁男性由退休人口转变为劳动力人口，合计 1.3 亿~1.8 亿人，既减缓劳动年龄人口的下降速度并增加劳动年龄人口的规模，又释放了人口的性别红利；另一方面，伴随长寿化进程，城乡老年人的非正式社会、家庭参与意识和行为越发普遍，间接促进人口红利的释放。

"少子化"、长寿化和老龄化"三化并存"是中国建设社会主义现代化国家时期的人口基本国情，人口与发展的主要矛盾已经从人口数量增长过快转变为人口结构老龄化加速，对经济社会发展的挑战加剧，但是机会犹存，关键是要创新思维，认识与发掘新的人口机会，开发第二次人口红利。

三、结论与讨论

第一，人口是国家发展的基础性、全局性、长期性和战略性要素。在未来相当长的时期内，中国人口众多的基本特征不会根本改变。人口众多、"少子化"、长寿化、老龄化是建设社会主义现代化国家时期的人口基本国情，人口是慢变量、常变量，人口事件是长周期事件，在可以预见的未来，"三化并存"不可逆转。既然如此，应对"少子化"困局的逻辑起点首先是适应，发现新机会，发掘新机遇，应对新挑战。

第二，人口红利是建立在人口学基础上的经济学概念。人口机会是人口学概念，是人口转变过程中形成的有利于经济增长的人口条件。人口机会是收获人口红利的前提条件，人口机会不可能自动转变为经济红利。人口红利是经济学概念，经济社会政策是收获人口红利的必要条件，只有当经济社会发展道路和决策与人口机会相匹配时，才有可能把人口机会转化为人口红利。

第三，未来 30 年建设社会主义现代化国家时期的人口机会特征主要表现为："少子化"条件下的少年儿童人口负担减轻、全民健康状况不断改善、教育水平和质量不断提升；正在缩减但规模依然巨大的劳动年龄人口、劳动力综合素质的普遍提升、人力资本积累日益雄厚、性别平等释放女性就业潜力；长寿化背景下老年人力资源开发，实施渐进式延迟法定退休年龄，老年人的经济社会和家庭参与不断深化。收获第二次人口红利的经济社会发展路径为：新时代建设社会主义现代化国家时期经济社会高质量发展的战略决策、战略部署和战略体系，以及深化改革开放不停步，主动适应国际国内的大环境，促进中国经济的可持续发展。

应对"少子化"困局：积极完善生育支持体系

任泽平

东吴证券首席经济学家

最近"少子化"、老龄化，包括生育政策引起了社会各方面的关注，去年年底"十四五"规划建议就提出优化生育政策、增强生育的包容性。在今年两会上，生育相关的政策引起了很大的讨论，包括人大代表、社会舆论等，两会《政府工作报告》提出推动实现适度生育水平，我在去年底提出了放开三胎，引起了比较大的社会反响。

为什么这两年关于放开生育和生育政策的调整引起了社会关注？一个根本原因是最近这几年中国生育率大幅下降，"少子化"的挑战扑面而来。在 2016 年我们全面放开二胎以后，2017~2019 年，中国出生人口实际上持续大幅下降，当我们放开二胎，发现政策效果远远不及预期。根据相关数据，2020 年中国新生儿的数量可能进一步减少了约 15%，这个形势变得日益严峻。

我们不禁要分析为什么中国的"少子化"挑战日益临近，或者日益严峻？大致有以下几个方面的原因。

第一，主力育龄妇女大幅度减少。2016 年以来中国主力育龄妇女就在减少，未来也是这样的趋势，这意味着中国"少子化"的挑战会更加严峻。

第二，生育成本的上升。我们的教育、医疗、住房成本在抑制我们的生育，需要我们相关的政策做出一些调整。

第三，新一代年轻人的观念变了，新一代年轻人追求独立自由。

关于自由，我们有一个研究。我们划分了三代人，60 年代是传统的一代，七八十年代是转型的一代，90 后、00 后是现代人，他们不结婚了、不生育了，发达国家确实也走过类似的道路，他们更加追求个人的独立、自由、享受，抵制"996"等，其实它有规律性。

我们的"少子化"有经济社会发展到今天的规律性因素，也有我们政策不到位的因素。这就意味着我们做一些政策调整是有可能做一些缓解，当然趋势改变不了，但是可能会改变斜率。

我想强调中国的人口问题主要不是总量问题，而是结构问题，为什么是结构问题呢？我想给大家说一些数据，大家记住中国人口最主要的构成是 1962~1976 年的婴儿潮，后来到了 70 年代末，我们的生育政策做了很大的调整，由原来的鼓励生育变成了计划生育，变成了人口生育的断崖，这是我们跟很多发达国家面临"少子化"、老龄化很大的一个不同，我们要客观承认这样一个现实。1962~1976 年出生的这批人决定了中国经济增长和主要走向，中国经济高增长就是这一批人干出来的。我们目前面临的"少子化"、老龄化就是因为这一批人失去了生育能力，1962 年出生的这一批人现在 59 岁了，这就是为什么最近民政部提出要延长退休年龄，因为发展到今天必然面临这样一个政策选择，因为婴儿潮人口、主力劳动力人群在加速地退出劳动力市场，随着长寿时代的到来、大家健康状况的改善、医疗条件的改善，肯定要延长退休年龄，当然我们可能会采取渐进式的方式。还有 1962~1976 年出生的这一批人在退出劳动力市场、进入老年社会，大家留意中国的老龄化和"少子化"跟欧美不一样，因为欧美没有计划生育政策。

欧美的老龄化、"少子化"用了二三十年慢慢到来，中国的老龄化、"少子化"是加速到来，而且会在"十四五""十五五"期间扑面而来。

我们的老龄化、"少子化"跟欧美非常不同，他们的顶是尖的，不是圆的，这是我们对老龄化和"少子化"的认识和未来的推演：到 2050 年中国人口会急剧萎缩，2100 年人口将降到 8 亿，更重要的是中国老龄化加速到来，2033 年中国将会有 30% 以上的人口超过 65 岁，2060 年 1/3 都是 65 岁以上的老龄人口，这个挑战是非常严峻的，从经济学的角度讲，就是中国人口红利逐渐消失。

这会带来什么影响呢？一是中国潜在增长率下降，老龄化到来以后社会抚养比上升，养老负担加重，社保压力上升，政府债务上升。大家看一下欧美国家，还有日本，政府债务为什么这么高？很大程度上跟老龄化有关系。

怎么办？中国所面临的"少子化"、老龄化挑战，除了它自身的规律，也跟我们的政策，包括社保等相关政策不到位有关，政策做适当的调整可能会有所改善，虽然改变不了趋势，但是可能会改变斜率，或者说让我们的老百姓能够生得起、养得起。我们的政策建议也非常简单而清晰，就是尽快全面放开生育，实在不行先放开三胎，让生育权回归家庭自主，加快构建生育支撑体系。通过我们对发达国家的研究经验，可能以下五个政策效果会比较好：进行个税的抵扣和经济的补贴；加大托育服务的供给；完善女性就业权益的保障，坦率地讲我们跟欧美还是有一定的差距；保障非婚生育的平等权利；加大教育、医疗、社保等相关的支出，让大家生得起养得起，让家庭更加幸福。

发掘"银发经济"潜力

蔡昉

中国社会科学院国家高端智库首席专家

我一直关心人口对经济的影响,特别是两个人口转折点。第一个,劳动年龄人口达到峰值以及随后的负增长,对中国经济产生的供给侧影响,如何降低中国的潜在增长率。第二个,我们预期 2025 年就会到来的中国总人口的峰值和随后的负增长,更多地会带来需求侧的冲击,导致需求的增长减慢,甚至在应对不好的情况下,会阻碍潜在增长率的实现,因此会进一步影响中国经济的发展。

人口老龄化对经济增长速度的影响,必然也相应地不利于出口和投资需求,这已经显现出来,并且比较容易理解。我想讲三个效应,也就是说,人口老龄化会产生对消费需求的不利效应。

第一,人口总量效应。人口就是消费者,人口增长慢了,消费增长就慢;人口负增长,如果其他条件不变的话,消费也应该是负增长。目前来看,我们在 2025 年就会出现人口的峰值和负增长,而在这之前我们的人口增长越来越慢,这些显然会产生不利于消费增长的效果。而消费本来是我们在未来更加仰仗的需求因素,如果消费不能相应地扩大,会给经济增长带来很大的制约。

第二,年龄结构效应。无论是发达国家,还是像中国这样的中等偏上收入国家,老年人的消费有两个特点,即老年人的消费力会下降,老年人的消费倾向也会下降。同时,老龄化其实还会影响其他年龄段人口的消费。一是表现为新生孩子越来越少、青少年越来越少,因此这部分人的"三育"成本即生育、养育、教育孩子的成本极大地提高。这固然也是消费，但是必须要有人替他们买单，替他们储蓄，就会导致更高的预防性储蓄。二是中间年龄段人口，即劳动年龄人口也由于老龄化的加深，无论是以现收现付的方式缴纳养老保险、赡养家庭的老年人，还是为自己退休而未雨绸缪，他们都倾向于减少消费。因此，总体来看，老龄化通过所有的年龄段对消费产生负面影响。

第三，收入分配效应。一般来说，富人的消费倾向低，穷人的消费倾向高，如果收入分配朝着改善的方向进行，我们在整体上就会得到一个更高的消费倾向。也就是说，那些增加了收入的低收入群体或者中等收入群体，会把更多的钱即增加的收入用在消费上面。但是，如果持续保持不好的收入分配状况，整个社会就没有足够高的消费倾向，因此产生巨大的储蓄动机，形成所谓的过度储蓄，相应地也不利于消费的增长。

我们都说人口的变化趋势会带来对中国经济的不利影响。一是表现在供给侧，降低潜在增长率。对这一点我们已经做好了充足的准备，正在推进供给侧改革。另一个则表现在需求侧，要防止消费不足产生对经济增长需求因素的制约。这方面以前讨论得少一些，应该引起足够的注意。我想从供求两侧谈几点建议。

第一，应对供给侧挑战必须提高劳动生产率、提高全要素生产率、提高潜在增长率。只有这样，才能用新动能替代过去已经消失了的人口红利和传统增长动能。提高生产率的关键，一是营造"创造性破坏"环境，防止资源配置僵化；二是稳定制造业比重，防止资源配置退化。

第二，从需求侧来看，我们还有很多潜力可以挖掘，其中最大的潜力还是居民的消费潜力。一方面，中国的消费占 GDP 的比重在世界上属于较低的，这本身就是潜力。另一方面，中国消费率的增长在全世界几乎是最快的，同时其增长速度也快于 GDP 增长速度，因此这部分既有巨大的潜力可挖，也可以持乐观态度。

此外，开发"银发经济"是一个需要把供给侧与需求侧结合起来的任务。既然作为新的经济增长点，"银发经济"无疑有市场机会，产生对投资者和企业的激励。但是，人口老龄化以及相关的经济社会现象也具有外部性，并非可以全部依靠市场机制来解决。因此，这个领域是政府更好发挥作用的领域。

立足需求主线，发展"银发经济"

杜鹏

中国人民大学副校长

我分两部分来讲，第一部分先用一些数字来看一下我们"银发产业"的定位。第二部分我要讲在三个方面我们可以如何考虑、挖掘这样的"银发经济"。

首先，我想我们回到这个问题的本原，在 1982 年联合国在维也纳召开第一次老龄问题世界大会的时候就有一个共识，即人口老龄化是社会经济发展的成就，也就是说正是因为社会经济的发展带来了人口年龄结构这一变化，当然直接的人口因素会通过出生率下降、死亡率下降、预期寿命延长这样的一些因素产生影响。在这样的背景下，只要我们国家的经济在向现代化不断地迈进，人口老龄化总的趋势就是老年人口比例会越来越高。

当我们分析挖掘"银发经济"需求的时候，一些特点通过比较才能够分析清楚，比如说我们鼓励生育的政策，到 2050 年即使成功实现政策效果，中国人口老龄化程度仍然会比现在翻一倍。也就是说，60 岁及以上人口占总人口的比重会从目前的 18%，增长到 36% 以上；如果维持目前的生育率发展下去，到 2050 年我们 60 岁及以上的老年人口比例预计会达到 37.8%，也就是说鼓励生育政策的两种可能结果只会有两个百分点左右的差别，这就是我们在鼓励生育方面能够做的努力。但是无论哪种生育政策的实施结果，经济的发展、社会的发展都会使我们的人口老龄化程度比现在高一倍，这就意味着我们的老年人数及各方面需求也是在不断增大的。

按照"十四五"规划里提出的平均每 5 年寿命增加一岁这样一个趋势发展下去，2050 年 60 岁及以上的老年人数预计在 4.8 亿以上，仍然比现在的 2.6 亿增长了将近一倍，如果算上 50 岁以后退休而不到 60 岁的准老年人，这个老年市场大概有 5 亿庞大的需求人群。

另外，2050 年中国人口老龄化达到 37.8% 高不高？这就要与周边的国家进行比较。日本目前 65 岁及以上的老年人口比例已经达到 28%，到 2050 年将达到 38%，而我们是 60 岁及以上的人口比例达到 38% 左右。日本是不是人口老龄化最严重的国家？按照联合国 2019 年的人口预测，2050 年韩国的人口老龄化程度有可能超过日本，其 65 岁及以上的人口比例超过 38%，成为世界上人口老龄化最快的国家，也可能是人口老龄化程度最高的国家。通过比较就可以发现，中国未来 30 年都不会是一个人口老龄化最快的国家，也不是人口老龄化程度最高的国家。中国到 2050 年的人口老龄化程度，基本上就相当于今天的日本。但是我们是世界上老年人口最多的国家，可以说中国老年人的需求、"银发经济"的需求将会是世界上最大的市场。

满足 5 亿老年人的需求蕴藏着无限的商机。当然我们还可以和印度比较一下，印度是一个接近 14 亿人口的大国，但是预期寿命比中国低 7 岁左右，印度目前有 1.4 亿 60 岁及以上的老年人。经常有人说中国是世界上唯一一个老年人口超过 1 亿的国家，这是不对的，印度老年人口也已经超过 1.4 亿。中国平均每 5 年提高预期寿命一岁，当达到与中国相近的预期寿命水平的时候，印度老年人口数预期在 2070 年左右超过中国，也就是说 50 年之后中国老年人口数量世界第一的位置才会被印度取代，在未来 50 年内中国都拥有世界上规模最大的老年群体。这是我们通过国际比较看到的中国人口老龄化的特点。

在谈到挖掘"银发经济"的时候，我重点讲需要关注的三个方面。

第一，老年需求的差异性。我们在讲"银发经济"的时候，大家经常会讲保健、养生、医疗等方面的服务，如果从 2010 年第六次人口普查数据结果来看，中国老年人自评健康状况不佳的只占 17%，当我们把重点放到医疗、保健、照料方面的时候，其实忽视了更大的一部分，其他 83% 的老年人的需求是什么？仅仅从健康方面的差异性我们就会看到关注点不同机会也会不同。如果我们再对城乡和不同年龄的老年人进行分析，老年人的需求差异就更加需要注意。

第二，老年需求的动态变化性。老年需求是在动态变化的，因为我们面对的老年人在变。我们今天谈到的老年人和 10 年前或 20 年前的老年人是不一样的。中国最主要的老年人是 60~69 岁的低龄老年人，占中国老年人口总数的 55%。今天的老年人受教育程度比过去明显提高，2000 年时中国老年人口有一半是没有受过教育的，到现在没有上过学的老年人已经下降到 15% 左右。预计到 2050 年，中国受过大学教育的老年人将会达到 8050 万人以上，老年人平均受教育年数会超过 10 年，相当于高中一年级的水平。因此，中国老年人口是一个动态快速变化的人群，他们的健康状况在改变、受教育程度在改变、他们以往的工作就业经历也在改变，因此他们的需求和现在越来越不一样，在挖掘"银发经济"机会的时候，应该充分考虑到老年人的动态变化。如果再细分 50 年代、60 年代、70 年代出生的人口队列进入老年人时的差异就会更大。

第三，挖掘"银发经济"机会需要加强创新性。我们现在满足老年人需求的许多产品和服务是沿用以往对老年人的看法而提供的，而新时代许多老年人需要的产品和服务是与过去不一样的。当现在会用互联网信息资源购物的人，10 年或 20 年之后进入老年之后，他们的需求和现在 60 岁、70 岁老年人的需求和获得服务的方式也是不同的。我们如何抓住这些新机遇？比如说老年人可以有更多时间出去玩，但我们有没有看到过面向老年人民宿需求的互联网网站能够提供各地的信息？我们看到满大街都有培训幼儿和中小学生的教育机构，但是老人要学钢琴、学画画去哪儿？这些新的商业机会和服务形式需要根据新一代老年人的特点去创新开发，针对 5G、大数据、互联网资源进行创新，应该更加预见到老年人群体的动态变化，抓住"银发经济"大发展的机遇，提前布局研发产品和服务。

弥合国内不平等是修复国家间不平等的关键①

安格斯·迪顿

普林斯顿大学教授、诺贝尔经济学奖获得者

我想简要地谈一谈与今天议题相关的，关于不平等的两个方面。首先是全球范围的不平等。其次是我认为目前更重要的，是国家范围内的不平等，或者说是同一个国家内公民之间的不平等。也许弥合国内的不平等恰恰是修复国家间不平等和国际关系不平等的关键。这两种不平等关系都受到了疫情的影响，继而又扩大了原先存在的差距。

研究国际不平等通常是通过观察不同国家的国民收入进行的。这场新冠肺炎疫情产生了一个值得注意但未被充分研究的后果，即每百万人口中因新冠病毒死亡的人数在较富裕的国家要更高。尽管一些相对贫穷的非洲和亚洲国家的医疗服务和基础设施普遍较差，但像美国、英国和瑞典等国与这些国家相比，死亡人数占总人口的比例却更高。当然，这一规律也有例外，如中国和其他东亚国家就逃脱了这种富裕带来的后果。这种死亡率分布的规律，导致 2020 年较富裕国家的人均收入损失反而更高，也缓解了全球收入不平等的情况。诚然，这种影响不是很大，而且还要取决于我们解读数据的方式。但这种情况依旧值得我们注意，因为这与大家的预期，即较贫穷国家将受到更沉重的打击，大相径庭。

请注意，这里分析的是人均国内生产总值，而不是人均消费水平，

---

① 根据会议现场录音听译整理。

两者性质往往截然不同，后者是衡量经济情况的一个更可靠的指标。更为严重的是，贫穷国家确实变得更加贫穷，有更多的人口接近国际贫困线。因此，即使这些国家在人民生命损失方面表现得相对较好，但却有大量人口因为疫情而陷入贫困。

这些结果不会告诉我们 2021 年或之后会发生什么，但却传达了一个非常重要的信息，即短期内全球不平等的情况将几乎完全取决于不同国家处理新冠肺炎疫情的方式。疫苗的供应和分配十分重要，各国在恢复经济方面做出的政府开支决定也十分重要。例如，由于美国正在花费巨额资金来振兴经济，同时正在开展一场成功的大规模疫苗接种运动，似乎可以明显看到美国在短期内将比欧盟恢复得更快。

下面我来谈美国国内的不平等现象及其所带来的国际影响。早在疫情之前，美国就发生了机会不平等和成果不平等急剧扩大的情况，特别是（但不限于）受教育程度不同所带来的两极分化。没有 4 年制大学学位（即学士学位）的美国人中，有 2/3 的人相对于那些有学士学位的人来说，长期以来一直处于劣势，后者则一直处于优势，并将继续这样的势头。

我将记录这一鸿沟的各个方面，但受教育程度较低的美国人不断加深的痛苦使他们对受教育的精英，特别是他们当中全球化程度较高的人群充满敌意，也对他们认为应该对其无法成功负责任的因素充满敌意。这些因素包括自动化、移民和全球化。被民主党（现在是受教育者和少数群体的联盟）抛弃后，这些受教育程度较低的美国人将大量选票投给唐纳德·特朗普，并为他广泛流行的本土主义政策提供声援。

半个世纪以来，受教育程度较低的美国民众的工资持续下降，并且由于优质工作岗位的日益稀缺，他们逐渐退出了劳动力市场。受教育程度较低的男性和女性结婚的比例也在走低，并且更有可能未婚生子。他们更容易患抑郁症，更容易感到孤独，也更容易经历痛苦和残疾。年轻人中不断增加的痛苦导致了一个非同寻常的事实，中年美国人比老年美国人经历更多痛苦，这是在其他西欧国家没有出现过的。一个多世纪以来，美国人的预期寿命逐年上升，但现在没有学士学位的美国人预期寿命却在不断下降，而拥有学士学位的美国人预期寿命仍在继续上升。

最为可耻的是，制药公司也利用受教育程度较低的成年人，向他们出售大量的阿片类止痛药，致使数以十万计的人群因服药过量死亡。起先是处方药，在这之后非法药物海洛因和芬太尼接踵而至。据报道，控制生产奥施康定的公司——萨克勒家族已从中获利超过 100 亿美元。美国最受欢迎的公司之一的强生公司，在塔斯马尼亚种植了一种罂粟，助长了这种流行。

立法者与制药公司合谋，阻止人们对这些药物的控制。在我们的著作《美国怎么了：绝望的死亡与资本主义的未来》（现已有中译本）中，安妮·凯斯和我将这一丑闻与鸦片战争进行了比较。鸦片战争期间，英国政府支持鸦片贩子，试图让中国人对鸦片上瘾并最终死去。

接受过教育的美国人不断在财富和健康方面保持成功，而受教育程度较低的美国人则萎靡不振。虽然按照历史标准衡量，美国的增长是低的，但它仍然处于增长状态，然而这种增长并没有使受教育程度较低的人受益。如果美国不能设法缩小这些差距，如果美国不能控制其资本主义的泛滥，如果美国不能控制以牺牲劳动人民的利益为代价而膨胀的医疗保健行业，那么美国将在国内面临危险的未来，也将越来越难以在世界范围内发挥负责任和建设性的作用。

寻找实现共同富裕的路径

李实

浙江大学文科资深教授、北京师范大学中国收入分配研究院执行院长

我们知道刚刚通过的"十四五"规划特别提到了，到 2035 年全体人民在实现共同富裕方面要取得更为明显的实质性进展。围绕这个共同富裕的话题，我想谈一点自己的看法。

围绕着共同富裕话题，我讲三个层面的问题。第一，我们如何理解共同富裕？也就是共同富裕的标准和内容是什么？第二，在实现共同富裕的过程中我们当前所面临的问题和挑战。第三，如何实现共同富裕？如何寻找实现共同富裕的路径？

共同富裕我认为有两个关键词，一个是富裕，一个是共享。从个人福祉的角度来理解共同富裕，应该包括三方面的内容：第一是家庭和个人的收入，第二是家庭和个人的财产，第三是个人和家庭能够享受到的公共服务。这三个维度水平的高低决定了全社会家庭和个人福祉水平，而这三个维度的个体差异性决定了不同社会成员的共享程度。

从这个意义出发，我们应该强调共同富裕不等于平均富裕，也不等于财富均等。即使我们实现了共同富裕，但收入和财富的分配格局也应该具有以下四个方面的特点。第一，每个人的收入和财富水平都应该达到一个富裕的标准，也就是说我们应该设定一个最低标准的富裕水平。第二，收入和财富差距要有所缩小，要明显地小于现在的差距程度。第三，要基本消除不合理的收入和财富差距。第四，要基本实现公共服务的均等化。

　　接下来我要向大家讲一下当前我们在实现共同富裕过程当中所面对的一些问题和挑战，我想现在的挑战主要有以下三个方面。第一，在过去几年当中，居民收入差距仍处在高位波动的状态。如果我们不进一步进行收入分配制度的改革，在未来一段时期内居民收入差距仍可能处于高位水平，很难出现长期缩小的趋势。第二，居民财产分配差距将会持续扩大，并且会成为导致收入差距扩大的主导性因素。第三，公共服务均等化仍需要加力推进，这意味着现在城乡之间和地区之间仍然存在着较大差别的公共服务水平和待遇。

　　首先看一下我们近期收入分配的一个变动趋势，中国收入差距的基尼系数，从 2003 年一直到 2019 年这样一个变化趋势，大家可以看到在 2008 年收入差距出现了一个逐步缩小的过程，但是只持续了大概几年的时间，从 2016 年开始收入差距又有所反弹，可以说基本的趋势是一种处在高位徘徊的状态。

　　另外，我们自己收入分配课题组也搜集了一些调查数据。根据我们的数据，我们测量了 2013~2018 年期间收入基尼系数，这个期间收入差距没有出现明显的变化，一直处在一个高位的水平上。另外，我们知道从 2008 年以后，收入差距略有缩小，主要是来自于城乡之间收入差距的缩小，而在城市内部、农村内部，收入差距仍在扩大。

　　这意味着什么？未来我们的城乡收入差距如果不能出现明显的缩小，全国收入差距难以出现不断缩小的趋势。这是城乡收入差距的变化，大家可以看到，特别是从 2015 年以后，城乡收入增长率的差别在不断地缩小，在这种情况下它对全国收入差距的影响就变得越来越微弱。所以从这个意义上来说，未来出现收入差距缩小的可能性并不是很大。

　　另外我们可以看到，我们的工资差距仍然在扩大。我们比较了

2018 年和 2013 年工资收入差距的变化，不管基尼系数还是其他指数，工资收入差距仍然在扩大，而且不同行业、不同部门、不同职业之间的工资差距都在扩大。从这个意义上来说，这进一步说明了收入差距缩小的可能性并不是很大。而且，我们实际的收入差距有可能比我们测量的差距还要大，这是因为我们估计出来的收入差距存在不同程度的低估。因此，收入差距缩小需要进一步加大收入分配改革力度，这样才能实现缩小收入差距的目标。

另外，我们的研究发现，在过去 20 年中居民财产差距在急剧扩大。不同财产组人群，财产数额的变化。相对于 2002 年，2013 年财产最多的 10% 人群的财产份额有了大幅度增长，而其余的 90% 人群的财产份额都在不同程度地下降。另外，财产的基尼系数也在不断地扩大，相对于 2002 年，2013 年财产的基尼系数上升了 20% 到 40%，这就意味着我们财产分配的差距还在扩大，而且财产差距对收入差距的影响越来越明显。这使我们在缩小收入差距方面面临着更大的困难。

我们在实现基本公共服务均等化方面虽然取得一定的进展，但是也有一定的差距。我举两个例子，一个是养老保障，特别是养老金收入的差距，我们测量了 2002 年、2013 年、2018 年的城镇养老金收入分配差距，从中发现城镇退休人员养老金差距很大，而且在不断扩大。另外一个例子是学前教育公共支出的地区差异。我们现在特别强调学前教育的重要性，呼吁要普及学前教育，然而一些数据显示地区之间幼儿园教育的公共投资的差异性很大，与均等化程度相差甚远。所以，我们仍然需要付出更大的努力才能够实现公共服务均等化的目标。

如何寻求实现共同富裕的路径？简单地说，我们还是要处理好公平与效率的关系，实现二者之间的一个新平衡。共同富裕首先是富裕，富裕是第一位的目标，只有在这个基础上才能够实现全民共享。所以从这个意义上来说，我们要实现富裕首先要保持长期稳定高速度的经济增长，居民收入的增长需要不断地创新和提高劳动生产率，只有这样，我们才能够在富裕的基础上实现发展成果的共享。

要把共同富裕看作一个长期的过程，"十四五"规划提出到 2035 年在实现共同富裕方面取得实质性进展，这是实现共同富裕的第一阶段；到 2050 年，要基本实现共同富裕；再过 50 年，也就是到下个世纪我们才能够全面实现共同富裕。要把实现共同富裕看作一个百年的目标，争取在下个世纪初期全面实现共同富裕。此外，实现共同富裕要进一步落实以人为中心的发展理念。在我们完成了收入分配制度改革后，收入差距还是存在，主要是个人之间人力资本积累的差异和能力的差别带来的收入差异。因而，要缩小个人能力之间的差异，实现人的共同发展是我们实现共同富裕的基础，也是实现共同富裕的出发点和落脚点。

最后要进一步理顺我们的分配秩序，要使分配结果更加合理。在这方面不仅要在初次分配方面进行更加深入的制度改革，同时还要加大收入再分配的政策力度，进一步缩小收入差距、缩小财产差距，实现公共服务的均等化。

教育的力量①

詹姆斯·赫克曼

芝加哥大学教授、诺贝尔经济学奖获得者

我想在刚才安格斯·迪顿和李实发言的基础上继续讨论。刚才的讨论已经从全球层面逐渐细化到具体层面，我想继续具体地讲一下。

首先，我想对刚才李实提到的中国的不平等问题做一下延伸。中国的经济 GDP 取得了巨大的发展，大量人口成功脱贫。但是经济同时也存在较大的错位现象。社会在发展过程中，出现了从西部向东部的移民，并产生了一个至今仍然存在的严重社会现象——留守儿童问题。中国认识到城镇和农村之间存在着差距，李实也做过这方面的记录和重要研究。需要强调的是，目前的差距是巨大的，不仅是人们收入的差距，还有机会方面的差距。我认为尤其重要的一点是（与留守儿童问题相关的），农村地区留守儿童的单亲或双亲不在孩子身边，这是巨大的弊端，会对中国下一代儿童产生负面的影响。经济发展和一些地区性政策并未允许农村移民全面地参与城镇经济活动，这进一步加大了城乡差距，很多儿童因此未能做好将来参与经济发展的准备。

我想给大家介绍一个帮助提高中国儿童福祉的项目，我和卢迈一直在参与。我们利用从全球范围内掌握的知识，开发出了一套低成本的儿童发展计划，在中国推广应用。我之前参加过牙买加的一个项目，由牙买加人开发的项目原型，之后全世界都在效仿，包括印度、中国、

---

① 根据会议现场录音听译整理。

拉丁美洲各国和牙买加国内各地。牙买加项目十分成功，评估工作我们正在进行。项目中，我们对比随机分配到项目中和未分配到项目中的儿童，仅仅进行了最基本水平的干预，发现该项目十分有效地提高了弱势儿童群体的福祉。之后中国也采用了这个体系，并根据自身情况做了一些调整。我们正在与中国发展研究基金会一起评估、掌握项目的效果，研究未来改善、扩大项目的方法，评估长期影响并与牙买加项目的效果进行对比。

我们在中国西部的甘肃贫困地区进行了一个大规模试点项目。该项目将儿童随机分配组别进行处理控制、进行干预（低成本），内容是每周一次、每次一小时的家访，家访人员对儿童的母亲或看护人员进行培训。很多家庭孩子的妈妈不在身边，多是奶奶或外婆看护，她们的教育水平不高。项目取得了显著的效果，早期结果显示，儿童在认知、数学能力、空间推理、语言推理和语言表达方面都得到了很大的提高，这说明项目非常成功。

我们在全球范围内与一些科学家、社会学家合作，对中国和牙买加项目的结果进行了对比，发现中国儿童参与的低成本、高效的项目与牙买加 30 年前试点项目的结果是一致的。这为我们带来了很大的希望。这个项目可以帮助缩小优势和弱势儿童群体之间的差距，并带动缩小中国城乡差距，还可以帮助目前高等教育入学率较低，甚至是高中毕业率较低的孩子们，为他们创造公平的环境，帮助他们能够在未来更加积极地参与中国的经济发展活动。这将是项目的巨大成功。

我非常同意教育的力量这个说法。改变、改善儿童早期家庭环境，让孩子受到教育，是非常有效的方法。所有的结果都证明，这是可以有效缩小中国贫富差距、优势弱势群体之间差距的有效方法。需要指出的是，与一些其他的学龄前项目和儿童起步项目相比，我们今天讨论的项目成本非常低，同时还说明一个重要的问题 —— 在儿童发展方面，激励看护者与儿童互动，可以很大程度地提升儿童的技能。

我们要坚持进行这个项目，继续了解项目的有效性，甚至和我自己国家的项目进行比较，这样就能制订成本更低、效果更好的儿童发展计划，替代美国现行已久的繁复方案。

中国收入差别特征与城乡间不平等鸿沟

陈宗胜

南开大学教授、中国财富经济研究院院长

我主要谈一下中国特色社会主义制度条件下居民收入分配差别的若干特征。最近若干年不断有人说中国是高度分配不平等国家，中国居民的收入差别程度在全球比较是很高的，但这种简单直接的类比恰当吗？又有人反复强调中国的较高差别程度，是由于发展民营经济及私有经济的结果，这是事实吗？更多人发现并提出，中国最近四十多年来经济高速增长过程中，按发达经济的历史经验通常城镇内部及整体经济都应当处于不稳定状态，社会秩序应当发生动荡及严重两极分化，而中国如此大国似乎没有发生这些现象，为什么？

要回答这些问题，我以为就要深入研究中国特色的社会制度，及由其所决定的中国居民收入差别的一些特征，因为这些特征可以很好地回答这些问题。所谓特征，就是与中国不同的经济体的比较中存在的不同点。同西方一些国家，比如同国情与我们最相似最有可比性的近邻印度相比，中国居民的收入分配差别至少有如下一些不同点，或者较突出的特征。

第一，中国城市内部和乡村内部的收入差别基尼系数长期都处在0.4以下，0.3到0.4是国际学界都认为是比较适度的。我们每个人不是生活在农村就是生活在城市里。由于是处在这样的低差别状态下，所以社会就比较稳定。为什么中国城乡内部呈现低差别状态，主要是由于中国城乡实行以公有制为主体的经济制度和分配制度，当然与发展战略也相关。而相对而言，印度就不是这样，印度的城市内部和乡村内部收入基尼系数都超过 0.4，城市内部在 0.45 以上，0.45~0.52 不等；乡村内部稍稍低一点，但是有很多年也是超过 0.4 的。印度实行的是资本私有制和土地私有制，所以印度是收入分配高度不平等的国家。这与中国的城乡内部两个差别的基础不同，是不一样的。

第二，中国居民中高收入者与中下收入者的收入绝对水平的差别是逐步扩大的；但两个阶层的收入水平都在逐步增加，差异只是高收入者的收入增长更多更快，而低收入阶层的收入增长少些慢些，但不是不增长或者是下降。这说明中国的经济发展道路是亲贫式的。而中国的近邻印度，则是富人阶层增长很快而贫困阶层则是下降的，即所谓 K 分配模式。很显然，像中国这样在实际收入提高或增长中的差别扩大，同有些阶层增长而另一些阶层下降的差别扩大，是根本不同的。如果一定要用一个几何形状来描述我们的情况的话，我宁可将中国的情况叫作类似倒 F 形的。中国农村中是这样，城市内部是这样，城乡之间也是这样，全国还是这样。当然具体形状有不同。

第三，中国居民总体收入差别多年比较大，超过 0.4，但是自 2008 年后已经进入下降阶段了，时间轨迹呈明显倒 U 形，所以这样一来社会就比较稳定。同时中国的收入分配差别相对发展水平来说，也是倒 U 形的，因此可以说，中国的经济发展模式中的"涓滴效应"是有效的。或者反过来说，我们的分配类型是促进发展的，是"促发型"的，即一部分先行富裕的发展者，带动全社会共同发展实现共同富裕。而在印度等私有经济国家，用当今正流行的法国学者皮凯蒂的数据分析，其不平等程度总体上是呈不断扩大状的，若按上层 10% 与底层 50% 两阶层比较，则明显地呈现一个 K 形。

第四，中国城镇内部的差别始终低于农村内部的差别，结果形成了具有特色的低差别型城镇化。经济发展的规律之一是，农村人口在发展中逐步减少而相应地城镇人口逐步增加，即城镇化，各种经济体都是如此。然而，由于中国城镇国有主体经济具有比农村土地集体制经济更低的收入差别，结果使中国城镇化呈现为农村人口从高差别向低差别城镇中的转移，因此中国是一个低差别型的城镇化。而印度的状况恰巧相反。在印度及其他一些私有经济国家中，城市私人资本积累制度导致的高内部差别长期在 0.5 左右，长期高于农村内部差别，所以，私有经济社会中，普遍都呈现为一个差别扩大型的城市化。这是另一个特征。

第五，中国的总体收入差别始终高于城乡内部差别，即既高于城镇内部差别也高于农村内部差别，是各层次差别中最高的，由此全球各国排名中国的不平等程度就相当列后，据说是倒数第七；然而，人们平时实际上都生活在城乡内部差别比较小的周围环境内，这就让人产生一种感觉，似乎就目力所及社会范围比较看来，中国居民的收入差别程度并没有总体基尼系数显示的那样巨大，从而社会便可能相对稳定。而跟我们国情相似但制度不同的印度就不是这样的。印度的全国总体收入差别程度并不是最高的，他们的最高差别是城市内部，总体差别基尼系数处于城乡差别中间位置。所以印度城镇人口可能会产生一种相反的感觉，即实际体验到的生活差别总比数字显示的差别要大得多。为什么中国总体收入差别总是大于或高于城乡内部差别，而相反在印度，总体差别却总是低于城镇差别？产生如此现象的原因与中印城乡间差别的不同模式有关，即与下一个特征相关。

第六，中国居民收入差别模式最大的问题是城乡差别过大。中国居民收入分配有前面的若干优势，但也有问题；最大的问题就是中国城乡差别过大，以致形成了城乡之间的鸿沟；这主要源于中国的城乡二元制度及体制。通过对收入不平等程度的分解可以清楚地发现，在中国居民总体差别中城乡间的差别长期处于50%以上，也就是说有一半左右的总体差别是由城乡之间的差别构成的。这也可以通过全国各省市的城乡收入比指标，更加直观地看清楚；长期以来这个比率全国平均都在二点几，接近3的水平，其中有近1/3即七八个省份多年都在3以上；近些年略有下降但幅度较小。这说明中国的城乡差别的确是很大的，三倍的差别可以说是鸿沟了。比较而言，我们的近邻印度的情况则有不同。印度总体上城乡间收入比率均在一点几，这就小得多了。因为在市场化的印度私有经济制度下，城乡人口转移没有二元户籍制度，以及相应的社会保障制度等的制约，城乡间差别不可能很大。

中国城乡差别过大这一突出特征，也解释了中国总体收入差别为什么过大，即中国的总体差别为什么总是高于或大于城乡内部差别，总是呈现最高程度。因为在城乡内部差别都比较小且大致适度的情况下，只有过大的城乡差别才可以使总体差别超过城乡内部差别，成为最大的差别，即正如总体差别分解所显示的那样，正是过大的城乡差别形成了过大的总体差别。这也回答了那些总认为总差别过大是由于民营经济发展所致的观点，因为若果真是私人积累所致则首先应当恶化城镇内部差别并使其过大。但数据表明，城镇差别始终适度。因此中国收入差别的最大问题不是私人资本积累等所致，而主要表现为城乡间差别过大过高，因此不可能找到有针对性的缩小总体差别的对策。而在印度等国，通常都是城镇差别过大，而城乡间差别因利益导向的市场化人口转移而不可能很大，从而总体差别通常都小于城镇内部差别，成为城乡内部差别的中和或平均化。

进一步说，中国过大的城乡收入鸿沟表明中国城乡是两个世界，其根源主要是中国城乡两种公有制度决定的二元制度。这种二元制度似乎有一样好处，即一定程度上的确阻止了城镇化过快而可能产生的贫民窟现象，从而维持了社会稳定。而印度等其他国家则并非如此，在那里各城镇都有很大的贫民窟，成为一个长期难以解决的社会问题，也扩大了城镇内部的不平等。然而中国的二元经济社会体制在长期实行中却产生了越来越大的弊端，即维持了过大的城乡间差别。这样看来，就是制度制约的机会不均等导致了城乡间差别及总差别的结果不均等。制度导致的城乡不均等是不公平的。

具体来看，二元制度导致的机会不平等在农村中主要是城乡的基础设施不均等及保教文卫等公共服务不均等。这方面可以举出很多例证。城乡住宅投资、人均道路、固定资产、人均卫生资源、人均医疗费用，每千人卫生院及病床数等都是如此；而人均社会保障的差别更大，城市基本是农村的 50 倍，医疗保险及养老保险方面的差距就更大了。教育水平的城乡差别也非常大，从入学率看，在办学条件、教育基础设施、师资素质等均等化方面还是差得很远。总之，教育、文化、医疗、社保、信息等公共服务均等化，可以说农村才是刚刚起步。

今后在"十四五"期间，缩小城乡差别应当是基本任务之一，主要是扩大农村居民的收入再分配比重，重点还是要促进、推进城镇化和乡村振兴以及城乡一体化，消除产生机会不均等的二元制度，从而减小二元体制导致的机会不均等，真正提高农村居民的收入。所以在这里，首先我还是要重申并强调收入分配、再分配等这些政策，但更重要的则是改革和发展政策，要改革户籍制度，改革二元投资体制，改革二元社会制度，从而才能真正振兴农村。

我要特别提到农村的土地政策，土地政策一定要引进城镇人员和资本下乡，如果没有这一条的话，中国农村的振兴实际上很难实现，或者要推迟很久；另外将来要进行这方面大的改革，我认为也有必要把土地从现在形式上的集体所有，真正统一改革为同城市土地一样都为国家公有制，这可能更有利于我们缩小城乡差别。当然这要根据城乡城镇化的进程来推进。据中国的现状推测，未来完成城镇化可能要花费 20~30 年甚至更长的时间；城乡差别逐步缩小，最后消失，整体经济变为一元现代经济，则整体收入差别也将缩小，基尼系数可能下降到 0.4 以下，即真正实现全民共同富裕。

携手共同应对不平等

吕德伦

福特基金会会长

新冠肺炎疫情依然悬而未决，各国边界持续关闭，保持国际交流、互联和合作渠道的畅通显得比以往更为迫切。

我们今天对全球不平等议题的讨论尤为及时和迫切。根据 2020 年《联合国世界社会状况报告》，地球上每三个人中就有两人生活在收入不平等正在加剧的国家。这个现实情况的结果之一就是，"弱势群体"更有可能深陷代际贫困陷阱而无法自拔。

这种态势正蔓延到社会的各个重要领域，从温饱、正规教育到住房、医疗卫生，无一幸免。

长久以来，学者和专家，包括今天在座的各位，为全球敲响了警钟，告诫世人不平等已经成为脆弱社区日益削弱和不安定的重要因素。然而，我们大家正在经历的全球新冠肺炎疫情大流行进一步暴露并加剧了眼前的危机。

过去一年，不平等现象加剧的一个表现是，全球收入最高群体的财富增加了 3.9 万亿美元，而全球劳动者的总体收入下降了 3.7 万亿美元。低收入国家的儿童因停课而失去了将近 4 个月的就学时间，而高收入国家的儿童则只失去了 6 周的时间。在美国和巴西等国家，少数族裔感染和死于新冠肺炎感染的比例远高于其他人群。

我们无法对此视而不见。现实令人心碎，我们必须一道努力来减轻和消除其带来的毁灭性影响。公共部门、私营机构和公民社会必须共聚力量,从根源上应对和解决问题,而不仅仅是事后响应。我们必须倾听那些受影响最深的人群的心声,与他们合作,制订大胆而可持续性的解决方案。

福特基金会一直坚守这份事业,因为我们深信人人都应享有尊严。对于我们来说,这意味着打破和消除所有形式的不平等。这需要我们与政府、企业以及 NGO 社区的合作伙伴携手共同应对以下五个方面的主要问题。第一,不公平的社会运行规则。这些规则扩大和固化不平等的机会及不公平机会所导致的不公平的结果。第二,不公平的文化叙事。这样的叙事允许社会对某些人和社区施以公平、包容,使其处于优势地位,却将其他人和社区边缘化,使其处于劣势地位。第三,政府失灵。政府未能投资和保护包括教育和自然资源在内的涉及国计民生的公共产品。第四,阻止人们参与决策进程的体系。第五,持续存在的偏见。我们必须应对对女性、残障人士和其他边缘群体由来已久的偏见和歧视问题。

这五大问题是我们实现平等的最大敌人,这五大问题是建设更加平等、公平和公正世界的最大敌人!

福特基金会与我们的合作伙伴 —— 无论是各位专家学者还是像中国发展研究基金会这样的机构,一起与不平等的现状作斗争,一起为所有人建设更公正的社会而尽心竭力。

当然,我们知道不平等问题涉及面广,没有任何一家机构、公司或国家能够独自解决这一社会顽疾。我们作为全球社区的成员,必须要共同构想一个未来世界 —— 一个让不平等成为历史上翻过去一页的未来世界。为了那一天的到来,我们必须勇于携手合作实现这一目标,勇于为了共同利益牺牲我们自身的某些特权,勇于抛开文化差异,求同存异,勇于推进正义事业。

我们知道，中国的两会刚刚落下帷幕。《政府工作报告》明确指出，中国要致力于促进公平的经济发展，致力于减少国内外的不平等现象。

我曾数次访问世界各地的许多国家，无论是亲身前往还是线上拜访，许多国家都非常愿意与中国合作，以共同实现这一目标。

要建设更加平等、公平和公正的世界，没有什么比中国、美国和世界其他主要国家之间的合作更为重要、更为迫切！

农业发展内生力：提供更多优质产品与服务

周其仁

北京大学博雅讲席教授、北京大学国家发展研究院朗润讲席教授

经过多年努力，中国农民、农业、农村都有了很大改善和提高。但是对照全面现代化的要求，"三农"还是一个薄弱的短板。所以说，乡村振兴是一个非常重的任务。这里我着重谈一下乡村振兴到底有多大的潜力，这些潜力是怎么分布的。

讨论乡村振兴的潜力，不能单单从乡村着眼，而应该着眼于整个国民经济。首先看乡村、农业、农民还可以满足哪些潜在的需求，这个需求是发展乡村、振兴乡村最重要的一个机会。抓住了这种满足需求的过程，就能把"三农"的问题解决得好一点。

中国高速的工业化、城市化，把大量要素从乡村转移到了城市，这是过去几十年国民经济发展的一个显著特征。农村年轻的、生机勃勃的、受教育程度较高的劳动力大量离开农村，当然给乡村振兴带来了挑战和问题。但是根据最近几年的观察，高速城市化和工业化也对乡村、对"三农"提出了一些新要求，这些要求并没有得到满足。

第一，随着国民收入的提高，国民经济对农产品，特别是对较高质量的农产品有旺盛的需求。我们 GDP 一半左右是消费，消费当中最大比重的开支就是食品。食品供应在目前的技术条件下，无论如何一定会涉农，一定会跟农民和土地联系在一起。都说房地产厉害，一年房地产销售额也就十来万亿元，可是一年中国食品的消费也是十来万亿元。而且房子盖完可以有几十年的生命周期，而一年十几万亿元的

食品，吃完第二年又有十几万亿元的需求。目前从进出口看，有很多国内食品需求是高度依赖远程、依赖国际贸易的。现在我们对高品质农产品的要求，越来越重视新鲜，而新鲜程度和距离有关系，尤其新冠肺炎疫情对我们提出了很大的挑战，病毒很多是在冷冻食品上发现的。过去几十年形成的超长远程冷冻储存的食品供应模式有可能要发生变化，要转到更靠近生产和消费、更加容易保鲜的地方，同时碳排放还要更低，所以这个需求是非常现实的。现在中国已经有 600 多个城市，这 600 多个城市就是巨大的食品消费市场，所以靠近城市的农业、农村、农民可以挖掘里面的潜力。

第二，城市居民要到乡村去休闲度假。现在很多景点人气很旺，但是乡村有些地方破破烂烂，影响整体的观感。发掘农村旅游资源还有很大潜力。

第三，新技术可以在农业、农村建设中找到应用场景。不能认为农业是个传统行业，农业实际上是可以应用高科技的行业。去年以来我们走访了一些高科技农业公司，受到很大启发。科技在农业上的应用，可以为农民增加收入。

其实，国民经济都是互相联系的，每个部分、每个分支要通过满足别人的要求来武装自己、富裕自己。城市和乡村都是一致的，城市要给别人服务，农村也要给别人服务。农村发展不好是过去为别人提供的产品数量和质量不够，所以相对贫困。仅仅靠从高收入的地方移过去是不够的，内生动力的含义就是能通过给别的部门、别的板块提供优质产品、提供优质服务来获得财富、获得投资。

对非农化（Non-farming）就业机会在乡村振兴当中的作用要做恰当的估计。中国过去城乡隔开的时候，一开始农村改革、农村工业化，乡镇企业如火如荼，最多的时候曾经有上亿的劳动力在乡镇企业工作。

我们当年做过很多调查研究，对此也肯定过；但事后看，等到城市一开放，大量原来农村办的企业都垮了。所以，非农化恐怕在空间分布上还是有自己的规律的，它要相对集中，跟市场关联、跟交通关联，并不是每个乡村都适合发展非农产业。

农村还是要把注意力首先集中放到农业这个主导产业上来。现在很多人没信心，觉得农业收入低，谁搞农业谁穷。要从大城市周围开始突破这个观念，把科技加进去，农业是有希望的。比如，发达国家丹麦，人均收入 5 万多美元，养猪业还很发达。这就是依靠科技，让好的种猪供应全世界。所以，大城市周围的农村是有机会形成高效农业的。还有荷兰，按国土面积来说是小国家，但却是全世界第二大农产品净出口国，除了美国就是它。所以，中国的上海也好，广州、深圳也好，南京也好，长沙也好，围绕着都市圈，农业地带的利用效率还有巨大的提升空间。

全面推进乡村振兴

夏更生

国家乡村振兴局副局长

2021 年 2 月 25 日，习近平主席在全国脱贫攻坚总结表彰大会上庄严宣告，我国脱贫攻坚战取得了全面胜利[①]。中国的脱贫攻坚实践表明，一个执政党及其领导的政府，只要有责任、有勇气、有担当，把穷人放在心上，把减贫抓在手上，就一定能够战胜贫困。脱贫攻坚战取得全面胜利以后，党中央及时把"三农"工作的重心转向全面推进乡村振兴。脱贫攻坚战积累了宝贵经验，这些经验在全面推进乡村振兴中值得借鉴，主要有以下七个方面。

一是坚持党的领导，党中央把脱贫攻坚作为治国理政重要方面，坚持五级书记抓乡村振兴。二是坚持以人民为中心的思想，无论是脱贫攻坚，还是抗击疫情，虽然是两个战场，但有异曲同工之妙，就是必须坚持以人民为中心的发展思想。三是充分发挥社会主义制度集中力量办大事的政治优势，在资金投入、易地搬迁、驻村帮扶等方面集中力量予以推进。四是坚持精准方略，核心就是坚持"六个精准"，实施"五个一批"，解决四个问题。五是激发贫困群众的内生动力，外部帮和自身干紧密结合起来才能创造今天这个奇迹，也才能继续推进乡村振兴。六是弘扬中华民族同舟共济、团结互助的美德，打赢脱贫攻坚战是中国人民共同奋斗的结果，我们在这一过程中也搭建平台、创

---

① 习近平：《在全国脱贫攻坚总结表彰大会上的讲话》，《光明日报》2021 年 2 月 26 日第 2 版。

新机制，形成了人人皆愿为、人人皆可为、人人皆能为的机制，动员各方面力量参与脱贫攻坚。七是求真务实、较真碰硬，农村的事情很难，在最薄弱的环节搞最精准的工作，靠的就是我们要较真碰硬，采取最严格的考核。

当前和今后一个时期，要集中力量全面推进乡村振兴，首先是脱贫地区要全面巩固好脱贫成果，坚决防止出现规模性返贫，这是我们的底线目标。在这方面，国家设立了5年过渡期，要健全防止返贫的长效机制，要保持帮扶政策的总体稳定。现在已陆续出台了20多项相关政策。要抓好后续帮扶的工作，特别是易地搬迁，我们搬了近1000万人，在这方面要做好后续工作。

全面推进乡村振兴要抓好三件事。一是绘好一张图。做好规划，规划先行。按照规划稳扎稳打，久久为功。二是坚持两手抓。一手抓硬件建设，继续加强农村基础设施建设，提升农村人居环境。另一手抓软件建设，进一步提高农村的基本公共服务供给水平，积极推进乡村文化和精神文明的建设。三是促进三业兴。加快发展乡村产业，没有产业的振兴是空壳的振兴，是不可持续的振兴。持续加强农村劳动力就业，多渠道促进就业，强化技术培训，提高技能，重点是劳务输出和就地就近就业双轮驱动。积极推进乡村创业，发挥好乡村在创业方面的潜力和优势，通过创业促进产业、带动就业。

我们相信，只要我们按照乡村振兴的蓝图一步一步地向前推进，中国的美丽乡村一定能建设好，乡村全面振兴目标任务一定能够如期实现。

乡村振兴的"体面"

刘守英

中国人民大学经济学院院长

进入乡村，一个很直观的感觉是，农民的整个状态，主要是物质状况比想象中好。第一，农民平均寿命变长了。第二，农民的收入比原来有很大变化。原来没有现金收入来源、没有活钱，极端贫困；现在收入还算过得去、不是太大的问题。只要家里有人在外面做工，稍微勤快一点，怎么都能有一些收入。第三，农民的住房明显改善。第四，农村的公共设施比原来明显进步。第五，乡村的分化很严重。所有这些变化，实际上都是农民出村带来的。他的收入来源是出村带来的，住房是出村挣的收入带来的。收入改善导致的农民精神状态变化，也是出村带来的。

但是，乡村也有令人担忧的地方。第一个问题是"人"。乡村的老人是"人"的最大的问题。40 后、50 后、60 后这些人，基本以乡村为归依。未来，他们的养老会成为非常大的问题。接着是 70 后、80 后，他们没怎么从事过农业，至少参与不多，他们跟乡村、乡土更加疏离或断根，甚至处于一种阻断的状态。还有一类人 —— 小孩。农二代出去打工，把孩子带在身边，但他不可能有精力管孩子。另外，他们出生在城市，感受到的不平等是实实在在的。第二个问题是"业"。农村产业凋敝，"业"变得越来越单一，乡村的经济活动更加单一化。第三个问题是住。住房条件的改善，是改革以来乡村面貌最大的改变。问题是，乡村盖的这些房子，利用率极低。城市化以来农民积累的大量资本，不是用于进一步扩大城市的资本形成，而是回到乡村盖房、装修，不断添加房子里的东西，但这些资本的利用率非常之低，几近闲置。第四个问题是占地。农民的住房从传统村落到路边，整体往公路边盖。第五个问题是坟地越来越奢华。归结起来，我们把农村看到的景象进行构图，你看到的乡村是：第一，人——老人的绝望，农二代的归属不定，留守儿童心灵创伤；第二，农村经济活动越来越单一、农业越来越内卷；第三，农民的住房明显改善，但占了大量农民在城市积累的资本，没有进一步在城市形成更大的资本积累，而变成在乡村闲置的要素；第四，大量耕地的占用——住房、墓地的占用。

乡村已经是这种状态，下一步怎么办？怎么去振兴？得找到出路。一是改变回村城市化模式。中国乡村问题，在城市化的模式上。乡村支付的这个代价，是做乡村振兴的起点。能解决这一问题的办法，就是渐进式的"落"。城市化的问题，是人的城市化。现在核心的问题是，一定要把原来回村的城市化模式从代际开始进行改革，解决已经落城、不可能回村的这些农民的城市化，不能让 70 后、80 后、90 后和 00 后继续走上一辈的老路。从 70 后开始，把一些不回村、已经在城市的农民市民化，真正在他的就业地、工作地市民化，进入城市的公共服务、社会保障体系——居住、社保、孩子教育，这个权利体系一定要跟城市同权。让 1970 年以后出生的这些人落在他们有就业机会的地方，让他们的居住、身份和他们的经济机会重合，中国的城市化进程慢慢就能进入正常化轨道。二是村落新定义。不要去动现有的村落，这是农民的资本积累。农民过去几十年在城市挣钱盖的住房，就是他们的资本。但是，在整个村落的空间结构下，可以试行按时点的存量和增量的制度调整。从 70 后这一拨开始，以后不再在原来的村落分配宅基地；村庄新盖房，不要在原来的村落盖，而是在乡村适度的聚居区形成新的聚落——我是这个村某个小组的，但这个小组不再给宅基地，而是在一个适度的村落聚居的地方——通过规划，比如三个小队可形成一个村落，给他们宅基地的资格权、有偿取得，进行村庄规划，形成有序、有公共服务、提供公共品的村庄聚落。老房子如果再重新翻建，不能在原村落继续盖了，宅基地置换到新的村落，到那儿去盖。但不要做那种行政性的大集聚，不要发生以镇为单位的集聚——不要把人都聚在镇和县城，而是聚在适度的村庄聚落。已经市民化的人口，未来如果想回来，可以有偿配置宅基地。另外，村里原来已经有房的，房子用到一定年限以后，把宅基地置换到这些聚落。这样村落聚集地适度调整后，村庄的形态就从原来农耕的村落形态形成适度的集聚，公共服务也可以提供，乡村的养老问题也可以解决。现在老人在农村，见不到人。不仅仅是跟他们在外边的儿子、儿媳妇联系不上，可能隔三五家才有一个老人，人都喊不着。适度集聚以后，这些老人基本都在一个聚落里。三是解决老人问题。老人最需要的是文化生活。我们村的老人，像我叔叔，每天都去村部听碟子，政府提供的这些公共品，可以用起来。现在有些地方设有图书室，很多书都是教怎么养殖的，但农民需要的是文化、精神的寄托。养老服务的供给，也可以政府和市场结合解决。四是农业问题。当整个村落适度集聚以后，土地就更好集中了。现在地不集中，实际上是原来进城的人的地权和经营权没有分离。只有把农民的市民化问题解决，把乡村的乡愁问题解决，土地的田底权田面权分离才有可能发生。地权的转变，才有可能真正解决经营权的保障问题。经营权问题解决以后，其他的权利拓展、权利行使、抵押这些金融手段，才有可能实现。拥有了经营权保障的地权，才有可能再做要素的组合。专业化的具有企业家性质的经营者才能进来，农业的要素组合、经营方式才能改变。五是村庄的公共服务。现在村庄的公共服务，确实进步很大，但这些公共服务是在原有村落形态和村庄布局下进行的，是不经济的，有些也不是农民真正需要的。而当村落变化以后，公共服务提供也变了。比如用水、文化、基础设施，不仅更经济有效，也更加为农民所需要，乡村振兴的"体面"就出来了。体面的老人，体面的村落，体面的公共服务，体面的农业，体面的人……

培育优势种业企业，提升科技创新能力

樊胜根

中国农业大学讲席教授、全球食物经济与政策研究院院长

我在海外工作多年，也从事研究多年，对国内的情况可能还需要多学习，今天从国际的角度看看中国种业在未来发展中遇到的挑战以及一些思路。

现在世界上正面临着多少年不遇的粮食紧张状态，新冠肺炎疫情对全球生物系统造成了巨大的冲击，之前 6.9 亿人饥饿，但是新冠肺炎疫情导致差不多 1.5 亿人急剧饥饿、急性饥饿，如果短期之内解决不了他们的食物问题的话，他们的营养、健康就会受到很大的损害。大家可以关注，在过去 9 个月，世界的粮价已经上升到最高了，有的谷物价格已经上升了 30%，所以大家应该警惕未来的粮食安全。种子是粮食安全的根基，我们知道在 2050 年我们要养活 90 亿人口，粮食必须最起码增加 50%。农业生产未来的发展靠创新，创新的根本又是种业的创新。联合国粮农组织在世界多地区也建立了很多有关种子方面的联盟，推动种业的发展。

未来的气候变化对粮食生产的冲击是最大的，将来由于产能的下降，谷物的价格会进一步上涨 29%，接近 30%，所以提高种子的韧性，针对气候变化是重中之重。

我非常高兴先正达、科迪华、拜耳的同事都在这里，全世界三大种业公司，三大巨头，每年在农业科研方面的投资都有十几亿美元，我们国内的农业企业里面有没有哪一家可以投资这么多？在世界上这

些公司的分布也非常广，我在过去几年也关注到欧盟国家非常重视新品种的培育，还有知识产权的保护。我们国家的知识产权保护必须要跟国际接轨。另外非常重要的是要以市场为导向、以企业为主体，政府在其中起到很重要的作用，以市场为导向、以企业为主体是关键。我觉得新冠肺炎疫情是给我们一个警示，对于基因工程我们必须重新思考。新冠肺炎疫情好多疫苗、好多治理的办法都跟基因工程有关系，而我们在农业上、食物上缩手缩脚没有放开思路。

我在美国生活了 30 多年，据我了解，美国的科研、教育推广是结合在一块儿的，这样就避免了脱节的问题。多样化的经营费用来源，政府是一个方面，还有私人的、企业的。重视农业科研知识产权的保护，包括科学家的知识产权保护，人才的自由流动。

我再讲讲企业，三大企业，国际上三大巨头可以把充足的资金、最好的人才、最好的设备结合在一块儿，这是它们创新的关键。中国这个产业面临哪些挑战？中国的种业增长 45%，畜牧业 40%，跟发达国家比还有很大的差距。优良品种的推广率 95%，优良品种产量还达不到世界上最高的水平，尤其是大豆跟玉米。咱们中国的种业市场也很大 ——6000 亿元，世界上种业的市场是非常大的。大豆、玉米单产与世界、美国的差距还很大，畜牧业的差距更大，种业产业比较分散，重复的多，集中的、高投入的、强度大的不多，基础研究和应用研究也比较脱节。

我们现在种粮自给率很高，但是蔬菜、水果的种业还是很多，这方面的研究要加强。还有一个是未来种子产业的方向，刚才讲了增产，但增产只是一个方面，要多赢，应该健康营养，要把营养素加进来，例如锌、铁、维生素 A。要适应气候变化，比如应对干旱。因为气候变化，干旱是将来农业面临的巨大挑战。

培育优势种业企业，提升种业科技创新能力，这个非常重要，怎样提升我们国家的大型种子企业将其本土化，带领整个国家产业的转型，我觉得这个至关重要。

把住粮食安全的主动权，在源头防控化解风险

黄季焜

北京大学中国农业政策研究中心主任、北京大学新农村发展研究院院长

今天结合粮食安全和种业发展这两个问题，跟大家分享我的一些观点。首先，看下过去 40 年中国农业发展的几个事实。过去 40 年里，平均来说中国占全球人口约 20%，但中国仅有全球 5% 的淡水和 8% 的耕地。在这样人多水土资源少的情况下，2018 年中国食物自给率还高达 95%。为什么能达到这样高的自给率水平？如果用一句话来总结，就是中国过去 40 年农业总产值年均增长达 5.4%。在 40 年这样长的时期内，农业年均以 5.4% 的速度增长，我想不单小国很难做到，就是大国取得这样成绩也是奇迹。这里我想特别强调的是，虽然增加农业投入对农业增长很重要，但更为重要的是农业全要素生产率（TFP）的增长。例如，我们的研究表明，过去 40 年中国农业总产值年均增长的 5.4% 中，农业投入的年均增速为 2.4%，农业全要素生产率年均增长达 3.0%，农业全要素生产率增长为农业增长贡献了 56%。

即使农业年均增长 5.4%，中国食物进口还是在不断增长。虽然中国食物出口也在增长，但 21 世纪初以来食物贸易逆差在不断地扩大，2018 年食物净进口占食物总消费量的 5%，未来会不会继续增长？当然还会继续增长。根据我们近期对中国农产品的预测，至 2035 年，在口粮方面，不管是大米还是小麦，需求都将逐渐下降，这不是人均需求而是全国总量需求。但我们的饲料粮，主要是玉米和大豆需求将继续增长，蔬菜、水果、畜产品和水产品的需求也会不断增长。

　　我们的生产能不能满足这些需求的增长？我们预测水稻、小麦的生产也将有所下降，但是能够满足需求，因为需求也在下降。除水稻、小麦口粮外，预计未来其他农产品生产都将有所增长。比较未来的农产品需求与生产，我们得出如下几个总体结论：水稻和小麦基本自给率能达到接近百分之百；玉米的自给率会显著下降，去年玉米进口已经超过 1000 万吨，预计在 2025 年可能要达到 4000 万吨左右；大豆的自给率还会有所下降；棉花、油料作物、糖料作物等自给率还将会继续下降。总体来说，食物的自给率到 2035 年还能够达到 90% 左右。

　　在粮食安全方面，我想强调两点。首先，虽然稻谷与小麦完全能够自给，但口粮的品质或质量需要不断提高。其次，中国粮食进口主要是饲料进口，具体来说就是大豆和玉米。如果不进口更多的玉米和大豆，我们就必须进口更多的畜产品。如何减少饲料粮进口量？解决这个问题就要靠不断提高全要素生产率，而不能依赖农业投入的增长，因为投入增长等于成本增长，成本高价格也高，农产品在市场上就会失去比较优势。

　　提高农业全要素生产率靠什么？在技术创新方面，将主要依靠生物技术、信息技术、装备技术等现代技术的不断创新。在现阶段，重点依靠生物技术，特别是转基因等生物育种方面的技术。刚才前面几位专家也谈到农业技术和种业发展的重要性。

　　谈到种业，我想给大家分享如下一些数据。1986 年至 2020 年每 5 年全国省级以上政府审定的水稻、小麦、玉米三大作物的品种数，在 1986 年至 1990 年间，每个作物大概有几百个省级以上政府审定的品种，但到了 21 世纪初，审定的品种数量显著增长。为做大做强种业，2000 年以来政府出台多项政策。例如，2000 年 12 月国家颁布了《种子法》；2011 年出台了旨在发展现代种业的种子 8 号文，要求公共部门退出商业化育种，让企业成为种业的创新主体，同时提高种业门槛以减少种子企业数量；2016 年又出台种子审定新规则。但实际情况如何？有意思的是，一方面，我们在喊着做大做强种业；另一方面，我们看到的却是近年来每年审定的种子数量大幅上升，种子企业数量近年来也同步增长。其实种子数量并不是真的有这么多，是市场上存在的套牌问题越来越严重，前面的专家、企业家也谈到这个问题，知识产权难以得到保护已影响到企业投资种子研发的积极性。在种子企业数量上，因为提高种业门槛，种子企业数量从 2010 年的 8700 多家下降到 2016 年的 4200 多家，但是最近几年又显著增长，据统计，种子企业 2019 年又达到 5500 多家，据说 2020 年更是超过 6000 家。这是个很严重的问题，这是关系到中国种业能否做大做强的重要问题。基于前面的讨论，我觉得种业要创新必须深化种业的科技体制改革，厘清政府和市场的作用，使企业成为科技创新的主体，特别是种业的创新主体。

今天我的报告主要想给大家带来如下几个主要信息。首先，中国口粮能够实现绝对安全，但前提是要不断提高大米的品质和特种小麦（特别是强筋弱筋小麦）的品质。其次，玉米、大豆、畜产品等农产品进口将会不断增长，如果要减少进口量，我们必须不断提升农业的全要素生产率，这才是保障中国粮食安全的关键。再次，提高农业全要素生产率以保障粮食安全，种业创新是最重要的措施之一。种业创新需要真正建立起产学研相辅相成的以企业为主体的创新体系，政府重点支持基础和应用基础的研究，企业重点做应用与产业化研究；要加强知识产权的保护；要加快生物育种产业化进程，政府近期已提出有序推进生物育种产业化，但是我说有序还不够，还要加快推进，特别是转基因玉米的产业化，这对提高玉米产量、减少玉米进口有非常重要的作用。最后，加强种子资源保护和充分利用，前面专家也提到了种子资源保护，我觉得在这方面不但是保护，更重要的是充分利用，我们有很多种子资源，但我们这些丰富的种子资源有哪些功能？应用潜力如何？保护与充分利用要同时推进。

新发展阶段的中国粮食安全战略

程国强

中国人民大学农业与农村发展学院教授

进入建设现代化国家的新征程，中国究竟需要怎样的粮食安全战略？主要有三点：一是迈上现代化新征程——即进入新的发展阶段，粮食安全有哪些新要求、新考量？二是新发展阶段中国粮食安全的战略基点是什么？三是今后保障国家粮食安全的政策重点。

一、新发展阶段的新考量

按照党的十九大部署，中国现代化建设分两个阶段推进，一是到2035年，用3个五年规划期，基本实现社会主义现代化。二是再用3个五年规划期，到21世纪中叶，把中国建成富强民主文明和谐美丽的社会主义现代化强国。"十四五"时期是全面建设社会主义现代化国家开局起步的新发展阶段。

根据十九届五中全会精神，新发展阶段的基本原则和政策基调，可以理解为立足统筹国内国际两个大局，办好发展安全两件大事。从国内大局来看，立足于中华民族伟大复兴战略全局，必须加快构建新发展格局，推动实现技术进步和经济增长，由主要依靠国际循环，转向主要依靠国内循环，促进经济持续稳定健康发展，确保中国长远发展和长治久安。从国际大局看，世界正面临百年未有之大变局，不稳定性不确定性明显增加，必须防控迟滞甚至中断中国现代化进程的重大风险，把安全发展贯穿于国家发展各领域和全过程。由此对"三农"特别是粮食安全提出新的考量。2020年年底召开的中央农村工作会议强调，稳住农业基本盘，守好"三农"基础是应变局、开新局的"压舱石"。

对于粮食安全问题，中央强调必须解决好种子和耕地两个要害问题；必须坚持农业科技自立自强，加快推进农业关键核心技术攻关；必须扛起粮食安全的政治责任，实行党政同责。"十四五"规划纲要明确要求必须确保实现粮食综合生产能力 6.5 亿吨的约束性目标。尤其是，必须牢牢把住粮食安全主动权，以粮食稳产保供保安全的确定性，应对世界变局的不稳定性、不确定性。

二、新时期粮食安全的战略基点与政策重点

新发展阶段粮食安全的战略基点，就是必须牢牢把住粮食安全的主动权。所谓把住粮食安全的主动权，就是要筑牢粮食安全的根基底线，切实保持粮食安全的战略主动。

根据中国粮食安全治理的探索实践，中国已经形成了国家粮食安全保障的三位一体机制，或称为粮食安全的三个支柱。一是国内粮食综合生产能力，以保障口粮绝对安全为核心。二是粮食储备体系，以应对突发事件、维护市场稳定为重点。三是全球农产品供应链，以统筹利用国际粮食市场和资源为路径。

把住粮食安全的主动权，实质上就是要把住如上所述三个支柱的主动权。其中，第一、第二个支柱，相对来讲，我们具有一定的战略主动，基本可以掌控，但第三个支柱——全球农产品供应链的主动权，尚面临较大的挑战。尤其是，随着世界变局带来的不确定性、不稳定性挑战日益加剧，如何掌握全球农产品供应链的主动权，把风险防控在源头、化解在前端，是下一步必须重点考虑的政策取向。

"十四五"以及今后一个时期，粮食安全政策重点要聚焦以下几个方面。

第一，不断增强粮食综合生产能力。按照"十四五"规划纲要要求，6.5亿吨粮食产能不能动摇。必须深入实施"藏粮于地、藏粮于技"战略。今天各位专家们讨论的种业问题，以及农业科技创新，是不断增强粮食综合生产能力的根本路径。与此同时，要深化粮食政策改革，完善和创新农业支持保护政策机制与制度框架。调动和保护好农民种粮积极性，让农民种粮有钱挣、有奔头；健全产粮大县支持政策体系，让地方政府抓粮有动力、有干劲。

第二，持续强化粮食储备调控能力。要进一步完善优化中央储备粮、地方储备粮的功能结构，提升规模，优化品种结构和区域布局。建立市场调控储备，发挥粮食市场"削峰平谷"的作用，稳定粮食市场价格与供求。当市场产品过剩、价格较低时，启动粮食最低收购价，实施政策性收购，增加调控储备；当粮食价格上涨、市场预期不稳定时，则释放调控储备，以平抑市场价格，保障供求稳定。

第三，抓住农业科技创新这个战略支撑。我同意前面专家的观点。科技创新是中国农业的根本出路，农业科技自强自立，是把握粮食安全主动权的关键支撑。必须深入实施"科技兴农"战略，在农业种源、装备、设施与加工设备等关键环节和领域，以破解"卡脖子"技术为突破口，加快形成以市场为导向、以企业为主体、产学研深度融合的农业创新体系，推进农业科技资源整合和产学研深度合作。

第四，推进粮食高质量发展。粮食安全是粮食高质高效的前提和底线，粮食高质高效是粮食安全的基础和支撑。要加快推进粮食高质量发展，抓好"粮头食尾、农头工尾"，促进从原粮到成品、产区到销区、田间到餐桌的粮食产业链、价值链和供应链融合发展，扎实推进粮食安全产业带建设，推动粮食产业转型升级，实现粮食安全和粮食高质高效相统一，全面提升粮食安全综合保障能力。

　　第五，实施更加积极的农业对外开放战略。统筹利用国际农业市场和资源，是中国特色粮食安全道路的重要特征之一。目前中国农业资源总需求相当于 38.5 亿亩种植面积，而国内只能满足 25 亿亩，13.5 亿亩得靠国际。要掌握全球农产品供应链的主动权，就必须立足战略主动、安全可控，加强农业"走出去"顶层设计和战略规划。建立健全全球农业贸易投资与市场监测体系，促进风险防控关口前移至供应链上端；加快培育全球性农业食品企业，鼓励企业深度融入全球农业生产、加工、物流、营销及贸易产业链、价值链与供应链；深度参与全球农业与粮食安全治理，充分发挥"一带一路"拓展农业国际合作、促进投资贸易建设的平台作用，抓紧构建安全、持续、稳定的全球农业食品供应网络。

应对疫情需要各界强有力的合作

欧思明

默克集团执行委员会主席、首席执行官

默克集团在 COVID–19 疫苗的开发和生产方面做了哪些具体工作？我们致力于生产拯救生命的药物，我们为全球的科研工作提供必需的设备。在全球范围，我们的产品和技术参与 50 多个新冠疫苗项目的开发。与此同时，确保为大规模生产做好准备是我们的核心能力之一。

我们为生产新冠疫苗和挽救生命的治疗提供至关重要的一次性产品。这些产能分布在中国的无锡和美国的工厂。就在本周，我们宣布了投资在法国的第三个一次性产品的工厂。这一新增产能将大大增加当下疫苗制造急需的一次性产品的供应能力。此外，我们还为疫苗生产提供一些关键成分，如 mRNA 疫苗的脂质。脂质是药物递送系统 mRNA 治疗的关键成分。目前，世界上只有极少数公司能够提供疫苗生产所需的最高质量要求、可大规模定制生产的脂质。

今天，我想从三个方面讨论我们在全球范围所做的努力。首先，我们看到，在全球科学界形成了前所未有的合作。新冠病毒于 2020 年 1 月 7 日首次测序，疫苗的开发几乎在病毒学家在数据库中共享后立即开始。小组成员都知道，疫苗研发是一个高度复杂的过程。通常，需要将近 10 年的时间才会有一种全新的疫苗可以上市。而生产过程的准备可持续一年左右。不要忘记，我们今天拥有的一些疫苗采用了像矢量和 mRNA 这样的新技术。因此，我们看到了眼下空前的合作。科学家、监管机构和制造商都已承担起在不损害检测结果质量的前提下加快检测过程的重任。

在默克集团，我们的同事夜以继日地工作，以提高我们的产能，同时保障最高的质量标准。我们正面临着全球范围的紧迫挑战，默克集团正在提供保障公共卫生安全的关键产品和服务。我知道今天在场的成员都有这种紧迫感，因为拯救生命是我们的共同使命。今天我们看到已有多种疫苗产品，这是个小小的奇迹，归功于世界各地许多人的辛勤工作和通力合作。

其次，我们需要在更多领域开展合作，配合科学界所付出的努力。显而易见，为全球的人口生产足够的疫苗将是一项艰巨的任务。正如多数人担心的，各国过于关注本国的需求。我们如何避免发生这种情况？我们需要强大的国际机构来指导我们制定策略。确保世卫组织拥有监测流行病、协调抗击疫情的资金和技术手段，并确保疫苗和其他资源的公平分配，我们都将受益匪浅。

与此同时，我们再次看到了政府和企业合作的优势。全球疫苗免疫联盟（GAVI）就是一个很好的例子，流行病防范创新联盟（CEPI）是另一个推动疫苗快速发展的驱动力。事实上，在应对疫苗开发和分配等挑战时，各国政府、国际组织、企业和非政府组织都给我们带来了不同的专业知识。我们建议把这些优势结合起来，以便取得更快的进展。当我们支持正在发展公共卫生系统的国家时，这一点尤其重要。我们需要确保他们也能接种疫苗。作为一个全球社会，我们的安全取决于我们最脆弱的成员。

最后，我们必须从这一次大流行疾病中吸取教训。因为这不会是我们面对的最后一次。中国是这次应对疫情的典范，在危机中展现出了无比的韧性和敏捷性。多项经济复苏政策行之有效，也促进了经济的快速反弹。

事实上，在新冠肺炎疫情暴发前的多年里，许多专家都试图让人们关注新病原体日益增加的威胁。默克集团也在持续为之努力，这是一项长期的、持续的工作。让我们砥砺前行，从这场大流行病中吸取教训：我们需要建设防范大流行疾病的能力，我们需要强大的跨国界、跨领域的合作，来确保在全球范围实现全民健康覆盖是我们共同的使命。

疫苗接种的挑战和不确定性

查道炯

北京大学国际关系学院、北京大学南南合作与发展学院双聘教授

疫苗是控制疾病暴发的有效物品，预防接种是控制传染病最经济有效的手段。面对新型冠状病毒（COVID-19）所导致的疫情，在所有人都安全之前，没有人是安全的。健康是所有人的人权，而不是那些负担得起的人的特权。这些都是世界公共卫生科学与政策领域的常识。

人类开发并使用疫苗应对传染病有一百多年的历史，就方法而言经历了从培育牛痘发展到今天的基因工程等高科技运用的过程。但部分因跨大洲的流感疫情暴发次数不多，流感疫苗的研发和生产的全球化程度并不高。在 2003 年出现非典型性肺炎疫情时，流感疫苗的国际化又一次受到广泛关注，但因疫情结束比预料的快而没有成为一个"问题"。之后，疫苗的研发和生产能力依然集中在九个国家（澳大利亚、加拿大、法国、德国、意大利、日本、荷兰、英国、美国）。2009 年到 2010 年，甲型 H1N1 流感疫情在北美洲的墨西哥和美国更为严重，对症疫苗的研发很快获得了成功，但因相关国家的疫苗出口限制政策，接种范围有限。也就是说，在 COVID-19 出现之前，疫苗生产和供应领域的不平均是具有结构性的。

新冠肺炎疫情的严重程度诱发了对症疫苗研发在产品推出进度上的飞跃，其产能依然集中在少数发达国家。按照国家人口计算，发达国家在疫苗订购数量上遥遥领先于贫困国家。一些发达国家政府许诺愿意在满足国内需求的前提下，拿出一部分捐赠给较穷的国家。如果

缺乏疫苗供应机制上的创新，没有研发和购买能力的欠发达国家无疫苗可用的情况就难免出现。

新冠肺炎疫苗实施计划（COVAX）是一种创新。基于 2009 年 H1N1 疫苗的跨国可及性严重不足的教训，由全球疫苗联盟（GAVI）倡议，世界卫生组织提供政策协调支持，2020 年 6 月推出了 COVAX。这是一个有商业性质的预销售承诺安排（Advanced Marketing Commitment，AMC）。高收入、中高收入（以世界银行的数据为准）国家通过签订 AMC 可获得疫苗订购数量保障，不享受单价优惠。中低收入和贫穷国家则可获得优惠价格的疫苗。差价则由联合国儿童基金会等统筹捐款弥补。

COVAX 是一种创新，目的是避免之前大流感疫情出现时的窘况：中低收入国家只有等高收入国家满足国内需求后，获得捐助才有疫苗可用，因为疫苗生产上市前没有将后者的需求纳入产量规划。这个机制之所以是一种创新，是因为生产疫苗就像生产飞机一样，只有在有订单的前提下才启动生产。新冠肺炎疫情下，COVAX 的出现是一种急人之所急的创新。

一支在发达国家销售的新冠疫苗，在纳入 COVAX 计划后与中低收入国家谈判销售时，销售企业是否以优惠价格出价，受不同注册国的反倾销法规制约。这样，差价的空间如何填补，就得看进口国的出价能力、援助金额是否到位，以及援助提供方是否有受援方收入水平以外的附带用款条件。

与疫苗生产、加工国进行双边新冠疫苗交易安排，是中低收入国家的另一个选项。例如，中国到 3 月 2 日已经或正在向 53 个国家提供疫苗援助，向 27 个国家出口疫苗。中国对蒙古、埃及、泰国、新加坡、多米尼加、玻利维亚等国的疫苗援助和出口都已运抵当地。春节期间，中国向津巴布韦、土耳其、秘鲁、摩洛哥、塞内加尔、匈牙利、阿联酋等 7 国交付了疫苗。

双边疫苗安排，与多边途径相比，可节省环节，节约时间。当然，这要求进口国要么具有自主从事疫苗使用技术审核的能力，要么认可疫苗生产国监管机构的审核结论。

"最需要"国家的标识，不仅仅体现在收入水平和付款能力上。新冠疫苗与常用疫苗的一大不同是所有年龄段的人群都有同期接种需求。根据世界卫生组织在 2018 年统计的数据，194 个成员国中有 74 个没有成人流感疫苗接种项目。对日常生活中活动范围更大的成人接种，需要基础设施方面的投入。在很多中低收入、城镇化程度低的国家，成人疫苗接种过程的"最后一公里"相当长。在不少国家，还有文化、宗教方面的社会性因素影响接种进度。

采用新技术研制的疫苗，对运输、储藏的时间有更严格的要求。所以，从宣布援助意向到疫苗运抵一个国家，前提条件是事前做好周密的运输和接种安排。也就是说，只有援助国与受援国在接种措施层面做好了对接，才能实现在雪化前将炭送到户的愿景。

获批入市新冠疫苗产能的保障是中低收入国家获得疫苗的物质基础。英国的查塔姆智库（Chatham House）于 2021 年 3 月 9 日召开了全球疫苗生产机构的峰会。为该峰会准备的市场调研材料显示，新冠肺炎疫情前，全球的疫苗需求在 35 亿到 55 亿支之间，而到 2021 年底，全球有望生产 140 亿支。产能的保障和进一步扩充，受多方面因素的制约。

新冠疫苗的研发和生产能力高度集中在发达国家。在它们那里，新冠疫苗满足国内接种需求后，再向外捐出，这也是一种援助。在捐出前，如何在国内具体需求支数也难以确定的背景下，未雨绸缪地对全球疫苗生产链上的要素流动做出限制，是一个考验。

一笔钱做三件事，实现这个愿景到目前为止还有困难。如果疫苗援助款可用于推动获批入市的疫苗的批量加工，既有助于充分利用现有产能扩大产量，给承担加工任务的企业和社会增加收入，也有助于减轻因产品点集中而造成的运输压力。

根据前面提到的 Chatham House 报告数据，现有的疫苗加工能力，55% 在东亚地区，40% 在欧洲和北美，非洲和南美则不到 5%。已经获准使用及处于研发阶段的新冠疫苗，包括应对变种用的补充疫苗，集中在欧美地区。东亚则有"富余"产能可用。一般情形下，授权加工的知识产权等环节需要数个月甚至数年的时间。在世界贸易组织框架下，新冠疫苗的授权加工便利化的讨论还在进行，一些发达国家不太乐意在新冠疫苗的生产方面就原则和商业利益做出让步。

通过外交途径，促进新冠疫苗的跨国接种是必要的。由于疫苗供需缺口大，全球经济和社会运行秩序复原的需求，一时得不到满足。在这种背景下，有包括中国在内的国家向无力自研的国家和社会提供疫苗，这是在全球公共健康治理领域所做的具体贡献。

政府在疫苗的跨国使用中必须直接介入，原因之一便是疫苗接种不同于普通药品的跨国流通。对受接种人员特别是成年人进行后续跟踪，在疫苗使用社会，由有政府公共财政保障的卫生机构进行，更符合疫情控制和公共卫生保障需求。

倘若将疫苗的跨国流通交由"公开市场"去进行，就难免出现非法、高价、接种进度不科学也不公正的"灰色市场"。其后果，不仅损害了受负面影响的人群的健康利益，也不利于疫情的控制。因此，疫苗提供方与接种方在政府层面的全过程、无缝隙合作是通过外交途径促进疫苗的跨国接种的基础性逻辑所需。

中国的疫苗进入全球市场，历史并不长。在 2011 年，经过十多年的不懈努力，中国国家药品监管机构通过了世界卫生组织疫苗监管体系的评估。经历了此后每 3 年的复审，中国是发展中国家中被认定为与发达国家的疫苗严格监管体系相当的成员。此后，中国的疫苗产品开始获得世界卫生组织疫苗预认证的资格，且已有 4 种疫苗进入联合国儿童基金会等机构组织的国际采购。

对疫苗产品的质量认证、其运输和使用各个环节的公共卫生基础设施的物质和知识领域的投入，都是经由通常意义上的外交渠道，缩小国家间公共卫生能力差距努力的一部分。这也是将疫苗视为"全球公共卫生公共品"的内涵。随着越来越多的新冠疫苗获批使用，时下的供需不匹配将有望得到缓解。但是，全球疫苗事业，依然有促进的必要。

通过降低疫苗的生产成本而促进产能扩大，提高新冠疫苗的可及性。教科书式的途径包括鼓励或要求通过"专利池"等途径降低专利使用成本。南非和印度向世界贸易组织提出的对涉及新冠肺炎疫苗、药物等的知识产权进行豁免的动议，尚未得到更广泛的支持。如何应对研发与生产、金融逐利的本能与全球公共健康需求之间的矛盾，是外交努力所需要应对的一个挑战。

综合起来看，新冠疫苗的国际使用是一项极具挑战性的工程。即产即运，到运就接种——要实现这个愿景，有意愿和能力提供疫苗的国家更多的是在跟时间竞赛。如果从"软实力"竞争的角度看，仅看援助金额的大小是远远不够的。如何在疫苗的生产、认证、运输、接种的各个环节都做到无缝隙对接，需要政府、企业、社会各方面的共同努力。成功接种疫苗的援助才是最为真实践行将新冠疫苗作为全球公共卫生的公共品许诺。

面对新冠病毒所导致的这次百年不遇的全球性疾病大流行，现实的挑战包括供应保障、产品可及性和可负担性；如何避免生物医药等领域的竞争成为零和游戏，如何缩小疫苗及更广范畴的医疗产品和服务的国别差距，则是具有长期性的挑战。

维护全球公共卫生安全

高福

中国疾病预防控制中心主任

首先，介绍一下我对维护全球卫生安全的想法。全球公共卫生安全的重要性不用我说，全球的疫情告诉我们它有多重要，我想跟大家一起来讨论这个主题。全球关注的影响人类健康的核心问题。传染病、非传染病、环境问题都是全球公共卫生关注的问题。公共卫生"上管天，下管地，中间要管空气"。大家知道最近的沙尘暴，以前的雾霾都是公共卫生应该关注的。最近沙尘暴出来了，大家都在讨论从哪儿起源的，告诉大家从地球起源的。病毒来了，从哪儿起源的？从地球上起源的。它可以发生在任何一个角落，任何一个地方，这就是大家所面临的全球公共卫生事件，而全球公共卫生涉及人、动物、环境，涉及整个地球上的事儿，甚至很可能突破我们的常识，突破我们的知识，涉及地球外。公共卫生肯定不只是地球，我们对宇宙也需要关注。Safe Guarding 这个词很到位，Safe 放在前面，后面是 Guarding，比汉语维护这两个字还清晰。人类在公共卫生上要讲 One Health，在汉语里有时候翻译成"健康"，有时候翻译成"全健康"，就是要让大家关注人类健康、动物健康、环境健康、地球健康、宇宙健康。当我们关注全球影响人类健康的问题，全球要想 Safe Guarding 我们这个星球，我们必须要学会和平共处，这恐怕是中国发展高层论坛非常重要的一点，解决全球的平均问题，解决全球的不公平问题。这是联合国的可持续发展目标（SDG）17 个目标中非常关键的问题。我在这儿呼吁，全球人民应该共享数据。如果我们不共享数据，就不可能 Safe Guarding 这个地球。

想一想这件事情，公共卫生的核心威胁处在什么地位？谈到公共卫生我们讲的是群体，但是群体是由个体组成的。我们不是不关注个体，而是更关注群体。传染病暴发、埃博拉流行、微生物耐药等一系列卫生问题都是我们应该关注的。全球卫生治理已不再是传统的结构，这次疾病的流行，大家除了应对流行病，还在应对信息流行病，所以这是网络的治理体系。这个网络治理体系更需要全球人民团结在一起，基于这个想法，我们中国疾病预防控制中心已经走向了世界，我们在塞拉利昂援助了生物安全三级实验室，我们在塞拉利昂建立了疟疾的分子实验室和流行病学的网络。这是在盖茨基金会的资助下完成的，感谢盖茨基金会，同时还有很多单位的参与。

全球抗击新冠肺炎疫情，中国有中国的方案、中国的做法，这在全球是有目共睹的。中国首先对新冠肺炎疫情进行封堵，武汉发现疫情以后，全国有大大小小 40 多起，中国已经把病毒传播遏制住了，40 多起由国外输入病毒引起的，40 多起在当地传播，我们通过"压制"也取得了胜利。1 月份东北、河北也取得了胜利，中国从围堵到压制取得了成功，我们已经进入缓疫阶段，我们有信心、有办法把它控制下来，希望大家一起把这件事情做好。

为什么要全球共同抗疫？病毒没有国籍，没有护照，想去哪儿就去哪儿，去哪儿也不需要申请签证，说走就走，搞不好我在这儿讲话的时候某个病毒就从某一个地方传到了另一个地方。所以维护公共卫生安全，维护世界安全是大家共同的事情。这牵扯到经济、社会，整个国家的安全，整个地球的安全。

我们在东盟合作项目，全球卫生的应急治理都参与了很多工作。

对中国来讲，未来的挑战是如何跟国际上发达国家一起去一些欠发达地区共同做事情。我们要遵循"4C"原则——合作、竞争、交流、协调，这是我和非洲疾控中心主任在《柳叶刀·公共卫生》杂志一块儿提出的，"4C"对下一步全球公共卫生非常关键。

今天我们遏制新冠肺炎疫情要靠疫苗，我们曾经通过疫苗把天花消灭了，今天在座的各位没有麻子脸，通过疫苗我们把小儿麻痹消除了，今天没有拄着拐杖来的，所以要相信疫苗，但是疫苗要全球共享。前两天我接受采访时谈道，如果世界不共享疫苗，病毒将共享世界。我们要团结起来。

疫情大流行带来的经验教训

韩保罗
赛诺菲集团首席执行官

感谢主办方能够邀请我参与全球公共卫生安全这样一个话题的演讲。中国发展高层论坛为不同行业、企业和政府部门的交流合作提供了重要的平台。客观地说，我们仍然在评估和探知新冠肺炎疫情对全球经济、社会生活，以及公共卫生体系带来的深远影响。从很多方面看，我们的世界会与以前有所不同，但是我们也可以从这场危机中学到一些经验教训，从而共筑全球卫生安全屏障。

第一，疫情大流行显示出了人类健康与经济增长之间非常重要的关系。目前世界各国经济都受到疫情的影响，政府需要克服阻力，继续加大对医疗健康系统的投入，加强基础设施，以及在技术方面的创新。随着"健康中国"行动规划的推出，中国把公共卫生作为国家政策制定的中心议题，其实已经领先于其他国家。同时，这也显示出中国政府在健康投入上的强大意愿。我们也希望能有更多的国家学习这样的做法，因为疫情大流行告诉我们全球化下各国是相互依存的。

第二，疫情大流行同时显示出制药行业的繁荣发展在全球、区域、国家层面上至关重要。当我们展望未来，制药行业和各国应当考虑更多的是把资金投入到该地区高质量的生产能力发展上，这样才能保障产品供应并缩短供应周期。同时我们需要创造一些更好的条件来促进制药行业和政府部门之间的合作，实现在全球，包括在中国生产基本药物。这不仅关系到扎根中国、为中国患者生产药品，而且关系到立足中国为全世界的患者提供助力。例如，赛诺菲近期在北京生产基地投资了 2 亿元，用于扩大甘精胰岛素生产线。同时，我们也将不断增强我们的韧性和自我发展的能力。

第三，新冠肺炎疫情进一步加快了数字技术在医药行业的应用，帮助我们应对疫情，同时为医药行业的长期变化奠定基础。将数字化和大数据应用贯穿于我们整个行业的价值链中，包括从药品研发到生产，从供应链到慢性病治疗，对于医药健康系统的可持续发展有着重大影响。目前中国处在数字化转型的前沿，有望领先于其他国家。在过去数年时间里，赛诺菲采取了非常重要的措施建立起我们的数字生态系统，包括与中国领先的互联网企业进行合作，在成都投资成立了专注于数字化的研发基地，在上海数字创新中心与本地初创公司进行合作等。

第四，新冠肺炎疫情的大流行让我们意识到没有疫苗将会是怎样的一个世界。我们需要尽可能利用免疫预防的强大力量，发挥其在健康管理中的重要作用。所以我们强烈希望中国政府以及世界各地的卫生部门能够扩大疫苗接种的覆盖面，来预防一些可以被预防的疾病，比如说流感。同时，通过提升对于接种流感疫苗重要性的认识，以及加快引进一流的疫苗，中国可以掌握更多的技术并做好疫苗产品储备来应对每年的流感，同时为疫情大流行做好准备。赛诺菲已经准备好和中国政府携手共进，助力中国在大湾区的疫苗试点计划，以及对一些国际惯例的应用，比如同步的批签发，帮助中国加快流感疫苗的上市，从而扩大疫苗接种覆盖面。我们可以做很多事情来共筑全球卫生安全。在这方面中国将会在全球发挥至关重要的作用。赛诺菲也做出承诺，我们将和全球各国政府协同合作，建立一个具有韧性的医疗健康行业和体系。

公共卫生安全是国际性问题

葛西健

世界卫生组织西太平洋区域主任

本次的话题对于本次论坛来说是非常重要的，因为一个现代化的中国必将是一个安全健康的中国。这需要全球公共卫生安全，也需要有全球公共卫生治理机制。现在世界上大约有 1.2 亿人感染了新冠病毒，而且上百万人失去了生命，这不仅代表着数字，每个人都有自己的名字，都有自己的经历，他们是父亲、是母亲、是孩子、是兄弟、是姐妹。西太平洋区域与世界上其他区域相比，还是比较幸运的，虽然我们大概占全球人口的 1/4，但是现阶段我们仅占全球确诊病例的1.5% 和全球死亡人数的 1.1%，然而疫情还远远没有结束，事实上我们区域内的一些国家目前感染人数激增，这十分令人担忧。疫苗给我们带来了希望，但是仅靠疫苗是不能够终结疫情大流行的，在每个国家的绝大多数人民接种疫苗之前我们不能放松警惕。

新冠肺炎疫情大流行是现代卫生安全的经典例子，因为从本质上来讲它是全球性的。卫生安全当然是一个国家性的问题，但是从最根本的意义上来讲，它也是一个国际性的问题。新冠肺炎疫情向我们证明，为什么世界需要全球机构和全球性的机制来应对大流行病，其中有三个非常重要的原因。第一个原因是病毒无国界，就像高福教授刚才所谈到的那样，如果有病毒在世界任何地方传播的话，所有的国家都无法逃脱感染的风险。因此，了解世界各地的局势至关重要，为此就需要建立国际监测机制。另外，有效的全球监测要求全球共享数据，这也是《国际卫生条例》（IHR）中规定的。世卫组织和各国通过归口单位联系并分享信息，不仅仅包括病例的数量，还包括有关输入病例的信息以及国内各地的传播状况。我们非常感谢中国在这方面积极地分享信息，包括应对新冠肺炎疫情的经验。目前关于信息共享的要点是对"值得关注"的变异的监测，重点是了解其传播性、严重程度和对疫苗的影响。

需要全球机制的第二个原因是我们需要全球合作来促进诊断工具、疗法和疫苗的研发。这点在疫情期间已得到体现。就疫苗而言，世卫组织与合作伙伴建立了新冠疫苗实施计划（COVAX）。该计划不仅支持疫苗的研发，也支持疫苗的公平获得。我要祝贺并且感谢中国参与这一全球机制。过去几周中，我很高兴地看到 COVAX 向本区域的国家以及世界上许多国家提供了首批疫苗。这是巨大的进步，要让所有国家的大多数人都接种疫苗，我们还有很长的路要走。

我们需要全球机制的第三个原因是，一个区域乃至全世界应对大流行疫情的总体能力是由能力最弱的国家来决定的。这意味着要确保每个国家都有发现和应对传染病的能力，这样才对所有人都有好处。事实上，根据 2003 年 SARS 疫情的经验教训所修订后的《国际卫生条例》也要求这样做。西太平洋区域对这些经验教训非常重视，制定了《亚太区域新发疾病和突发公共卫生事件战略》（APSED），其目标就是支持各国发展卫生防范核心能力。该《战略》目前正在进行第三次修订。这是一项长期工作，但新冠肺炎疫情已向我们证明，这样的投入非常值得。我们的西太平洋区域在疫情期间比其他地区幸运，背后有很多原因的，但各国通过 APSED 来加强能力的努力绝对是这些原因中的一个。

最后，我要强调一下我们从新冠肺炎疫情中获得的两个经验教训。

首先，健康和经济之间有着不可分割的联系。疫情给人类和经济带来了毁灭性的损失，凸显了健康和经济安全之间的联系。越来越多的人认识到，健康尤其是卫生安全是一项投资，而不是成本。其次，全球团结至关重要。如高福教授所谈到的那样，没有一个国家能够独善其身，除非每个国家都是安全的。只要有任何一个国家面临危险，所有国家都会面临危险。因此为了维护全球的卫生安全，我们必须通过我们为此所建立的重要全球机制同舟共济。我们没有其他选择，我们须共同面对。

职业教育开新局

鲁昕

中国职业技术教育学会会长、教育部原副部长

实现"十四五"高质量发展，不仅是实现经济高质量发展，还要实现国家各方面，国民经济各个领域的高质量发展。建设高质量教育体系、职业教育的国家目标定位是增强职业教育的适应性。适应什么，怎么适应？这个问题既是本届中国发展高层论坛需要探讨的问题，也是各分论坛需要关注的问题。

教育要与党和国家事业发展相适应，要与老百姓需求相契合，要与国家综合实力和国际地位相匹配。《中华人民共和国经济和社会发展第十四个五年规划和 2035 年远景目标纲要》（以下简称《纲要》）规划了经济、政治、文化、社会、生态各方面、各领域量化指标，对于增强职业教育的适应性既提出了战略性任务，又有操作性举措，教育尤其职业教育必须聚焦规划任务，必须落地路径举措。

今天我主要讲两个方面：一是职业教育要聚焦六大领域，适应高质量发展；二是加强专业建设，对接"十四五"任务。

《纲要》包括经济、政治、社会、文化、生态等所有领域。因为时间关系，我今天只聚焦六个领域。

一是助力科技自立自强。坚持创新驱动发展，全面塑造发展新优势，不仅需要持之以恒的基础研究，也需要科技成果不断应用转化；不仅需要高层次基础研究人才，也需要高层次技术技能型人才。在一个完整的科学技术服务人类社会谱系中，不仅要设计，也要能制造，

不仅要原料，更要有材料，因此科学家和工匠同等重要。职业教育具有承担科技成果转化的历史使命和能力，实现全面高质量发展需要职教类型教育高水平、适应性的定位。

二是助力支撑现代产业体系建设。实施制造强国战略，必须大力发展实体经济。坚持自主可控、安全高效，推进产业基础高级化、产业链现代化，保持制造业比重基本稳定，增强制造业竞争优势，推动制造业高质量发展，补齐产业基础短板，推动制造业升级，壮大战略性新兴产业，构筑产业体系新支柱，必须培养数以亿计的高水平、高层次、高质量的技术技能型人才。

三是助力构建新发展格局。构建新发展格局是新发展阶段发展模式的战略选择，需要生产政策、分配政策、流通政策、消费政策协同配套实施。生产要提高供给适配性，有高端产品，也要有中低端产品，需要新的产品和服务供给。分配要提高中等收入者的比重，"十四五"目标是由目前 4 亿人增加到 7 亿~8 亿人。流通要打通硬件堵点，加强流通基础设施建设，也要打通软件堵点，深化改革创新流通模式。消费要畅通消费环节，创造新业态、新模式，大力发展数字消费，培育和拓展消费市场。还需要通过更高水平的制度型开放，配置全球要素资源。这都迫切需要职业教育全面适应构建新发展格局。

四是助力数字中国建设。迎接数字时代，激活数据要素潜能，推进网络强国建设，加快建设数字经济、数字社会、数字政府，以数字化转型整体驱动生产方式、生活方式和治理方式变革。数字技术创新，数字产业化、产业数字化转型，建设若干具有国际水准的工业互联网平台、数字化转型促进中心，加强各领域、各环节数字化应用，发展个性定制、柔性制造、众包设计、智慧物流、智慧农业等模式，建设智慧城市、数字乡村，适应数字技术全面融入社会交往、日常生活新趋势，促进公共服务、社会运行方式创新，构筑全民畅享数字生活新图景。提高数字政府建设水平，推动政务信息化共建共用，强化数字技术在公共卫生、自然灾害、事故灾难、社会安全等突发公共事件应对中的运用等。这些都需要培养培训具有数字化素养、数字化动手能力的技术技能型人才。

五是助力全面推进乡村振兴。全面推进乡村振兴战略是新发展阶段的一项重要战略任务。增强农业综合生产能力，保证重要农产品供给安全，加强大中型、智能化、复合型农业机械研发应用，综合机械化率达到 75%，加强农业良种技术攻关，推进生物育种产业化应用，调整农业结构，建设高标准农田，发展现代种业，实现农业机械化，加强动物防疫和农作物病虫害防治，实施农业面源污染治理，建设农产品冷链物流设施等，丰富乡村经济业态，提升乡村基础设施建设和公共服务水平。巩固脱贫攻坚成果，实施职教扶贫，稳定增加劳动者收入，更需要职业教育的强力支撑和大力发展。

六是助力推进绿色转型发展。坚持绿色发展，不仅是发展方式的转变，更是人类发展史上的能源革命，必将深刻地改变生产方式、生活方式、治理方式，也将改变教育结构、学科专业结构、教学体系结构、教师知识能力结构、学校治理结构。尤其是山水林田湖草系统治理，提高生态系统自我修复能力和稳定性，持续改善环境质量，协同推进减污降碳，改善空气、水环境质量，管控土壤风险，提高资源利用效率，构建资源循环利用体系，完成 2030 年碳达峰、2060 年碳中和的各项目标的进程中，职业教育必须树立适应性思维，为发展实现生产、流通、消费全面绿色转型做好支撑。

以上领域无一不涉及职业教育。"十三五"以来，中国建成了世界上规模最大的职业教育体系，全国共有职业学校 11500 所，在校生接近 3000 万人，每年给社会提供的高素质劳动者大概有 1000 万人，中职在校生 600 万人当中继续深造的 483 万人。中国一线从业人员 70% 来自职业教育。2020 年职业教育完成就业任务 1100 万人，今年目标是 1300 万人，这些毕业生工作在现代制造业、战略性新兴产业、服务业等领域。人社部发布的人才指数提出，中国技能劳动者有 2 亿人，其中高技能劳动者 5000 多万人，这个数量还在增加。职业教育为提高中等收入者比重，尤其是打赢扶贫攻坚战，做出了巨大贡献。我们有 4 亿中等收入者，"十四五"规划预计要达到 7 亿~ 8 亿，要求受教育年限达到 13.7 年，这当然要靠教育，尤其是职业教育。中等职业教育在高中阶段版图上占 41.7%，高职在高等教育版图上占 52.9%。"十四五"要实现高质量发展，必须按照高质量发展所需要的人才来研究中国的高等教育结构，在高等教育普及化的今天，职业高等教育和应用型高等教育应占相当的比重。

党的十八大以来，2014 年国务院发布了《关于加快发展现代职业教育的决定》，2019 年出台了"职教 20 条"。6 年前规划的建立具有中国特色、世界水准的现代职业教育体系任务，现在已经实现，我们已经建立了中、高、本衔接的现代职业教育体系。"十四五"期间，职业教育必须加强专业建设，用专业对接发展任务，专业是服务高质量的路径，也是基本措施。全国高职专业总共 19 大类，涵盖国民经济各产业部门、各社会领域。"十三五"期间，职业教育共有 1227 个专业，其中中专 368 个、高职专科 779 个、高职本科 80 个。2020 年一个重要事件就是职业教育下了一步大棋，进行了专业升级和数字化改造。专业升级和数字化改造 2020 年后半年启动，经历半年，取得了一些成果。为了对接"十四五"各项任务，职业教育专业已经变成了 19 个专业大类、97 个专业类、1349 个专业，覆盖国民经济所有领域、数百万个工作岗位。新《目录》3 月 12 日已经落地，现在正在春季招生。

数字经济时代、数字科技阶段、数字化全面转型、数字新型基建、数字专业建设、数字岗位需求、数字化职业能力、数字化动手能力、数字化知识结构九大逻辑，决定了职业教育必须升级，并进行数字化改造。改造的原则还是要解决为谁培养人、怎样培养人、培养什么样的人的问题，使教育同党和国家事业发展要求相适应、同人民群众期待相契合、同中国综合国力和国际地位相匹配。

新《目录》在中国教育史上是一件非常了不起的事，有十大特征。包括专业对接新技术岗位、专业对接新职业岗位、专业对接新业态岗位、专业对接市场化需求、专业对接"卡脖子"难题、专业对接智能化生产、专业对接智慧化管理、专业对接精准化服务、专业对接数据化应用、专业对接数字化技能。迎接智能时代，职业教育新《目录》的特点就在于一体化设计，纵向上从中职、高职专科、高职本科到专业硕士正在设计，实现知识体系、技术体系、技能体系一体化；横向上用新一代信息技术融合、改造、定位、升级所有专业。这句话翻译过来，就是青少年 16 岁开始进入这个教育类型，22 岁大学毕业就能成为新的一类适应高质量发展的智能化、数字化、绿色化时代的劳动者和接班人。

柔性电子和职业教育息息相关

黄维

中国科学院院士、俄罗斯科学院外籍院士

我的汇报有三个部分。

颠覆性创新定义国家未来。20世纪，特别是"二战"之后，以美国为中心的在硅基材料和电子过程结合的基础上形成的微电子产业，近年来进入纳电子产业阶段，为人类科技进步和产业提升做出了巨大的贡献，发挥了重要作用。进入21世纪，以3D打印提升为4D打印为代表的增材制造的快速发展，为随性制造基础上的柔性电子产业发展带来了可能和机遇，在这个方面主要是基于碳基材料，以光电过程融合柔性电子为核心的。最近大家注意到，中国政府在强调作为负责任大国，要在一定时间节点实现碳达峰和碳中和，柔性电子基于碳基材料作用的发挥，可以做出更加积极、主动、建设性的贡献。其实这是机遇、挑战，对中国的科技自立自强体系的建设来说也是非常好的契机，这方面决策高层已经有很好的一些思考，我不再展开，我们也希望能够加快国家战略科技力量体系的构建。

职业教育发展有其自身的内在逻辑，但其发展的推力主要源自社会变革、行业发展和劳动力市场变化等外部力量。2019年，国务院颁布了《国家职业教育改革实施方案》，提出了未来几年职业教育改革的顶层设计和整体规划。2020年9月，为贯彻落实这一实施方案，教育部等九部门印发了《职业教育提质培优行动计划（2020~2023年）》，提出了10项重点任务和27个举措。这两份职业教育政策文件是新时代职业教育发展的风向标，在中国职业教育的发展史上具有里程碑的意义。

2020 年 9 月 11 日，习近平主席希望广大科学家和科技工作者肩负起历史责任，坚持面向世界科技前沿、面向经济主战场、面向国家重大需求、面向人民生命健康，不断向科学技术广度和深度进军[①]。中国对科技工作认识提升到了新的高度，特别是面向人民生命健康，这也是我长期以来所倡导的终极科技。同时，这也是我们发展职业教育需要重点关注的内容。

如何发展科技，打造科技强国？首先要夯实学科基础。我们国家有巨大的发展空间，人类社会在这方面也有巨大的发展潜能。我把科学技术的基础学科梳理为"MILPA"，代表数学科学、信息科学、生命科学、物质科学、艺术科学。我曾在《人民日报》发表了长文阐释了我初步的思考。

科学技术前沿是世界各主要经济体，尤其是以美国和中国为代表的庞大的经济体竞争的主战场。科学技术前沿到底有哪些领域，见仁见智。我经过梳理，把科学技术前沿分成八大板块：柔性电子、AI、先进材料、泛物联网、空间科学、健康科学、能源科学、数据科学。数据科学包括了大家熟悉的大数据、智慧数据、区块链、云计算等，AI 大家耳熟能详。如何在前沿科学技术实现颠覆性技术创新基础上实现高速发展，我认为是打造科技强国，这是让中国梦真正落地和实现最为关键的因素。

当今时代是信息技术促进产业变革的智能化时代，也是信息技术与教育教学深度融合的智能教育时代。为培养劳动者的综合能力，德

---

① 《习近平主持召开科学家座谈会强调 面向世界科技前沿面向经济主战场 面向国家重大需求 面向人民生命健康 不断向科学技术广度和深度进军》，《光明日报》2020 年 9 月 12 日第 1 版。

国、美国、日本等发达国家，都将建设数字化智能化基础设施和提升学科基础能力作为重要举措，这对于中国职业教育同样具有参考价值。近年来，中国职业院校不断加快推进信息化建设，数字校园、智慧校园、虚拟仿真实训室等基础设施建设稳步实施，智能教育教学应用水平也逐步提升。但是，职业院校学科基础素养教育更多地参考了普通本科教育的模式，缺少了符合职教特点的应用创新。为此，中国职业教育要根据产业变革要求，开展以实践为导向、以能力提升为目标的人才培养实践。

柔性电子领域的发展，跟职业教育直接相关。柔性电子是新学科，2020 年 4 月 2 日批复将其作为一级学科建设，近期又作为本科专业和职业教育本科专业。在本科层次，普通本科和职业教育本科同步启动的专业建设，是唯一，也是历史性的创举。从市场预期来说，柔性电子超过集成电路、平板显示等，更有前瞻性、战略性。战略性新兴产业，未来有更多的发展机遇和空间，前景无限。世界各主要经济体都在柔性电子领域超前布局，包括非常受人尊重的研发型的跨国公司，在这方面也是处于引领地位。

在这方面，我们国家整体还是相对基础薄弱、力量分散，更遗憾的是缺乏顶层设计。最近我也通过各种渠道，包括内参、主流媒体不断发声，呼吁党和国家高度重视柔性电子。

柔性电子发展核心的基础是先进材料，在材料领域全球顶尖的学术期刊数据管理平台（SciVal），我们排名第一。柔性电子支撑的几个学科同样是我们排全球第一。前十名作者大部分是中华人民共和国公民，表明中国在这个领域是领先的，在全球是处于主导、带动、引领地位的。

在化学与材料科学最前沿，由中国科学家引领的有机材料是我们团队 10 年前率先发现的，在全球也是引领发展的。这个部分是真正由中国科学家开创的科学技术前沿。

结合职业技能人才培养简单谈谈我们的方案和思路。鲁昕会长提出"三个适应"，这方面我们做得非常到位，后续还会加快推进。尤其是今年开始启动的柔性电子技术领域的职业本科教育，我本人和我的团队会全面参与其中，包括教材建设、课程体系、师资培训，希望在这方面能够为职业教育开新局、谱新篇，做出我们的贡献。

从整个社会对于劳动者的需求角度来看，智能时代的到来改变了劳动力市场和就业结构，那些"铁饭碗"式的就业岗位将越来越少，劳动者必须不断学习柔性电子这样的新知识和新技术，适应新形势。这就需要劳动者持续学习，发展可持续发展的能力。

在中国，尽管教育部提出了健全服务全民终身学习的职业教育制度，但职业教育内部的终身教育制度或终身学习体系还没有建成。为此，政府部门要重视职业院校学生生涯规划工作，建立职前职后一体化的终身职业教育体系。国家应尽快建立透明、融通、可靠的职业资格框架体系，实现学历教育与非学历教育、正规学习与非正规学习乃至非正式学习的横向贯通，实现职业教育与普通教育、高等教育以及各类培训之间的等值关系，打破各类教育之间相互割裂的局面，进而提高职业教育的社会地位，促进职业教育可持续发展，更好地应对智能时代的到来。

作为智能时代的关键核心，柔性电子无论是学科还是产业以及人才培养都在路上。柔性电子是中国在全球科学技术前沿具有较大比较优势的研究领域，这是我们绝佳的历史经验，是高速发展的科技基础。中国在柔性电子领域关键方向已取得创新突破，到达或者接近产业化前沿，这方面的职业教育也要跟进。

　　劳动者学科能力培养代表了职业教育的改革重点和发展趋势。在智能时代背景下，柔性电子相关学科基础能力建设，也将成为职业行动能力的有机组成部分，意义远远超过了某种单一能力的培养，代表了智能时代职业教育的改革重点和发展趋势。

职业教育开新局 ——
"工程医院"共享平台探索与实践

王复明
中国工程院院士、中国职业技术教育学会副会长

中国基础工程设施建设发展迅速，规模巨大，我们在基础设施领域"产科教融合"综合服务共享平台等方面进行了一些实践探索。

一、中国基础设施领域"产科教融合"面临挑战

1. 工程实践与人才培养融合不够

中国基础设施工程的建设难度越来越大，科技创新成果越来越丰富，但是工程实践的创新成果不能及时转化为人才培养的教学内容，不少专家认为，目前人才培养教学滞后工程实践 10 年左右。

2. 科技创新对基础设施建设运维支撑不力

基础设施建设过程和运维管理存在许多难题，面临严峻挑战，但目前的技术创新和人才培养难以满足这方面的需求。

3. 应用型人才培养能力不足

社会对应用型人才的认识长期存在偏见。高等学校发展定位轻视"应用型"。专业设置与社会需求不能很好适应，有些专业人才过剩，有些专业人才急缺。高等学校教师队伍实践育人能力有待提升，高校青年教师大多缺乏实践锻炼，实践创新能力提升受到忽视。高等学校实践育人基础条件亟待加强，尽管高校和企业共建了一些实习培养基地，但是存在投入和运行机制两大难题困扰。

二、"工程医院"共享平台的探索与实践

针对上述问题，在中国工程院咨询课题和教育部新工科项目的支持下，探索建设"产科教融合"平台。基础设施像人一样存在"生、老、病、险"，需要"体检、养护、修复、抢险"，搭建为基础设施"疑难急险"病害诊治提供综合服务的平台——"工程医院"，旨在打通行业学科界限，融入现代信息技术，汇聚各类优质资源，探索协同共享机制。

"坝道工程医院"（BeSTDR），聚焦基础设施"疑难急险"病害检测诊断与修复治理，融合工程科技和现代信息技术，构建跨地区、跨行业、网络化的开放共享综合服务平台，探索创新"政产学研用"协同合作模式机制，充分发挥高端专家智库作用，汇聚盘活现有科技成果及试验设施等资源，共建科学研究、成果转化、产业培育、人才培养、技术培训及科普教育基地，为提升基础工程设施安全运维水平提供技术、产品及人才支撑。

工程医院总院与分院建设方面。总院与分院是平台与支柱的架构关系，相互支撑，资源共享，优势互补，协同合作。总院负责建设开放共享平台，汇聚高端专家、特色技术、典型案例、足尺试验场及原位试验设施等资源，为分院及相关单位提供技术咨询综合服务，与分院及相关单位开展合作。分院是工程医院平台的支撑主体和服务主体，是工程基础设施"疑难急险"病害检测与修复治理的实施实体，是工程医院协同合作开展科学研究、材料检测、装备标定、产业培育、人才培养、技术培训及科普教育的重要力量。"工程医院总院"于2017年11月5日在郑州成立，至今已在全国陆续成立了50家"工程医院"，覆盖了全国22个省区市和交通、水利、市政等基础设施领域，逐步形成跨地区、跨行业、网络化的"工程医院体系"。

工程医院专业分部建设方面。工程医院联合有基础条件和服务能力的单位，按照基础设施工程特性、专业领域及技术特色，建设若干专业分部，并根据发展需要不断拓展和优化。目前已设立了 12 个专业分部：应急抢险抢修专业分部（工程 120）、探测检测监测专业分部、堤坝和港口码头专业分部、地下管道与管网专业分部、道路铁路与机场专业分部、桥梁与建筑结构专业分部、隧道地铁与管廊专业分部、地基基础与边坡专业分部、地下工程防水治水专业分部、工程结构抗震隔振抗风专业分部、工程结构防腐抗裂抗冻专业分部、水土污染防控修复专业分部。

工程医院协同合作模式探索方面。主要探索以下四种协同合作模式：一是"疑难急险"病害诊治协同（技术服务），通过工程医院平台快速处置"疑难急险"工程病害诊治问题，实现"检测在现场，诊断在云端，专家在全球，服务在身边"协同高效功能，仅 2020 年就依托工程医院平台完成了 30 多项应急抢险项目。二是科技创新协同，针对重大工程技术难题，联合申报国家、行业或地方科技项目，或自设重大研究课题，开展合作攻关；利用工程医院足尺试验场及现场试验体系，"大胆创新，容许失败"，持续开展基础设施安全运维原创性、系统性研究。三是人才培养协同，联合相关高等院校，共建科研试验基地、实习实训基地和教师培训基地，夯实"把论文写在祖国大地上"的基础。四是科学普及协同，建设"工程基础设施科普教育基地"，向社会公众传播工程安全运维及防灾减灾前沿科技成果，开展各类科普活动。

工程医院信息平台建设方面。目前已初步建成工程医院网站、手机 App、远程视频诊疗中心、实践育人咨询平台等。

工程医院足尺试验场建设方面。坝道工程医院足尺试验场位于河南省驻马店市平舆县,第一期项目总用地面积约266亩,投资约4亿元,建设内容包括:南侧配套区,占地约66亩,建设综合办公楼、检测试验中心楼、学员宿舍楼、专家公寓楼、食堂、学术报告厅。北侧足尺试验区,占地约200亩,联合相关单位和顶尖专家团队共建地基基础试验分场(含地下仓储试验场)、路基与道面试验分场、高铁实训试验分场、隧道地铁与综合管廊试验分场、地下管道试验分场、建筑防水试验分场6个足尺试验分场。第二期项目拟建设地下水土污染控制试验分场、土质堤坝安全防护试验分场、足尺环道加速加载试验分场等。

原位试验场资源汇聚方面。我们在建设工程医院过程中,发现还有很多的原位试验设施,我们将这些原位试验场汇聚在工程医院平台,与相关单位合作共建共享。比如东北大学的辽宁隧道试验场,中国地质大学的三峡滑坡试验场,中交集团青海冻土公路试验场,云南交通设计院的高海拔地区公路交通试验场,北京排水集团的地下管网试验场,福建高速集团的大帽山实体工程测试场等。

工程医院汇聚相关行业高校、科研院所的教学、科研、实训资源,多主体合作、多形式投入,探索一种教研融合、校企协同模式,打通行业界限,融合现代信息技术,实现提升人才培养和科技创新能力,使分散的、有限的优质资源得到充分共享和使用,补强我们实践创新、实践育人的短板。"工程医院"是新模式、新机制、新业态,通过多学科交叉,产科教融合、校地企共建、室场网一体,最后实现全方位开放,国内外共享,全面助力科技创新,产业发展,人才培养和科学普及。

如何培养出与时俱进的数字化建设栋梁

韦青

微软（中国）首席技术官

很高兴能够代表微软，以一个企业雇主、一个数字经济赋能者的身份，跟大家讨论如何培养出被全世界需要的、与时俱进的数字化建设栋梁。

创新这个话题自古有之。我们的老祖宗曾强调过日常生活中创新的重要性，"苟日新，日日新，又日新"是中华文明创新精神的具体体现。而现在，创新已经成为全球瞩目的议题。主要原因在于世界进入了一个更快的变化周期。当地球上的每个国家、每个公司、每个机构，甚至每个人都不再谈论创新，而是将其内化为文化或思维的一部分，这或许就意味着我们真正迎合了时代的挑战。

一直以来，计算机从业者总是在谈论 Context（上下文语义），认为一切的结论都有前提。如果不基于一定的前提，就去谈论人才教育和人才培养，就不是一个"因人、因时、因地、因事、因国、因材、因教制宜"的人才发展观和人才培养观。微软有一位颇具传奇色彩的研究员詹姆斯·尼古拉·格雷（James Nicholas Gray），同时也是图灵奖的获得者。他在 2007 年就提出，未来的社会发展和科学发现将呈现出一种第四范式的大数据驱动发展观。现在，很多公司也都以"第四范式"命名，而这也是科学发展观中强有力的一种范式变革。

在这个前提下，用人单位的感受会更深刻。以我为例，我的微信名叫"工程师韦青"。因为现实中，用人单位会产生许多对工程师人才的需求，但在中国甚至在全球的范围内，对于工程师的重视程度是不够的。我曾经与一位同事谈起我特别敬仰的科学家钱学森先生。钱学森先生是典型的系统论的创立者，他于 1954 年发表的《工程控制论》为全球（以 NASA 为例）以及中国的航天事业、大型工程都提供了非常深厚的理论指导，换而言之，也就是工程指导。但实际上在我们看来，在这个阶段中工程的概念是远远不够的。

这也是为什么我感到非常有幸能参加这个活动。我认为职业教育主要培养的是工程技术人才。工程、技术和科学具有共同点的同时，也各有侧重点。大家常说，工程师关注的不是技术是否先进，也不是科学上有多少突破——两者固然重要。以微软的研究院为例，在这里我们拥有众多世界顶级的科学家，正是因为研究院这样的工程环境，他们的科学成就才能得到极大的发挥。其中，大家较为熟知的是位于北京海淀区丹棱街 5 号的微软亚洲研究院，但它的辅助机构——微软亚洲工程院——却鲜有人知。但事实上，科学研究与工程一定是一体的。

人们逐渐意识到，我们处在一个超越了"追求正确答案"的时代，需要不断试错。近年来，人工智能、机器学习十分流行。如果你亲手编写过机器学习算法或相关程序，肯定就能够感受到，机器学习与人工智能之间还是存在一定距离的，它更多代表了一种通过数学方法对物理世界现象的拟合。所谓"不断地接近真相，但永远无法到达真相"，就是一种工程方法论。

在上述前提下，微软提出以数字技能助力职业教育，最终目的是为数字经济时代提供人才保障，我们认为这在全球范围内都是极度缺乏的。去年 5 月，在疫情稍有缓和之际，微软 CEO 萨提亚·纳德拉主导，推出了一门面向全球的人工智能基础知识免费公开课。在缺乏数字技能人才培养的情境下，中国乃至世界都将无法应对包括疫情在内的剧变，而这也进一步说明，这是一个把"灰犀牛"和"黑天鹅"作为常态的时代。

这个时代也可以被很抽象地理解为信息物理系统（Cyber-Physical Systems，CPS）。其中，最为基础的是复杂系统论。我们在培养工程人才的过程中，需要重视系统观，不能因为重视长板而忽略短板。真正的工程观所重视的，是如何在提高短板能力的情况下依旧保持长板的优势。

工程师需要对物理世界的本体论、认识论以及方法论有哲学层面上的理解。微软在数字孪生的课件第一页，便依次介绍了物理世界中的本体论、认识论与方法论。此外，还将概念延伸到 CPS 以及数字化。其中，数字化包括如何利用物理空间建模、仿真并进行机理的辅助加强。打造 CPS，数字思维与数字技能，两者缺一不可。其中，数字技能广受关注，而数字思维却被大众忽略。在中华语言文化中，炒菜时有"撒盐若干"的表达；而一千多年前的《茶经》也提到了有关开水的温度，叫"蟹眼泡"。实际上，这些重量、温度、矢量均可用数字衡量，而这样的思维方式，是刚进入职场的学生所缺乏的。大多数学生拥有很强的数字技能，但缺乏数字思维，这也就是我最开始提到的，要培养与时俱进的数字化建设栋梁的需求。

最后，我想强调的是，微软非常敬佩中国发展研究基金会，如此重视每个人从小到大、从儿童到学生的职业教育的态度。微软非常有幸地参与了"赢未来"计划。我觉得"赢未来"三个字很关键，未来是什么？是一个需要利用数字能力进行强化的物理空间，但是一定是以人为本。微软也曾经提出，未来将存在普适计算、泛在智能，然而一切都将基于以人为本的技术。

技术背后的数字支撑，包括了云计算、雾计算。对于计算、数据的关注，将促使微软通过更加准确的方向培养未来人才。在此前提下，我们提出将技术去神秘化。在培养工程师的过程中，我们很容易由于将技术神秘化而培养出一些"坐而论道"的科学家。然而，在社会发展过程中，急需的是"起而行之"的工程师。

为践行数字技能的职业培养，微软将推出很多被国际认可的行业认证，其中包括人工智能认证、与中国教育部联合推出的"1+X"本科学历、学位证书以及其他职业证书。在社交网络、数字原住民的时代中，不仅需要重视学历，也需要重视职业证书以及职业经历和学历，社会才能因此形成重视实操的文化。

职业教育在不断演进发展 ①

西蒙·巴特利

世界技能组织前主席

过去几天我一直在思索今天讨论的主题 ——"职业教育开新局"，我们讨论的到底是发展进化还是革命性的变革？这个其实适用于生活中的很多问题。在职业教育领域，我认为答案是很简单的：职业教育是在不断发展进化的，但没有发生变革。现在的职业教育正在比从前任何时候都更加快速地发生着变化。

坚持这种想法的原因是"职业"这个词的意义就是工作。职业教育和其他所有教育领域一样，是驱动（被动）发展的，是职场的供给侧。私营领域的劳动市场、技术和观念正在发生变化的速度是前所未有的。因此，尽管在职业教育领域，变革有时是指站在现行一切事物的最前沿，但我仍然相信现在看到的只是行业在加速发展的现象。

让我用世界技能组织做背景，具体解释一下。世界技能组织是一家全球性非营利成员组织，成立于 1950 年，目前有 85 个成员，组织目标是用技能的力量改善世界。我们工作中的一项内容就是组织技能竞赛（世界技能大赛）。相信大家都会同意，竞争可以带来卓越和进步。世界技能组织每两年在一个成员境内举办一次技能竞赛。上一届是 2019 年，在俄罗斯喀山。下一届是 2022 年，在中国上海。请大家记好日期——2022 年 10 月 12 日至 17 日，届时请莅临展示全球最高

---

① 根据会议现场录音听译整理。

职业技能水平的大赛。这项赛事是真正意义上的世界技能锦标赛，或者叫技能界的奥运会，参赛的都是年轻人，来自全球 65 至 70 个国家，在 4 天时间里参加 55 至 60 个不同的全球性技能科目竞赛。

从 1950 年创立开始，世界技能大赛中的全球性技能科目每两年就会做出改动。每届比赛中，我们都会增加几个新的技能科目，同时也会取消一些已经过时或已经由于其他原因被取代的技能科目。可以肯定的是，无论是工程、建筑，还是物流、酒店管理，每两年我们的竞赛必须在所有 55 个（左右）科目中做出调整，这是因为职场一直在变化，从事不同工作所需要的技能也在变。不管是图形艺术、电子技术，还是飞机维修，这样的技能相对很新，在一定程度上都与信息技术相关。但同时，像砌砖、裁缝这些已经存在了很久的技能也在发生变化，部分原因是因为信息技术、计算机化和数字化。但造成这种变化的根本因素是什么？是雇主的需求，是市场对职业技能的需求。职业教育还没有出现一个新的开始。如果一定要用"新的开始"这个词的话，那现在有很多新的、微小的开始，我称之为发展进化。

在我看来，职业教育有一个方面并没有发生改变，那就是多数职业教育领域的受众群体——世界上大多数国家 16 岁至 21 岁、22 岁的年轻人——他们希望通过职业教育实现自己理想抱负的愿望没有改变。年轻人总会完成义务教育，走向世界，要么进入大学这样的学术分流，要么进入职业分流，主要是在技术学校，有时也在大学——我们永远不要忘记，大学一直也是提供职业教育的中心，课程包括了建筑、工程、医学、法律等领域。同时，职业教育也属于高等教育。现在，年轻人想要一份薪水高、报酬好、有保障、满足兴趣、可以享受的工作，而不只是一份工作而已。

总结一下，世界技能组织的工作就是在卓越和竞争中寻找技能，发展技能。在这一过程中，希望在满足行业需求的同时，也能满足就业人群的需求。非常感谢，我希望能和大家在 2022 年 10 月的上海见面。

科技和人工智能将对未来的教育做出巨大的贡献 ①

刘遵义

香港中文大学讲座教授、原校长

我将讨论关于赋能未来教育的话题。

新冠肺炎疫情已经在各个层面造成了教育方式不可逆的改变，并进一步加速了这一现象。这些变化是保持"社交距离"的需要带来的，也是由得益于互联网的突破性技术发展所促成的。实现面对面虚拟会议的高速互联网与人工智能（AI）的结合将彻底变革教育的未来。此外，人工智能和机器人技术的飞速发展预示着"全民基本收入（UBI）"将在较富裕社会实现，这让有关知识和技能的道德和社会责任教育变得更加重要。

由于当今世界所发生的事件瞬息万变，因此能够实时确认事实和真相是至关重要的。一切以印刷、音频或视频形式呈现的内容都不可以轻信，世界迫切需要一家或多家可以信赖的核实机构，也许不同国家的科学院可以发挥这种作用。

不同于传统的三大教育（阅读、写作和算术），我们应该教会学生如何充分利用计算机和互联网作为学习工具，同时还要具备批判性思维、明辨思维和是非道德观念。刚刚提到的可信赖的核实机构是绝对必要的。记忆本身不再是学习的重要组成部分，因为很多事实信息在互联网上都是现成既得的，电脑上随时可以查到。不擅长画图不再是

---

① 根据会议现场录音听译整理。

将来成为建筑师路上的绊脚石，能写一手好字也不再对人的进步至关重要。如今最重要的是具备分析能力和大局观，以及提出正确问题的能力。道德和社会责任可以通过实例和反例来教给学生。

即使在新冠肺炎疫情之前，"大规模在线公开课程（MOOC）"已然存在。事实证明，在线课堂和在线课程的效果很好。在未来，大多数高校需要上"大课"的课程可能都会采用线上线下同时授课的方式进行。最终，各个学科都将发展出一个"明星"系统。例如，经济学导论将成为公开在线课程，由已故的保罗·萨缪尔森教授（Paul Samuelson）和密尔顿·弗里德曼教授（Milton Friedman）授课，物理学导论将由已故的理查德·费曼（Richard Feynman）教授等人教授。到时需要的是一个相对诚信的互联网考试系统，至少可以在一定程度上根据学生在线考试成绩来颁发必要的学历证书。在线课程可以通过小班讨论小组或研究型课程来进行补充，更加个性化、更有针对性地进行安排，就像剑桥大学、牛津大学的小课和辅导课。这些小课也可以通过虚拟的方式在网上进行，帮助提高对每一个学生教学的质量。

在这个互联网时代，随着越来越多的在线课程的出现，我们如何保证年轻人能够参与足够的社会交往活动？我们需要推广诸如童军活动、少年篮球足球联盟、音乐俱乐部以及其他课外活动。对于年龄较大的孩子，可能需要提供实习和志愿者机会。青少年应该从小接受基本的道德教育。此外，应该教导他们，每个人不仅对自己和家庭负有责任，还对其所属的社区负有责任。

如果上网免费或接近免费，那么互联网就可以成为教育的均衡器，给大家带来公平的机遇。政府应该在一切场所仅以象征性的价格提供互联网服务，和邮政服务一样。无论学生生活在农村还是城市，都应可以参加在线课程。原则上，可以向所有学生免费发放已经预装了教材和软件的平板电脑。

根据学生们各自的能力、成绩水平、进步速度和兴趣程度，可以对授课和练习题进行个性化定制。教育的目标应该有所转变，从孩子的总价值最大化转向孩子的附加价值最大化。世界各地的顶尖大学都在招募尖子生，并努力帮助他们变得更加优秀，但目前还不清楚顶级大学实际上为学生带来多少附加价值。公开在线课程可以减少有意和无意的性别、种族歧视。

显然，当下所学的东西注定在 10 年或更短的时间内就会过时。因此，在完成正规教育阶段后，每个人都必须掌握持续学习和独立探索的能力。终身自学能力应该是高等教育的授课内容之一。不管是即将入学的大学新生，还是年纪稍大的毕业生，政府应随时能够为他们的再教育、再培训提供财政支持，从而帮助他们完成再就业。

人工智能最终将使同声传译和即时文字翻译成为可能。中文水平接近甚至为零的外国学生可以在人工智能的帮助下在清华大学上课，还可以用自己的母语向老师提问。教师在黑板上的文字或 PowerPoint 演示文稿也可以即时翻译。这会在未来五到十年之内出现吗？我们还可以想象两个团队各自讲完全不同的语言进行辩论。这将大大降低跨文化交流的成本，帮助增进各国之间的理解。

总而言之，技术和人工智能将为未来的教育事业做出巨大的贡献。但是，我们也必须做好准备，搭好这班顺风车，同时出现问题时也要能够解决问题。

教育会影响个人以及国家的未来

托尔斯滕·舍弗·古贝尔

德国国际合作机构全球董事会总裁

新冠肺炎大流行不仅是一场全球卫生危机，也是一场前所未有的全球教育危机。全世界多达十七亿儿童和年轻人受到了学校关停的影响。预计有三千万学生——特别是女童、流离失所者以及受冲突影响的儿童和青少年——将无法返回学校。这种情况将对儿童和年轻人，以及整个国家的社会和经济发展产生巨大的影响。但是，每场危机中都孕育着机会。本次疫情不仅表明教育在全球范围内都受到了高度重视，而且引发了关于未来教育的大讨论。

我们应该借助这一势头，探讨并赋能未来教育。在此，我想着重强调三点。

第一，我们需要未来教育，帮助我们为未来的工作做好准备。我们现在正处于第四次工业革命之中，数字技术的进步从根本上改变了工作及其所需的技能。随着一些手动或重复类型的任务越来越多地变为自动化，劳动者必须适应劳动力市场更加复杂且不断变化的要求。根据麦肯锡全球研究院最近发布的一份报告，到 2030 年，由于自动化而需要调整工作的全球人口中，有近 1/3 来自中国，这就是超过 2.2 亿名工人。因此我们强烈呼吁政府、业界和学术界进行更加紧密的合作，以应对这种转变，即弥合人才供应和市场需求之间的鸿沟。

终身学习将成为常态，这对我们学习的内容、方式和场所都有所影响。促进认知、社交、创造和情感能力的基础教育，能够为终身学习奠定基础，并且是应对当今和未来挑战的前提。在职业和高等教育中获得实践技能，可以显著提高找到有趣且高薪工作的可能性——或许在某些国家，意味着能够获得工作机会。此外，合格的劳动力可以提高生产力和创新力，并且刺激经济增长。

这就是德国企业在双元制职业教育上投入巨资的原因。该制度植根于职业院校与企业的紧密合作，并且得到了政府在法律方面的支持。在所有的德国企业中，约有 20% 提供学徒实习安排，每年在学徒培训方面的投资总额约为 270 亿欧元。在高等教育方面，应用技术大学现在占德国所有大学的 50%，并且双元制高等教育课程在逐步增加。德国的双元制职业教育体系，成功地培养了具有高度相关技术技能的毕业生，这也引起了世界各国的极大兴趣。在中国，德国国际合作机构（GIZ）一直在与河北省政府以及东北地区的一些城市政府进行合作，以使职业教育更好地适应当前和未来的劳动力市场的需求。

第二，社会数字化转型的成败取决于未来教育。计算机辅助学习和对数字化的学习，既依赖于数字化转型，又能促进数字化转型。毫无疑问，新的数字化教育和学习工具在促进教育质量提高方面具有极大潜力。尽管如此，经济合作与发展组织（OECD）最近发表的一篇文章显示，目前全球教育支出中仅有 3% 用于技术。我们必须有所改进！

目前，德国国际合作机构（GIZ）正在与中德两国领先的企业紧密合作，搭建一个学习平台以挖掘这一潜力。此外，德国国际合作机构（GIZ）还为德国联邦经济和能源部与中国工业和信息化部在工业 4.0 领域合作备忘录项下的"工作的未来"工作组提供支持。

但是，我们也必须非常慎重，教育机构对技术进行投资，必须以教育工作者、教师和学习者的学习目标和需求为核心。技术是进行高质量教育的手段，而不是目的。而且，我们也不应忘记，教师和培训人员首先需要充分掌握新技术和数字工具，而后才能在课堂上对其进行有效应用。在 21 世纪，数字素养已经成为学生和老师的一项基本技能。

第三，未来教育将决定我们是否可以避免气候变化，因为可持续发展的重要性和相关技能需要习得。我们在当下致力于塑造未来的努力，是在十九世纪建立的学校体系中进行的，采用的是 20 世纪的教学方法，夹杂着 21 世纪的数字化工具。这些因素相互之间并不匹配。因此，我们应当以目前关于 21 世纪技能的辩论为起点，进行更加广泛的教育改革，从而摆脱以教师为中心的教育体系，并接受以学习者为中心的教育。

由联合国教科文组织倡导、由德国大力支持的"可持续发展教育"的方法，能够为我们指明道路。在具体的、通常是课堂外的项目中，让儿童和青少年学习用于积极推动可持续发展的知识、技能和行为。可持续发展教育使学习者能够作出明智的决定，负责任地采取行动，以保护环境、为今世后代创造可持续经济和公正社会，同时尊重文化多样性。这种教育方法不仅有利于可持续发展，而且能够培养年轻人并使其获得相关技能和能力，从而在不断变化的世界里成为有创造性的成功企业家。

最后我想说，每场危机中都孕育着机会。为了避免气候灾难，我们需要投资于绿色产业和绿色工作，而新冠肺炎疫情为我们提供了这一机会。绿色复苏将我们必要的经济振兴与生态转型结合在一起，绿色复苏需要合格的技术人员和工程师支持节能和气候友好的基础设施发展。我们需要对考虑到这一需求的未来教育进行赋能。

教育科技企业视角下的在线教育

万怡挺

好未来教育集团执行总裁

好未来是一家科技教育企业。今天，我分享一些来自教育一线的观察。

2020 年的新冠肺炎疫情给教育行业带来很多深刻的改变。教育行业在全球范围内被迫开始了一场大规模的在线教育实验。疫情期间，学而思网校提供了免费直播课，最高峰时每日观看人次超过了 6000 万，像学习强国、央视频等平台都做了重点推荐。疫情缓和后，在线学习人数仍然保持高位，和疫情前相比有了大幅度增加。此外，好未来还通过技术和内容支持了全国中小学的云平台和全国各地的空中课堂，我们发现有的学生还是比较喜欢线上的学习方式。

在线教育有着各种优势，在线教育的核心仍然是教学和教研，教育的本质并没有改变。好未来的前身学而思的创始人全都是老师出身，因此好未来一直认为教育是一个慢功夫，长期以来我们对教育很有情怀。作为坚持"慢教育"的机构，好未来从线下走到了线上，仍在坚持这种"定力"，不会因为短期的诱惑而自乱阵脚。从长期来看，在线教育肯定是一个趋势。从需求侧的角度来说，在线教育是满足广大人民群众对低成本和高质量公平教育的需求；从供给侧的角度来说，随着科技的进步，自然而然在供给端就会有很多教育模式的创新。

同时，从全球范围来看，在线教育本质是教育服务，而教育服务属于 WTO 的 12 大类服务贸易之一。从短期来看，突如其来的疫情给在线教育进行了超预期的加速，一些监管措施的缺失以及短板，需要在未来补齐。对在线教育而言，预计未来可能会在短期内先规范再发展。

说到技术赋能教育，其实好未来的使命叫作"爱和科技让教育更美好"。好未来长期以来非常重视科技，是获科技部批准的智慧教育国家新一代人工智能开放创新平台的承建单位。与此同时，好未来也希望把技术开放给全行业，和行业伙伴一起推动教育的发展。好未来是联合国教科文组织的合作伙伴。联合国教科文组织提出，围绕地球的生存来重构教育，扩大优质教育的可及性，在这一层面上，这和中国政府倡导的公平而有质量的教育是相呼应的。我们认为技术可以帮助实现这一目标，技术可以为教育赋能，围绕一切以学生为中心实现"三个大规模"，即"大规模的高质量""大规模的有乐趣"和"大规模的个性化"。

在公益方面，好未来在教育培训行业最早成立了非公募公益基金会。多年来，好未来从一开始出资金，到后来出老师，再到最后出技术，探索出技术和教育公益、扶贫相结合的公益道路。在新疆吉木乃的双师课堂上，线上的主讲老师和线下老师相结合，将优质教育资源共享给那里的孩子们。好未来还为四川昭觉开发了"AI 老师普通话教学系统"，借助人工智能技术打破教学上的语言障碍，惠及将近九万名学生，孩子们的普通话学习进步得非常快。我们在贵州毕节聚焦学前教育，通过开发教具、教师培训，缓解乡村学前教育痛点，让学龄前儿童能够获得更好的教育。

在技术与公益结合方面，好未来总结了"四个用"。第一个叫"用得上"，就是要能够精准匹配欠发达地区孩子的需求。第二个叫"用得好"，就是让当地的学生和教师感到有乐趣，喜欢用。第三个叫"用得久"，就是说后续的运营成本要低，真正实现可持续。第四个叫"用得准"，数据要能够沉淀和复盘，不断迭代，最后根据当地孩子的具体情况精准发力。

线下教育具有不可替代性

魏坤琳

北京大学心理与认知科学学院教授

　　我其实是一个非常乐观的人，但在线教育是否会大发展甚至挤占线下教育的空间，这个问题已经不是第一次放到台面上讨论了。在 10 年前，在慕课或者其他教育形式出现的时候，就有过讨论，是不是线上的课可以代替大学的绝大多数课。比如说麻省理工的老师，或者是哈佛的老师，他们讲线性代数讲得特别好；我们的学生有没有必要再听其他的，比如说我们国内的普通高校的代数老师讲代数。在线老师的教学效果可能会让我理解得更快一些，但是 10 年过去了，在线教育至少在大学层面来说，并没有取代大学的存在。一个原因就是大学教育的特殊性，现有大数据显示，像慕课这样的平台，在线教育的结课率可能在 2% 左右；如果在大学里面，我们知道一般的结课率可能会是 98%，这就翻过来了。在心理学看来，这非常简单直观，因为人和人面对面的交流是价值非凡的，而且传输的信息更快、更有效率、更全。我们用语言讲的东西可能只占所有能传递的信息的一半左右。我在讲话的时候，你们注意到我的神情和讲话的语气、语调、语速，所有的东西表明了我的态度、观点，这是很重要的一部分信息。从技术上来说，目前的在线教育还有很长的路要走，才能够做到像面对面交流一样的流畅。就在我们开会的现场，刚才在线讨论的时候，德国同事的网络就掉线了。

　　疫情的确造成了巨大的冲击，就像过去一年之内，很多大学把课堂挪到线上。同样的原因，很多中国的留学生可能去不了美国。学生本来应该去伯克利读书，但是在国内上伯克利的网校，这很正常。我认为这是疫情造成的暂时性现象。如果可能的话，我们人类还是要尽可能地进行面对面教学，因为这样效率更高。如果我们考虑到目前在线教学的技术水平的话，我虽然非常乐观，但是技术要达到把我们的信息传输率提高到让在线教育像跟面对面交流那样的水平，在可预见的未来，还比较困难。

教育过程当中有很多的交互，这种交互现在变得越来越重要，在大学里面的交互也是一样。我去年在北大上春季的课就很明显，如果是在课堂里给大家讲课，我只需要看着同学的眼睛我就知道他是不是听懂了，他是不是困了，他是不是走神了，我马上就可以改变我的语气、语调，我就会考虑是不是插入一个笑话把他的兴趣吸引回来。我可以自由地点每一个学生让他起来回答我的提问，这样我课堂的效率是会更高的。线下的交互对理工科的同学更重要：其实他们需要的不光是单向地由老师输出来教他们，更需要让他人输出，学生输出的时候实际上是他们学得最快的时候，这也是心理学的原理。

从另外一个角度来说，在育儿过程当中，我们现在知道在线教育的效力是比较差的。比如我们的孩子光看视频并不能有效地学习语言，这也是心理学做过的研究。有没有可能让中国的孩子看英文的动画片来学习英语呢？那些设计得非常好的英语动画片，能不能够给孩子充足的英语环境，来提高他们的英语能力呢？心理学研究发现这样的效果是非常差的，基本上教不进去。最有效的学习语言的方式，包括长大以后学习也是一样，都是面对面式的交流、交互，这是最高效的。

新冠肺炎疫情给了我们很大的限制，可能未来几年都会受很大的限制，有很大一部分教育会在线上完成，但是如果有条件，我们人类还是应该坐在一起完成教和学，这样可能会更加高效一些。

我讲另外一点，站在心理学的角度，我特别拥护大家讲的，在线教育是一个趋势，如果线上线下能够结合是非常棒的，若能够兼顾效率和公平性，那是更好的。在线教育毕竟能够推广到更多的地方。但是我觉得光有一个 iPad 不够，其间要小心的是：你以为在线教育能够满足公平性，如果个人的教育观念不同，你的初心是让那些小屏幕、大屏幕提高学生的学习，实际情况可能会适得其反。

我举一个例子，我参与研发了一个 App，帮助中国一线城市、二线城市、三线城市的家长育儿。这个 App 是教家长每天怎么跟孩子进行交流和玩耍，让他们身心发育得更好一点。在中国有一个巨大的问题就是中国有很广大的农村，农村有很多留守儿童。这是非常"中国"的现象，我不知道在其他发展中国家怎么样，因为他们的父母去大城市工作。这个时候孩子在家里，他们跟祖辈的交流其实是比较少的，极大地限制了他们的智力发展、认识能力发展。有很多科学证据证明了这一点，这帮孩子在两三岁的时候已经显示出智力发育的落后，这是典型的输在起跑线上，往后发展这种落后会越来越大。我想，既然我们已经开发了这个 App，我可不可以把这个东西免费给农村的孩子，给他们的父母、给他们的祖辈，能不能至少让教育的公平性稍微更好一点？结果发现不行。原因就是那些经济落后地区育儿的家庭成员，或者育儿从业人员，在理念上并没有接受早期育儿的重要性，即使是把 App 免费给他们。我们在陕西的一个贫困县做了一个小试验，甚至开了一个很小的班教他们科学早教的重要性，但是因为观念落后，他们还是没有入心入脑，把这个 App 用起来。我发现，即使互联网或者互联网的教育产品通达到他们那儿，手把手教他们，还是不行。我也见过很多现在农村的孩子，你给他们一个 iPad，他们不会在上面上你的课，不会看你的教科书，他们可能会玩游戏，农村的游戏沉溺行为、互联网沉溺行为比城市更加糟糕。光给互联网产品，光想当然地把在线教育"送"到农村，并不能解决教育公平性的问题，反而可能扩大这个鸿沟。所以，我们在谈到公平性的时候可能要兼顾正确的方法；有组织性的教育还是不可替代的。

不拘一格育人才　赋能未来教育

郭盛

智联招聘首席执行官

今年在新冠肺炎疫情之下，大家非常关心职场到底发生了什么状况。我们通过智联招聘平台调研看到，有 98% 的企业招聘提前了，以前是春节以后招聘，今年改为在春节前和春节期间招聘。大家都觉得是受疫情稳岗留工政策的影响，实际上是企业的"抢人大战"。但与此同时，6 成职场人反而认为今年求职难于去年。我们仔细调研了一下原因，第一个大家认为职场找工作的痛点是学历偏低。现在大家认为学历偏低是没有硕士学位、博士学位。这是非常值得关注的，如果看文凭教育，现在增长最快的不是本科文凭，而是研究生文凭。其背后意味着大学生求职难，所以诉诸提升文凭。第二个求职痛点是缺乏相关技能。我们认为，技能供给不足才是真正带来"招人难、求职难"供需错配的原因。数字化转型蓬勃发展的当下，跟数据有关的技能人才的供需存在巨大的鸿沟，以数据工程师岗位为例，目前市面上相关职位要求有数据分析能力的占比 33%，而求职者中具备该能力的只有14.8%。这中间的技能供给不足，就是双方结构矛盾的核心，需要通过职业教育来解决，以下几个问题值得关注。

第一，学历贬值、技能增值。随着中国高等教育的普及，高学历人才群体不断扩张，不断稀释文凭的光环效应。大学生就业问题连续多年成为就业市场难题。智联招聘大数据显示，2020 届本科学历的就业难度系数为 27.9%，即毕业当年的 6 月份依然未落实工作的应届生比例；受制于就业困难，智联招聘平台上外卖员岗位收到的简历中有20%拥有本科以上学历。与其形成鲜明对比的是，高技能人才迎来黄金发展期，在标注"不限学历"的岗位中，如果拥有线上教育、网络营销、直播、物流配送等热门技能，也可以月薪过万。

第二是证书教育受到追捧，职业培训是刚需。我们看到过去6年，从市场规模来看，证书教育也就是非学历教育增长2倍，且增速加快，学历教育增长1.8倍而且这几年增速趋缓。所以证书大于文凭，职业培训是刚需。我们也看到，这个趋势促进了很多在线教育企业的发展和用工需求的增长。有人认为在线教育是资本催生的，我并不这么看，我认为很多在线教育确实是需求催生的，大家对学历的需求降低了，对特殊技能证书的需求提高了。

第三，职业教育是一个风口，但是目前的培训效果尚未令人满意。我们通过调研了解到，若满分是5分，职场人的反馈大概只有2.87分。不满意的一个原因就是教育的效果不理想，没有达到预期。这跟在线化的形式是有关的，大家还是希望有非常多的交互，这种交互可能不是跟老师，而是学生之间的交互。技能培训学生之间的交互非常重要，线上的职业教育不理想在于它是一个孤独的学习过程，企业里面办的在线培训效果就会好很多，结课率会高很多。另外一个原因是价格过高，大家觉得职业培训的价格还是高，希望它能降低。怎样在效果和价格之间实现平衡，是需要职业教育机构思考的问题。

所以总体上我们觉得，整个职业教育在变化，教育的形式变了，教育的内容变了，教育的衡量标准可能也应该产生巨大的变化。立足人力资源服务行业，可以探索"招测培一体化"模式，将职场人的发展诉求和企业的人才培养进行有效整合，因岗施教，一方面能根据岗位需求提供定制化的技能培训，可以在实际工作中得到应用和反馈；

另一方面，也能缓解企业长期招人难的困境，通过对在岗员工提供精准培训或针对入职员工提供岗前培训的方式弥合人岗匹配的差距。

以上是我分享的内容，希望能够与在座的嘉宾加强合作，把诸位在 K12 领域的经验带到职业教育中来。

第六篇

新时期的中美关系

中美关系：风云五十年

亨利·基辛格

基辛格协会主席、美国前国务卿

感谢中国发展高层论坛邀请我发言。我与论坛有过交集，论坛举办的会议有着重要的国际影响力。

今年论坛的主题是"迈上现代化新征程的中国"。50年前我第一次来到中国，那时的中国很难与今天的中国做比较。如果那时有人给我看一张现在北京的照片，如果我把它与那时的北京做比较，我无法相信中国竟能发生如此翻天覆地的变化。

中国发展高层论坛的核心价值在于，它将来自世界各地的观点汇聚一堂。今年，世界正经历着新冠肺炎疫情；同时科技在多国，尤其在中国和美国迅猛发展。在此背景下，论坛在多种见解中强调了合作的理念。

50年前我来到中国，有幸开启了被中断25年的两国关系。在会见周恩来总理的开场辞中，我讲了些关于"神秘中国"的话。周总理对我说，中国有什么神秘的？如今半个世纪过去了，我对中国有了诸多了解，中美两国也在关键问题上进行了合作，以此为基础，两国关系有了非常积极的发展。

最近几年，中美关系出现了一些需要讨论的问题。我非常希望，本周将在阿拉斯加举行的对话能取得明确的进展。从根本上说，中美是两个伟大的社会，有着不同的文化、不同的历史，所以有时候我们对一些事情的看法会有不同。与此同时，现代科技、全球化传播和全球化经济，要求两个社会做出比以往更大的努力进行合作，因为世界的和平与繁荣取决于两个社会之间的理解。

中国发展高层论坛邀请世界各地的来宾和企业 CEO 与中国同仁交流思想，使各方能够互相学习，为各方加深理解做出了重要贡献。

我曾数次参加这个论坛，借此机会，我想对论坛给予我的礼遇表达我个人的感谢。同时我想强调，世界上工业和科技大国之间，中美之间，合作而积极的关系是多么的重要。

感谢论坛给予我这个发言机会。

推动中美关系向前发展的现实主义态度

章百家

中共中央党史研究室原副主任

能够受邀参加今天的专题会"中美关系：风云五十年"，我感到非常荣幸。这个专题会是这次中国发展高层论坛年会所做的一项特殊安排，以纪念亨利·基辛格博士 1971 年 7 月对北京的访问。如果把中美关系正常化的进程看作是一出历史大戏，那么基辛格博士的访问便是其中关键的一幕。当时，我的父亲章文晋曾受周恩来总理派遣，前往巴基斯坦迎接基辛格博士。

从那时到现在，转瞬间已过去了半个世纪。刚才，基辛格博士谈道，在这半个世纪里，中国发生了当时所难以想象的变化。同样，在这半个世纪里，中美关系的进步也是当时所难以想象的。尽管两国之间始终存在着一些矛盾，两国关系的发展也经历了不少曲折，但不可否认的是，两国现已形成的密切关系是历史上前所未有的。

毋庸讳言，当前中美关系正处在一个十分困难的时期，但今天双方已有许多彼此交换意见、了解相互关切的渠道。我们不能说，打破现在的僵局，要比打破当年的隔绝更困难。当然，今天面临的问题可能更为复杂，因为我们两国间的联系已变得十分广泛。

在中美建交之后，我的父亲章文晋出任中国驻美大使。在他任内，中美关系经历了从冷淡到转暖。这种转变是双方共同努力的结果，尤其是当时两国领导人的明智。在我父亲辞行时，美方的同事们精心制作了一盘录像带作为纪念，留下了他们的临别赠言。

　　基辛格博士在其中讲了这样一段话，他说，（中美）这两个国家意识形态不同，但因为一些共同的利益而结合在一起，相互打交道，但对合作的限度不存幻想，同时决心在有限的范围内尽可能地进行这种合作。我想，正是双方的这种现实主义的态度，才使得中美关系能够不断向前发展，而这种现实主义态度也是现在所需要的。

　　与基辛格博士一道秘密访问北京的温斯顿·洛德先生，后来出任美国驻华大使，他也讲了一段意味深长的话。他说，我们已多年致力于在两个具有巨大差异的，同时存在误解的社会之间建立一种更加正常的关系……我们同中国一起刚刚开始的这一历程将是一次长征。

　　我想，这样一次长征所要翻越的雪山、走过的草地，就是两国历史、文化、价值观和社会制度差异给两国相互理解和交往所带来的困惑，而我们的目的地就是中美两国与世界的和平、发展、合作、共赢。和谐而充满不同的世界将是美妙的。

中美应管控分歧，妥善沟通 [①]

罗伯特·鲁宾

美国对外关系委员会名誉联合主席、美国前财政部长

中国发展高层论坛有着非常重要的目的 —— 帮助两国人民加深了解，只有在此基础上才能发展建设性的关系。

今年是我的朋友基辛格博士访华 50 周年，当时他担任尼克松总统的国家安全顾问。多年来我与基辛格博士有过很多次谈话，他对当初和现在中美两国关系的见解和洞察令我获益匪浅。很高兴今天他也参加了我们的会议。

我在中美双边关系的发展中也起到过一定的作用。在我担任财政部长时，曾与朱镕基总理（他是我遇到过的最了不起的人物之一）和其他中国领导人就重要经济问题合作，包括应对亚洲金融危机（当时中国起到了非常重要的作用，维护了稳定）和中国加入世界贸易组织的准备工作。

在这个历史背景之下，我希望就当前和未来的中美关系谈几点看法。

在 2020 年 10 月，我和王教授曾有过对话，认为中美关系极度复杂。但有一件事在我看来是绝对清楚的：中美关系从根本上是建设性的还是敌对性的，将对 21 世纪的世界产生巨大的影响。2020 年 11 月份的时候，我曾在中国发展高层论坛发言，今天我想表达同样的看法：我们两国关系之间的压力和困难正在与日俱增，彼此十分不信任，在

---

① 根据会议现场录音听译整理。

众所周知的投资和贸易问题上存在分歧，产生了很多摩擦。现在关系的退化在我看来对两国都是不利的。

美国对中国涉及贸易和投资的补贴行为及产业政策有异议，尤其在高科技和战略性领域。中国经常要求美国公司成立合资企业并转让知识产权的做法也令人十分担忧。还有一些涉及世贸组织的问题。同时，美国也对中国商品过于频繁地提高关税，对某些向中国企业出售的产品施加了不必要的出口管制，还阻挠一些中国数字平台进入美国市场。许多美国人对人权和政治、宗教自由问题表示严重关切，这些是美国长期以来一直主张的价值观念，但同时我们认识到自身在这些方面也存在许多问题。我认为，对任何一个大国来说，强有力地保护这些领域应该是根本性的、基础性的工作。安全问题方面，我们各自持有强硬观点，对两国关系构成了挑战。

尽管存在挑战，我依然认为，一些双边关系和国际问题是没有国家能够独自解决的，但开展合作可以为双方都带来巨大的利益。作为世界上前两大经济体，美国和中国有能力、也有责任在全球问题上展现领导力。目前气候变化是最主要的问题，威胁着人类生存和全球人民生命。另外，大规模杀伤性武器，包括核武器、化学和生物武器等也都带来严重威胁。全球卫生健康显然也是重点问题，尤其是目前还在延续的新冠肺炎疫情。

面对这些问题，我们两国如何推进，有效建设双边关系，我有几个建议。

第一，我们要承认美中之间的竞争是不可避免的。竞争本身并不是问题，各主要经济体之间都存在着某种程度的竞争，这在经济上也是有益的。重要的是要公开公平地，在一种建设性关系（而非敌对）的环境中进行竞争。在这方面制定并维护以规则为基础的经济合作准则对两国都有好处。在保证国家安全的情况下，这些标准可以持续促进贸易和投资的开放。希望包括新一届美国政府在内的两国领导人能够推动这方面的工作。我们要承认分歧的存在，但也要在建设性关系中解决分歧。

第二，美国和中国必须摒弃某些审视对方的固有方式。美国应该认识到，我们无法改变中国的政治和经济制度。我们应该关注的是，中国的经济制度与贸易之间的关系，以及对美国和其他许多国家的利益会带来怎样的影响。希望双方领导人在这些方面能够达成意见统一的解决方案。

大家也应该停止美国经济正在衰退的想法。我们拥有巨大的长期实力：具有深厚根基的市场经济，充满活力的社会，比较有利的人口趋势，丰富的自然资源，拥有卓越条件和创新能力的大学和企业等。的确，我们必须解决经济政策方面的严重问题，但这些又需要政治体制更加有效地运转，但是随着时间的推移，我们基本能够克服这些政治上的挑战。过去很多例子都反映了美国政治的韧性和快速变化的能力。

总体来讲，美国和中国可能在未来很长一段时间内是世界上最大的两个主要经济体，发展建设性的关系可以带来巨大好处。

第三，要改善双边关系，我们都应该进行自我反思。发展美中关系有利于解决双边和全球问题。但分歧在所难免，要处理好就需要我们进行自我反思。我期望美国新政府将继续建设性地思考美国对华政策，也希望中国领导人同样能够审视中国对美政策，并考虑发展建设性关系的工作。美国人必须意识到，中国的政治制度和美国不同。中国也应该认识到美国制度的特点。这也会涉及激烈的讨论和强烈的公众意见。现在美国很多选民都非常担心我们和中国的关系，包括商界。

商界过去是两国关系牢固的支柱，但现在出现了许多对贸易、投资和其他方面的关切。因此，领导人必须顾及公众的意见。

在基辛格博士访华 50 周年之时，我们两国乃至全世界面临着巨大的挑战，但同时也是巨大的机遇。希望华盛顿的新政府能够尽一切可能发展最具建设性的双边关系，也希望北京的领导人能够相向而行。

超越困局　以终为始

傅莹

清华大学战略与安全研究中心主任、中国外交部原副部长

2021 年是中美关系解冻后的第 50 个年头。今年 2 月中国国家主席习近平与美国总统拜登通电话时谈道，过去半个多世纪，国际关系中一个最重要的事件就是中美关系的恢复和发展。

刚才播放的历史纪录片和基辛格博士的视频讲话，把我们大家的思绪带回到了 50 年前，前面三位发言人都谈到中美关系来之不易，强调两国需要聚焦合作。回望那段历史，我对两国关系的发展有三点感悟，与大家分享。

第一，在处理两国关系时，要有以终为始（Start with the end in mind）的思考习惯，在大图景内考虑问题，这样才能不被分歧所困，超越分歧聚焦合作。

50 年前，中美处在一种敌对关系的状态，两国长期隔绝和对立，彼此完全不了解。即便在这种情况下，两国认识到重要的共同利益，成功超越分歧，实现双边关系"破冰"。今天，中美分歧再大，与 50 年前也无法相比。现在两国在经贸、人文交流等领域都有了深厚的合作关系，当年，恐怕最乐观的人也没有预想到，50 年后两国关系能发展到如此的广度和深度。中国实现繁荣发展，也得益于与包括美国在内的世界各国的全面交往与合作。

21 世纪的世界已经改换了场景，新冠肺炎疫情、气候变化、数字安全以及对人工智能技术应用的治理等，都是需要全球合作共同面对

的风险和挑战。今天的中美关系不仅关乎两国利益，更关乎世界。这也是为什么国际社会对中美关系如此关注，对中美合作有这么高的期待。

第二，对比当年，如今有更多改善中美关系的有利条件。

50 年前，在彼此差异和分歧巨大的情况下，两国尚能克服重重阻隔，绕道寻求共同朋友巴基斯坦的帮助，最终见面和商谈，在重大的国际战略问题上实现合作，现在就更没有理由走向冲突和对抗了。

大家都注意到，中美关系经历了一段剧烈下滑的困难阶段，中方对最近几年美方的错误做法是不太理解和无法接受的。现在两国关系似乎进入一个平台期，这两天在阿拉斯加的安克雷奇，双方正在进行 2+2 高层对话。未来的中美关系会再度下滑，还是能在平台期稳定下来，恢复正常，进而上升和发展，我和在座以及线上的各位都是非常关注和抱有期待的。关键是中美能否在同一个国际秩序框架内解决彼此合理关切，实现和平共存。中美已经是一种深度相互依存的关系。过去几年的实践也证明，"全面脱钩"不符合双方根本利益。

第三，两国需要承担起历史责任。双方需要冷静客观地面对和解决分歧。只要能够开始行动，新的局面就会被创造出来。合作是双方唯一正确的选择。在许多中国人看来，这种合作应该是开放性和真诚、双赢的合作，而不应该试图干涉内政，搞拉帮结派、你输我赢的争斗。

基辛格博士在 2020 年 11 月的创新经济论坛上提到，除非（中美之间）有某种合作行动的基础，否则世界将滑入一场与第一次世界大战相当的灾难①。他提出的警示值得我们重视。

50 年前，富有远见卓识的中国领导人，从国家前途命运的角度，

---

① 英文原文是："Unless there is some basis for some cooperative action, the world will slide into a catastrophe comparable to World War I."

从在国际风云变幻中追求国家利益最大化的角度，决定打开中美交往的大门，这个重大抉择，开辟了两个国家和人民走向全面合作的道路。

如今中美两国再次来到了历史的关键节点。习近平主席提出的构建人类命运共同体的主张，集中体现了作为世界第二大经济体的中国，对未来世界的展望和追求。

希望我们今天在这里，通过回顾历史经验，能够更好地理解和处理双方的分歧，为新时期两国关系的理性和健康发展，为更好地延续世界和平发展的大势，做出贡献。

中美未来可能的合作领域

大卫·鲁宾斯坦

凯雷投资集团联合创始人、联席执行董事长

我很荣幸能参加这个论坛环节。首先，我想说，日前在阿拉斯加美中会谈上发生的事件可能会让公众困惑一段时间。我认为其实会谈进行得很顺利，但是公开场合发生的情况却让外界感到困惑。事实上，我认为美中关系在未来几年会更加牢固，我在下面提到的几件事将会证明这一点。

世界上大多数人既不住在美国，也不住在中国。他们都期待着对美国和中国说：你们是世界的领导者，是经济的领导者，请展现出你们的领导力。在哪些领域里能够得到你们的带领呢？显然，在某些军事或经济问题上，美中双方可能难以达成合作。但是，我想建议四个可以合作和应该合作的领域，这也是美中两个经济大国能够发挥领导作用的领域。

第一个领域是新冠疫苗接种领域。我已经接种了疫苗，这真是太好了。美国有很多人在接种疫苗，中国也有很多人在接种疫苗。但是世界上的大多数人还没这么快就能进行疫苗接种。因此，美中两国需要利用自身资源、医学知识和物流能力，推进世界各地进行疫苗接种，而不仅仅是在富裕国家里才能接种。

第二个是气候变化领域。美国在这个领域缺席了几年，现在又重返这个领域，但对世界而言，只有美国和中国真正合作才是重要的。也可以说，我们是世界上最大的两个碳排放国。如果我们能够找到一种合作方式并提出标准，那么其他国家就将追随我们。因此，在这个领域里，我认为美国和中国可以在世界上发挥领导作用，并且能切实地造福世界。

第三个是核不扩散领域。首先，核武器不但可以杀死许多人，还可以破坏大气层，损害一代人的寿命。幸运的是，自从 1945 年核弹首次在战争中投入使用以来，此后再没有任何核弹在战争中被引爆。但是我们并不能保证这种情况能够一直持续下去。我们需要确保那些拥有核武器的国家以安全的方式拥有核武器，避免核武器失控。其次，其他的现在还没有核武器或不能被信任拥有核武器的国家，需要有措施来确保其安全并确保核武器不会进一步扩散。

第四个是由于新冠肺炎疫情而需要关注的领域。显而易见，世界上有很多富人和穷人，穷人比富人多。我是指世界上大部分地区的人仍然依靠非常有限的经济和食物手段等谋生。如果我们向这些国家提供援助，我们只会改变这一点（谋生手段）而已，但这些国家正在日渐落后。由于遭遇了新冠肺炎疫情，那些贫穷的国家实际上已经越来越落后于那些富有国家。除非那些富有的、有资源和有技术的国家会帮助这些贫穷国家，否则，我们将拥有一个两极世界：富裕的国家和贫穷的国家，穷国永远也不会有机会追上富国。

因此，我们应该重点关注两个领域。第一是粮食，因为许多贫困国家缺少粮食，而且情况已变得更糟了。自从新冠肺炎疫情出现以来，我们需要确保这些国家有足够的粮食供应。第二是互联网接入。当今社会，人们如果无法上网，就将越来越落后，而目前世界上许多国家和地区的人们仍无法使用互联网。

我再来重申一下美中两国可以在哪些领域里进行合作。我们可以在新冠疫苗接种、气候变化、核不扩散以及帮助越来越落后的贫穷国家，帮他们获得粮食和上网的机会这四个领域进行合作，我认为这些合作不会对美中关系产生任何不利影响。

我想谈三个要点。第一，在阿拉斯加美中会谈时发生的情况，有许多复杂的原因，有些事情在公开场合被谈及，而在闭门会谈时却并没有说这么多。据我所知，双方的闭门会谈进行得很顺利。

第二，有些人可能想知道为什么美国国务卿和国家安全顾问都出席了阿拉斯加的美中会谈。我认为，拜登政府是希望以此表明，在与中国有关的事务上，美国政府会保持统一的声音，而不会像之前的一些政府，会有四个或者五个不同的人都在对中国发声。在谈到中国事务时，美国国务卿和国家安全顾问将与总统一起成为关键性人物。因此，我认为，信息的来源将会非常明确。

第三，希望大家不要期望美国总统和中国国家主席很快举行会晤。我们已经在上届政府时期看到，特朗普总统当选伊始很快就和习近平主席举行了会晤，但这并不意味着早期会晤就一定能达到什么成果。举行国家首脑会晤，必须要做好充分的准备工作，配备完整的团队，并事先商定好公开发言的内容，以及可以实现和有用的决议。

我认为美中双方不会现在举行首脑会晤，双方可能需要花费一年，甚至更长的时间，才能为首脑会晤做好准备。众所周知，习近平主席工作非常忙碌，拜登总统亦是如此。因此，我猜测，到他们真正的会晤，至少还需要一年，甚至一年半的时间。但我认为这是一件好事，因为这意味着他们正在进行准备工作，以确保在会晤时能够促成一些卓有成效的事情。

领导人在中美关系中具有重要作用

威廉·科恩

科恩集团董事长兼首席执行官、美国国防部原部长

感谢主办方再次邀请我参加今年的中国发展高层论坛。这是我第十六次参会，每一次我都学到很多新东西。

首先，我要赞赏主办方邀请了基辛格博士、罗伯特·鲁宾和大卫·鲁宾斯坦参加这次论坛。我认为，关于中美两国面临的挑战，他们三位已经总结了所有需要说的话。我只是不同意鲁宾斯坦的一个观点，即我们回过头看特朗普执政的岁月，也许会感叹那是一段美好的日子。尽管他与中国建立了某种性质的关系，但我永远不会把特朗普时代视为过去的美好时光，因为我仍然认为他在许多方面要承担责任，正是由于他试图贬低中国人民，贬低中国及其历史，在美国造成了许多可怕的后果，近期还出现了针对亚裔美国人的攻击。我很高兴乔·拜登现在是美国总统。我知道罗伯特·鲁宾和大卫·鲁宾斯坦和他是老朋友。我有幸与他们两位都一起共事过。罗伯特·鲁宾和我一起在克林顿政府做过同事，在我担任国防部长期间，他对我的工作给予了很多帮助。无论是在生意上还是生活中大卫·鲁宾斯坦都是我在美国认识的最有慈善心的个人之一。我很高兴今天能与大家在同一个平台上交流。

我想再聊一聊乔·拜登。我了解他，事实上我们两个是在同一年当选进入国会的，只不过他去了参议院，我去了众议院。大多数人不知道的是，我们还任用了同一位竞选经理，所以我们早在1972年就相

识并从那时起就一直是朋友。我了解他，我尊重他，并且我相信他的当选对中美关系将是有益的，尽管在阿拉斯加事情的发展预示了开头会比较艰难。我相信，美国与中国的互动将会通过专业外交手段，并以文明的方式来进行。我们会尊重中国，不会点名指责对方。这种方式在我们的国家和政治中已经常态化。我们正在提出数项针对中国的"立法"，因为我们认为中国的一些做法对我们和基于规则的秩序不利，因此在我们看来是必要的。尽管如此，我们必须保持慎重。

拜登总统目前最首要的任务是应对新冠肺炎疫情。其次，刚刚有人指出他很关心气候变化。气候变化对于中国、美国和世界上其他国家来说，是一个安全问题。例如，水资源不是自然地按人口比例分配的，所以我们未来将面临的问题是水资源的分配不均。我要指出的是这个问题在中国有多严重，因为你们的人口约占世界总人口的 20%，但仅拥有大约世界淡水的 6%。未来我们人类对水的需求将是巨大的。实际上，有研究表明，在短短 10 年内，对水的需求将超过供应量近56%。这意味着除非我们能够节约用水、循环用水并找到减少我们用水量的方法，否则我们将看到更多人被迫迁徙，更多的抗衡和更多的冲突。这是我们可以合作的领域之一，我们可以在此共享技术、最佳实践和节水方法，以期减少可能出现的摩擦。

最后，我想说的是，政治取决于谁来设计顶层基调。我认为，我们作为前任领导人和现任领导人，有义务确立一个顶层基调，我们在各个领域面临着争端，但我们也在许多其他领域拥有造福人类的可能。这让我想起了（美国）前总统约翰·肯尼迪（John F. Kennedy）的一句话，他说我们掌握着足以消灭一切形式的人类贫困和一切形式的人类生命的力量。

自 1978 年以来我便频繁访问中国，如果我没有亲眼所见，我将至今难以相信这期间发生了多大的变化。这真的是非同寻常！因为这次论坛的召开，我们有机会表达我们的钦佩和期望，讨论如何成功地合作与协作，使我们有可能让世界更安全，更繁荣，并使人们的生活更上一层楼，把更多"穷人"变成"富有的人"。我认为这是论坛能够促成的目标，很高兴再次受邀请在这里分享。

聚焦中美合作的前提

吴心伯

复旦大学国际问题研究院院长、复旦大学美国研究中心主任

今天是一个重要的题目在一个非常重要的时刻进行讨论，刚才大家都讲到了中美合作的新清单，这个清单可以很长，作为一个大学教授，当下中美合作的一个重要领域就是要采取切实的行动，促进中美两国之间的人文交流。过去几年特朗普政府对中美人文交流进行了前所未有的破坏，我们的很多学者和学生签证遇到了麻烦，在美国学习和访问的中国学者和留学生受到了不公正的待遇。这对中美关系来讲是一个灾难性的影响。我个人过去几十年一直从事中美之间的交流，也深深地得益于这个过程。但是我觉得，如果中美人文交流不断地削弱，这对两国关系会产生长远的负面影响，希望拜登总统能够让中国的学生和学者更容易地去美国学习和做研究，停止对中国学者和学生的不公正待遇，让中国的记者能够更好地在美国报道美国和中美关系。这一点非常重要。

中美合作的清单还包括一点，就是中美如何处理技术领域的竞争，特别是新兴技术规则的制定，新兴技术发展得很快，但是缺乏公认的规则，如果没有一个公正合理的规则，新兴技术在造福人类的同时也会带来巨大的破坏。比如说网络空间的问题，在所有刚才大家提到的合作领域里面，还有一个最重要的东西大家没有谈到，就是中美两国如何共同维护和改善现有的国际秩序和国际体系。现在我们看到的是美国基于意识形态来推进美国构想的国际秩序。

全球层面拜登政府号称要打造民主国家的技术联盟，要打造民主

国家的供应链，那也就是意味着今后世界的经济会分为两个阵营，这会外溢到地缘政治领域，让世界分为两个甚至更多的阵营，这是违反全球化趋势的。所以如果不从国际体系和国际层面的角度来思考中美合作，在很多问题上我们的合作就不能够迈出脚步。

我在想，如果按照美方的思路走下去，在应对新冠肺炎疫情方面是不是也要有民主国家的疫苗和非民主国家的疫苗？在应对气候变化问题上，是不是要有民主国家的减排和非民主国家的减排？这个逻辑是荒谬的。

最后要强调一点，看看这两天中美在阿拉斯加的对话，中美要合作首先要为合作创造条件，从中国的角度来看两个条件很重要。第一，美国应该清算特朗普对华政策的遗毒，特朗普过去几年让美国的对华政策走到了一个灾难性的边缘，如果拜登政府不改弦更张，反而把特朗普政策用作跟中国讨价还价的杠杆，说明美国没有合作的诚意，特朗普的政策决不能成为拜登政府对华政策的起点。第二，要让合作能够发生，最重要的是美国尊重中国，尊重中国的政治制度，尊重中国的价值观，尊重中国的历史文化。坦率地讲，这次中美对话美国既没有表现出要清算特朗普遗毒的意愿，也没有表现出对中国的尊重。所以我很怀疑，现在美国是不是有一种没有特朗普的特朗普对华政策。如果这个问题我们不解决，即使我们主观上列出的中美合作的清单再长、再丰富，这个合作也是不可能发生的。希望今天的讨论能够让我们聚焦合作的条件和前提，能够让我们在更高的层面上 —— 国际体系和国际秩序的层面上思考中美关系的未来。

中美携手应对全球挑战 ①

格雷厄姆·艾利森

哈佛大学教授

我基本上同意大家已经讨论的观点，但请让我尝试从更广泛的角度来探讨。总结一下我想要讲的观点，主要有两点。

第一，美国和中国之间不可避免地将出现竞争关系，在 21 世纪 20 年代及以后的时间里，这将是我们两国关系的定性。

第二，与第一点同样重要的是，如果我们认真讨论的话，现在的美中两国都面临一些客观情况，需要两国合作才能生存。技术和大自然的力量组合，成为迫使我们共存的原因，不然的话，唯一的可能就是走向共同毁灭。如果打个比喻可以这样讲，不管我们彼此如何无法忍受对方，我们已经长成了一对不可分割的连体双胞胎。

关于这两个主要观点，下面我在五个方面进行阐述。

第一点，尽管不在北京会场，但我认识今天参会的许多同事，我们之前花费了巨大的时间和精力推动美中之间的合作。我们为过去取得的成果感到骄傲，甚至有些怀念过去。尤其很多中国同事都在呼吁中美关系应回归核心本质，恢复到特朗普改变两国关系走向之前的状态。我的建议是，这种想法是错误的。那已经是过去式了，现在时过境迁，以前的说法不再适合，也不应重提。

第二点，想想学习地缘政治时的第一堂课。李光耀总理曾经坚持

---

① 根据会议现场录音听译整理。

这个观点，中国注定将成为世界历史中最重要的国家，但是以前的叙述没有提及，或是误解了这样的中国会带来哪些不可避免的地缘政治影响。只要做一下简单计算就能明白：中国人口是美国的 4 倍，如果中国工人的生产率是美国工人的 1/4，中国的国民生产总值就可以和美国旗鼓相当。实际上，按照现在最高的购买力平价来计算，中国的经济体量已经略微超过了美国。而当中国工人生产率是美国工人生产率的一半的时候，中国的 GDP 将是美国的 2 倍。那如果是美国工人生产率的 3/4 又会怎样呢？美国作为一直以来无可争议的全球第一，作为自第二次世界大战以来 70 多年间国际秩序的设计师，这种结果给美国带来的冲击，怎么形容都不为过。4 年前特朗普就职总统时，我曾经出版过一本书研究这个主题。在考虑中美关系时，我认为出发点应该是中国与美国之间不可避免、无法否认的竞争关系。

后面的三条将阐述我的第二个主要观点。这是根本的一点，不可否认，也无法逃避：技术和大自然的力量组合，成为迫使我们共存的原因，不然的话，唯一的可能就是走向共同毁灭。共存对我们来说是一种必要，我们必须要沟通、协调、合作，要避免灾难性的战争，要保护宜居的世界，要处理好全球化问题。不停前进的全球化在过去 50 年中一直是推动改善人类福祉的主要驱动力，发展到今天已经成为人类有史以来最了不起的成就。

第三点，核相互保证毁灭（M.A.D.）。就像美国国防部原部长科恩说的，现在的美中关系中，我们看到了当初冷战期间核相互保证毁灭的另一个版本。一旦两个国家都各自拥有足够强大的核武器库，即使敌方已经解除武装，但仍然有核能力做出回应消灭对手，我们称这样的世界为 M.A.D.，即相互保证毁灭。我曾就职于里根政府，他当时总结出了这个问题的本质：核战争是永远没有胜者的，因为大家最后都会死掉，所以不可能打一场合理的核战争。这个问题在"冷战"时期的影响是非常深刻的。如果认真研究现在的美中关系，我们的行为所代表的意义同样具有深刻的影响。我们必须要保持自我克制，要通过沟通限制误解、误判产生的影响。我们必须要合作，来防止危机将我们拖入战争。

第四点，在 21 世纪存在着气候版本的相互保证毁灭。中美是温室气体排放量最大的两个国家，中国现在是第一，美国是第二。按照目前的发展趋势，任何一国向封闭的生物圈排放的温室气体都可以使全人类的生活环境变得不可持续。随着我们越来越多地认识到这一点，美国和中国在这方面开展了合作，并在 2014 年共同推动达成了《巴黎协定》。遗憾的是，后来美国误入歧途，但好消息是在拜登总统的领导下我们又重返《巴黎协定》。同时美中也在共同领导 G20 工作组，希望也能够提出一些具体的倡议，大幅度推进工作进度，在 10 月份看到结果。那样的话，就说明两国都遵照了习近平主席和拜登总统的指示。

最后一点，希望大卫·鲁宾斯坦后面也能谈一下这个问题。我俩刚才聊过，他比我更专业，不过我在这方面也做了很多研究。虽然还没有得出具体的结论，但我相信全球化的前进趋势是不可逆转的，因为给全人类带来了太多的好处。亚当·斯密经济学教给我们，贸易可以将蛋糕做大，让每个人都能获得更多的份额。但是莱纳·巴伯拉把现在的世界叫作全球化 2.0。科学技术不断的进步，全球范围内人与人之间的联系越来越密切，也包括经济、金融、通信、知识、意识——概括起来一个词：生活。这显然是颠覆性的，也会带来负面影响。尽管有的国家想要在一定程度上引导或者是管制，但是真正要做到"脱钩"只是一种幻想，因为它带来的益处太多了。

　　总结一下以上五点：不可避免地存在竞争关系；在 21 世纪的环境下，我们必须要共存；要管控核武器和气候方面的相互保证毁灭问题和不可逆转的全球化问题。

中美两国需要进行谈判

姚洋

北京大学国家发展研究院院长

第一，大家都非常关注安克雷奇的会议，中美两国的媒体过多地关注两国外交官在开幕式上的表态，而对会议本身达成重要的成果并没有给予足够的关注。双方都同意考虑重新恢复人文之间的交流，同时也考虑到签证等方面的问题，愿意在 20 国集团（G 20）和亚太经合组织（APEC）的平台上继续开展合作。在目前的情况下对中美两国都具有非常重要的意义，展望未来，我相信中美两国能够改善他们的关系。经贸协定将会是非常重要的一步，但是还不够。现在两国对彼此还保留着较高的关税，这对于经贸往来会有影响，所以中美想进一步迈出下一步的话，首先就应该进行谈判，把目前已有的新增关税给去除掉，因为这种关税影响到中国的生产企业和美国的消费者，所以这不符合两个国家的利益。

第二，美国对中国施加的技术贸易的限制问题需要解决。我可以理解美国希望对对华出口进行限制，目前美国对中国所施行的限制，对技术产品所施加的限制其实是违反世贸组织规则的，也是不好的，对美国企业来说是不利的。因为它只限制了美国企业进入中国市场，如果双方想改善关系的话，包括在信息技术领域，高技术产品的正常贸易应该得以恢复，这对于两国来说都是有利的。所以双方也应该对这个问题进行谈判和磋商。有些人不知道，中美之间的问题究竟是通过双边还是多边的渠道进行解决。我认为，中美两国首先需要进行谈判。美国对目前的世贸组织规则是不满意的，为什么美国不喜欢世贸组织，当然有很多的原因。现在大多数的问题都和中美两国有关，或者说美国对世贸组织的不满其实很多是跟中国有关，所以第一步应该是双边进行谈判，包括对一些新的规则的探索，这些规则可能会和现在的世贸组织的规则很不一样，如果中美两国能够先达成某种程度上的一致的话，这些所达成一致的新规则可能会成为世贸组织改革的基础。现在的世贸组织的框架曾经为两国和世界做出很多的贡献，但是现在需要有新的空间来进行调整。拜登政府提出以工人为中心的贸易政策，从美方的角度来说我理解美国政府为什么要这么做，美国需要有空间来执行这样的政策。

中美应开展合作

埃文·格林伯格

安达保险集团董事长、首席执行官

美中关系正处于一个重要且不断变化的时期，这是世界上意义最为重大的双边关系。当前两国关系麻烦重重且缺乏稳定性。我认为双方比较重要的优先事项之一，是基于实际情况和现实政治，恢复两国之间理智的外交接触。实际上，我们应当开始探索，如何在以最大程度避免冲突的方式展开竞争和保护各自利益的同时，回到合作的习惯。

拜登政府就任后，我们有机会开诚布公地交换意见，力求确立一个优先事项清单，从而开始以切实可行的方式解决问题。这必须作为我们的头等要务之一。

在这方面，我很高兴看到两国元首已经通话，并且最高层级的外交接触已经开始。尽管目前这可能并未列入双方的议事日程，但我认为两国应做出外交努力，更清晰地了解我们各自如何看待当今世界——我们两国在世界上所处的地位、我们的优先事项和目标，以及我们的担忧；了解双方在哪些领域可能存在共同利益，在哪些领域有所分歧；了解双方各自的行为和优先事项如何给对方造成担忧或威胁。不再试图说服对方接受我们明知不对的事实，也不再将当前的紧张局势全然归咎于另一方，在目前我们将彼此看作主要威胁之一的情况下，这并非易事。

我们之间存在无法轻易调和的深层政治和文化差异。双方都有着给对方造成困扰的目标，我们也有共同关心的重要领域，包括在经贸上的相互依存关系。

因此，根本问题不是简单的"我们想要什么样的关系"，而是"我们能够建立什么样的关系"？我们应当确立一个议事日程，在存在共同利益的领域开展合作，从简单易行的问题入手以建立信任。我们应当着手解决我们之间可以解决的问题，加深了解并建立冲突避免机制，同时暂时搁置那些目前无法解决的重大分歧领域。我相信两国领导人明白所有这些道理。

围绕技术和战略供应链的贸易和安全摩擦日益加剧，同时两国内部都出现了经济脱离、实现更大程度自给自足的呼声。在这种背景下，我们要记住大量美国企业仍然长期致力于中国市场，中国企业也同样致力于美国市场。

美中贸易全国委员会的一项调查显示，83%的美国企业将中国视为其全球战略的五大优先选择之一。我们也意识到，许多中国企业也同样致力于美国市场。

两国企业界和投资界在鼓励双方政府方面可以发挥作用。如果管控得当，基于规则的对等贸易和投资应该能够为两国创造就业和机会。这可以增加稳定性，同时将双方命运更紧密地结合在一起，进一步起到稳定作用。

第一阶段协议迈出了积极的一步。中国对金融服务业投资进一步开放市场，加强知识产权保护，增强了外资对中国投资和营商环境的信心。这符合双方利益，也是通过谈判进行合作的罕见范例。它也提醒我们，多年来得到有效管理或解决的每一个问题，都是两国官员在建立联系并努力了解彼此诉求的前提下，进行谈判的结果。未来的双边谈判，虽然目前还未提上议事日程，同样应该具有明确性和结果导向性。

在科学创新和技术领域，两国间的紧张态势日益上升。双方都意图在各自认为对国家安全或优越性重要的领域中获得或保持优势，这是当前美中关系的特征，而其发展轨迹并不乐观。

国家安全和国家利益的定义是一个有趣而困难的问题。它会因意图、价值观和对方行为而不同；也会因接触规则方法上的共性而不同，最终取决于实际遵守并强化该规则的意愿。网络安全目前是一个不断升级的摩擦点，未来将继续如此。

21 世纪，在全球经济中的领导地位将部分取决于技术能力。美国和中国同为世界领先的两大技术强国。对于两国和世界经济而言，"脱钩"和管控不当的竞争有可能会大大破坏稳定局面。坦率讲，我甚至不确定"脱钩"是否可行。我们需要围绕可能实现的事进行清晰的思考——期望、认知和道路规则都应加以仔细定义。

在贸易和投资的机会中，互惠是一个重要的概念。如果一国采用更加狭义的解释，就不能指望另一国保持开放。贸易和投资受法律保护，并且有强有力的机构进行公正执法，还有清晰可预测的监管，这些仍然是根本。中美两国企业在对方国家做生意时，都需要政策的确定性和清晰度。

尽管我知道目前这可能是不现实的，但美中两国曾经接近完成一项双边投资协定。未来我们能否重新启动这项未竟的工作？我们双方是否还认同这件事的意义？最终，我们对彼此的投资越多，为彼此未来的福祉和人民富裕的投入也就越大，只要投资的目的不是为了简单地获取知识以在竞争中压倒对手。

最后，美中关系远不止贸易和投资，两国还有许多共同关心的重要事项——全球健康、气候变化、全球经济复苏、恐怖主义和核扩散。没有两国的领导与合作，全球解决方案将变得更加遥不可及。

在最基本的层面上，两国都想要同一件事 —— 和平与繁荣。如果我们的目标是超越对方，那么未来就没有希望。如何找到符合我们各自利益的共存之道，如何认识我们的制度与文化差异，是美中两国乃至全世界面临的问题。

以高质量多边协议减少中美冲突

亚当·伯森

彼得森国际经济研究所所长

　　我希望接着董事会的同僚埃文·格林伯格（Evan Greenberg）刚刚提出的话题，谈谈如何采取务实措施，尽力使美中关系回到某种稳定的状态。

　　我认为，当双方在价值和政治上出现明显分歧时，尤其需要本着这种务实精神来推动商业和经济合作。但具有讽刺意味的是，双方的贸易摩擦越来越政治化。在经济领域，中美之间的争执其实很少。中国已经在向全球价值链的上游挺进，保护知识产权符合中国的利益；全球健康与稳定也符合中国的利益。中国已不再像过去那样对美国制造业构成威胁，"中国冲击"（China shock）在某种程度上来说已经结束。因此，双方没有明显的理由去制造经贸摩擦。如我们所见，双方的政治和外交摩擦却在不断升级。

　　所以，我认为，接下来可能发生的事是：打着恢复经济韧性的幌子，应对新冠危机。对新冠危机的描述一方面合乎实情，另一方面也有夸大之嫌。未来，贸易壁垒还会不断增加，进而导致相关失业继续上升。问题是贸易在经济关系中的作用并不是最重要的，跨境投资、人们思想的交流、商业人际网络的构建、经济合作与全球化过程中碰到的棘手的和无形的问题，以及贸易与服务，这些才是最重要的，至少，它们与商品贸易一样重要。这些问题必须以某种方式得到保护，而贸易总会在某种程度上打通。

拜登政府看来会继续执行美中第一阶段经贸协议。我个人对美中第一阶段经贸协议并不看好。我的同事查德·鲍恩（Chad Bown）以及研究所的其他同事，比如杰弗瑞·斯科特（Jeffrey Schott）和玛丽·洛芙丽（Mary Lovely）等，他们已经论证了为何该协议基本上没有实现其自身的目标。更重要的一点是，虽然我们确实看到在知识产权方面取得了一些进展，在贸易自由方面也略有起色，但是该协议实际上是让美中经贸关系倒退了。因为它过于注重数字干预，拘泥于具体的目标、具体的行业和对贸易进行管理。这不只是经济上的误导，也是一种非常糟糕的做事方式。

目前来看，就像在其他领域一样，拜登政府明面上可能表示支持该协议，但其实并不会认真执行。我并不是拜登政府的圈内人士，实情我也并不清楚。但我的确认为，像我们这样置身政界之外的贸易投资界人士以及国际人士，都应思考美中关系的新出路。依我之见，美中下一阶段的经贸协议应包括以下几个方面。

首先，它应该强调行为准则，而不是数字目标。因此，在知识产权或非干预货币市场的开放问题、不使用冲突劳工等方面，双方都存在问题，但这些问题都应关注实际行为，而不是数字结果。正如美国新任贸易代表戴琪所言，国会有强烈呼声，要求美国方面采取强制措施。对此，我不太认同，因为这会导致事态升级，而且坦率地讲，这种做法并不总能奏效。

其次，我希望看到人们更多地强调透明度，而不是争端解决，尤其不愿看到单边强制行动。我认为那些企业特别是全球化的企业，都依赖中美双方采取成熟理性的行动，相信它们可以对风险进行评估。前面埃文·格林伯格说过，问题在于这些风险的稳定性和可预见性，这与政府对这些企业有多不好关系不大。美中两国有很多企业（美国更多一些）并没有得到中国或美国政府的善待，然而并没有造成什么后果。因此，我认为更重要的是透明度。

再次，我的同事玛丽·洛芙丽（Mary Lovely）以及彼得森的其他同事都承认，在国家安全这个问题上（美中两国）存在着分歧，我们也承认，美国及其盟友并不希望中国获得某些技术，但我们需要有一个严格、明确、清晰的程序来界定国家安全的范围，并定期对其进行更新。对于国家安全之外的其他领域的技术交流、学术交流以及投资不加干涉。

最后，我认为，我们需要考虑美中关系发生的大背景。就《区域全面经济伙伴关系协定》（RCEP）的质量而言，中国让我们许多美国人感到吃惊；考虑到该协定涵盖的成员国，其标准远远超出我们的预期。《全面与进步跨太平洋伙伴关系协定》（CPTPP）或《美墨加协定》（USMCA）都不能与之相比。我认为，美中两国都应该签署高质量的多边协议，并努力维持协议的各项标准。这又让我回到我的开场白，中国现在越来越富裕，并保持上升趋势，因此，中国能够用高标准来思考问题，这至少可以减少与美国的经济冲突。

中美经贸应如何管理?

贾庆国

北京大学国际关系学院教授

表面上看，第一阶段贸易协议并没有得到全面执行。根据彼得森国际经济研究所的报告，在 2020 年中国从美国的进口额只有 999 亿美元，只占双方达成协议数量的 58%。然而，这并不能说中国没有诚意。正如美国农业部部长汤姆·维尔萨克所说，贸易协议将市场条件作为中国从美国进口农产品数量的决定标准，而新冠肺炎疫情作为实质性的市场条件确实影响了中国的购买量。同时，美国对高科技的出口限制也导致中国购买美国产品数量的减少。因此实际上中国是认真兑现了自己在第一阶段贸易协议中的承诺的，只不过由于新冠肺炎疫情和美方的原因导致没有完全兑现。

那么，未来中国是否会继续履行在贸易协定中的承诺呢？我认为如果美方坚持要执行完第一阶段协议的话，中国是会接受这一点的。我提出这个问题的原因是，虽然协议的大部分内容符合自由市场原则，但协议的另一部分——要求中国购买特定数量的美国产品，以解决美国贸易逆差，却违背了自由市场的原则。正如一些美国人士指出的那样，这是一种人为管理的贸易，并不符合美国的长期利益。

那么两国政府如何应对未来的经贸关系呢？中美双方在这个问题上，两国国内有很大争议，并以国家安全的考虑为由对未来两国经贸关系提出了不同的解决方案——"脱钩"、选择性"脱钩"与确保自身安全的相互依存。

支持中美经贸"脱钩"的人士认为，物联网时代技术的触角已经侵入人们工作和生活的方方面面，无论是办公室还是卧室。5G 的发展又使得信息的流动变得几乎无法控制，两者叠加就带来了越来越严重的安全隐患。在这种情况下，各国必须要有最起码的信任才能保持互联互通。既然中国和美国缺乏这样的信任，它们就只能将经济脱钩。

支持选择性"脱钩"这一派的人士认为，在全球化时代，各国特别是中美两国，已经在贸易和投资方面形成了强大的利益关系。某些经贸活动的确会带来不可接受的安全风险，但大部分不会。在这种情况下，完全脱钩的成本太高，也没有必要。因此，明智的政策是将那些对国家安全至关重要的经济活动脱钩，同时保持在其他经济活动中的联系。

根据确保自身安全相互依存的观点，"脱钩"和选择性"脱钩"都无法一劳永逸地解决国家安全问题，反而还会增加更多难以承担的成本。因此，最好的办法就是解决安全风险问题本身，包括共同识别这些安全风险，制定行为规范，并通过谈判和协商，商定监督机制和对违规行为的惩罚措施。此外，各国应尽量将重点放在自己具有比较优势的领域或生产环节，使自身成为其他国家不可或缺的贸易伙伴，以防受到国际经济讹诈。

综合考虑，最后一个观点在我看来可能是比较合理的。它既可以更有效地防范安全上的风险，也保留了经贸关系所带来的利益和其他诸多的好处。一句话总结，一个国家应该认真对待风险，并采取必要措施来化解这些风险，不应夸大风险而采取适得其反的措施，让"倒洗澡水连孩子也倒掉"的情况出现。我希望双方能够在第三种方案上多做点努力，争取把它变成现实，但是就目前中美两国国内的政治氛围来看，这是相当困难的。不过，如果是正确的事情，还是应该试一试。虽然不太现实，但我还是愿意期待。

中美需要更成熟的沟通机制[①]

董云裳

耶鲁大学法学院蔡中曾中国中心高级研究员、
美国国务院东亚和太平洋事务前代理助理国务卿

很高兴在这里参加大家的讨论，我不是经济学家，讨论小组中很多人比我更了解经济问题。但是我对美国和中国经贸关系的发展非常感兴趣。我认为在美中之间，竞争关系日益激烈，其中最重要的领域就是合作和竞争。从长远来看，我对两国关系保持乐观态度。

目前，我们似乎都在关注对方对我们自身构成怎样的潜在威胁。但从长远来看，我们共同生活在这个小星球上，会明白彼此必须共存。相信我们最终会得出这个结论。希望在不远的未来，或者更长远地看，我们肯定可以达成这个结论，因为真的没有其他选择。

我们的关系现在正处于过渡时期。我认为，在此过渡阶段，我们需要对彼此多一些信任。而且，在经历了 4 年相当动荡和紧张的关系之后，我们也不应该期望一夜之间就能发生改变。但我确实认为改善终会慢慢到来，我们应该把期望放低。

从这个意义上说，过去几天里多次提到的安克雷奇会议实际上是一个良好的开端。也希望，与过去几年大家看到的美中关系相比，我们能够带着更具解决问题的精神，在各个领域开展更多工作，促进对话交流。大家知道，国际情况正在迅速发生变化，不安全感正在加深，

[①] 根据会议现场录音听译整理。

习近平主席在谈全球问题和我们两国时也讲到了这个问题。美国和中国都是经济大国，国际社会希望我们两国能够和睦相处，并在应对这些变化和不安全感方面发挥领导作用。

作为一名前外交官，我的工作重点之一就是找出能够改善彼此沟通的方法。遗憾的是，我认为在安克雷奇的会议上，至少从会议的开始阶段可以看到，我们是需要改善交流的。我们需要培养良好的外交和对话习惯，这样就不必在公开场合控诉美中关系，相互指责。我不知道我们如何才能保持常规低调的姿态，好让人们更习惯美国和中国之间的对话，而不是暂停对话或挑衅对方。我们需要有成熟的沟通渠道，并在沟通过程中把眼光放得更加长远。中国是世界大国，在许多领域都是全球的领导者。中国应该在国家规划及全球范围的工作方面更加坦率和透明。这些领域我们都可以合作。

在贸易和经济方面，其他人已经提到过，我认为我们需要进行详细内容的谈判。需要谈判的都是非常复杂的问题，公开场合的谈判无法解决，需要在这些领域有经验、有技术的人，一起坐下来讨论所有的细节。欧洲和中国经过多年谈判才达成投资协议，这是有原因的。直至奥巴马政府任期结束时，美中双边投资协定谈判已经持续了 10 年时间，这也是有原因的。因为这些都是非常复杂的问题，而且是一直在变化的。

因此我认为，第一阶段的贸易协议证明了，即使在压力之下，美国和中国也可以坐下来谈判并取得进展。看到罗伯特·莱特希泽在与刘鹤谈判过程中发生的转变，我要比所有人都更加惊讶，因为当他加入特朗普政府的时候，他是我一生中见过对贸易谈判持最大怀疑态度的人。所以，可以看到的是，进步和改变是有可能的，一旦你开始讨论细节，你就开始理解了。美国和中国的谈判实际上是一个教育性过程，刚刚开始接触谈判进程的官员需要学习很多东西。我认为，我们的专家之间越早展开实质性讨论越好。因为学习的过程需要很多时间，你在处理技术等困难问题时，必定要花更多的时间。在这些领域，即使是从事贸易谈判的专业人士，在需要考虑监管或推动贸易问题进度时，可能也无法对日常发生的变化顾及周全。

我不认为第一阶段的贸易协议是一项完美的协议，这一点有人已经提到了。但协议中围绕强制技术转让和知识产权保护的条款是至关重要的，因为它们为下一步的工作打下了基础。我认为非常重要的是，要针对这些问题继续开展工作，并确保协议中的承诺得到执行，当然这也包括采购。我现在住在一个农业地区，采购农产品对美国，特别是对我所在的地区来说是非常重要的。这也是美国和中国一个需要进行合作的领域。

但我希望在下一个协议中，我们能摆脱管理贸易，产生由市场带来的协同效应。拜登政府在一定阶段会加入谈判。但是，多边机制也应该是美国和中国的主要关注点，将其作为总体全球架构，才能够最好地规范贸易和投资环境。我们将提供基于规则的系统，希望能够看到市场机制发挥作用。

我认为中国需要认识到它的经济规模之大，以及国家资本在包括隐性补贴等方面的运作方式，确实对其他国家的产业构成了很大的威胁。在我看来，这是我们最需要努力的领域，要为其他国家的企业与中国经济之间建立一个公平的环境。

到目前为止，技术问题以及安全和贸易的关系问题已经十分复杂，我们的确需要退后一步，先想清楚各国为了进行技术贸易愿意承担怎样的风险。如果寻求零风险，就会产生一种结果；如果能发现可以降低风险的领域，就会产生另一种不同的结果，这样可能对大家来说才是更好的结果。这些都是必须完成的基本工作，但是目前还没有开展，因此希望可以朝着这个方向发展。

中国可以对标 CPTPP 高标准协议

克雷格·艾伦

美中贸易全国委员会会长

很高兴能有这样一个机会和大家就贸易政策发表我的一些看法。首先请允许我向努力工作的中国贸易谈判代表表示感谢，他们在 2020 年完成了中美第一阶段经贸协议的谈判，同时也完成了《区域全面经济伙伴关系协议》（RCEP），《中欧全面投资协定》（CAI）。

这些协定和"一带一路"倡议一起改变了亚洲的经济体系。

更为重要的一点是，我们注意到中国对加入《全面进步与跨太平洋伙伴关系协定》（CPTPP）的兴趣。我们也很高兴地看到李克强总理在全国人大开幕式上的政府工作报告中谈到了 CPTPP。

坦诚地说，CPTPP 的标准是明显高于 WTO、RCEP 和 CAI 的。诚然，中国在未来 5 年要达到 CPTPP 的高标准将是一个挑战，但却是值得努力去做的。

与此同时，中国也推出了一个非常大胆而且全面的五年计划，其中重点提到"双循环"和技术方面的自力更生。

我相信很快中国政府的各个部门将开始编写用于配合落实"十四五"规划的法规政策，外国企业对于未来政策的详细内容也将非常感兴趣。

在"十四五"规划相关的政策法规起草过程中，我们非常希望各个部委、省市级政府能够在以下方面参考或者利用 CPTPP 的规范和标准，比如劳工权利、政府采购、国有企业、知识产权、补贴、工业标准、数字贸易等。

有一个办法可以用来判断是否达到了标准，即政府是否将进口产品服务与国产产品服务平等地对待。从原则上来讲，是不应该有明显差异的。

不幸的是，如果有人去问外国投资者是否在中国市场上得到了公平的待遇，我相信也肯定会收到一些关于缺乏公平竞争环境的评论。

这些对公平竞争环境表示担忧的外国企业通常会表示，他们不得不与具有很多优势的中国国企竞争，这些优势来自监管机构、地方政府、国有银行等的优惠政策。

根据美中贸易全国委员会年底会员调查报告，有 77% 的受访企业表示他们确定或怀疑其国有企业竞争者受到了政府的补贴。

这对企业来说是不幸的。在一定程度上，缺乏充分的外国竞争会造成中国经济效率的低下，从而极大阻碍经济的平稳发展。对于私营企业的限制，不管是明确的或者是隐含的，都将是中国增长的主要障碍。所以从长远来看在中国经济的各个领域，包括外国公司在内都需要更加自由、开放、公平的市场竞争环境。

随着"十四五"规划的详细落实，希望中国政府能够研究并且经常来参考 CPTPP 的标准，该文本已经在中国商务部的网站上发布。希望"双循环"和技术自主也能够总体上符合 CPTPP 的高标准。如果真的是这样的话，我将更加有信心未来的中美双边关系将走入更加稳定、更加可预测，以及更加具有建设性的轨道。

虽然不愿提起，但我们必须记得，目前中国和美国之间双边的平均关税高达 20%。由此造成贸易量下降，投资也受到了打击。

加关税很容易，去掉关税却很难。与此同时也有各种各样的不同利益群体利用关税增长的机会。因此我们真正的风险在于，这些临时性增加的关税有可能会成为永久性的关税，这样就会永久性地扭曲双边经济关系，这是我们无法接受的。

所以，我殷切希望中美两国继续执行重要的第一阶段协议，并且考虑下一步的工作，包括有可能的第二阶段的协议。两国政府都可以利用 CPTPP 相应的语言、框架和价值观点。

这对于两国来说都将非常有帮助，也能够帮助并且支持我们的双边关系进一步发展，更能极大地改善区域的经济结构，进而为全球的经济增长做出贡献。

确定竞争、合作、冲突的原则

鞠建东

清华大学五道口金融学院紫光讲席教授、

清华大学国家金融研究院国际金融与经济研究中心主任

美国国务卿布林肯在其上任以来的首场重要讲话中发表了如下言论，他说，"美国同中国的关系将在应当竞争的时候竞争，在可以合作的时候合作，并在必须对抗的时候对抗。"

从学术的角度出发，从最大化中美两国利益的角度出发，从最大化世界人民利益的角度出发，合作、竞争、对抗的原则是什么呢？

首先来看合作，合作就是基于双方的比较优势，互通有无。比较优势有各种各样不同的理论，在这里我想纠正一些流行但错误的观念，谈一谈基于体制性的比较优势的合作。美国和中国有不同的体制，由于体制不同带来的比较优势，是不是合作、国际贸易的理由呢？答案：是！在过去的 30 年，我一直研究比较优势与国际贸易，我自己也有相关的论文。在 2005 年前后，学术界开始研究制度比较优势，其中比较典型的是金融制度的比较优势。美国金融制度相对发达，比如说研发、医药行业，在美国会有较强的比较优势，美国就会倾向于更多地出口研发、医药产品到中国和其他国家。对于这样的制度比较优势，我们是应该鼓励还是限制呢？学术界有基本的研究结论和共识，认为我们应该鼓励而不是限制基于制度比较优势而进行的国际贸易和合作。

那么同样的道理，另外一种制度就是市场与政府。一方面，美国是市场比较强，中国是政府比较强。所以有一些行业，像基础设施行业更多地依赖于政府支持的产业政策，而中国在政府执行力方面比较强，基建行业非常强大；另一方面，创新行业更多地依赖市场，美国的市场更强，那么美国的创新行业就更加强大。所以从制度比较优势来讲，最好的政策是让美国的创新行业与中国的基建行业，互通有无、自由贸易，而不是限制中国受到政府支持的基建行业。目前流行的，尤其在美国流行的看法，认为因为中国的基建行业受到政府的支持，和美国制度不同，对于美国的企业不平等，应该限制和中国的贸易等，这些流行的看法和学术界基于制度比较优势合作的研究结果是相反的，也是错误的。中美制度不同，基于不同的制度而产生的制度比较优势，不仅不需要限制，不需要强求制度一致，更应该鼓励制度多元化，鼓励基于制度比较优势的国际贸易与合作。基于制度比较优势的贸易与合作，符合美国人民的利益，符合中国人民的利益，符合世界人民的利益。如果美国政府是真正地代表美国人民的利益，就应该鼓励基于制度比较优势的中美贸易、合作、发展。

第二是竞争。竞争的原则是什么？我们进行拳击或者篮球竞赛的时候总有赢的一方和输的一方，输赢不能成为竞争的原则。为了输赢而竞争，那就不是竞争了。竞争要有规则，竞争的规则是更好地服务于中美两国人民、世界人民，而不是输赢。美国和中国处在竞争之中，对于技术来说，有军事技术和民用技术，民用技术就是竞争领域，在民用技术领域，竞争的原则就是诞生、发展更好、更高质量的技术产品。那么把军事技术扩大化，把什么技术都说成是军事技术，是不是符合美国企业、美国人民的利益呢？答案很清楚：不是！如果你把技术全部定义为军事技术的话，你就增加了太大的限制，对于美国的企业家来说就有太大的不确定性。美国企业在技术领域做了大量的投资，期望能有更大的市场份额，能卖出高科技的产品到中国市场、世界市场，赚更多的钱，结果美国政府说是军事技术，不让卖，这样首先伤害的是美国的企业。所以竞争的原则，首先就是规则要清楚，规则就是生产更好、更高质量的产品，而不是输赢。竞争就有输赢，怎么能把一家的输赢定位为规则？其次是竞争的边界要清楚，不能把什么技术都定义为军事技术，边界不清楚产生的不确定性伤害的首先是美国企业。

我们再谈最后一个原则，也就是冲突的原则，冲突的目的是什么，是安全，那安全的目的是什么？安全的目的是和平，并不是为了打仗。美国需要安全，中国也需要安全。因此我们需要来看一下哪些技术是和安全相关的，哪些技术是和安全无关的，在中国我们也谈到了不能够在科技方面过度依赖美国，美国也谈到不能够在制造业方面过度依赖中国。那么我们就需要坐下来谈，你的安全的要求是什么，我们的安全的要求是什么？单方面的安全永远不会有，永远不会带来世界的和平，也不符合中美两国人民的利益。所以安全的原则就是双方的安全、和平，世界的安全、和平，不能是单方面的安全。

最后总结一下，美国国务卿布林肯认为，现在中美关系的特点是竞争、合作、冲突同时存在。那么我们就需要确定竞争、合作、冲突的原则。为了合作，要鼓励制度的多样性，鼓励基于制度比较优势的贸易与合作；竞争的目的不是输赢，而是产品的进步；冲突的目的不是单方面的安全，而是双方面的安全、世界人民的安全与和平。不能过度强调对抗，这不符合美国的利益，也不符合中国的利益。既然美国政府认为中美进入了竞争的时代，那好，欢迎中美两国为了中美两国人民的利益、世界人民的利益展开竞争。

第七篇

全球经济复苏展望

未来十年崛起的力量

瑞·达利欧

美国桥水投资公司董事长

　　与其关注近几年的趋势，我们不如把目光放在未来五年到十年，因为这更加重要。在大量的刺激性政策和消退的新冠肺炎疫情的压抑性影响的双重作用下，未来几年极有可能出现增长需求旺盛、通货膨胀显著回升的现象。然而，在此之后发生的事情会更加有趣，也更加重要。为了更好地理解未来，我们需要追溯过往，并从过去的经验中汲取教训。在过去的五到十年的时间里，我们可以看到有三股主要的力量重新崛起。自 1930~1945 年之后我们已多年未见这样力量的崛起。它们不但对现状的形成有重大影响，而且对未来五到十年世界的格局也会产生重大影响。这些力量在较长的周期中显现，并且互相关联。由于美元是全球重要储备货币，且美国为诸多方面都领先的世界大国，所以这些力量在美国尤为明显和重要。

　　第一个就是长期债务周期及资本市场的周期。信贷是促进债务的"兴奋剂"，而债务是"镇静剂"。当经济活力有所疲软时，决策者们会大量使用"兴奋剂"以刺激经济增长。但正是由于大量使用信贷刺激经济，长此以往，就会积累高额的债务。当债务量居高不下、债务持有人认为持有这些债券不再有回报，且政府发现很难再借贷并开始印钞票时，长期债务周期就会终结。央行印钞并将债务货币化是债务周期晚期的信号，在 2008 年利率为 0 时就已经开始，之后越发频密，近期已经多次发生。2008 年之前最后一次发生这个周期还是 1930~1945

年。其中，最重要的一个周期就是美元债务周期，这是因为 1945 年建立了新的世界秩序，美元在此之后成为全球最主要的储备货币，并延续至今。全球储备货币和债务市场的健康平稳是全球市场和世界经济最重要的支撑。

第二股主要力量是内部的有序和无序周期。这是由不断加剧的贫富差距、价值观差异和政见不同而产生的。在资本主义制度下，繁荣并没有令财富得到平均分配。在过去几年内，科技的发展持续替代人工，这些差距逐步扩大。谁赢得这场较量将会对税收和资本流动产生重大影响，从而使市场也受到相当程度的影响。上一次出现这么严重分歧的时候是 1930~1945 年。当贫富、价值观和政治上产生巨大差距且财政及经济出现问题时，通常会发生内部的混乱。这也是美国正在发生的问题。

第三股力量就是外部的有序和无序周期。这主要是由于大国的崛起所带来的，守成大国受到崛起大国的挑战。我想知道中国的持续发展对美元的霸权地位会有什么影响，所以我决定研究过去 500 年里帝国的兴衰和储备货币的变化，我也研究了中国自公元 618 年唐朝开始的各个朝代的兴衰。规律清晰可见。

根据我的研究，在过去的 500 年里，我看到荷兰盾的崛起还有荷兰帝国的建立，随后是大英帝国和英镑的崛起和衰落，再后来是美帝国的建立，以及现在美元逐渐式微。我们看到中国的人民币现在变得更加国际化，有成为储备货币的趋势。我也看到了这些帝国的崛起和衰落以及它们的货币在这些周期当中是如何演变的。荷兰、英国和美国在鼎盛时都在世界贸易当中占据最大的比例，并且都拥有世界最大的金融中心。荷兰兴盛时世界的金融中心是阿姆斯特丹，后来是英国的伦敦，再接下来是美国的纽约。现在中国是世界最大的贸易国，这加速了人民币的国际化。中国向世界开放了资本市场并提供了更多具有吸引力的投资机会。

展望未来，美国会积累更多的债务，并将这些债务作为资产逐渐卖出去。目前，世界是超配美债的，同时，世界对中国资产的投资是低配的。中国的利率、汇率和其他资产的价格有巨大吸引力，且中国越来越对外资开放。从美国债券的供求两方面来看，它的需求是不足以支撑购买债务的。这将使美联储面临一个选择——让利率上升，还是进一步印大量钞票购买债务。如果选择继续印钞买美债，美元会面临贬值的问题。因此，现在的形势对于以美元计价的资产来说非常危险。由于政治和财富的差距，美国可能会发生更多的内部冲突。换言之，共和党的右翼和民主党的左翼，他们的政策都过于极端。一边过于偏向资本主义，一边过于偏向社会主义。

另外还有两个因素也对国家的兴起衰落和储备货币有影响，即自然和科技。关于自然，比如疫情、洪水、干旱等，都会给经济带来影响。我没有时间详细描述，但是我认为未来自然灾害可能会给经济带来更大的冲击。关于科技，科技带来创新并且始终是推动发展最重要的力量。纵观历史，在科技较量中的赢家往往也是经济的获胜者。所以我认为未来更多的资源将投入到量子计算、半导体、神经网络、环保、清洁能源、电池，以及人工智能等方面。这些领域都有很好的投资机会，中国和美国也都会在这些领域持续发力。另外，未来网络风险的加剧也可能影响到市场及其他的领域。网络安全可能是我们需要关注的一个投资领域，这也是一个需要保护的领域。

疫后全球复苏需要合作

苏世民

黑石集团董事长、首席执行官、联合创始人

　　我将就经济发展前景和国际合作对经济复苏所起的作用进行简要的观点分享。我们预计在 2021 年和 2022 年会有非常显著的 V 型复苏，主要取决于疫苗接种速度，以及各国财政刺激政策。人们现在都盼望聚会、旅行、外出就餐，逐步回归正常的生活。从我们现有的投资组合中，我们也听到了同样乐观的声音。越来越多的公司经营者对企业今年有复苏预期。当然迅速复苏的经济活动会带来可预见的更高的利率，而汇率也会受到大规模政府发债的影响。

　　疫情大大地加速了原有的某些趋势，而且会一直持续下去。一个非常显著的例子，就是它对技术的影响，使得各行各业都出现新的商业模式。现在企业要么是被冲击了，要么是冲击者，要么两者都是。企业高管现在无法再抵制技术转型，因为没有哪一个商业模式可以一劳永逸。我们看到汽车行业受到了电动汽车的巨大冲击，电子商务过去一年显著的加速发展。这是一个全球的趋势，既影响发达国家也影响发展中国家。例如，现在中国 50% 的零售都是通过网络实现的。印度起步虽晚，但现在是世界上预计的电子商务增长率最高的国家之一。黑石集团也越来越多地关注并投资技术领域，或获利于这样的趋势。比如我们投资于电商供应链中非常重要的一环——仓储，自 2010 年以来我们在全球包括中国在内累计收购了面积超过 10 亿平方英尺的仓储资产。

在后疫情时期，稳健的复苏会使国际议题重新回到人们的视野当中，包括中美关系。在 2020 年由于新冠肺炎疫情带来的挑战，双边关系重要性有所下降。现在这个议题被重新关注，我们要清楚中美两个国家占到全球经济比重约 40%。因此如果两国在此前产生紧张对立的问题上取得进展，不仅对中美双方有利，还会对全球经济复苏产生积极影响，加大世界范围内经济增长的步幅。

疫情期间，有人就全球化的趋势能否持续产生质疑。有些企业已经受到疫情封锁的冲击。这更多地体现为企业用以降低风险的个体行为，并不是广泛的趋势。在复苏的过程中，国家之间通过相互合作而不是树立壁垒可以带来更大的益处。诚然，科学技术将会继续成为越来越敏感的领域，国家利益会不断地以各种方式呈现。但是未来几年在气候变化、公共卫生和恐怖主义等方面会迎来全球合作的真正机遇，这些议题需要全球的协同合作才能取得成功。

未来十年：美国梦的危机与转机 [①]

约瑟夫·斯蒂格利茨

哥伦比亚大学教授、诺贝尔经济学奖获得者

首先，我对美国和中国的经济复苏非常乐观。美联储预测美国 2021 年将有 6.5% 的增长，高盛预测有 8% 的增长。这将使美国基本上回到没有发生疫情时的位置。其他地区，欧洲并不那么强劲，拉丁美洲疲软，许多新兴市场也是如此。美国的预期如此乐观的原因之一，是财政刺激措施。世界其他地方相对疲软的原因之一，正是他们一直没有能力或意愿推出财政刺激措施。美国的刺激措施在人均 17000 美元左右，而发展中国家和新兴市场的平均水平约为 17 美元。换句话说，美国的刺激规模要大 1000 倍。因此，在这个方面，我们可能会表现得相当强劲，并与中国一起为全球经济提供大量的增长动力。

美国在另一方面也做得非常好，那就是增长的质量将是非常高的。刺激措施的设计非常好，完全针对了不平等的问题。儿童贫困在一年内将减少约 40% 或更多，这是一个惊人的纪录。展望未来，拜登政府将致力于开展环境方面的工作。因此，就增长的数量和质量而言，我十分乐观。

如果我们要对未来 10 年进行预测，这是非常困难的。但我还是保持乐观的。我感觉美国正处于新自由主义时代的末期。我们曾处于一个过度相信市场的时代，现在正在转向更加平衡市场、国家和公民

---

① 根据会议现场录音听译整理。

社会之间关系的角度。这意味着我们明白了政府在研发方面所发挥的重要作用。我们看到了政府的创新被私营部门转化为疫苗的开发，这非常了不起。互联网也是政府投资的另一个例子。因此我非常乐观地认为，我们将重新平衡、支持更多的政府基础设施建设、研发投资等一系列的行为，来解决我们的不平等和教育问题。如果这些都能实现，我乐观地认为我们将有相当强劲的增长，而且发生在美国的许多趋势也将在其他国家得到响应。

现在面临的一个困难，正是上一个会议的主题，即全球化将面临考验。这里有两个层面。一方面是关于刚才对美中关系的讨论，但同时也有更广泛的担忧，那就是疫情暴露了美国缺乏韧性的问题。我们的私营部门甚至不能生产口罩和防护装备，更不用说检测仪器和呼吸机等更复杂的产品。我们需要重新思考全球化，可能会产生深远的影响。不过从积极的一面来看，标志着特朗普和特朗普政府的零和心态并不存在于拜登政府的框架下。我们已经意识到，增长可以是双赢的。

在 1989 年和 1990 年，弗朗西斯·福山写了一本非常有影响力的书，叫作《历史的终结及最后之人》，但书中的观点可能有些过于盲目乐观。他的观点是，我们都会向自由民主制度和自由市场经济靠拢。过去 30 年的观点是，全球化加深、提高贸易和互动将加速这一进程。我认为，西方国家已经在重新思考，认为不太可能发生这种结果，至少在不远的未来不太可能。这就改变了人们思考全球化的方式，因为全球化一直是一部分经济，但也有一部分政治。这就造成了根本上的改变，因为现有规则是乌拉圭回合之后，在 1995 年成立世贸组织时设计的，是基于对基本经济学的共同理解，基于对市场如何运作的理解，有时被称为新自由主义。今天，新自由主义被大多数经济学家所拒绝。我们现在处于一个新的世界，必须思考如何创造新的规则，促进贸易的收益。贸易的收益依然存在，比较优势原则也依然成立。通过全球合作来解决气候变化或流行病问题的需求也依然存在，甚至更加迫切。我们现在对全球合作重要性的理解比 30 年前深得多。尽管贸易仍有收益的空间，但现今规则的基础比我们在当初假设要复杂得多。

首先，我认为拜登政府对风险进行了平衡。结论是，少做的风险比多做的风险要糟糕得多。而且通货膨胀的风险非常低。不担心通货膨胀的风险有几个原因。第一，我们有很多未被充分利用的产能，世界其他各国也有很多未被充分利用的产能。但同样重要的是，即使通货膨胀抬头，我们也有工具控制。可以提高利率，采取货币政策。现在我们监测通货膨胀水平的方法比 5 年、10 年前要好得多，因为我们可以从互联网上收集到实时的数据，而不需要像过去那样等待数周。甚至在劳动统计局发布初步通货膨胀数字之前，我们就能获得非常好的指标数据，便可以感觉到是否有通货膨胀。我相信如果提升利率，将会是有利的，因为一个利率为零的世界是扭曲的。没有人真正相信资本的成本应该是零，那是一个真正的扭曲现象。我们也知道，当利率较低时，风险的价格会被扭曲，资本市场也就会有各种扭曲。第二，如果我们同时添加一个强大的经济背景因素，这也是有利的。只有当我们有强大的经济基础，才能把边缘化的群体，重新带入劳动力市场。第三，我们真的需要重新审视税法。在美国，我们应该提高对公司的税收，特别是富裕人群的税收，他们在疫情期间和过去 10 年获得了大量收入。但是如果我们以 6% 的速度增长，看到有一些通货膨胀的压力时，应对的方法应是货币政策提高利率和提高税收的财政政策。这样能使我们的税收恢复到一个更健康的结构。我们目前的税收结构对经济来说不是很好。

首先，失业率可能不是衡量当前劳动力市场紧张程度的最佳标准。

就业与工作年龄人口的比例一直没有达到应有的水平。这就是我们要把妇女、少数族裔和一直没有进入市场的群体吸引进劳动市场的关键点。因此，我们有一些空间。我认为更重要的是关注就业率，而不是失业率。其次，关于生产力的问题，实际上我还是很乐观的。因为如果我们在基础设施、研发、科学技术和教育上加大投资，最终这些措施（可以认为是供给侧措施）将带来生产力的提高。需求和供应，两者我都认可，现在我们两手都要抓。很多人专注拜登政府的 1.9 万亿美元刺激计划所带来的需求，但接下来的部分将更多的是供给侧的问题。这里有一个有趣的对比。有两种供给侧方面的措施。一种是我认为好的措施，在教育、技术、研发和基础设施方面的投资。另一种是为亿万富翁和公司减税的措施。我们之前看到了第二种做法的结果是没能带来更多的投资，也没能带来更多的增长（也许开始有一点增长，但只持续了很短时间）。真正积极的供给侧措施，希望会在拜登政府下一个方案中出现。我认为这将产生全球性的影响，原因有二。第一，我们需要供需平衡，需要政府和私营部门之间的平衡。美国展示对这些问题的思考方式，扮演的角色很重要。第二，更强大的美国经济将帮助带动整个世界，帮助我们所有人走出疫情，希望能够为下一个 10 年带来更强劲发展。

未来十年：美国经济增长 ①

杰森·福尔曼

哈佛大学教授、美国总统经济顾问委员会前主席

美国两党之间的政客达成了很多共识（但经济学家和他们的想法相左）：制造业在经济中的占比不到 10%。人们购买的制造品数量会减少，因此制造业会萎缩。但是制造业的生产力上升速度很快，而且也可以提高进口制造品的数量。因此，经济的重点应该放在服务业，工资较高、增长较快也是更重要的就业来源。但是，我认为拜登总统将继续关注制造业。做法会体现在税法和其他方面中。多数时候政策是好的，例如加大基建投资。但也许税法中会出现一些特殊的激励措施，尽管经济学家不会赞同，但也不会改变什么。

在特朗普政府之前，我们已经看到了一些对供应链的保障。那时出现过外包的热潮，但随之而来的是对沟通困难和其他问题的担忧。因此，我认为供应链的外包不会持续下去。但同时，我认为也不会出现大逆转和崩盘。广泛地讲，供应链在过去一年表现得很好，在如此具有破坏性的疫情期间，除个人防护设备和呼吸机以外，多数物品都能够及时地送达。总的来说，过去的一年证明了供应链国际分工是行之有效的。现在制造的疫苗正是复杂精细的全球供应链发挥作用的结果。

在未来一年，美国的经常账户赤字肯定会上升。我们正在实施一

---

① 根据会议现场录音听译整理。

项巨大的财政刺激措施。其中的一部分钱，人们会花在购买中国、欧洲和日本的产品上，这将扩大美国的经常账户赤字。我预计美国的复苏至少比欧洲强劲，这通常也意味着经常账户赤字的上升走势。

从中期来看，如果经常账户赤字一直保持在 GDP 的 2%~3% 之间，就不是重大的宏观经济问题。尤其当美国在海外的总资产回报率比外国对美国的债权回报率更高时，这就更不是问题了。人们在美国的投资，通常倾向于购买国债，这基本上是 0% 的回报率，而同时美国在海外的投资回报率要更高。因此，我们的经常账户余额是完全正常的，完全可持续的，全球储备货币本应如此。

在经济方面，拜登政府还没有明确对中国的立场。他们已经明确表示过，希望更多地通过多边关系的方法接触中国。如果是这样的话，他们就必须放弃对双边贸易逆差的关注。这就类似于我们不会让日本帮忙说服中国购买更多的福特汽车，也不会让德国帮忙说服中国购买更多的波音飞机。双边赤字的问题不可以在多边基础上处理。

人们很久以来一直预言美元将失去储备货币地位，美国的金融体系会名存实亡，但这些预言一次又一次被戳破。我们国债市场很大、流动性很强，资本账户十分开放，工作相对透明，因此我认为这些情况都会保持下去。特里芬悖论涉及我之前所说的问题——储备货币的确与美国债务上升有关联，但国债的利率非常低，支付的利息很少，而且我们海外资产产生了更高回报率。因此，在这个意义上，它是可持续的。

耶伦财长在政策上做了一个非常重要的转变：她希望美元由市场定价。其实在某种程度上，这只是在承认现状，美元本来就是由市场定价的。但我认为这仍然是一个重要的表述。她不会过多专注于如何调整美元的走势，而是会关注美国经济和实力。在 2022 年，预计财政刺激措施将推动美元走强，而世界经济的正常化和风险的降低将对美元产生反向压力。所以，我也不知道 2022 年美元会是怎样的走势。

如果我们看得更长远一些，比方说到 2030 年或 2031 年，届时美国经常账户赤字占 GDP 的百分比和今天相比会更高或更低，还是与现在大致相同？

我认为将是大致相同的。升高的可能性会更大，因为美国人口状况相关的消费在增加。但是几十年来，这个数字一直维持在 GDP 的 2%~3%，说明这个水平完全是可持续的。我觉得未来也会维持在这样的水平。

拜登政府的计划是分两步走。第一步是为家庭提供救济，使经济重回正轨，我认为已经取得了成功。到 2022 年年初，再看一看美国的经济，可能会觉得疫情从未发生过。到时候就业率、GDP 这些数字，都将回到之前的水平。事实上，据经合组织最新预测，美国在 2021 年年底的 GDP 水平将高于其在疫情之前的预测。即使是中国，他们的预测都认为到时会比疫情之前的预测略低。但这是一个暂时的情况，后面还是需要维持和加强这种增长。在疫情大流行之前，美国的生产力增长太低，不平等水平太高，气候变化也是一个大问题。第二步是下一项立法，拜登总统称之为《重建美好方案》。我希望这一方案的重点会关注基础设施和气候变化，也关注人，要提高教育水平，处理儿童贫困问题，还要对社会保障体系进行一些修复，这些也是很重要的。

就这个刺激计划而言，比我预计的规模要更大一点。每个月发放的金额很高，但并没有持续很多个月，所以我认为我们可以负担得起 5 万亿美元。虽然拿出 5 万亿美元不是问题，我觉得应该第一年少一点，以后再多一点。

中国和美国是世界上最大的两个经济体，两国之间的经济关系也是世界上最重要的经济关系之一。我不认为"脱钩"对任何一个国家来说是可行的。即使美国试图与中国"脱钩",欧洲也不会与中国"脱钩",世界上的其他地区也不会与中国"脱钩"。因此,现在不是,也不应该是冷战的重现,或者说一张铁幕隔开两边阵营,我认为那是不可能的。关系自然是有起有伏,但两国需要决定的是,两国的目标是在更公平、更好的条件下与对方打交道,还是要与彼此"脱钩"?

美国采取的一些行动,我认为目的是希望在中国打开市场,创造更加公平的竞争环境,能够让美国企业在中国进行更多的投资,在不需要总部落地中国的情况下进行销售,等等。同时一些其他的行为,如出口管制,更多的是为了实现经济"脱钩"。同样的情况也发生在中国。中国政府更加关注自力更生和国内增长。在许多方面,我觉得这是件好事,是在向更健康的、以内部需求作为增长基础的再平衡。但是,这与中国的全球影响力和参与度之间存在矛盾。

因此,我认为两个国家都倾向于部分向内,部分向外。也许我是一个乐观主义信奉者,更愿相信对全球来说,在5~10年的时间内,两国关系更加健康是一个理性的结果。会不会在一两年之内看到?我暂不预测。

总的来说,在过去几十年中存在一种趋势,在某种程度上主要发生在美国。竞争政策变得越来越弱势,政府也不怎么阻止并购或打击反竞争行为。但现在人们的想法正在转变。几十年来,拜登在这个问题上一直是正确的,人们在慢慢地理解他的想法。现在执法变得越来越严格。在美国,我们对谷歌和脸书提起了诉讼。但我认为,法律程序在高科技领域不够完善,因为这个行业发展太迅速了,而这些法庭案件,最快也需要5到10年时间结案。所以我的建议是,对数字公司进行监管,以有利于竞争的方式进行监管。监管和创新之间并不存在矛盾，因为目的是打造公平的竞争环境，使更多的新公司能够入市，开放标准，数据流动，对消费者也有很多好处。初衷是让市场不只有一两家公司，其他公司也可以进入市场，形成挑战。美国关于这个问题讨论得不是很深入，但我们也在考虑这个问题。

最终，我们可以形成一家全球监管机构，而不是针对某一个具体的行业。我们可以有趋同的监管，世界上可以有不同国家出台类似的规则和标准。这样，各国就可以选择最高的、最合理的标准，并在全世界范围内按照这样的基础来运营。如果中国加入这个讨论，像英国和世界上其他国家那样，按照有利于竞争的数字监管方式来思考，那将是非常好的。

我想做一个大胆的预测：美国的收入不平等水平可能开始下降。事实上，劳动力市场的收入不平等现象从 2015 年开始至疫情之前一直在呈下降趋势。低失业率加上很多州和地方提高了最低工资，就意味着收入最低的工人工资增长最多，而不是高收入者。美国的救助计划 —— 拜登政府的经济刺激计划在这两层意义上是非常进步的：一是救助的发放对象，二是降低失业率。这项计划有望提高工资水平，尤其是底层的工资。当然，执行到底也是非常重要的。

关于不平等的原因有很多争论，我同意所有人的意见。我也认为有很多原因，同时有很多种解决方案：需要用市场方法解决问题；使用宏观经济政策，确保低失业率；利用制度政策，扩大工会能力，提高最低工资；实施更长期的政策，改善教育；等等。但这些还是不够的，我们还需要更加进步的财政体系，在提高高收入家庭的税收的同时，还要扩大福利，特别是儿童和医保福利等。这些都能做到的话，虽然不能彻底消除过去几十年来不断增加的不平等现象，但起码在未来几年就可以开始向正确的方向发展。

未来十年：创新能力与发展韧性 ①

迈克尔 · 斯宾塞

纽约大学教授、诺贝尔经济学奖获得者

　　我们都参与帮助了罗汉堂的工作，并从他们的研究结果中受益。他们对我确实有一些启发，除了五年计划，他们对其他的一些发展也有研究。我们现在正处于经济数字化转型的过程中，需要进行多年的工作。我的理解是，在第一次工业革命中，我们发明了机器，改变了经济的物理层，可以到更多的地方去，也有了推土机。但经济还有另一个至关重要的层面，那就是管理层，负责信息流动与事务的协调，还包括制定决策和进行交易。作为经济学家，我们清楚这一层面的存在，但是建模工作却做得不好。数字时代实际上是机器的引入，强大的机器为人类在这一层面带来自动化并增强人类的能力。这就是现在变化的核心，而且变化的速度相对较快。中国在很多领域都已处于领先地位，像电子商务、移动支付、科技金融和其他更广泛的领域，现在这些变化无处不在。

　　这次疫情大大加速了这一进程，这是一个多维度的问题。预计这一进程将在全球范围内展开，尽管会存在一些挑战，但各地区之间的差异会相对较小。机会是巨大的，如果没有现在的数字基础设施（更不用说 5 年后将建成的数字基础设施），我们是无法熬过这次疫情的。因为之前各行各业的工作人员都是要去办公室上班的，但现在部分人可

---

① 根据会议现场录音听译整理。

以在家办公。因此新技术的使用率在快速上升，这一切都发生得很快。

我们担心的问题是：即使有人帮助，工作人员能否很快适应工作性质的转变。我不太担心大规模失业的问题。如果生产力大幅增长，历史事实证明，我们的工作量会变少，会有更多的闲暇时间，制度也会适应调整。所以我认为长期的失业问题不是应该关注的问题。

目前最紧迫的问题是未来 10 年内的工作会发生巨大的变化，我们必须帮助人们在新的世界里找到有实际意义、有价值的工作。老实说，这并不是什么新鲜事。几十年来，我们实现了自动化，取代了一些中产阶级的常规工作岗位。由此造成的就业和收入两极分化的情况几乎在所有发达国家都出现过，这将是一个挑战。

本次中国发展高层论坛上将展开很多关于对垄断权力监管、互联网内容监管等方面的讨论。其中蕴含的巨大机遇是希望讨论可以涉及这方面，数字技术具有培育包容性增长模式的能力。尼尔在之前的对话中，罗汉堂在他们的研究中都提到发展所带来的巨大冲击，其中受影响最大的是那些相对远离城市基础设施的人口，他们不像我们一样幸运，生活没有这么便利。

我认为所有领域都在出现数字化发展。在这次疫情中，医疗保健行业使用数字技术的速度大大加快。为什么？因为迫不得已，必须这样做。医疗保健行业有点像教育行业，对新技术的使用有些延迟。但在疫情期间，我们没得选。因此，一旦实现了这一过渡，当人们发现可以利用数字平台来扩展初级医疗，医生和病人可以利用它完成很多工作时，家庭诊断技术方面的创新将呈现爆炸式的增长。这些正在发生的变化非常了不起。

因此我认为，好处是巨大的。为了实现这一目标，我们必须冷静地面对数字革命带来的挑战，而不应惊慌失措。

未来十年：后疫情时代的全球经济与金融体系

奥古斯汀·卡斯滕斯

国际清算银行总经理

我确信今年会比去年好，将会有一个更加强劲的复苏，因为很多国家都开始接种疫苗，在抗击疫情方面也取得了不小的成绩，特别是中国。中国的反应非常快，遏制住了疫情的扩散，而且采取了非常有效的措施。像美国、以色列、英国，现在也在广泛地接种疫苗。另外，实施了一些社交距离的措施。所以，我相信今后情况会变得更好。因此，我觉得在 2020 年所看到的经济的放缓，在 2021 年会变好一些，会有所复苏。在疫情被控制住之后，这种经济的倒退趋势会有所缓解。因为我们有必要去遏制疫情的传播，所以也必然要分出一部分的精力来抗击疫情，我们的经济最终会发展成什么样，还要看我们抗击疫情的努力成功与否。

在现在这样一个世界上，我们也看到政府推出了一系列各种各样的政策。这些政策可以说有相当实质性的影响，而且有些是前所未有的规模，这些让我们看到一种可能性，就是世界上最大的两个经济体，美中两国在今年会有怎么样的发展。不管怎么样，这两个国家将会成为世界经济发展的重要引擎，这是我初步的观点。

我知道现在大家很关注美国的经济增长。美国主要的宏观政策就是刺激政策，所以大家对通胀有了更高的预期；但同时我觉得我们也应该考虑我们的起点是什么。如果我们往回看，过去 10 年当中通胀是比较低的，央行努力要把通胀控制在合理的区间，所以有的时候他们甚至想提高通胀率，但是通胀一直低于他们的目标水平。同时我们也看到，在传统的市场上，通常来说，那些经常看到有通胀压力的市场好像也没有看到通胀压力。比如，一个很关键的问题，通胀会有很多的劳动力市场的迹象，但好像现在并没有看到这样的迹象。在美国，劳动力市场的参与度是比较低的，所以现在并没有到那个关口。也就是说，我们可以确切地说，通胀会重新出现。我们可能会看到通胀的可能性，但这取决于好几个因素。第一个因素是，你要对比它的基数，我们要看一下它的价格基数，然后再看有没有通胀。第二个因素是，我们对此也有很多的讨论，现在的这样一种大规模的刺激政策会不会在很长的时间里延续，这也会决定通胀。另外，我们还需要思考的是，央行所能做的就是去控制通胀暴涨的趋势。他们可以通过一些货币政策框架做到这一点，以此来实现更好的就业，来抗击通胀的压力。所以，现在市场上已经有这样一项刺激政策产生的影响了，但是这个市场还不知道它究竟意味着什么。我觉得我们应该非常密切地关注这样的动向，就像约瑟夫·斯蒂格利茨所说的。确实，如果有通胀的话，央行可以用现有的一些工具来应对，所以我觉得不需要特别担忧。但是，同时我们也得意识到，确实还有很多不确定性。如果你制定你们国家的宏观金融政策的话，那你必须要确定，你希望在什么时间点做什么样的事情，风险是什么样的，如果有了预期的通胀风险的话，你要做什么样的事情避免失控。当然同时你对于通胀的控制又不能以牺牲增长为代价，所以我觉得这个风险是值得去冒的，我也相信央行是可以控制的。

2013 年的时候，我们所看到的情况跟今年我们所看到的情况有一定的类似。这种类似主要表现在市场对于未来事件的预期上。两者虽然表面上看起来有相似之处，但实际上还是有差异的。现在所提出来的刺激性的一揽子计划，必然会对市场产生影响，但是市场会做出什么样的反应，多长时间才能正常化，还需要进一步观察，我认为，得让市场自己做出反应。我希望美中能够发挥驱动增长的作用，但是增长可能就会带来通胀，这就是自然的状态。从长期来说，我们希望平衡，我们需要找到这样一种自然的平衡状态，我们需要有这样有效的对话。目前我们要耐心地等待，我们不会忽略这些金融的刺激计划或者金融稳定性的计划，我们也不会忽略一定的压力。但是不管怎么样，当我们没有足够信息的时候，我们是不能做出最终的判断的。所以要与整个市场进行更好的沟通，在这个过程中我们会实现更加高效的决策，我们也希望美联储和市场之间的这次对话和沟通最终以和谐的结果收场，我们希望进入更好的周期。

关于不同国家的利率调整问题，有两点是我想要强调的。总有一些国家会走在前面，就像刚才讲的巴西。巴西之前确实出台和实施了规模巨大的扩张性政策，因此通胀的预期就已经非常高了。既然通胀的压力已经产生了，央行也看到了这一点，必须要做出一些行动来应对这样通胀的预期。这是他们的工作。之前当我们讲可以使用一些不同的工具来应对通胀的时候，其实巴西的央行所做的就是这类事情。

另外，我们也必须要意识到，美国的市场其实获得了巨大的利益，尤其是过去一年，整体的市场非常好。我们如果和之前的金融危机期间的市场相比，2020 年整体的市场表现还是非常不错的，也是比较稳健的。因此，从市场的角度来讲，一方面我们可以看到美国市场的表现非常不错，另一方面这也会给新兴国家的市场造成一定的压力。我们现在对于美国的市场还是要持比较谨慎的态度，要考虑有可能会被采纳的一些货币政策，因为它能够进行扩张的空间已经非常有限了。另外，所谓宏观审慎的这样一种做法也是之前很多经济体都采取的做法，我们还需要看其未来是否合适。

　　首先，在某些维度上，风险其实是在上升的，我们也会看到有一些力量造成了市场的波动，包括资产的价格、资产的定价等。从两三年前到现在，其实政府机构在这方面的能力是在提升的，我们并没有看到太多错误定价的出现。我们看到有一些新的技术发展，一些新的趋势，比如比特币等，还有最近市场的一些动态。我们确实需要更加谨慎，尤其是在防御这方面，我们必须要避免一些过于剧烈的、戏剧化的场面出现。当然市场上总会有各种各样的担心，像新冠肺炎疫情这样的一些事件，会造成非常大的不确定性，尤其是对经济增长造成巨大的不确定性，从央行的角度来讲必须采取一些预案。另外，还有企业的风险。很多情况下，我们没有太高的可见度；但是有一点是肯定的，那就是新冠肺炎疫情改变了世界的这一现实。很多企业都不得不调整之前的战略和行动计划。我们看到市场中也注入了更多的流动性。迄今为止，我们看到在市场上有各种各样的支持政策，这对于经济的复苏是非常重要的。我们仍然不确定疫情对市场造成的影响有多大，比如说对于企业在破产方面的可能性。

　　数字货币。对于央行数字货币（CBDC）来说，它能给央行带来更多的灵活性，包括对于央行的资产负债表的提升。总的来说，我们之所以这样做是为了满足社会的需求。在社会上有各种各样不同的货币存在。对于整个社会来说，如果央行发行数字货币的话，从社会可信度方面和技术方面来说其实都是拥有一定优势的。相对而言，像比特币等虚拟货币仍然是存在非常大的风险的。因此，对于央行发行的数字货币来说，其主要的目的还是要满足社会的需要。我们一方面要避免风险，另一方面也要限制对储备的使用，同时还必须提升灵活性，这些都是为整个社会创造福祉。我想说的是，CBDC 的事情，我们要慢慢来，因为这是非常重要的一件事情。如果我们慢慢来其实可以走得更稳，也可以避免很多错误的出现，欲速则不达。比如说定价的问题、有效性的问题等。很多国家都花了一定的时间来思考自己面临的问题，以做出相应的决策。在几年前有一些问题已经初见端倪。这样的讨论在不断地进行当中，实际上每天我们都要确保不被那些突然发生的事情所冲击和影响，所以得有长期的准备。另外，在疫情之后，另外一个非常重要的因素，那就是我们一些社会性的需求需要被关注和照顾到。比如在全世界使用的即时支付系统，现在也有一些问题是需要解决的。总结来说，中央银行应该对此做好准备，而且采取一些措施，但这也是一个央行间合作和协作的领域和机会。

实现更平衡、更包容的全球复苏

杰弗里·冈本

国际货币基金组织第一副总裁

本次会议的主题是"迈上现代化新征程的中国"，这对全世界来说都非常重要。首先请让我讲一下对世界和中国的经济展望，并重点谈谈未来一段时期的政策重点。

一、全球展望

在 1 月份的时候，我们曾预测 2021 年的全球经济增速是 5.5%。但在有关国家（特别是美国）推出更多财政刺激、疫苗接种范围不断扩大的情况下，更强劲复苏的前景正在显现。

我们将在 4 月《世界经济展望》中发布全球预测更新。但全球复苏既不完全，又参差不齐。全球复苏是不完全的，这是因为，虽然 2020 年下半年复苏强于预期，但大多数国家的 GDP 都远低于疫情前的趋势水平。各国、各行业的复苏路径也存在差异。从许多方面看，中国已经实现了复苏，在全部大型经济体中率先回到了疫情前的增长水平。但中国的复苏仍不均衡，私人消费的复苏落后于投资。我们预计，随着投资增速回归正常，消费将有所复苏。但这存在很大风险，我马上会谈到这一点。

二、差距扩大

在中国以外，我们发现发达经济体和新兴经济体之间的差距正不断扩大，这很令人担忧。

我们预计，与疫情发生之前的情况相比，新兴国家和发展中国家

（除中国）2020 年至 2022 年的累积人均收入将下降 22%。这意味着自疫情暴发以来，已有近 9000 万民众陷入极端贫困。中国在持续消除贫困方面表现十分突出，即使是这样，疫情还是对最脆弱的群体造成了最大的冲击。

三、极大的不确定性

如我所说，经济复苏面临着极大的不确定性。我们不知道这场卫生危机还会持续多久。各国获取疫苗的渠道依然非常不均，在发达经济体和新兴经济体当中都是如此。低收入国家可能到 2022 年也无法在疫苗接种上取得重大进展。这将是一个严重的问题：只有当所有地方的疫情都结束时，这场疫情才会真的结束。

另一项风险在于耐药性变种病毒的传播。这可能削弱现有疫苗的效力，进而破坏或延迟复苏进程。

除了这些大的问题，各国政策措施的有效性仍不确定，各国政策空间的差异也很大。有些国家的财政空间有限，债务水平较高。中国仍有一定的操作空间，但相比之下，许多其他国家（特别是低收入国家）并不是这样。

同时，融资环境趋紧也会使公私债务高企的国家脆弱性大幅上升。近期，一些发达经济体增长前景有所改善，市场预计它们将更快退出货币刺激政策，这会使债券收益率有所上升。

从中期看，危机会造成沉重的长期创伤效应。过去，发达经济体在开始衰退的 5 年后，产出水平会比衰退前水平约低 5%。一些国家无力实施强有力的政策应对措施，或是拥有大规模服务部门且在疫情中受到更多冲击，对它们而言情况更为严峻。在所有地区，本次危机都会对年轻人、低技能劳动者和女性造成极为严重的冲击。

从长远来看，碳排放水平不断上升，时刻告诫着我们气候变化也是一项重大挑战，亚洲在应对这个问题中扮演着重要的角色。

四、未来之路

以上这些挑战非常严峻，若所有国家共同行动起来，仍可以克服。我想谈谈三个优先事项。

第一，我们必须尽快结束这场疫情。国际社会必须加快扩大疫苗生产，确保低收入国家有资金来采购、分发疫苗。这包括为"新冠肺炎疫苗实施计划"（COVAX）提供更多资金，并支持疫苗的物流运输。在这方面，我们要求主要发达经济体支持疫苗生产，并为发展中国家提供资金。

第二，各国应保持经济支持措施，并根据复苏进程和疫情阶段予以调整。在疫情持续的情况下，保持民众的生命安全和生活生计是当务之急。当疫情结束时，我们应采取更有针对性的措施，重点关注减轻长期创伤效应，支持资源再配置，确保疫情后实现经济的包容性与可持续性。既支持经济复苏，又增强经济韧性，同时还可应对长期挑战，只有这样的政策才是我们的最佳政策。这种政策的例子包括向绿色能源和数字化经济转型。

中国在今年两会时提出的推动高质量经济增长、降低碳排放、提升能源效率等措施，将帮助中国推动经济再平衡，实现更加绿色、更多以消费拉动的增长模式。

要实现更快、更高质量的经济增长，就需要我们实行一系列相辅相成的改革措施，包括完善社保体系、促进绿色投资、开放国内市场、推动国企改革、确保国有和私人企业能够公平竞争等。中国在这些方面的努力将提高生产率，增加收入，实现消费拉动的、更平衡的经济增长。

第三，我们要弥合各国之间的差距。这包括为发展中经济体提供获取流动性的渠道，避免气候变化阻碍其经济发展和收入追赶。国际货币基金组织（IMF）正为我们的成员国提供前所未有的支持。我们已经扩大了优惠贷款，并为许多贫穷的成员国提供债务减免。我们正在研究新一轮 SDR（特别提款权）增发，帮助解决全球的长期流动性需求问题。我们也通过"暂缓债务偿付倡议"（DSSI）和"缓债倡议后续债务处理共同框架"，与 G20 就双边债务纾困开展合作，应对一些国家不可持续的主权债务问题。

此外，我们也正将气候变化纳入我们的国别评估和金融风险评估工作中，并同时加大能力建设工作的力度。我们感谢中方在上述这些工作中给予的大力支持。

最后，让我以下面这句话作为结语：国际社会必须携起手来，相互支持，只有这样我们才能结束这场疫情，并为所有人实现更加平衡、更为包容、更可持续的全球复苏。

构建新发展格局的重点

杨伟民

全国政协经济委员会副主任、中央财办原副主任

我发言的题目是构建新发展格局的重点。中国刚刚闭幕的两会批准了"十四五"规划纲要。"十四五"规划纲要和改革开放以来的八个五年规划最大的不同，就是没有提定量的经济增长指标。从"六五"计划一直到"十三五"规划都有这个指标。为什么这次没有提？我觉得至少有两个方面的原因：一方面，国际环境不确定性和不稳定性因素比较多，现有的发展格局不足以支撑比较稳定的增长；另一方面"十四五"期间，更重要的是抓紧构建一种不需经济刺激，就能实现自主增长、内生增长的新发展格局，这比经济增长指标更重要。构建新发展格局的重点如下。

一、深化供给侧结构性改革，构建更有韧性的供需格局

构建新发展格局，需要扩大内需，但不等于扩大内需；不是不要供给侧结构性改革，相反，要持续深入推进供给侧结构性改革。目前中国的总供给大于国内总需求，但存在一些结构性矛盾，如生产型、投资型、出口型的产业多，居民消费型的产业少，不少消费型产业的供给难以满足居民消费需求，金融和房地产的增长大大快于制造业增长等。所以，在供给侧要扩大高技术产业、居民消费型产业特别是文化旅游产业等净进口率较高产业的供给能力，推动传统消费品高端化，推动金融、房地产同实体经济均衡发展。

二、加快科技创新，构建自立自强的技术格局

中国是高技术产品的进口大户，许多关键零部件、材料、装备必须进口，产业链供应链有不少短板。在充满不确定性的国际环境下，我们必须强化科技创新，更强调自主创新，加快攻克"卡脖子"技术，加强创新链和产业链对接，增加国内技术创新在技术进步中的比重。同时，要坚持高水平对外开放，发挥超大规模市场优势，使国内的科技自立自强与引进国外技术相互促进。

三、扩大居民消费，构建以居民消费为主体的内需格局

国际金融危机以来，外需在中国总需求的占比大幅度下降，经济发展已经越来越依靠国内需求带动。但在国内需求中，投资需求和政府消费的增长快于居民消费的增长，居民消费比例过低，还没有形成以居民消费为主拉动经济发展的格局。居民消费是经济发展的"软肋"，是经济循环在需求侧的最大"堵点"。构建完整的内需格局，要把战略重点放在居民消费上。比如，要把城镇化的重点真正放在人口城镇化上，让更多人口融入城市，这不仅有利于扩大居民消费，也有利于消费结构升级，并带动供给结构升级，使供需在更大规模、更高水平上实现平衡。再如，要扭转城镇居民消费率下降趋势，最重要的是加快建立多主体供给、多渠道保障，租购并举的住房制度，在特大城市和超大城市等外来人口较多的城镇，要建立租购并举、以租为主的住房体系，增加市场化的和公共的租赁住房供给，减轻高房价高房贷压力。

四、扎实推进共同富裕，构建以居民收入为主体的收入分配格局

分配格局决定内需格局，之所以形成政府消费和投资需求为主的内需格局，是因为居民收入占比偏小。要坚定以人民为中心的发展思想，着力增加居民收入，而不是以增加 GDP 为中心；否则，很难改变

以投资和政府消费为主的需求结构，以及投资型产业和政府消费型产业占比高的供给结构。要深化国民收入分配制度的改革，增加居民收入占国民收入分配中的比重，在保持居民人均可支配收入增长与国内生产总值增长基本同步的过程中，要努力争取使居民收入的增长快于经济增长。要加快市场化配置要素和市场决定要素配置的改革，强化竞争、打破垄断，解决行业之间收入差距过大问题。要以农民工为主体，通过改革，使更多"蓝领"工人进入中等收入群体。

五、坚持扩大高水平开放，构建国内国际双循环相互促进的开放格局

中国经济已经融入全球经济，构建新发展格局是要增强参与国际合作和竞争新优势，重视以国际循环提升国内大循环的效率和水平。要做大做强国内市场，特别是居民消费的市场，增强国内市场对国际循环的磁力。要提高制成品的技术含量，保持部分行业高出口、高进口相互促进的格局，保持制成品生产能力大于国内需求的格局。要推动绿色发展，做好碳达峰和碳中和工作，降低能源资源消耗强度及其进口依存度。要通过体制机制创新，增强国内供给能力，降低部分消费品和文化旅游等服务产品的对外依存度。

大规模财政刺激政策的后果 ①

杰森·福尔曼

哈佛大学教授、美国总统经济顾问委员会前主席

非常有幸能够参加这次重要的讨论。我非常期待有一天可以再次回到北京。

在 2020 年的全球经济中，有两项十分重要的发明。第一项是科学的奇迹，其复杂性令人难以置信，那就是在发现病毒的一年内便做出了疫苗。第二项十分简单，也是一个非常古老的想法，那就是可以使用大规模的财政措施，有效地使经济的衰退不会以同样的方式转化给人民。当然，并不是每个国家都有能力这样做。

在美国、英国、日本，在欧元区，国内生产总值都出现了大幅下降。在美国，这是自 1946 年以来国内生产总值降幅最大的一次。但同时，个人可支配收入却提高了。即一个家庭的工作收入，加上他们从政府得到支付之后的收入，实际上是上升的。在美国，这是自 1984 年以来增幅最大的一次。GDP 负增长和家庭收入正增长相互作用，使我们的经济呈现出 V 型复苏的曲线。当然，有能力采取这些措施的主要是发达经济体和其他一些经济体。

要实现 V 型复苏，就像是需要人们能够安全地聚集在一家餐厅，然后需要人们的银行账户上有余额，这样他们在餐厅才吃得起饭。一方面，疫苗在不同地区以不同速度正在生产。英国领先，接下来是美

---

① 根据会议现场录音听译整理。

国，欧洲其他国家相对落后。另一方面，银行账户上的余额。大家已经看到，特别是拜登总统最近签署的 1.9 万亿美元刺激计划，美国在这方面做得非常好。

因此，经合组织预计，到今年年底，美国的产出将超过疫情发生之前的预测。这可能有些过于乐观，但我认为美国在今年年底可以恢复到接近这个水平是合理的。在欧洲，由于财政支持不足，可能还需要一年时间。日本也有可能达到这个目标。当然，中国已经做到了。

问题在于，这将对世界其他地区产生什么影响？从贸易角度看，美国的财政刺激措施是明确积极的。美国收入上升，并给汇率带来上行压力。这两个因素都使其他国家的出口增加。也可以从其他角度，比如通过利率和对外国债务的资产负债表影响来进行观察。如果一个新兴市场并未向美国大量出售商品，且有大量的美元计价，在大多数情况下，我预计这种影响是积极的。

最后一个问题是，在过热和债务可持续性方面，将产生什么影响？利率虽然渐涨，但仍然是 50 年来的最低水平。通胀预期也有上涨，但接近 2% 的涨幅也符合美联储的目标。通胀预期和美联储设定的目标相比只低不高。我认为由于利率极低，也意味着还债成本极低，美国有足够的财政空间来采取进一步措施。下一步重要举措是一个结构性倡议，名为《重建美好方案》。

我的结论和国际货币基金组织一样，对不平衡的复苏感到担忧：疫情的程度，疫苗接种的进度，那些无法负担财政刺激政策的国家。但在某些情况下，不采取财政刺激措施也是一种选择。如果说欧洲2020 年做得很好的话，那么它需要继续努力。这样我们就可以在各国经济回到正轨，全球经济再次健康发展之时，再次聚首中国。

全球经济 2021：希望与隐忧

王一鸣

中国国际经济交流中心副理事长、第十三届全国政协经济委员会委员

在经历了过去一年疫情的冲击后，进入 2021 年，全球对经济复苏充满期待。疫苗加快投放和接种率持续上升，点燃了人们希望的曙光。主要经济体持续的政策支持，为全球经济步入稳定复苏轨道增添了动力。国际机构和主要经济体普遍调高了 2021 年经济增速预测。乐观者预期，2022 年将迎来"新的世界"。但仍要看到，当前全球经济复苏仍然不稳定不平衡，疫情冲击导致的各类潜在风险不容小觑，经济复苏仍将面临诸多风险和挑战。

第一，经济复苏仍受到疫情不确定性的影响。随着疫苗覆盖范围扩大，经济加快复苏将是大概率事件。但复苏进程在很大程度上仍受到疫苗接种率和有效性的影响。若疫苗接种率不如预期，或者病毒变种使疫苗有效性降低，经济复苏仍将面临疫情的困扰。从欧洲一些国家重新采取封闭隔离措施的情形看，复苏进程仍将一波三折。

第二，全球经济复苏不平衡加剧。疫情期间，发达国家采取极为宽松的财政货币政策，对稳定经济和金融市场发挥了重要作用。但新兴市场国家迫于自身财力或债务压力，政策空间明显受限，经济复苏更为缓慢。即使在发达国家，疫情冲击的不对称和再分配效应，仍在加剧收入差距和社会不平，"K 型复苏"态势更趋明显，这可能强化本已上升的保护主义和逆全球化思潮，延缓全球经济复苏进程。

第三，债务高企增大潜在风险。为应对疫情冲击，主要经济体推

出空前规模的财政政策，债务水平已突破历史高位。根据国际货币基金组织的统计，截至 2020 年 9 月底，世界各国共推出财政计划 11.7 万亿元，超过全年世界 GDP 的 12%。一些国家还在出台新的刺激政策，如美国国会通过了 1.9 万亿美元刺激计划，这些措施在促进经济复苏的同时，也将增大后期的债务风险压力。

第四，主要经济体货币政策的溢出风险。美元是全球最重要的储备货币，美联储的零利率和无限量宽松政策，加剧了全球流动性过剩，短期资本大规模流入新兴市场国家并推动本币升值。如果美国经济超预期反弹，美联储收紧货币政策，有可能导致新兴市场国家资本大规模流出，甚至引发资产价格大幅下挫和金融市场动荡。

第五，大宗商品价格上涨推升通胀预期。随着全球经济复苏和需求的恢复性增长，叠加宽松的流动性，引发大宗商品价格大幅上涨，原油价格指数已接近一年前的高点，铜等有色金属价格快速攀升。与此同时，美国 10 年期国债收益率大幅上升，进一步推升通胀预期，新兴经济体为应对通胀和资本外逃，被迫收紧货币政策，经济复苏进程更加艰难。

面对复苏进程中的风险挑战，迫切需要国际社会携起手来共同应对，在疫苗分配、宏观政策协调、维护金融市场稳定、推动绿色复苏等领域加强多边合作。在这个过程中，中美两国作为两个最大的经济体，应该发挥重要作用。

2021 年是中国实施"十四五"规划的第一年。2020 年中国经济增长 2.3%，是全球唯一实现正增长的主要经济体。今年设定 6% 以上的预期增长目标，体现了中国将追求更高质量更有效率更可持续的增长，也为应对不确定性、防范风险和结构性改革预留了空间。随着中国经济逐步恢复常态，宏观政策正常化也被提上议程。考虑到经济恢复存在结构性差异，中小微企业仍面临诸多困难，宏观政策需保持对经济恢复的必要支持力度，不求急转弯，并在稳增长与防风险之间把握好平衡。

从更长期看，中国将加快构建以国内大循环为主体、国内国际双循环相互促进的新发展格局。以国内大循环为主体，就要拓展内需市场，既增强经济内生动力，也为各国产品和服务创造更大市场空间。国内国际双循环相互促进，就要扩大开放，以国际循环来倒逼国内大循环提升效率和水平。中国经济已深度融入世界经济和国际分工体系，国内循环与国际循环相互依存、不可分割。中国在改革开放实践中，深刻认识到"开放带来进步，封闭必然落后"。展望未来，中国将坚定不移扩大开放，特别是要继续推进规则、规制、管理、标准等制度型开放，构建与国际通行规则相衔接的制度体系和监管模式。这是中国自身发展的需要，也将促进世界的共同发展和繁荣。

全球经济复苏进程中面临的挑战 ①

马丁·沃尔夫

英国《金融时报》首席经济评论员

很高兴也很荣幸能和大家见面，虽然只能通过线上的方式，希望可以尽快和大家线下见面。

全球经济正在进入复苏期。在经历此次全球疫情冲击之后，复苏的动力来自几个方面：疫苗的上市，更好地将必要的社交距离与加快经济活动相结合，强有力的财政和货币支持（特别是在高收入国家）。此外，拜登政府也刚刚推出了 1.9 万亿美元刺激计划。因此，预测机构提高了对今年经济的预期。例如，经合组织目前预测今年全球经济增长率为 5.6%，比去年 12 月时做出的预测高出 1.4 个百分点；对美国 2021 年经济增长率的预测是 6.5%，比 2020 年 12 月时做出的预测高出 3.3 个百分点，这是很显著的增长。

美国人是乐观主义者，杰森·福尔曼提到了这一点。尽管我刚才说全球经济进入了复苏期，但同时也面临着方方面面的挑战。第一，疫苗的推广既不平等而且接种率极低。即使在高收入国家中，表现出的差异也是非常显著的，欧盟就在疫苗接种方面远远落后。许多发展中国家，甚至可以说很大一部分发展中国家，疫苗的接种工作才刚刚开始。全球性的疫苗接种工作（针对所有成年人的疫苗接种）很可能无法在 2023 年年底之前完成，甚至可能会更晚。这增加了病毒新的危

---

① 根据会议现场录音听译整理。

险变种的出现和传播风险。应对这一风险的方法可能是长期限制国际旅行，但这又会带来不利的经济影响，尤其会影响许多依赖旅游业的经济体。

第二，各国的经济复苏将出现较大差异，一些经济体的表现将远远好于其他经济体。这种差异不仅体现在经济增长率上，还体现在经济能够多大程度及多快恢复到危机前的产值水平，或是否能够重拾危机前的增长势头。根据目前的预测，在高收入国家中，美国在这些方面的表现会远超其他国家。新兴国家的复苏同样也存在差异。中国已经基本恢复，可能年内就能完全恢复。另一份报告预测，印度经济复苏势头强劲，2021 年经济增长率将达到 12.6%，可以很大程度上帮助印度恢复至疫情前的水平。但对许多其他新兴经济体来说，增速放缓可能要持续相当长的一段时间。极端贫困人口的数量明显大幅增加，冈本先生也提到，大概有 1 亿人在过去一年中返贫，多年努力的成果前功尽弃。如果这种情况持续下去，将会是一场灾难。

第三，新冠肺炎疫情对各国国内不同群体的影响也存在较大差异，这很可能会留下深刻的社会创伤。最有可能成为受害者的人群是：儿童 —— 可能会失去教育，年轻人 —— 可能会失去工作，不方便居家办公的人，低技能人群，女性人群 —— 特别是幼龄儿童的母亲和少数族裔。与此同时，掌握熟练技术的专业人士和富裕的资本家赚得盆满钵满，这种现象的产生一部分是因为应对政策本身的性质，另一部分是因为新技术带来的机会。

第四，这次疫情后，显著的政策激进主义将留下后遗症，包括高水平的债务 —— 尤其是国债和各国央行资产负债表大幅扩表，以及广义的货币供应措施。这些遗留问题可能伴随我们很久，甚至可能永远存在。虽然杰森认为，这些问题很可能是高度可控的，但可能性不等同于确定性。疫情还极大加速了政策的转向，从 20 世纪 70 年代后侧重控通胀，到全球金融危机后侧重金融监管，到现在应该推行积极型政府、更高的政府支出、更积极的财政政策和大规模央行资产负债表。这是凯恩斯主义的回归。在这种背景下不难想象，未来几年宏观经济的稳定性会受到破坏。

第五，疫情加快了结构性变化的速度，将我们推向了一个远程工作和依赖技术的世界，这正在深刻地改变我们既有的工作生活方式，可能会无限期地持续下去。这可能会给许多企业造成深远的影响，尤其是零售业和商业地产业。同样，我们的生活方式和生活地点也可能会发生革命性的变化。这些转变将不可避免地增加经济复苏的复杂性。许多企业可能会消失，也许会出现一波关联违约潮，但有些行业可能会繁荣发展。

最后，伴随疫情的还有国际关系的日益紧张。最明显的就是美中关系。在疫情发生之前，美中关系就已经开始发生退化。我很痛心地看到，美中之间已经开始进入猜疑、冲突、技术和经济竞争的长期转型。此外，拜登政府将努力打造更广泛的西方联盟来应对中国，这将进一步分裂世界格局和全球经济。但至关重要的是，疫情和其他挑战，特别是气候变化提醒了我们，独木不成林——即使国家在一些强大力量面前也是脆弱的。确实，过去的一年中有一点显著但意外的事实是：新冠肺炎疫情的全球死亡率比一个世纪前的西班牙流感低了两个数量级，但还是造成了如此巨大的经济和社会损失。这样的事实更加凸显了我们社会的脆弱。我们暂停了经济活动，是因为我们可以这样做，这体现了我们对保护人类生命的高度重视，但同时也证明了我们在此类事件面前的脆弱。类似的挑战还会更多。长期来看，气候变化可能会对我们的文明造成更大的冲击，而且毫无疑问其影响是不可逆转的。

　　总之，现在的问题不仅仅是我们可以多快战胜新冠肺炎疫情和许多复杂遗留问题的影响。现在的关键是我们能否平衡各种关系：国内与国际、竞争与合作、差异与共同挑战。环境、历史和意识形态给人类造成如此巨大的分裂，我们是否还能掌控彼此相互交织的经济和我们共同家园的命运？虽然并不清楚答案，但我们肯定知道现在应该做些什么。

年轻人的中国梦

何帆

上海交通大学安泰经济与管理学院教授

我谈一下普通人心目中的中国梦，普通人群体，就是年轻人，我会观察到三个变化。

第一个变化，我把它叫作本土意识的觉醒，会有越来越多年轻人的爱国情绪比原来更高。过去我们会有一个刻板印象，网络上有一个词叫"小粉红"，我们觉得受教育程度比较低的年轻人更容易有一些在网络上的爱国言论，我的观察其实并不是，无论是在大城市、小城市还是在农村，也无论是他们的受教育程度如何，年轻一代普遍对中国的认同感会更强。其中的原因有很多，比如说出国旅游的机会更多，他们能够看到国外的世界；也跟最近两三年其他国家对中国有一些不公正的指责，尤其是新冠肺炎疫情，这都会让中国人更团结。还有一个原因大家可能会忽视，是因为年轻人有了言论表达的自由，因为每个人都有归属于一个集体的意识，但过去我们不太愿意去表达爱国主义，老觉得它是一个官方的宣传，但年轻人现在可以比较自由地去讨论，所以我觉得这可能是一个新的变化，需要我们去关注。

第二个变化，你会看到年轻人表达中国梦的方式也跟原来不一样。原来的时候，人们通常会讲祖国母亲，但是年轻人并不是这样。我在2019 年调研了一个特殊的年轻人群体——"饭圈"，很多明星的"粉丝"形成的组织。有一个很有意思的现象，他们这些"饭圈"里有很多都是女孩，这些"饭圈女孩"合起来力挺中国，在她们的心目中，把中国想象成叫"阿中哥哥",很像漫画里的那种美男子。由此你会看到,原来的上一代在理解中国梦的时候,他们其实想的是:我是祖国的一个打工仔,祖国给我提供了一个打工的平台,我努力工作就行了。然而,年轻人则会把自己想象成中国梦的一个投资人,尽管他可能是一个很小的投资人,但是投资人和打工者的心态就很不一样,投资人就会因为投了这个项目而特别希望向所有人推荐这个项目,这样的话这个项目的价值才会更高。这也是一个新的变化,需要我们去关注的。

第三个变化我觉得很可能未来会更加重要,是跟经济差距有关的。在政治学里面有一个很有名的判断,如果一代人收入水平比较低,那他们年轻的时候就过着物质相对贫乏的生活,所以他们对美好生活的向往是拥有更多的物质。比如他们会希望有更大的房子,要买一辆车,要把这个房子里堆满各种各样的家电,一定要有这种实物的东西才会觉得实现了美好生活。反映在政策层面,我们会对粮食安全、基础设施、军事安全这些东西更重视。然而,年轻人其实对生存的问题并不是特别地关心,他们关心的是很多精神层面的问题,精神层面的问题对应在经济结构上的转变,就是服务业所占的比例会越来越高,服务业会变得更加重要,其中除了有私人市场经济提供的服务业,也需要有政府提供的公共服务,包括医疗卫生、教育等。这其实就给未来的政策决策者提出了一个挑战,现在的很多决策者基本着眼点还是怎么能够提供更多的物质财富,只要物质财富多了、收入增加了,就会觉得美好生活已经实现了。未来的一代不会满足于单纯的物质生活,他们会要求更多的创造空间和更丰富多彩的精神世界。当我们遇到这样一种转变的时候,经济结构会发生转变,社会结构会发生转变,人口的结构会发生转变,政策也要跟着变,但这不是一天两天就能够变的。我们生活水平在不断地提高,再加上人口结构的不断变化,中国梦的内涵也会发生变化，所以我心目中的中国梦是一个非常动态的概念，而且我觉得得年轻人者得天下，所以对年轻人对中国梦的这种新的理解、新的表达，我们需要给予足够的重视。

美国梦与中国梦 [①]

史蒂芬·罗奇

耶鲁大学高级研究员

我主要讲中国梦和美国梦之间的对比，有四点内容：第一点，两个国家之梦必须在两国不同的国情下分析；第二点，这些梦想对于经济增长的重要意义；第三点，关于平等的问题；第四点，美中两个国家和两国的梦想之间可能存在分歧的风险。

第一，关于国情。很明显，两个国家在各自实现梦想的道路上正处于不同的转折点。尽管中国在过去的 40 年中实现了快速增长，但依然是一个发展中国家。因此，国情是十分重要的。

第二，大国梦对增长的意义。在第一点的背景下，实现梦想就是要为充满不确定性的未来规划可以完成的前瞻性愿景。两国的国情不同，因此对两国的要求也不一样。对中国来说，完成国家梦想就必须面对几个困难的转型：将增长模式由出口和投资主导转向更多的消费驱动型；从制造业向服务业再平衡；从外来创新转向自主创新；从储蓄盈余转为储蓄存款吸收，为社会保障体系提供资金。如果能够实现这些转变，中国实现百年目标，成为社会主义现代化强国的梦想就会取得巨大的成绩。美国的情况截然不同，从 1950 年到 2000 年的 50 年里，美国的经济增长速度勉强维持在 3.7%，在这之后又进一步下滑到 2%。如果我们能够一直保持早期增长速度的话，GDP 将会

---

① 根据会议现场录音听译整理。

比现在高出 7 万亿美元，即 30% 以上。对于美国来说，2% 的增长率无法解决美国梦的增长需求。但现在储蓄存款不足，导致无法带动生产力的提高，因此要将增长速度从 2% 恢复到之前的 3.7% 是比较困难的。

第三，关于公平。这可能是所有国家都面临的最棘手的问题之一。数据表明，近年来中国和美国的收入与财富的分配都更加集中了。2015 年，中国收入最高的 10% 人群占总收入分配的 41%，相比之下，20 世纪八九十年代的平均值为 31%。2015 年中国最富裕的人口拥有财富总值的 67%，而 20 世纪八九十年代的平均值为 42%。在美国，收入和财富分布的统计数字更加糟糕。但这些数字在发展中国家和在富裕国家的含义截然不同。在像中国这样处于经济发展早期的国家，很难在社会各层面做到平均分配。而在像美国这样的富裕国家，出现不平等现象可能更令人不安，因为这意味着我们正与一个能够让大家共享繁荣的社会渐行渐远。

第四，关于梦想。从 1980 年到 2010 年，两国的梦想似乎是高度看齐的，但现在却充满了挑战。我在几年前出版的一本书中提到了两国梦想之间相互依赖的关系，这里我要强调的是这种相互依赖关系的框架（相互依赖关系好比人际关系），常常会产生不稳定性，导致冲突。遗憾的是，这恰恰是两国关系的现状：中国的不断发展使得两国关系中出现一系列严重的紧张局势和压力，包括贸易、技术等方面。

最终，问题归结为以人为本的中国梦要实现的愿望是否与以人为本的美国梦的实现相冲突。需要强调的是，各个国家的梦想都由自身国情决定。中国在实现发展与繁荣的道路上还有相当长的路要走，美国想要保持之前的势头也要面对巨大的挑战。虽说两国的情况不同，治理体制也不同，但是两国共同面临一个重大挑战：在不为难对方的情况下解决增长问题的困境。一个国家实现梦想，不一定非要阻碍另一个国家实现梦想。

香港未来五年的发展

林郑月娥

中华人民共和国香港特别行政区行政长官

多谢大家应邀出席 2021 中国发展高层论坛香港专场。在专场中我和跨国企业领袖就香港发展进行交流的构思，源于 2019 年 3 月，当时我首次以香港特别行政区行政长官身份获邀出席 2019 中国发展高层论坛，以粤港澳大湾区（以下简称大湾区）建设为题发言。若非新冠肺炎疫情肆虐，香港专场应于 2020 年在钓鱼台国宾馆举办。今次全赖国务院发展研究中心和中国发展研究基金会的支持，香港专场才能顺利举行。卢迈先生一直给予协助和指导，我在此特别向他致以衷心的感谢。

当我在 2019 年上半年提出在中国发展高层论坛举办香港专场的想法时，香港虽然因中美贸易关系紧张而经济增长放缓，但整体向好。《粤港澳大湾区发展规划纲要》当时刚刚公布，而 2018 年年底开通的广深港高速铁路香港段和港珠澳大桥推动了跨境基础设施互联互通。本港的企业及专业人才应可善用香港在金融、法律、物流及商贸界别的传统优势，以及香港与内地在资本市场上的更紧密联系，迎接庞大机遇和美好前景。

不幸的是，在香港发生的一连串公众示威活动于 2019 年 6 月演变成蔓延全港的骚乱，令这个城市被阴霾笼罩。随后的 12 个月，香港街头被暴徒占领。他们破坏商店、港铁车站和交通灯，纵火焚烧建筑物，以砖块、汽油弹甚至真枪袭击警察，污损国旗和国徽，并鼓吹"香港独立"。在立法会内，反政府的议员不断"拉布"，甚至以肢体行动阻碍政府的运作。有些人到海外寻求外部势力干预香港事务，甚至乞求外国政府对香港实施制裁。事件令国家主权和安全明显受到威胁，亦使香港特区陷入黑暗的深渊，严重动摇香港稳定的基础。在此情况下，行政长官不可能向环球企业推广香港。

但今天晚上，在"香港未来五年的发展"这个主题下，我可以很有信心地说，未来五年，香港会繁荣兴旺，再创高峰。我对香港和香港未来发展的信心，建立于全国人民代表大会所作的两项重大决定，即 2020 年 6 月制定的《中华人民共和国香港特别行政区维护国家安全法》(《香港国安法》)，以及为落实"爱国者治港"而于第十三届全国人民代表大会第四次会议通过的关于完善香港特别行政区选举制度的决定。这两项由最高国家权力机关作出的重要决定，让香港重回正轨，即全面准确落实"一国两制"，维护国家安全，确保香港繁荣稳定。事实上，《香港国安法》实施 9 个月以来，暴乱情况已经消失，社会亦已恢复和平稳定。

全国人大于最近举行的会议上通过的国民经济和社会发展第十四个五年规划("十四五"规划)，展示了中央政府对香港的支持，进一步增强了我的信心。在这个最新公布的国家发展蓝图中，香港作为国际金融、航运及贸易中心，以及亚太区国际法律及解决争议服务中心(即"四大传统行业")的竞争优势继续备受肯定，并将予以提升，而"四大新兴行业"(即国际创新科技中心、国际航空枢纽、东西文化荟萃的国际文化交流中心，以及知识产权贸易中心)亦同时获得新的动力。这八个范畴每个都会带来无限发展机遇，香港企业及市民必定能从中获益，我们希望与内地及海外的业务伙伴共享这些机遇。根据最新统计，在香港设有业务的海外及内地公司逾九千家，约有半数现在以香港作为地区总部或地区办事处。

在我们展望未来之前，容许我先用一点时间，回顾 2020 年的情况。2020 年，佩戴口罩、保持社交距离、病毒测试成为我们日常生活的常态，大多数行业饱受打击。香港的本地生产总值下跌了 6.1%。可喜的是，自上月起，香港市民可以开始接种疫苗。如果疫苗如我们预期般奏效，今年下半年将会出现真正的复苏动力。接下来，让我以香港作为国际金融中心及创新科技中心为例，阐述香港的前景。

"十四五"规划重申支持香港提升其国际金融中心地位，强化香港作为全球离岸人民币业务枢纽、国际资产管理中心及风险管理中心的角色。占本地生产总值约 21% 的金融业，过去两年虽面对社会、政治和公共卫生危机，仍能保持稳健。在过去 12 年当中，香港有 7 年是全球第一的首次公开招股地点。单是 2020 年，香港交易所已有 154 家新上市公司，首次公开招股集资额合计共 4000 亿港元（516 亿美元），按年上升 27%。这是自 2010 年以来单一年内最高的集资额，且包括了 2020 年全球上市集资额第二高的新股。香港与内地金融市场紧密联系的优势无可匹敌，通过"沪港通""深港通"和"债券通"计划，以及拟议的大湾区"跨境理财通"，令两地市场互联互通。在中央政府支持下，加上对香港作为全球第二大生物科技公司上市平台的肯定，我们自 2020 年 12 月起已把在港上市而未有收入或盈利的生物科技公司纳入"沪港通"和"深港通"计划中的合资格选股范围。

此外，我们亦是全球最大的离岸人民币业务枢纽和国际投资者停泊资金的首选地。截至 2019 年年底，香港管理的资产总值按年上升 20%，达 29 万亿港元（3.7 万亿美元），约为本地生产总值的 10 倍。我们会多管齐下，进一步提升香港作为首要资产和财富管理中心的地位，包括引入新的基金结构，为在香港营运的私募基金所分发的附带权益提供税务宽免，建立便利外地基金迁册来港的机制，以及提供经济诱因鼓励设立开放式基金型公司或房地产投资信托基金。

香港拥有开放而成熟的保险市场，我们现正推动香港成为国际风险管理中心。我们已完成多项促进保险业发展的法例修订工作，包括为海事保险及专项保险在内的合资格保险业务提供利得税率减半优惠，便利在本港发行保险相连证券，扩大专属自保保险公司的可承保风险范围，以及优化监管保险集团的法律框架。这些措施将会在本月底前实施。

香港在创新及科技上的实力，首次在国家规划中被提及。过去 3 年，我们一直在中央政府的大力支持下推动创科发展。在我亲自督导的多管齐下策略下，至今我们已投资逾 1000 亿港元（128 亿美元），推出一系列措施，鼓励研发、培育人才、改善基建等。这些工作已渐见成果，香港的本地生产总值中属于研发的部分，由 2014 年的 167 亿港元（21 亿美元），大幅增至 2019 年的 263 亿港元（34 亿美元）。本地初创企业的数目亦由 2014 年的约 1100 家，增至 2020 年的超过 3300 家，上升达 2 倍，而聘用的人数亦增加超过 4 倍。风险投资基金在本港的投资额由 2014 年的 12 亿港元（1.54 亿美元），增至 2019 年的 100 亿港元（12.8 亿美元），上升达 7 倍。在 6 年间，香港出现了 8 家独角兽企业 [①]。

我们取得的进展在全球得到肯定。在瑞士洛桑国际管理发展学院早前公布的《2020 年世界数码竞争力年报》中，香港的全球排名由 2018 年的第 11 位跃升至第 5 位，而香港在与科技基础建设有关的全球排名中，则由第 18 位上升至第 7 位。

[①] 独角兽企业是估值超过 10 亿美元的私人公司或初创企业。

我们现正全力推广港深创新及科技园这个最重要的创科项目，该项目最近获批 300 亿港元（38 亿美元）拨款，将会成为香港历来规模最大的创科平台。创科园毗邻深圳，可凭借香港坚实的科研实力和深圳强大的先进制造能力，发挥两地优势互补的功用。此外，香港两个旗舰创科机构，即香港科学园和数码港，现正进行扩建工程。坐落于将军澳工业邨的专用数据技术中心刚启用，世界级先进制造业中心和微电子中心正逐步成形。

在支持研发方面，政府通过创新及科技基金，资助有助于提升本港制造业及服务业的项目。我们正成立两个 InnoHK 创新香港研发平台，其中包括本地大学与内地及海外知名机构的协作项目。两个平台设于香港科学园，分别专注研究医疗科技以及人工智能和机器人科技。特区政府认同人才对科技发展至关重要，将于短期内推出"杰出创科学人计划"，以吸引著名的科研人才及其研究团队来港工作。

创新及科技不单是一个行业，同时带动其他行业的发展。我刚才谈到香港的金融服务大大受惠于创科发展。香港现在有超过 600 家金融科技公司和初创企业，另有 8 家虚拟银行和 4 家虚拟保险公司已获发牌照，向企业和市民提供各种金融服务。一个虚拟资产交易平台已获批在香港营运，而快速支付系统"转数快"亦已推出，联通银行和电子货币包，让用户可全日 24 小时进行港币和人民币实时转账。"转数快"自 2018 年推出以来，在短短两年多的时间，现已有 750 万个账户登记，上月平均每日港币交易达 60 万次，金额达 62 亿港元（7.95 亿美元）。此外，为推广创新金融服务产品，全新的"拍住上"金融科技概念验证测试资助计划现已接受申请，提供鼓励金融机构伙拍金融科技公司进行概念验证测试。

香港的未来是与内地经济融合，同时保持"一国两制"下的独特优势。大湾区总人口超过 7200 万，本地生产总值总计达 1.7 万亿美元，规模与韩国看齐，可为本港各行各业提供大量发展机遇。我们会加大支持本港企业的力度，协助它们拓展内销市场，并加强香港产品和服务的推广工作。我们会为本港企业提供特定支持，协助它们扩大内销并进军内地大型电子商贸平台。

在国家"双循环"策略下，香港在投资内地方面所发挥的门户角色将会加强。按此策略，国家会致力于实施更大范围、更宽领域和更深层次的经济对外开放，同时也会有更多中国企业"走出去"。香港的专业服务向来以高水平见称，我们会与内地企业一起"走出去"。作为香港专责投资推广事务的部门，投资推广署将会与大湾区的相关部门紧密合作，以展示大湾区的综合优势，以及强化香港在推进国际循环方面的角色。香港是高度市场化的城市和国际化的经济体，在国家"双循环"发展策略下会积极成为国内大循环的参与者和国际循环的促成者。

上述各项发展令人鼓舞，我可以向大家保证，香港会再次克服眼前挑战，怀着信心迈向更美好的明天。我很高兴世界各地多位顶尖的商界领袖今天来到论坛，分享他们对本港未来经济发展的看法，相信你们的真知灼见会令我们大有所获。

香港金融业的未来发展

史美伦

香港交易所主席

尽管香港社会有不确定因素，加上疫情及宏观经济充满挑战，香港金融业仍然富有韧性。我们的资本市场表现稳健，而且比以往更加强劲。作为国际金融中心，香港拥有"一国两制"的独特优势，我们的核心价值观，包括尊重法治、公平竞争、市场富有透明度、与国际标准接轨等一系列因素，为投资者带来信心，吸引来自全球各地的资本。

未来，金融业仍是香港重要的经济支柱之一。凭借在粤港澳大湾区的各种机遇以及各界对在中国这个世界第二大经济体的殷切投资需求，香港作为国际金融中心的发展将进一步增强。

国家最近公布了"十四五"规划，为未来 5 年的发展目标提出了清晰的蓝图。规划强调双循环以及高质量增长，而国内消费及出口同样扮演着重要的角色。与此同时，规划也要求我们持续推进改革开放，以及内地和香港两地市场之间继续互联互通。

香港作为国际金融中心，定位独特，在推进中国金融市场改革开放中担当着重要的角色，并同时受惠于"十四五"规划以及粤港澳大湾区的建设。

首先，香港是中国首要的离岸融资中心。香港交易所在过去 12 年，曾 7 次登上全球交易所新股集资榜首。2020 年在香港上市的新股共募集了超过 510 亿美元，全球排名第二，其中超过 90% 的新股集资资金来自内地公司。

沪港通及深港通亦是中国金融市场开放史上的重要里程碑。它们开启了中国资本市场双向开放的新时代，更加快了 A 股纳入全球指数的进程，为内地和香港两地市场带来了双赢。截至今年 2 月底，北向和南向交易的累计成交金额分别超过 45 万亿人民币和 17 万亿港元，北向和南向的日均交易量同样创出新高，分别达到 910 亿人民币和 240 亿港元。自推出"沪港通"及"深港通"以来，内地投资者对香港上市公司的持股量增加了 27 倍，香港及国际投资者的 A 股持股量更上升了 207 倍。

香港资本市场正不断创新。几年前，香港还没有同股不同权的公司，也没有未有收益生物科技公司。2020 年在香港上市的新股，33%来自第二上市公司，64% 来自 51 家新经济（包括生物科技）公司。这给香港的上市公司生态带来了根本性的转变。

香港交易所凭借完善的监管体系，赢得了全球投资者的高度评价。未来，我们将把握香港的国际金融中心地位和优势，继续在连接中国与世界方面扮演独一无二的角色，并致力创新，促进新经济、吸引新资本，支持和配合祖国资本市场的改革开放发展。

香港未来的竞争优势

冯国经

冯氏集团主席

　　这是个让我们检视一下香港往后发展方向的非常适当的时候。新冠肺炎疫情差不多得以控制，我们正在讨论的是全球性的经济复苏。与此同时，中国刚刚提出了"十四五"发展规划，香港在这一过程中可发挥非常重要的作用。

　　我想从商人的角度谈谈香港的竞争力，谈谈香港未来的竞争优势到底是什么。

　　从企业的角度出发，显然我们的讨论应放在粤港澳大湾区（以下简称大湾区）的背景下。首先香港和大湾区将成为中国非常重要的科技创新基地，同时也是一个非常重要的新产品的开发枢纽。之前其他发言者谈及香港一系列的优势，我特别想指出，香港在基础研究方面的优势——香港有 4 所大学跻身世界前 50[①]，这是我们很大的优势，也是非常重要的，这正是我们研发优势的重要基础。

　　香港的一些传统优势，包括与大湾区及其他地区的紧密联系，也是非常重要的。我们有能力把一些新的设计很快地制造出来，然后供市场测试，最后进行大规模生产。这样我们可以以最快的速度满足消费者的需求，以最短的时间完成我们的订单生产。纵观整个生产流程，我相信香港，以及大湾区有着得天独厚的优势。

---

① 2021 年香港共有 4 所大学跻身全球前 50，新增了香港城市大学（48 位）。

我想再次强调，香港是中国和东盟之间联系的纽带，传统上香港和东南亚地区与海外的华人社区都有很好的联系。故此，作为大湾区的一员，香港当然可把大湾区和东盟更好地联系起来，而这一经济区很可能成为未来经济发展速度最快的区域。如果把这种联系更进一步拓展的话，结合到 RCEP 框架下进行的巨大贸易交易量，其中的潜力将会非常之大。很多多边贸易体系需要重建，也许我们可从这部分开始，然后再延伸到全球。

其他发言者已经做了很好的阐释，另外一个优势体现在国际金融中心的定位上，香港具有联通性的全球物流体系和航运体系，而金融与实体紧密连结使我们产生非常强劲的贸易融资业务。现在贸易融资在全球甚为短缺，而对中小企业来说这样的资源特别稀缺。在香港，我们有特别多的金融机构和贸易融资主体，贸易融资可为香港打造成为一个地域中心，乃至为国际中心创造非常有利的条件。

谈到跨国企业的视角，展望疫情后的经济复苏工作，我们知道亚洲的消费在复苏，消费在未来可能会很大程度地推动经济发展。那怎么利用这样的发展机遇呢？自中国改革开放 40 多年来，香港一直扮演着内地和世界经济连接的角色，展望未来，这也是香港的定位和机遇。

未来十年的美中关系 [①]

劳伦斯·萨默斯

哈佛大学荣誉校长、美国前财政部长

非常荣幸有机会再次参加中国发展高层论坛的重要会议。我们不一定能在所有问题上都达成一致，但是我们可以更好地了解彼此的看法。有了这样的基础，就能达成更好的结果。

我想借此机会跟大家坦诚交流，谈谈美中关系的问题。我认为美中关系可能是全世界在未来十年面临的最重要的问题。同时我相信，现在美中关系的走向无疑是错误的，可能会带来巨变，严重程度可能会超过宏观经济政策管理不善所产生的影响，可能会超过无法控制气候变化所带来的影响，也可能会超过无法控制疫情所带来的风险，远严重于任何其他外交领域失败所带来的风险。

因此，成功地管控美中在未来十五年的关系将是最为重要的一个问题。现在一些专家认为未来存在冲突的可能性，甚至是军事冲突的可能性。人们对最终普及和平、解决问题的信心不再乐观。我们无法再像以前一样，认为经济一体化就能帮助我们避免最糟糕的结果，或认为各个行业紧密交织的网络就能带来稳定和安全。

战略再保证是核心关切所在，对双方来说都是如此。我觉得我们应该把两国想成两个人，在正常的时候、正常的情况下可能不会联系得特别紧密，但现在我们在同一艘救生船上，漂泊在波涛汹涌的海面，

远离陆地。退一步讲，我们即使不向对方表达彼此的重要想法，但有一点高于一切：我们之间要开展足够的合作，确保能够成功返回陆地。如果这样的理智能够重新回到我们的交流中，那么在各个议题上，比如朱民关心的一系列金融领域的合作问题，迈克尔·波斯金的定义市场导向机制促进增长最大化问题，林教授的经济制度创新举措等，我们就可能取得成功。所有这些问题都是非常重要的，但是这些问题都在很大程度上取决于我们能不能找到一个过渡方法，现在还没有找到。

肯尼迪总统曾经说过一句名言：人类所有的问题都是自己制造的。这句话的后半句应该补充为：所有问题的解决方案也都是人类自己创造的。我相信美中目前的紧张局面可以参考这句话。要想成功，双方必须认识到战略再保证的紧迫性。

未来十年展望

林毅夫

北京大学新结构经济学研究院教授、院长，

北京大学国家发展研究院名誉院长

与其说探讨未来的十年，我更想讨论的是未来的十五年，因为对于中国来说，未来的重要使命是落实"十四五"规划和 2035 年远景目标。

在所有的发展目标中，最吸引大家关注的是增长目标，因为发展是解决中国一切问题的基础和关键。这次中国政府在"十四五"规划中并没有设立一个具体的经济增长目标，不过国家提出过在 2035 年时中国的 GDP 或人均 GDP 水平要在 2020 年的基础上翻一番的想法，要实现这个目标，中国必须要在 2020~2035 年间实现每年 4.7% 的增长。

很多人可能会认为未来十五年保持年均 4.7% 的增长太雄心勃勃了。劳伦斯·萨默斯教授就曾认为一个国家正常的增长区间是 3%~3.5%。但是中国过去 40 年保持了年均 9% 以上的经济增长，这种高增长来自"后来者优势"。要预测中国未来是否还可以强劲增长，就要看"后来者优势"还有多大，这可以由中国人均 GDP 的水平和美国的差距来衡量，因为人均 GDP 其实代表的就是人均劳动生产率的水平。根据宾夕法尼亚大学所编制的世界各国收入的统计数据，按 2017 年的美元所衡量的购买力平价计算，中国在 2019 年的人均 GDP 是 14129 美元，为当年美国的 22.6%。这是德国 1946 年、日本 1956 年、韩国 1985 年和美国的对比水平。德国在其后的 16 年实现了年均 9.4% 的增长，日本实现了 16 年年均 9.6% 的增长，韩国也实现了 16 年年均 9% 的增长，即使韩国在东亚金融危机时受到了重创，出现过负增长。

通过这样的比较，可以看出，从"后来者优势"而论，我认为中国从 2020 年一直到 2035 年，都还有实现高速增长的潜力。但并不是说中国每年都要达到 9% 的实际增长，因为中国还必须关注其他的一些问题。例如，为实现 2030 年碳达峰以及 2060 年碳中和，中国必须采用绿色的技术，中国也必须要处理收入不平等和其他改革的问题。解决这些结构性问题，意味着相应的成本。但是中国在有 9% 的增长潜力下我认为有可能实现每年 5% 或者 6% 的增长。如果中国能实现这样的增长，2025 年时中国的人均 GDP 应当跨越 12535 美元，成为一个高收入国家，这也将是一个历史性的里程碑。到 2030 年，中国的经济体量按市场汇率计算将成为全球第一，到 2035 年时，GDP 或人均收入在 2020 年的基础上翻一番的目标也就能够实现。到那时，中国的人均 GDP 将会达到 23000 美元左右的水平。

未来十年的世界经济 ①

迈克尔·波斯金

斯坦福大学教授、胡佛研究所高级研究员、美国总统经济顾问委员会前主席

林毅夫教授刚才强调经济增长我认为也是正确的。确实，在一个十年之初很难判断未来十年会发生什么。比如当年邓小平南方考察时，谁能想到接下来的十年会发生什么。或者，当朱镕基总理带领中国加入世界贸易组织时，也没有人能想到中国的 GDP 在之后的 20 年里翻了 4 倍。除此之外还有很多例子，我接下来会谈到。但我的发言主要限于经济前景，着重讨论中国和美国，同时也会谈到其他国家。

我也想引用一句肯尼迪总统的名言（萨默斯教授所在的一所学院就是以肯尼迪的名字命名的）：水涨众船高。虽然这是一种夸张手法，但是涨潮确实抬高了多数船只，只留下极少数搁浅。这比喻着实现公共资源的分配，包括帮助那些落后的人。因此，经济增长应该是第一要务。

在大规模经济衰退后复苏的过程中，不同国家和地区的表现是不一样的。我本人一直看好美国的复苏，而事实证明美国复苏得确实非常强劲。我认为美国今年的增长会保持在 6% 的范围内，明年可能会在 3% 和 4% 之间。现在的总产值已经接近疫情前的水平，并且在短期内还有继续释放的潜力。如果预测正确的话，我们应该很快就可以恢复就业。还有一个问题，劳动力市场会受到哪些创伤，哪些人群会掉队，

---

① 根据会议现场录音听译整理。

这一点我一会儿再讨论。

中国是唯一去年没有出现经济萎缩的主要国家，但经济增长从大约6%放缓到2%，这也是很大程度的降幅。我相信中国今年会有相当强劲的增长，在8%的范围内，然后明年放缓到5%或6%。另外，我们来看一下世界上其他国家。欧洲国家严重落后，部分原因是它们的疫苗推广和分配工作出了问题，因此有些地区不得不再次封城。这就导致它们落后美国几个季度。此外，必须指出的是，许多发展中国家不仅经济受到影响，而且还受到公共卫生基础设施薄弱和疫苗供应不足的影响。平均来看，这些国家的复苏将放缓或推迟。从人道主义和经济的角度来看，这会给世界其他国家带来问题。

我们要关注中国在增长方面所实现的巨大成就。记得在2010年，我为中国政协作了题为"为增长放缓做好准备"的演讲，当时许多人不以为然，认为10%的增长将无限期地持续下去，但在那之后中国的经济增长率降至6%。我个人的观点是，中国的经济增长将再次出现适度放缓，估计可能降至4%~5%。强调一下，如果不和中国自己近年来的数据对比，而是在全球历史背景下对比其他国家，4%~5%仍然是极了不起的数字。林教授刚刚也提到，问题在于，再过5年或者更长的时间，中国能否保持这种增长速度，并避免中等收入陷阱——中等收入陷阱的概念是发展经济学家得出的实证结果，而不是理论结果，即很少有中等收入国家能够进一步达到更高的收入水平。当然，日本、新加坡和韩国显然是例外。

同时，几乎可以肯定的是，美国的增长趋势将放缓，并远低于"二战"结束至金融危机期间及大萧条前平均3%的增长率。当时美国复苏得很慢，从2007年到2019年慢慢恢复了一些。美国能否维持这一增长水平仍是一个开放式的问题。主要的原因是人口老龄化。同时，除了人口老龄化所带来的劳动力市场变化之外，政府在退休金和老年人健康福利方面的支出压力也会增加，并导致政府提高征税，以提供资金支撑转移支付。不同的国家可能用不同的方式来解决这一问题。还有很重要的一点，虽然中国目前的人口老龄化程度低于其他主要经济体，但根据预测，中国 65 岁以上老年人口数量可能会在未来 20 年内超过美国，使中国成为比美国老龄化更严重的国家。

随着劳动力增长的放缓、停滞，一些国家甚至会出现负增长，比如意大利和日本。高税收和转移支付的增加则会降低储蓄率和投资，劳动时间和生产率的增长将遇到困难。创新、技术、生物医药和其他行业可能（会像历史上其他行业一样）一定程度地抵消这些负面影响，尽管新技术的发明者也不一定知道其发明最终哪种用途最有价值。比如，詹姆斯·瓦特发明蒸汽机的目的是为了从煤矿中抽水，而不是为了大规模运输、铁路和轮船。马可尼发明无线电是为了和电报竞争，而不是提供大众广播电台。

乐观主义者将这些视为"杀手级应用"始终会不停涌现的证据，并认为使用人工智能、纳米技术或其他技术的新产品也许正在孕育之中；但西北大学的罗伯特·戈登等悲观主义者对此持怀疑态度。我对此不做评判，时间会证明一切。我不至于像戈登那样悲观，但我也不认为所有新发明最终都能提高生产力。我相信其中许多新技术将以各种方式改善人类福利，特别是在医学方面。但这种情况很难测量和计算，是否能更广泛地影响生产力还有待观察。

还有一点同样重要，老龄化等各种因素减缓了增长趋势，也会使贸易伙伴国的增长放缓，给出口国家的出口增长带来压力，也可能会带来更多保护主义压力。目前阶段，中国国民收入中消费占比较低，中国最近的五年规划目标正是增加国内经济活动的占比，包括消费。

这样的增长不仅要继续，还要加快。我有一个已经提过很多次的建议（包括在中国发展高层论坛），那就是分红——把一些企业，尤其是国有企业的巨额储蓄分给民众。

如果一些国家没有足够的工人，显而易见的长期解决办法是增加劳动密集型产品和技术的贸易，比如人工智能这样的技术降低了对工人的需求（至少在某些行业是这样）。另一个解决办法是移民。通过更好的教育和培训以及推动由商业现实驱动的、更高质量的投资来升级劳动力的办法，对中国和几乎所有新兴经济体都会有帮助，在某种程度上对发达经济体也有帮助。

为解决这些问题，并保持为大多数人群提供日益繁荣的经济和强力的保障体系，各国需要做出取舍，这并非易事——其中包括平衡能源需求、要环境还是要经济增长；采取平衡开放的、以规则为基础并执行规则的贸易体系还是集中经济但有可能带来错位现象；允许国民收入中政府用于医疗和退休的支出占比不断上升（包括家庭支出），还是为税务负担可控的年轻工人提供机会和向上流动的可能。

解决这些问题所需的时间是以十年为计数单位的。在未来几年里，全球经济复苏的性质和力度，以及复苏对劳动力、企业和经济政策带来的持续影响，都可能决定最终的解决方案。尤其重要的是：一方面，央行结束长期资产负债表扩表和接近零目标利率政策的时机和风险；另一方面，公共债务大幅扩张后最终采取必要的财政整顿措施的时机和性质。例如，美国的债务与GDP的对比从全球金融危机前的37%上升到今天的100%，而且由于无资金支持的退休和医疗支出不断增加，这一比例预计未来还会更高。虽然目前利率极低，高债务的还债成本仍然可控，但这种情况不太可能持续十年或更长时间。这种扩大债务和未来可能提高征税的政策所带来的最显而易见的风险包括：长期增长放缓，一些经济体可能会为了减轻未来债务负担而过度开发，从而导致通货膨胀加剧。

我谨慎乐观地认为，即使不能够完美解决，这些问题最终还是会解决的，这样就能避免另一场巨大的经济冲击。如果实在无法避免经济冲击，至少可以确保局面是可控的，那么在未来的十年里，就算全球经济增长无法达到新高度，至少能够恢复到合理的水平。企业、工人、家庭和政府的适应能力、韧性和创新能力是成功的关键。重要的是要记住，从"二战"后甚至更早的时期以来，在每一个十年开始之时，全球各国经济都曾面临与今天类似的各种问题，麻烦只多不少。

在早先计算机广泛普及的年代，人们十分害怕自动化会剥夺、取代许多工人的工作岗位，这种现象犹如今天一些人害怕人工智能。但计算机时代人们担心的情况并没有发生。尽管曾出现困难，一路跌跌撞撞，但这些障碍和其他没有预料到、也许无法预料的障碍，最终都被克服，并带来了更加昌盛的繁荣。我谨慎乐观地认为，十年后，2031 年中国发展高层论坛的与会者将以大致相同的方式回顾上一个十年，展望下一个十年。

塑造未来十年世界的力量 [1]

朱民

清华大学国家金融研究院院长

之前的几位嘉宾他们主要侧重中美关系，而我们这节讨论的是今后十年会怎么办，我觉得包括整个世界。因此，我会超越中美关系讲一下世界反应的情况。

我认为有三股力量将会塑造未来十年的世界，实际上不仅是十年，可能是二十年、三十年甚至是五十年。

第一股力量就是经济金融稳定，特别是通货膨胀。我认为央行在这个过程中发挥着重要的作用，现在实行的是非常宽松的政策，这个问题非常值得我们关注，萨默斯教授曾经在公开场合说，通货膨胀会回来，而且会非常严重。当然在这个问题上大家会有不同的看法。我做了一些研究，鉴于世界潜在的增长率比过去十年的平均水平要低，包括 2020 年，公共的债务又这么高，而现在流动性的利率接近于 0，所以市场是非常敏感的，大家其实都很关注这个问题，因为我们现在处在不平衡的复苏之中，所以通货膨胀会回来，而且回来的势头会非常猛。我们看到像巴西、土耳其还有俄罗斯等国都提高了利率，这就告诉我们通货膨胀不仅会出现在美国，而且还会出现在世界很多的角落。央行应该如何处理这个问题，央行如何顺利地退出经济刺激的计划？我认为这是最重要的问题。央行行长必须要和市场进行良好的沟

---

[1] 本篇发言稿根据速记整理。

通。在今后的十年中，我们会看到低利率、高债务的情况将保持下去。我认为这种状况不可能一直持续下去，不可能不断地往系统里打钱、放水，让这个状况能够一直持续下去。我认为这是全世界面临的最严重的宏观经济问题，如果我们能够顺利地退出，全身而退的话，我们将会确保全球宏观经济和金融的稳定；如果我们不能全身而退的话，我们可能会面临另外一场金融危机；如果真的出现的话，这场金融危机将会比 2008 年那场更为严重，现在债务水平和流动性水平都说明了这一点。

第二股力量就是技术创新。很多人都已经提到了这一点。技术的发展速度真的是太快了，技术是在多个方面发展的，它会影响到方方面面。我认为最关键的一个问题就是我们还不知道我们前进的方向。我们对未来现在是乐观的，但是像人工智能等技术还是处在一个"黑箱"状态。人工智能是人类历史上创造的最接近于自己的东西，但是我们还是不知道如何控制人工智能，我们不知道这种创造将会如何影响制造业、影响社会的结构以及我们生活的方式，包括其他各种各样的问题，同时还影响到全球竞争。总体上来说，我们认识到技术在接下来的十年中会发展得很快，甚至会进一步加快，我们会看到各种各样的变化，这方面存在着很多的不确定性。

第三股力量就是碳中和。我认为这不是一种成本，而是一个很大的机遇，特别是对于中国来说，因为它能够从根本上改变我们的生产端、消费端，同时也改变我们的生活方式，所以这是一种范式的变化，因为中国现在希望能够从传统的工业发展过渡到绿色发展的模式。我想全世界可能也想这么做，这是一个很大的变化。接下来的十年将会给我们为绿色发展奠定一个良好的基础。大多数欧洲国家承诺 2050 年实现碳中和，中国承诺 2060 年实现碳中和，这不是一个容易实现的目标，这种重大的变化会影响到方方面面，其背后是技术、创新、效率，这会影响到整个社会的变化，包括生活方式的变化。

基于以上的三点，我认为在未来的十年我们会看到这三方面非常巨大的变化，这也将使中国和全球进行更加紧密的合作，我们是同舟共济的，我们必须要找到共同努力的方式。

第八篇

总结篇

共建开放包容的世界经济

齐普策

宝马集团董事长、论坛外方主席

尊敬的马书记，各位嘉宾、女士们、先生们，在论坛正式闭幕前，谨对所有高级别参会嘉宾表示感谢，你们的分享引人深思，在这里我们洞察未来。感谢大家积极的参与。

今天我们听到了很多如何推进中国现代化进程的事例。我想重点谈三点心得。

首先，统筹全局至关重要。正如韩正副总理在主旨演讲中提到的，中国的"十四五"规划综合考虑了经济、社会和环境等多方因素。我们需要找寻的是渐进、包容、共通的解决方案。这是中国乃至整个世界实现高质量发展并走向繁荣富强的先决条件。

其次，向零碳社会迈进意义重大。我们由衷赞赏习近平主席在推动碳减排上展现出的坚毅领导力。中国从 2030 年实现碳达峰到 2060 年力争碳中和，这比绝大多数西方发达经济体快了至少 20 年。只有当我们保住了人们的工作、提升了他们的生活水平，环保事业才有望取得真正的成功。

我想着重提出我的最后一个观点。我们都注意到中国的开放政策有了明显的范式转变。但这一步迈得极为审慎，我们务必深刻理解其核心。国际循环和国内循环的相互依存关系看似简单，实则不可或缺。正如中国需要参与国际大循环来促进高质量发展一样，国际社会同样也需要借助中国市场实现商业繁荣。

我也想借此机会感谢经济合作与发展组织秘书长安赫尔·古里亚在其任职期间所做的贡献，祝福他未来诸事顺意！

我谨代表所有的外方代表，感谢论坛主办方的辛勤付出，让我们拥有如此成功的一届论坛。下面我很荣幸地邀请中国发展高层论坛中方主席马建堂先生致闭幕词。

共谋发展　共创未来

马建堂

国务院发展研究中心党组书记、论坛中方主席

尊敬的齐普策董事长，尊敬的各位来宾，亲爱的朋友们，在大家的共同努力下，中国发展高层论坛2021年年会即将圆满完成各项议程。本次论坛在中国"十四五"开局起步之年召开时机好，以"迈上现代化新征程的中国"为主题意义重大，再次生动展现了中国发展高层论坛"与世界对话，谋共同发展"的宗旨与价值。

论坛的收获我想概括为以下四点。

一是交流了思想。4天时间里，我们总共举行了63场正式讨论，广泛深入探讨了中国"十四五"时期的宏观政策取向、高水平对外开放、经济社会全面绿色转型等议题，围绕中国和世界发展面临的重要课题，进行了深入和富有价值的交流。基辛格博士认为，中美是两个伟大的社会，世界的和平与繁荣取决于中美之间的相互理解。美国前财长罗伯特·鲁宾先生提出，作为世界上最大的两个经济体，中美两国均有责任在全球气候变化、公共卫生等问题上展现出领导力。与会嘉宾还围绕弥合全球不平等、建立全球竞争合作新规则、塑造全球数字治理新格局等议题，提出了鲜明独到的见解。

二是分享了实践。与会嘉宾结合各自领域，分享了所在国家或行业的现代化实践。比如，生态环境部黄润秋部长分享了促进中国经济社会全面绿色转型的主要举措，中国人民银行易纲行长分享了中国的货币政策和绿色金融发展的主要做法，约瑟夫·斯蒂格利茨先生分享

了美国大规模刺激政策对通胀影响以及"K型"复苏问题，杰森·福尔曼先生分享了美国在数字经济方面采取的反垄断措施，等等。这些实践经验分享，对推动全球共同发展有积极的启发和助益。

三是增进了了解。这次论坛是我们第二次以线上线下相结合的方式举办，虽然许多朋友远隔万水千山，但现代科技让我们天涯变咫尺。论坛不仅继续吸引了老朋友的关注，也迎来了更多新朋友的参与，有19家国际企业和机构是首次参加。大家利用论坛，坦诚深入地交流了相关领域的发展状况，探讨了面临的问题挑战，既碰撞出了思想的火花，又增进了相互了解，为促进下一步的合作奠定了基础。

四是实现了价值。论坛已连续举办22届，始终致力于为中国与世界共同发展搭建对话、交流、合作的平台，不断见证和参与了中国与世界的共同发展、互利共赢。在论坛的讨论中，我们可以看出，中国与世界密切合作、共谋发展、共创未来的愿望是积极的、真诚的，中国现代化新征程也需要世界各国积极参与、分享机遇，这也正是中国发展高层论坛的价值所在。

本次论坛的成功举办，再次证明：第一，对话比对抗好。人类生活在同一个地球村里，越来越成为你中有我、我中有你的命运共同体。在建设人类命运共同体进程中，一些疑虑可以通过对话加以缓解，一些问题可以通过对话协调解决。第二，交流比封闭好。人类文明多样性是世界的基本特征，交流是人类进步的重要路径。封闭不是福音，隔绝没有出路。在全球化时代，文明交流互鉴更是推动人类社会进步的强大动力，更是维护世界和平的重要纽带。第三，合作比"脱钩"好。不论肤色如何，我们都生活在一个唯一的星球上。当前，一些前所未有的挑战正威胁着人类社会的生存和发展，如新冠肺炎疫情和气候变化等。在挑战面前，全球命运与共、休戚相关。精诚合作、同舟共济方能共同克服诸多困难。

本次论坛能够取得成功，再次展现其独特价值，其原因我想概括为以下五点。

一是与会各方的积极参与。此次论坛，政府官员、著名学者、企业领袖克服疫情阻隔和时差的影响，线上线下相聚一堂，规模实现新的突破。据统计，参加的境外代表多达 165 人，中方主要参会代表 190 人，参会人数再创新高。

二是中国国家领导人和相关部委的大力支持。论坛期间，全国政协副主席、国家发展和改革委员会主任何立峰先生，香港特别行政区行政长官林郑月娥女士，以及中国政府 8 个部委的主要负责人，都到会作了深入交流。

三是媒体朋友的有效传播。来自人民日报社、新华社等 48 家中国主流媒体以及 29 家境外主流媒体，共计 500 多位媒体朋友积极参与了报道和传播。短短 4 天时间内相关新闻、评论、文章数以万计，昨天更是登上了热搜榜的第一名，反映出论坛的影响力不断提升。

四是钓鱼台国宾馆提供的良好服务。自 2000 年以来，论坛连续 22 届都在钓鱼台国宾馆召开。钓鱼台国宾馆提供了国际一流水平的高质量服务，为论坛顺利举办提供了有力保障。希望明年各位线上参会的外宾也能来这里亲身感受良好的环境和宾至如归的周到服务。

五是我的同事们的辛勤工作。此次论坛从策划筹备，到现场的组织安排，论坛秘书处和全体工作人员付出了艰辛的努力，不少人几天几夜不眠不休，保障了论坛一贯以来的高质量。

在此，我代表国务院发展研究中心，向所有与会嘉宾，向所有关心和支持论坛的朋友们，向所有为论坛倾注智慧和汗水的伙伴们，表示衷心的感谢！

在这里，我要特别感谢卢迈先生。论坛能够有今天的影响力，和卢迈先生的辛勤付出是分不开的。由于身体和年龄的原因，本届论坛之后，他将不再担任论坛秘书长。当然，他还会以适当的方式继续为论坛服务。我提议，大家用热烈的掌声，向卢迈先生21年来对论坛做出的杰出贡献，表示由衷的敬意和感谢！

桃红柳绿春风煦，明朝有意抱琴来。祝愿世界早日战胜疫情，祝愿大家和家人身体健康！期待明年春天与各位朋友在北京钓鱼台线下相见！

我宣布，中国发展高层论坛2021年会胜利闭幕！

T 致 谢
HANKS

　　本书从筹备、酝酿、编辑修订到最终付梓，凝聚了各方的心血。在这里我们要向为本书面世付出努力、贡献智慧的全体同仁表达深深的敬意。

　　我们要特别感谢国务院发展研究中心马建堂书记、国务院发展研究中心张来明副主任对本书的全面支持。感谢中国发展高层论坛顾问卢迈、中国发展研究基金会的副理事长兼秘书长方晋、副秘书长俞建拖为本书策划、编纂的悉心指导。感谢中国发展研究基金会的各位同事辛勤而负责的工作，他们是张纯、朱美丽、李奇文、王路、梁婧姝、史丽佳、王起国、许憬秋、闫晓旭、常成、周想、李雨童、李姚姚、卜凡、王雪、吴巍、贾小可、郭瑶、张锦、刘诚美、郭丝露、赵诣涵，任晶晶负责项目出版的整体协调工作，为项目顺利推进投入了大量精力。我们还要衷心感谢中国发展出版社的王忠宏社长、梁仰椿总编辑和吴佳副主任，他们精益求精的工作保障了书稿的质量，为本书增色添彩。

　　红日初升，其道大光。河出伏流，一泻汪洋。此时此刻，中国经济的巨轮已经踏上探索现代化的新征程，乘风破浪，扬帆起航！谨以此书，献给关心中国经济的朋友们，希望通过这样一件有意义的工作，为世界了解中国架起一座桥梁，为推动中国与世界的和平发展尽一份绵薄之力。